경계를
넘는 한인들

이주, 젠더, 세대와 귀속의 정치

경계를
넘는 한인들 이주, 젠더, 세대와 귀속의 정치

김민정 엮음

니콜 컨스터블·황정미·유리 둘란·김민정·문경희·이지영·김현희·송지은·레지나·헬렌 킴·라이언 구스타프손·
구영은 지음
이주영·성원 옮김

한울
아카데미

차례

서문

"재외한인"은 하나의 이미지로 재현될 수 없다. 19세기 말 기근과 빈곤, 압제를 피해 한반도를 떠났던 선조들의 후손에서부터 오늘날 학업이나 취업, 투자, 은퇴 생활 등으로 해외에 나가거나 다시 돌아오는 다양한 여러 사람들까지 포괄한다. 이들의 이주는 지난 160여 년 동안 발생한, 구한말의 혼란과 일제강점, 독립운동, 한국전쟁, 국가 주도의 경제개발, 올림픽 개최와 여행 자율화, OECD 가입과 세계화 정책으로 이어지는, 한국 사회의 변화 속에서 발생했다. 이러한 재외한인에 대한 연구를 "한민족Koreans"이라는 혈연 공동체의 뿌리 찾기나 민족문화의 원형 보존이라는 관점에서 접근한다면, 국민국가로 재편된 세계의 역사가 만들어내는 복잡다단한 이주의 현실과 파급효과를 다루기 어려워진다. 국가 경계를 넘나들며 인생을 계획한 또는 계획할 수밖에 없던 여러 "한(국)인들Koreans"의 생애 사례에 주목할 때, 재외한인 연구는 전 지구적 이동의 구조와 변화를 개인의 삶과 연결하여 설명하는 사회과학적 논의로 확장될 수 있다.

이 책은 대한민국 정부수립 이후 해외로 나간 한(국)인들의 다양성에 주목하면서 그 역사적 배경과 사회문화적 힘, 그리고 개인들의 이주 경험에 대해 질문한다. 다양성에 대한 인식은, 재외한인의 상위 범주인 '한(국)인'이 동질적인 하나의 집단을 지시하지 않는다는 점을 전제로 한다. 남한 사람, 북한 사람, 탈북

자, 귀화 한국인, 한인 디아스포라, 재외한인, 한인 입양인, 한국계 혼혈인, 귀환 이주 한인 등, 다양한 이주 배경과 역사를 가진 사람들을 포괄하는 의미로 한(국)인의 개념이 확장되고 유연하게 적용될 때 한(국)인 내부의 다양성에 대한 논의 공간은 마련될 수 있다.

국경을 넘으면서 인종과 문화, 제도, 가족과 친족 등의 경계도 교차되는 삶의 조건 속에서 한국적인 것과의 연결을 유지하며 사는 재외한인 내부의 다양성은, 젠더와 세대의 차원을 고려하여 분석할 필요가 있다. 개인 이주생활의 궤적이 국민국가의 제도와 글로벌 자본주의 체제 간의 상호 영향력이라는 화폭 위에 그려질 때, 젠더는 개인의 이주 경로나 가족 구성과 관계, 체류 지위와 노동 유형 등에서 차이를 만들어내는 핵심 요인이 된다. '한(국)인다움'의 수행이나 귀속 정치의 맥락에서 젠더는 중요하게 작용하며 세대의 차이와 결합하여 효과를 발휘한다. 이주의 후속세대들이 거주국과 한인공동체에 소속되는 맥락과 귀속감은 1세대들의 경우와 다르며, 국가 간 위계의 변화와 함께 발생하는 세대 간 경험의 차이는 국내외의 한(국)인들 사이에서 새로운 역학관계를 만들어낸다. 국가와 가족에 대한 소속이 '리셋'되어 이동'당했던' 입양인의 경우는 이주의 정치학이 전제하는 근대적 제도의 경계들과 사회문화적 인식 범주들에 대해 근본적인 의문을 제기한다.

이 책은 국경을 넘어 이주하는 '한(국)인들'의 젠더와 세대 간 이슈에 주목하면서 다문화 한국 사회가 위치한 이 시대 이동성의 의미를, 젠더화된 가족과 노동이 국가 간 관계를 통해 전 지구적으로 재생산되거나 변형되는 방식을, 경계를 넘는 개인들의 생활 전략과 귀속의 정치가 공동체와 맺는 새로운 관계의 가능성과 한계를 논의한다. 내용은 크게 세 부분으로 나뉘는데, 제1부 '이주와 젠더, 이동성과 취약성'은 국제질서 속의 젠더화된 이주 현상과 여성 이주자들이 경험하는 이동성과 취약성에 대한 것이다. 제1장에서 니콜 컨스터블Nicole Constable 은 인도네시아 출신 여성 인다가 고국과 홍콩, 싱가포르, 네팔을 오가며 경험하는 이주노동과 동거, 결혼, 자녀 양육, 가족 재결합을 좌우하는 이동성과 부동성에 대해 그동안 진행해 온 민족지 연구를 통해 소개한다. 인다의 사례는 이주제도가 이주 과정을 통해 재/생산되는 젠더 규범에 의존하고 착취적으로 작동하는 측면과 함께, 이주여성이 젠더화된 이주제도와 사회적 관행을 거스르는 상황을 보여준다. 주변부의 이주여성이 만들어내는 이러한 '마찰'에 주목하면서 니콜 컨스터블은 젠더화된 이주를 분석하는 새로운 비판적 관점으로서 이주를 "퀴어링queering"할 것을 제안한다. 이는 헤게모니를 가지는 이성애규범성은 본래 구성된 것이므로 균열적이고 모순적이며 일상의 개방성으로 인해 협상이 가능하다는 점에 주목하면서, 겉보기에 이상하고 실패한 양식으로 보이는 주변부의 경험으로부터 통찰력을 얻는 연구 방향을 의미한다.

제2장에서 황정미는 한국에서 해외이주가 확장된 개발국가 시기(1962~1987)의 출국자 통계와 신문기사에 나타난 담론들을 젠더 관점에서 분석한다. 이 시기 동안 이민 목적으로 출국한 여성의 수는 남성보다 더 많았다. 또한 여성의 경우 취업에서 이민으로 전환되는 이주 경로의 시기적 변화가 목적지별로 다르게 나타난다는 점에서, 남성보다 이주의 흐름이 더 다양하게 나타났다. 신문기사 분석에서는 한국 여성의 해외이주에 대한 국내 인식이 경제개발을 위한 인력 수출의 관점, 국제결혼이나 이민의 부작용에 대한 여성화 관점, 그리고 국위선양 여부로 이주자의 자격을 구분하는 관점으로 나타난다는 점을 보여준다. 황정미는 이러한 '민족'과 '성공'의 프레임을 벗어나기 위해서는 개발 시기 한국을 떠난 재외한인 여성들의 이주와 삶에 대한 다양한 경험을 재조명하는 연구들이 필요하다는 점을 강조한다.

제3장에서 유리 둘란Yuri W. Doolan은 1970년대와 1980년대 미국 사회에서 문제가 되었던 군사 지역 무허가 마사지업의 확산이 1940년대 이후 한국에서 조장되어 온 해외주둔지 미군 매매춘의 초국적 파생물이었음을 분석한다. 인종 간 결혼을 금지하면서 "기지촌"의 성매매를 허용한 초기 주한미군의 정책에서부터 한국에 대한 미국의 군사 개입이 지속되면서 미국의 '이민법' 개정으로 미국 내 군사 지역에 한인공동체가 형성되는 과정, 이후 주한미군의 규모 축소에 따른

주둔 지역의 경기침체로 기지촌 업소들이 미국으로 진출하고 비군사 지역으로 확산되는 일련의 상황을 제시한다. 그리고 이를 한국의 기지촌과 미국 내 군사시설 사이에 "태평양 횡단회로"가 형성되는 과정으로 설명한다. 유리 둘란은 한국 연구자들은 접근하기 힘든 미군의 지침과 훈령, 보고서, 미 의회 문건, 미 지역신문과 관련 사회단체의 발간물 등의 자료를 발굴하여 시대를 재구성하면서, 해외에 존재하는 미 제국주의의 공간과 실천이 어떻게 미국 내의 영역으로 돌아와 반향을 일으키는지를 보여준다.

제2부 '재외한인의 젠더와 귀속의 정치'에서는 미국, 독일, 호주, 일본 등지로 이주한 한인 여성들의 삶과 경험을 트랜스보더 성원권과 귀속의 차원에서 접근한다. 제4장에서 김민정은 (2장에서 개괄한) 개발국가 시기의 특징이 반영된 한인 여성 이주 사례로서 주한미군의 아내와 파독 간호여성의 이주 경험을 이들의 자전적 글과 자신의 인터뷰 사례를 통해 비교한다. 파독 간호여성은 조국의 경제개발에 기여한 대표적인 재외한인 여성으로 존재감이 부각되면서 다문화 시대로 접어든 한국 사회에 교훈을 주는 이주 경험을 한 여성으로 소환되었다. 반면 미군의 아내는 수적 우세에도 불구하고, 무엇보다 한국 사회의 결혼이주 여성과 가장 비슷한 경험을 한 바로 전 세대의 재외한인 여성임에도 불구하고, (3장에서 제시된) 대미종속의 역사를 떠올리게 하는 존재로 여겨져 비가시화되었다. 오늘날 미군의 아내라는 이주 배경을 가진 재미한인 여성들은 "한국의 딸"이라는 젠더화된 종족성을 내세워 재외한인으로 인정받고자 하는 반면, 파독 간호여성이라는 이주 배경을 가진 재독한인 여성들은 젠더와 종족의 규정을 넘어 이방인이나 세계시민의 정체성을 표명하는 차이를 보여준다. 이 두 집단의 이주 경험 비교는 한국의 근대화를 특징짓는 부계혈통주의와 종족민족주의, 발전주의 국가가 재외한인에 대한 선택과 배제의 과정을 젠더화하면서 재외한인 여성들의 삶과 정체성에 크게 영향을 미쳐왔음을 보여준다.

제5장에서 문경희가 분석하는 호주 한인 '1세대' 여성의 사례 역시 (2장에서 분석한) 개발국가 시기인 1970년대와 1980년대에 한국을 떠난 경우이며, 호주에

'재이민'으로 정착한 것이 특징적이다. 이 글은 호주 1세대 이민 여성의 이주를 유발한 동기와 구조를 제시하고, 현지 인터뷰 자료를 통해 이들의 이주생활 속에서 젠더 정체성이 구조화되는 측면을 분석한다. 당시 호주의 이민 정책은 남성 기술자와 그들의 가족을 대상으로 추진되었고, 1세대 이민자들 대부분은 베트남, 독일, 남미, 중동 등지에서 해외 이주노동을 한 후 호주로 '재이민'한 사람들이었다. 신국제 분업체계에 따른 여성의 국제이주 노동이 전면화 되기 이전이었기에 1세대 한인 여성들은 남편이나 아버지가 초청한 가족원이라는 수동적인 이주자로 인식되었다. 당시 호주는 여성들이 종사하는 전통적인 제조업 분야의 노동력도 필요했지만, 남성 이민자의 가족으로서 여성을 초청하여 이 문제를 해결했다. 이런 상황에서 재호주 '1세대' 한인 여성들은 어머니이자 아내, 며느리이면서도 노동자라는 위치에서 전통적인 젠더 역할의 지속적인 수행과 탈피를 동시에 요구받았다. 문경희는 거시 구조적 요인으로 인해 이들의 이주 경험에서 나타나는 유사한 경향성과 함께 실제 가족 구성과 직업 선택 등의 차이로 인해 전개되는 개인적 삶의 다양성에도 주목한다.

제6장에서 이지영은 일본 현지 인터뷰 자료를 통해 제2차 세계대전 이후 새로운 국가건설 과정에서 한국과 일본 사이에 위치하게 된 재일한인의 민족주의 의식과 종족정체성 전략의 세대별 변화를 분석한다. 개인의 이동을 규제하고 통제하는 국가의 행정체계와 서류화·성문화의 제도화 과정 속에서 재일한인들은 한국으로부터는 국민화의 대상으로, 일본으로부터는 비국민화의 대상으로 간주되었다. 이 글은 1세대에서 2세대, 3세대에 이르는 세대별 차이에 주목하면서 재일한인 여성들이 국적 선택과 귀속의 정치에 작용하는 국가의 강한 영향력하에 있음을 보여주면서 이와 동시에 이러한 영향력에 대해 전략적으로 대응하고 남성 가부장과의 관계에서도 주체적으로 대응해 온 점을 보여준다. 1세 여성들이 남성이 부재한 가족 안에서 민족의 언어와 문화, 역사를 자녀에게 계승하고, 한국 국적을 유지하면서 정체성을 지켜왔다면, 2세와 3세에서는 한국과의 실제적 연결이나 귀속 의식이 희석되었음에도 일본 사회에 대한 저항의 표시로 한국

국적을 선택하는 맥락이 나타난다. 이 글의 사례는 재일한인 집단의 고유한 역사와 경험이 개인 차원의 실천적 삶과 접합하면서 세대의 변화에도 불구하고 한인 종족정체성을 지속적으로 구축하고 유지하는 방향으로 진행되는 상황을 보여준다.

제7장에서 김현희는 2014년 한국에서 세월호 침몰 사고가 발생했을 때 ≪뉴욕타임스≫와 ≪워싱턴포스트≫에 사건의 진상규명을 요구하는 전면광고를 게시한 재미한인 여성들의 집단행동 사례를 분석한다. 이 글은 온라인상의 블로그와 커뮤니티 활동을 주요 자료로 한 민족지로, 재외한인 여성들이 모성을 매개로 한국과의 관계와 미국에서의 삶을 연결하고 한인 디아스포라와 조국의 의미를 적극적으로 재구성해 내는 트랜스보더 시민활동을 그려낸다. 국경을 넘어 한국 정부와 언론을 비판하는 자신들의 목소리를 '종북좌파'의 정치 활동이라고 비난하는 것에 대해 순수하고 비정치적인 '엄마들'이 희생자 부모와 연대하는 활동이라고 정당성을 내세우는 것에서, 이들의 트랜스보더 시민활동에 젠더 전략이 채택되었다는 점은 명료하게 드러난다. 또한 한국과 미국의 민주주의와 시민 주체의 역량 차이를 극대화하면서 미국 시민이기도 한 자신들의 목소리에 힘을 싣는다는 점에서 두 국가에 대해 다른 방식으로 귀속감을 느끼는 다중적 포지셔닝 전략이 주목된다.

제3부 "이동과 귀환, 확장과 연대"에서는 어떤 '한(국)인'인지를 설명하기 위해서 더 복잡하고 더 많은 수식어가 필요한 젊은 세대의 재외한인으로, 문화적으로 낯선 귀환이주자, 다인종 디아스포라, 인종과 국가 경계가 교차된 가족 안에서 성장한 초국적 입양인의 경험과 귀속의 정치 문제를 다룬다. 제8장 송지은 레지나Jee Eun Regina Song의 글은 한국에서 전문직에 종사하는 1.5세대와 2세대 한국계 미국인들의 귀환이주에 대한 사례 연구이다. 이 글은 한국계 미국인들이 한국계 중국인(조선족)이나 한국계 일본인(재일 조선인)과 같은 귀환이주자와 달리 특권을 누린다고 전제하는 단순한 접근 방법을 비판하면서, 이들이 드러내는 종족성의 복잡성과 젠더화된 귀속의 문제를 분석한다. 재미한인 이주의 역사와

미국 사회에서 부모세대가 기울였던 문화 동화의 노력은 자녀세대가 한국에 대해 양가적 태도를 가지고 한국 문화에 적응하기 어려운 배경이 된다. 또한 가부장적인 한국 사회에서는 젠더 수행이 종족성의 올바른 수행이 된다는 점에서, 한국의 문화 규범을 따르라는 기대에 부응하는 귀환이주자들의 노력은 젠더에 따라 기회와 성취에서 정반대의 효과를 가져온다. 한국인이면서 이방인으로 취급된다는 점에서 "양날의 검"으로 표현된 한국계 미국인들의 귀환이주 경험은 정치적으로도 문화적으로도 논쟁적인 한국 사회의 가부장적 현실과 함께 이러한 사회구조에 도전하면서 개인의 성장을 추구하는 과정을 보여준다.

제9장 헬렌 킴Helen Kim의 글은 유럽에서 외국인 입국자의 비율이 가장 높은 나라 중 하나이면서도 독일인임을 백인 피부와 연결 지으면서 단일인종 국가라고 내세우는 독일 사회의 다인종성에 대한 연구이다. 독일의 한인 디아스포라 구술사 프로젝트의 일환으로 진행한 인터뷰 중에서 백인계 독일인과 한국계 부모를 둔 다인종 배경의 젊은 세대 일곱 명의 사례를 통해 대학 경험과 대도시 생활이 제공하는 공동체 공간이 어떻게 디아스포라 자원을 개발하고 끌어내면서 "유연한 종족성"을 행사하는 배경이 되는지를 분석한다. 여기서 젠더는 이러한 다인종적인 디아스포라 정체성의 구축 방식이나 이를 조정하는 범위에 크게 영향을 미친다. 가족 유대를 유지하는 역할을 여성에게 더 기대하는 귀속의 젠더 정치학 또는 디아스포라의 젠더화는 한국에 대한 디아스포라적 연결을 의식적으로 더 추구하는 방식으로 나타나기도 한다. 헬렌 킴은 한국계 다인종 독일 젊은이들이 차이 안에서 그리고 차이를 통해 디아스포라로서 동일하다는 인식을 만들어나가는 "차이의 비판적 실천critical practice of difference"에 주목하면서 이를 동일성과 차이가 겹쳐 나타나는 "자발적 어울림conviviality"의 기호로 해석한다.

제10장에서 라이언 구스타프손Ryan S. Gustafsson은 초국적 입양인을 이주자에서 배제하거나 예외로 분류하는 문제에 대해 세심하고 주의 깊게 분석한 후, 입양인이 저술한 글과 인터뷰를 통해 "과잉(비)가시성hyper(in)visibility"과 "다른 곳에elsewhere 있다는" 감각 경험으로 인해 다른 이주자들과는 다른 삶을 경험하게 되

는 점을 제시한다. 학계에서 '조용한' 또는 '알려지지 않은' 이주로 분류된 초국적 입양에서 아이는 생물학적 부모와 출신 국가와의 관계가 삭제되며, 행위자성이 없으며, 서구 국가의 수요에 따라 개별 가족으로 소속된다. 이들의 조용한 이주는 말할 수 없는 경험을 가진 한국 내 생모의 침묵을 전제로 한다는 점에서 가부장적인 한국 사회의 젠더 질서가 만들어낸 현상이기도 하다. 1990년대 말 이후 한국 정부가 이들을 '재외동포'로 적극 소환하고 재영토화하면서 주목받게 된 초국적 입양인들의 삶은, 다른 이주자들처럼 출생국과 입양국 사이의 긴 상태가 아니다. 두 국가 모두에서 과잉으로 가시화되거나 비가시화되는 경험을 통해 항시 다른 곳에 있다는 감각으로 진행되는 삶을 살고 있는 것이다.

제11장에서 구영은Youngeun Koo은 코펜하겐에서의 현장 연구와 한인 입양인 활동가 인터뷰를 통해 국제 입양인들 중 가장 수가 많은 덴마크 내 한국 출신 입양인의 입양비판 정치활동을 분석한다. 입양인 활동가들은 입양을 사적이고 가족의 영역으로 제한하는 덴마크 사회의 담론을 비판하면서 입양의 공적인 측면을 내세웠고 초국적 입양인들에게 요청되는 사회 통합과 백인 되기 규범이 가져오는 정체성의 문제를 드러냈다. 한국을 방문한 한인 입양인 활동가들은 친가족을 찾는 과정 자체와 퍼즐 맞추듯 찾아낸 과거 정보에 대해 실망과 좌절을 겪었지만, 서울의 대규모 입양공동체를 알게 되면서 글로벌 한인 입양인의 정체성을 발견하고 입양 정치에 참여하게 되었다. 1990년대 말 시작된 입양인들의 한국 귀환 경험은 2000년대 초 덴마크에서 초국적 입양을 공개적으로 비판하는 목소리로 이어졌고 1990년에 결성되었던 코리아클럽은 2013년 입양정치 포럼APF이라는 등록 비정부단체로 성장했다. 덴마크 내 한인 입양인들의 정치적 조직화는 다른 이주자 집단과 연대를 추구하는 것으로 이어졌는데, 이는 다수 집단에 대해 자신들이 가지는 부분적 소속감이 이주자들을 영구히 구분해 내는 메커니즘 때문이기도 하다는 점을 인식했기 때문이다. 이렇게 이들은 덴마크 사회의 국민 귀속성에 대한 기존 질서를 거부하면서 그 안에서 새로운 형태의 귀속성을 상상하는 방법들을 탐색해 나가고 있다.

* * *

　이 책은 한국연구재단의 지원으로 2016년 11월부터 2019년 10월까지 진행되었던 "한국 여성의 국제이주 경험에 대한 연구: 트랜스보더 민족주의와 귀속의 정치"라는 일반공동연구사업을 마무리하는 작업이다. 이 연구 프로젝트의 아이디어는 2014년 가을쯤, 김민정과 황정미, 문경희가 함께 참여했던 학술지 ≪페미니즘연구≫ 편집회의 중에 나왔다(인명에 대한 존칭은 생략한다). 당시 한국의 사회과학계는 아시아 결혼이주 여성에 주목한 "다문화사회" 연구가 상당히 '붐'이었다. 우리 세 명은 한국의 다문화 사회 현상이 보다 폭넓은 국제이주의 맥락에서 논의되어야 하고, 논의의 균형을 찾기 위해서는 대한민국 영토 밖 재외한인 여성들의 이주 경험이 재조명되어야 한다는 데 의견을 모았다. 그리고 2년 뒤 김현희와 이지영과 함께 이 연구 아이디어의 불씨를 살려내어 실제 연구사업으로 현실화할 수 있었다. 이렇게 연구 프로젝트를 함께 진행한 다섯 명 모두는 이 책의 필진으로 참여했다.

　우리 연구팀은 재외한인의 젠더화된 이주 역사와 삶의 경험을 글로벌 이주의 맥락에서 연구하기 위해서는 한국 안과 밖의 연구 관심을 교차하여 이해하는 것이 중요하다고 생각했다. 그래서 연구사업의 마지막 해인 2019년 6월 6~7일에, 서울대학교 여성연구소와 공동 주최하고 한국여성학회의 주관으로 "경계를 넘는 한인들: 젠더와 세대 간 쟁점들"이라는 국제학술대회를 열어 영어권 연구자들을 초청했다. 이 책의 필진 중 니콜 컨스터블은 홍콩에서 현장 연구를 하던 중 방한하여 여러 차원에서 영감을 주는 기조 강연으로 자리를 빛내주었다. (이 책의 차례순으로) 유리 둘란, 송지은 레지나, 라이언 구스타프손은 한국의 주류 사회가 관심 두려 하지 않는 '한(국)인들'의 경험에 대해 중요하고도 흥미로운 연구 내용을 발표해 주었다. 필진 중 헬렌 킴은 이보다 2년 전인 2017년 6월 30일에, 우리 연구팀이 창원대학교와 IOM의 호주 뉴질랜드 한인연구팀과 함께 열었던, "유럽 한인이주의 젠더와 세대, 정체성"이라는 포럼에서, 한국 학계에는 잘 알려지지 않은 다인종 한인 디아스포라 사례를 발표해 준 인연으로 참여했다. 구영은의 글은 해외 학술지를 통해 출판된 재외한인 관련 논문을 찾아보는 과정에서 접했고, 한국의 재외동포 정책이 최근 관심을 보이는 해외 입양 한인들의 거주국에서의 위상과 활동을 보여주는 내용이어서 참여를 요청했다.

이렇게 이 책에 필진으로 참여한 11명 외에도 국내외의 여러 학자가 우리 연구팀의 문제의식을 가다듬고 연구 관심의 폭과 깊이를 더할 수 있도록 도와주셨다. 2019년 6월의 국제학술대회에 발표자로 참가해 준 (발표 순서상으로) 릴리 킴Lili M. Kim, 이보람Boram Yi, 김재희, 이브제니아 안Evgenia An, 앤지 정Angie Chung, 스테판 서Stephen Suh, 그리고 인사말과 사회, 토론을 맡아 참여해 준 (행사 진행 순서상으로) 임혜란, 신경아, 박정미, 배진숙, 한정숙, 신혜란, 장주영, 전의령, 김도혜 선생님들께 깊은 감사의 마음을 전한다. 특히 '어쩌다' 우리 연구팀을 만나게 된 김도혜는 거의 1년에 달하는 기간 동안 이 국제학술대회의 기획과 연락, 진행과 관련된 중요한 업무를 맡아 헌신적으로 해주셨다. 이후 반년 만에 코로나19 감염 사태로 전 세계의 이동이 중단되고 보니, 꽤 거창하게 면대면 국제학술대회를 진행할 수 있었던 그 당시가 참으로 고맙고 축복과도 같이 느껴졌다. 이 학술대회 이전에 가졌던 포럼이나 세미나 자리에서 사회와 발표, 토론으로 참여하여 한인 이주에 대한 전공 분야의 고견을 나누어주신 (행사 일정 순서상으로) 신동규, 이경숙, 최서리, 이창원, 호주의 제시카 월턴Jessica Walton, 이은경, 독일의 안연선Yonson Ahn, 영국의 임현주Hyun-Joo Lim, 나혜심, 정미애, 권숙인, 지은숙, 조경희, 김웅기, 강경희, 오신정 선생님들께도 진심으로 감사드린다.

골치 아픈 예산 처리와 서류 작업, 기타 잡다한 실무를 도맡아준 서강대학교의 김진이와 김한결, 강원대학교의 김지은, 조항인, 이형아, 김채은, 손예은, 이하늘 연구보조원들에게는 좀 더 특별한 고마움을 전하고 싶다. 회의 일정 앞뒤로 이들과 연구팀원들이 나눈 2030세대와 4050세대 간의 솔직한 근황 토크와 거침없는 정세 논평은, 대학에서의 공동연구 작업이 주는 긴장과 활력을 느끼면서 변화와 연대의 의미를 탐구할 수 있는 시간이었다. 마지막으로 쉽지 않은 내용을 충실히 번역해 주신 이주영과 성원 선생님, 연구의 진행과 출판 과정이 '적법하게' 진행되도록 꼼꼼히 살펴주신 강원대학교 산학협력단, 그리고 연구팀의 결과물을 곱게 책으로 만들어 주신 한울출판사(주) 편집부에도 깊이 감사드린다.

이 책의 필진 11명은 인류학을 위시하여 사회학, 정치학, 사학, 철학의 전공 배경을 가지고 있으며, 각자가 출생하고 성장하고 장기 방문하고 거주한 국가들을 꼽아본다면 최소한 아시아와 유럽, 북미와 오세아니아라는 네 대륙을 커버하며, 개인의 젠더와 연령, 가족 구성, 인종, 종족, 국적에서도 실로 다양한 구성을 보여준다. 이러한 다양성이 만나 한 권의 책에 담긴다는 것 자체가, 불과 한 세대 전만해도 가능하지 않았던 급격한 사회 변화를 보여주는 것이기도 하다. 이주 연구자는 스스로가 이동하는 사람이면서, 연구 관심을 따라가다 만나는 다양하고 복잡한 인생 서사들을 받아들여질 만하게 설명하는 사람이 아닐지, 그리하여 우리 자신의 서사도 이주 시대의 삶의 방식에 또 한 가닥의 다양성과 복잡함을 추가하는 것은 아닐지 생각해 본다.

2021년 7월
'우리' 연구팀을 대신하여,
김민정

제1부

이주와 젠더, 이동성과 취약성

제1장

이주 시대의 젠더와 세대 문제*

니콜 컨스터블(Nicole Constable)

1. 들어가는 말

「친밀함의 상품화: 결혼, 성, 재생산 노동The Commodification of Intimacy: Marriage, Sex, and Reproductive Labor」(Constable, 2009)이라는 리뷰 논문에서 필자는 국경을 넘는 결혼, 이주 가사노동자, 그리고 이주 성노동자와 엔터테이너라는 세 가지 유형의 이동성이 "상품화"되는 현상과 관련하여, 초국가적인 이동성과 젠더, 특히 젠더화된gendered 이동성에 대한 인류학 연구의 활성화에 대해 집중적으로 다루었다.[1] 이 논문은 무엇보다도 이주에 대한 우리의 분석에서 이성애규범적 가정

* 이 글은 강원대학교 사회과학연구원 '젠더와 국제이주' 연구팀과 서울대학교 여성연구소가 공동 주최하고 한국여성학회가 주관한 국제학술대회, "경계를 넘는 한인들: 젠더와 세대 간 쟁점들"(2019년 6월 6~7일, 서울대학교 교수학습개발센터)에서 기조 강연 한 내용을 수정·번역한 것이다.

1 그 이후로 젠더화된 그리고 재생산과 의료 목적의 여행 및 관광을 포함하는 더 폭넓은 범위의 이동성과 이주의 다양한 (순환적·단계적·수평적, 하향하고 귀환하는) 양식들, 그리고 다양한 종류의 부동성의 원인에 관심을 가지게 되었다(Constable 2014, 2016, 2018a, 2018b, 2019;

heteronormative assumptions에 대한 더 큰 질문을 제기하는 것으로 마무리했는데, 이는 뱁Florence E. Babb의 사랑과 지구화를 "퀴어링queering"하는 연구에 대한 요청이나(Babb, 2006), 버랜트Lauren Berlant의 "공적 제도가 특정 형태의 지식과 실천을 정상화하고 순응하는 주체를 만들기 위해 친밀한 삶의 문제들을 이용하는 방식"(Berlant, 1998: 188)에 대한 질문을 반영한다.[2] 이 논문은 여기에 더하여 젠더가 이주와 이동성을 어떻게 구체화하고, 이주와 관련된 제도가 때로는 모순되는 방식으로 어떻게 젠더 역할과 관계 또한 형성하는지를 질문한다.[3] 다시 말해, 표면상으로 이주는 단순히 젠더 규범을 재생산하는 듯 보이지만, 좀 더 주관적인 수준에서 조사하면 이성애적 규범과 가정에 대한 질문을 드러낼 수 있다.

이 글의 본문으로 들어가기 전에 이 주제에 대한 생각에 영향을 준 몇 가지 중요한 학술적 저술을 제시하려고 한다.[4] 하나는 문화지리학자 도린 매시Doreen

---

Chan 2018; Paul 2017).

2   "이주를 퀴어링한다"는 생각은 특히 이주의 이성애규범성에 대한 필자의 사고와 질문에 영향을 주었다. 우리는 어떻게 일반적인 가정, 헤게모니를 갖는 장르, 잘 알려진 젠더화된 패러다임을 넘어서 우리의 분석 모델을 확장하고, 오늘날 초국가적 이주와 이동성에 대한 이해를 더욱 풍부하고 깊어지게 만드는가?(Constable, 2018a, 2018b)

3   여기서 젠더는 서로 다른 지리적 공간과 시간성에 걸친 여성과 남성, 남성성과 여성성, 그리고 다른 젠더 범주와 관련된 역할, 관계, 책임과 법적인 정책, 실천, 담론, 그리고 이념을 지칭한다.

4   2009년 이후, 친밀함의 이동성에 대한 인상 깊은 저작이 많이 출판되었는데 여기에는 생활양식(lifestyle) 이주, 은퇴 이주, 재생산 "관광" 또는 의료 여행 등이 포함된다. 이 연구에서는 결혼과 노동이주를 넘어서는 새로운 비교와 권력 동학을 소개하고자 한다. 그간 새로운 훌륭한 연구들이 출판되었다(몇 가지만 예를 들면 Choo, 2016; Friedman and Mahdavi, 2015; Friedman, 2015; Groes and Fernandez, 2018; Ishii, 2016; Minjeong Kim, 2018). 이러한 저작은 어떻게 친밀한 사회적 관계들이 점차 지리학적으로 더 넓은 정치-경제학, 자본주의와 신자유주의 과정들에 의해 분산되고 매개되고, 또 얽혀 있는가를 보여준다. 이들은 또한 어떻게 친밀하고 개인적인 관계가, 특히 젠더화된 가사와 재생산 노동이 더욱 상품화되고 초국가적인 이주와 이동성에 묶여 있는지를 논증해 준다. 이들은 노동과 결혼이주가 갖는 젠더화된 양식이 전환한다는 점을 반영한다. 또한 탈영토화되고 복수 현장(multi-sited)에 걸친 조사를 향한 중요한 방법론적 전환, 그리고 과거 송출국과 수용국이라는 단순한 이분법 또는 한 방향이나 이동의 오고 가는 패턴을 가정했던 것으로부터 분석 방식의 전환이 일어나고 있음을 지속적

Massey의 획기적인 연구물로, 사람의 흐름 및 움직임과 관련하여 "어떤 사람들은 다른 이들보다 [이동성]을 더 많이 행사하고, 또 다른 사람들은 흐름과 운동을 주도하지만, 다른 사람들은 그렇지 않다. 몇몇은 다른 이들보다 전수받는 쪽에 있고 몇몇은 실질적으로 여기에 갇혀 있다"(Massey, 1994: 149)고 저술한 것으로 유명하다. 매시는 이동성이, 반드시 이동하는 사람 때문에 발생하는 것만은 아니라고 하며, 다양한 힘들에 의해 어떻게 통제되는가를 질문한다. 매시가 우리에게 상기시켰듯이 이동성의 양식은 젠더와 계급의 영향을 받는다. 신부, 가사노동자, 엔터테이너로 이주하는 여성을 포함한 더 가난한 사람들은 종종 자신의 이동성을 "통제"하기가 더 어렵다. 그래서 가난한 사람들은 움직이는 것 이외의 선택이 없다는 것이 아니라 그들의 선택은 더 자주, 더 많은 특권과 기술을 갖춘 부유한 여성과 남성의 선택보다 더 한정적이고 제한된 경우가 많다는 것이다. 예를 들어 매시의 저서는 아시아 신부와 아시아 입양인이 미국으로 이주할 때 매우 상이하게 "젠더화된" 이민자로 수용된다는 점을 조명한다(Constable, 2003: 210~212). 이주 정책과 실천은 특히 계급, 연령, 수익성, 그리고 다른 요소들이 등장할 때 젠더화된 이동성의 불평등한 양식을 형성하고 영향을 준다.

에이네 루베이드Eithne Luibhéid는 19세기 미국의 국경 통제와 이민 정책이 어떻게 레즈비언, 매춘부, 임산부, 그리고 인종 간 성관계를 할지도 모를 여성들, 또는 '비도덕적 목적'을 위해 국경을 넘는다고 의심되는 이들의 입국을 막으려고 했는지에 대한 역사학적 연구를 남겼는데, 이 역시 큰 영향을 주었다(Luibhéid, 2002). 루베이드는 이민 통제가 정책과 실천을 통해 섹슈얼리티, 젠더, 계급, 인종, 국적, 법적 지위의 범주를 만들어냈다고 주장했다(Mohanty, 1991를 참조). 이민자와 신규 이주자는 태어나면서부터 젠더, 인종, 섹슈얼리티 등의 범주에 고정되어 있지 않으며, "변화 중이고 논쟁적인 사회관계 안에서" 이해되어야만 한다(Luibhéid, 2002: 138). 세지윅Sedgwick을 따라 루베이드도 이주 연구자에게 "규범적

으로 드러낸다.

섹슈얼리티에 대한 가정을 조심하라"(Luibhéid, 2002: 139)고 경고한다. 외국인 가사노동자 (및 다른 유형의 이주노동자)의 목적국의 사례에서 우리는 젠더, 계급, 섹슈얼리티, 인종/종족성, 그리고 국적의 범주가 외국인 가사노동자의 이주를 통제하는 법적 정책과 실천에 의해 어떻게 생성되는지를 볼 수 있다.

루베이드의 선례에 따라 나탈리 오스윈Natalie Oswin은 이주노동자, 독신자, 퀴어 커플들을 배제한 싱가포르의 공공주택 규제가 어떻게 국가 정책을 강화하는 이성애규범적 "가족"에 대한 헤게모니적 정의를 반영하는지 보여주었다(Oswin, 2010, 2014; Mai, 2012). 따라서 루베이드의 설명에 따르면, 이주를 퀴어링한다는 것은 전략적으로 "모든 정체성의 범주가 역사적으로 물려받은 유산의 짐을 짊어지고 있고, 시간과 공간을 가로질러 매끄럽게 도식화되지 않으며, 지역, 국가 및 초국가적 회로 내에서 순환하면서 변형된다는 점을 인식하는"(Luibhéid, 2008: 170) 쪽으로 전개되며, 이는 이성애 정체성 범주를 포함한다. 다시 말해, 이주를 퀴어링하는 접근 방식은 서로 다른 정체성 범주가 생성되고 이동의 과정을 통해 변형될 수 있는 방법에 대해 고려하고 헤게모니를 갖는 이성애규범적 가정을 무비판적으로 적용하는 것을 경계하도록 한다. 단순히 젠더화된 패턴과 규범을 재생산하는 듯 보이는 것도 실천을 통해 민족지적으로나 현장에서 덜 동질적이고 덜 이성애규범적인 패턴과 의미를 드러낼 수 있다.

매시, 루베이드, 오스윈, 뱁, 버랜트의 영향력 있는 저작과 경계를 넘는 이주를 통해 일어나는 젠더화라는 중심 주제를 염두에 두면서, 여기서는 2000년대 초 가사노동자로 처음 해외에 나간 인도네시아 여성 인다(가명)의 이주에 대한 이야기를 하려 한다. 필자는 인다를 2011년 홍콩에서 일하는 이주자 어머니들에 대한 민족지적 연구를 하는 도중에 만났다(Constable, 2014). 이 이야기는 시간의 흐름과 몇몇 서로 다른 지리적 장소를 통해 만들어진 인다의 이주 궤적에 초점을 맞춘다. 이야기 다음에는 이주자의 경험을 형성하고 젠더화하는 이주 제도와 젠더의 관계 속에서 인다의 이주 (그리고 그 연장선에서 다른 이들의 이주)에 대한 분석이 이어지는데, 여기서 필자는 이주자가 이러한 이주 제도와 젠더와의 관계를 거스르며 마찰friction을 일으킨다고 주장한다(Tsing, 2005: 4).[5] 이 분석에서는 젠더의 구성과 투쟁, 모순을 검토하고, 사회 및 공공 제도 – 국가 또는 정부 관련 이주 제도, 시민권을 부여하거나 배제하는 제도, 경제 제도, 결혼과 가족이라는 사회제도 – 가 젠더화된 (그리고 계급화된) 이동성을 형성하고 만들어낼 뿐만 아니라 뜻하지 않게 동시에, 시간의 경과에 따라 세대에 걸쳐 변화가 가능한 양식을 드러내는 투쟁과 저항의 공간을 생산하고 들추어내는 방식에 대해 고려한다.

인다의 이동성에 대한 서사와 분석은 젠더가 자연스럽거나 고정되어 있거나 주어져 있어서 불변하는 것이 아니라, 이주를 통해 제도적 압력과 모순에 반응하면서 (재)생산된다는 점을 보여준다. 개인의 이주 이야기는 젠더화된 이동성을 보여주는 제도적으로 생산된 사회 범주들이, 누가 어떻게 이동해야 하는지에 대한 법적이고 사회적인 기대에 저항하고 혼선을 가져오고 마찰을 일으키는 방식을 보여줄 수 있다. 퀴어링하는 접근법은 헤게모니적인 이성애성이 본래 구성된 것임을 상기시키기 때문에 유용하며, 그렇기 때문에 이성애가 균열하고 모순적이며 일상적으로 개방되어 있어 협상이 가능하다는 점을 가리키면서 이를 더 사물화하고 본질화하지 않으려는 목표를 갖는다. 이러한 접근법은 규범적 양식만을 추구하는 것에 저항하며, 그 대신 겉으로는 이상하고 주변부에 있으며 부적절한 "실패failure"의 양식으로부터 통찰력을 끌어낸다(Halberstam, 2011). 이 글의 결론 부분에서 필자는 젠더, 이주, 세대 간 문제 사이의 연관성을 검토함에 있어 비판적인 퀴어링 관점이 갖는 중요성을 다시 언급한다.

---

5   이 주장은 마찰에 대한 애나 칭(Anna L. Tsing)의 관점과 관련이 있다. 칭은 – 다른 맥락에서 – "문화는 '마찰'이라고 부르는 상호작용을 통해 지속적으로 공동 생산되는데, 이는 차이를 가로질러 상호 연결하는 어색하고, 불평등하며, 불안정하고, 창조적인 특성을 가진다"(Tsing, 2005: 4)라고 쓰고 있다. 필자는 "마찰"을 젠더 이데올로기와 관념, 실천들이 서로 경쟁하고 경합하는 사이에서 생겨나는 것과 부자연스럽게 접촉하면서 발생하는 것으로 간주한다.

2. 서사: 인다의 이주 및 (부)동성

필자는 2011년 홍콩에서 외국인 가사노동자FDW: foreign domestic worker(공식적으로는 FDH: foreign domestic helper)로 일했던 인다와 홍콩에서 태어난 두 자녀를 처음 만났다. 인다는 홍콩에서 이미 몇 년 동안 일을 했고, 그 전에는 싱가포르에서도 외국인 가사노동자로 일했지만, 필자가 인다를 만날 무렵에는 두 아이의 아버지인 네팔인 파트너와 함께 홍콩 신제New Teretories, 新界에 있는 불법 건축물에 기거하고 있었다. 그 둘은 (법률상으로나 종교적으로) 혼인하지 않았지만 인다는 그를 "남편"이라고 불렀다. 우리가 만났을 무렵 인다는 출입국 경찰의 체포를 피해 가사노동자 비자에 명시된 체류 기간을 약 6년 이상 초과하여 체류 중이었기 때문에 잡힐까 봐 점점 걱정이 늘어갔다.

파트너의 병과 중독, 그리고 미등록(이기 때문에 의료 지원을 받거나 학교에 접근하는 게 쉽지 않은) 자녀의 안녕에 대한 걱정이 커져가면서 인다는 아이들과 함께 인도네시아에 돌아가기로 결심했다. 인다는 필자가 소속되어 있었던 자선·비정부 단체에 도움을 구했다. 인다 가족의 담당자는 인다에게 조언과 지원을 해주었다. 이후 인다는 홍콩 이민국에 자수하여 자녀들과 임시로 자선 단체에서 운영하는 이주여성 보호소에 머물렀다. 몇 달 뒤 법원 심리가 끝난 인다는 동정심 많은 판사로부터 자녀들과 함께 즉시 인도네시아로 귀국하여 여섯 살이 된 아이(이미 홍콩 기준으로 입학이 상당히 늦어진 아이)를 학교에 입학시키는 조건으로, 체류 기간 초과("체류 조건 위반")에 대해 징역형이 아닌 집행유예를 선고받았다.

필자는 2012년 인도네시아에서 인다와 자녀들이 돌아온 지 몇 달 만에 다시 만났다. 이들은 인다의 부모, 형제와 함께 중부 자바의 아주 가난한 지역에서, 바람과 곤충이 쉽게 들어오는 흙바닥에 목재 임시벽으로 세운 작고 낡은 집에서 살고 있었다. 인다는 우울했다. 인다는 부모에게 입 세 개를 더 먹여 살려야 하는 큰 재정적인 부담을 주는 것 같다고 (그리고 어머니가 이 점을 자주 상기시켰다고) 설명했다. 더구나 이웃들은 아이들의 "용모가 다르고" "아버지가 없으며", 인도네시아어를 잘하지 못한다는 이유로 야유를 퍼붓고 돌을 던졌다. 인다는 아이들의 아버지로부터 아무런 소식도 듣지 못했고, 홍콩을 떠난 이후부터 아무런 지원도 받지 못했다(Constable, 2014).

인다는 자신이 부모에게 수치스러운 짐처럼 느껴져서, 부모님은 싫어했지만, 자신과 아이들에게 친절하게 대해주고 아이들이 놀림과 괴롭힘을 당하지 않도록 보호해 준 동네 남성을 받아들일 수밖에 없었다고 했다. 그로부터 1년도 채 지나지 않아 인다는 그의 아이를 낳았고, 몇 달 뒤 아이 아버지의 제안으로 새로 태어난 아이는 시어머니의 품에, 홍콩에서 태어난 아이 중 한 명은 친정 부모님에게, 다른 한 명은 자카르타에 있는 여자 형제에게 맡기고 다시 가사노동자로 일하기 위해 싱가포르로 떠났다.

그 후 2015년과 2016년에 몇 차례 더 만났을 때 인다는 싱가포르에서 2년 계약의 가사노동자로 일하고 있었다. 인다의 고용주는 통제가 심했고, 화를 잘 내며, 좀처럼 인다에게 쉬는 날을 허락하지 않았다. 인다가 송금하는 돈만으로는 인도네시아에 있는 아이들과 파트너, 부모, 여자 형제의 끊임없이 늘어만 가는 요구를 맞추기 어려웠다. 인다는 절망적일 정도로 아이들이 그리운 나머지 다시 인도네시아로 돌아가 일자리를 찾기로 결심했다. 인다가 계약이 끝나고 집으로 돌아갔을 때에는 선물 몇 가지 외에는 더 내놓을 것이 없었다. 인도네시아 파트너는 경제적으로나 육아에서나 가족을 부양하는 데 거의 도움이 되지 않았고, 질투심도 커서 곧 관계에 환멸을 느꼈다. 집 근처에서 일자리를 구할 수 없었던 인다는 세 자녀 모두 자신의 부모와 함께 지내도록 하고, 다시 싱가포르로 돌아가서 일하며 얻은 수입을 가족에게 송금했다. 인다는 인도네시아 파트너에게는 송금하지 않아도 된다는 데 안도했지만 아이들과 나이든 부모에 대한 걱정은 계속되었다.

2018년 싱가포르에서 인다를 다시 만났을 때에는 (이번에는 훨씬 친절한 싱가포르 고용주와) 고용 계약이 끝나기 직전이었다. 놀랍게도 인다는 아이들과 함께 네팔에 가고 싶다는 희망을 표했다. 필자는 인다가, 자기 말로는 "재미 삼아서" 그리고 외로움을 달래기 위해 사진과 메시지를 보내면서, 세계 각지의 남성 한두 명과 온라인으로 불장난하던 것을 알기에 놀랄 수밖에 없었다. 게다가 인다는 몇 번 시도해 보긴 했지만, 6년 넘게 이 네팔인 파트너와 직접 연락해 본 적이 없었다. 인다에게 아직도 감정이 남아 있느냐고 물었고 인다는 아니라고, 단지 분노만이 남았다고 했다. 만약 인다가 네팔에 간다면 "오로지 아이들을 위해서"였다. 인다는 네팔 파트너의 젊은 친척 가운데 한 명과 (인터넷을 통해) 계속 연락을 취해 오면서 이들을 "나의 가족"이라고 불렀다. 홍콩을 떠난 이후 인다는 늘 "시아버지"라고 불렀던 서구에서 이주노동자로 일하는 그의 아버지와도 간헐적으로 연락을 취했다.

인다는 네팔 가족에게 말했듯이 필자에게도 홍콩에서 태어난 자식들이 인도네시아에서 점점 더 비참해지고 있으며, 자신의 송금만으로 부양하기 힘들다고 말했다. 인다는 걱정을 놓지 못하고 자식들 이야기를 할 때마다 울었다. 한때는 반에서 1등도 하던 큰딸은 학급 친구들로부터 엄마가 진짜 엄마가 아니며 아빠도 없으니 입양아라고 괴롭힘을 당해 학교를 그만두었다. 두 아이, 특히 큰딸은 인다에게 아버지에 대해 자주 물어왔다. 인다는 아이들이 처한 상황 때문에 고통스러웠고 네팔 파트너의 친척들에게 점점 더 많은 걱정을 늘어놓게 되었는데, 그러자 친척들은 인다가 아이들과 함께 네팔에 와야 한다고 말했다.

2019년 3월, 놀랍게도 인다의 네팔 가족이 인다에게 비행기표를 제공했다. 인다와 홍콩에서 태어난 두 자녀는 인다의 아버지와 함께 중부 자바에서 자카르타로 가는 버스를 타고 공항으로 가서 네팔행 비행기 탑승 수속을 밟았다. 그러나 공항에서 인다와 가족들은 인도네시아 출입국 직원에게 저지당해 몇 시간에 걸친 조사를 받았다. 인다가 소지한 미화 400달러가 네팔에서 본인과 자식을 부양하기에 충분치 않다는 이유였다. 더구나 네팔은 (일반적인 상승 이주 경로가 아니기에) 특이한 목적지처럼 보였을 것이다. 인다는 친구들이 네팔에서 기다리고 있다고 설명했지만, 출입국 관리들은 인다와 가족들이 비행기에 타는 것을 허락하지 않았다.

며칠 후, 인다가 아버지, 아이들과 함께 다시 공항으로 갔다. 이번에는 담당 직원에게 보여주기 위해 추가로 빌린 미화 600달러와 일정이 조정된 왕복 항공표를 가지고 갔다. 다시 한 번 긴 인터뷰를 거쳐 왕복표 증빙을 하고 난 뒤에야 결국 탑승이 허락되었다. 인다는 더 많은 문제를 일으킬 것을 우려하여 출입국 직원에게 아이들의 아버지를 만나러 가는 것이라고 말하지 않았다. 인다가 생각하기에 담당 직원의 주요 관심사는 일행 모두가 인도네시아로 다시 돌아오는지 여부였다.

필자가 물어보았을 때, 인다는 네팔 파트너에게 더 이상 어떠한 로맨틱한 감정도 품고 있지 않다고 강조했다. 인다는 아이들이 아버지와 아버지쪽 가족을 볼 필요가 있기 때문에 네팔에 간다고 설명했다. 아이들의 친가는 인다의 가족인 가난한 외가보다 훨씬 더 부유했기 때문에 네팔에서 두 아이는 더 나은 교육과 미래에 대한 전망을 가질 수 있으리라 생각했다. 인다는 그곳에서 일자리를 찾아 막내를 돌보는 부모에게 돈을 보내줄 수 있기를 바랐다. 인다는 또 처음에는 (네팔 가족들은 몰랐던) 막내 아이도 결국에는 네팔로 불러올 수 있게 되길 바랐다.

2019년 3월 말, 인다는 네팔 "가족"이 자신과 아이들의 아버지와의 결혼을 제안하자 이를 심사숙고했다. 2011년에 필자와 만났을 때 인다의 큰아이가 말하면서 그림 그려오던 것과 같은 낭만적인 동화는 아니었을 것이다. 그 대신, 오로지 "아이들의 미래"에 대한 우려가 동기가 되었을 것이다. 비자가 만료되기 전 아이들을 학교에 입학시키기 위해, 인다와 아이들의 아버지는 다음 달에 정식으로 결혼했다. 인다는 다시 불붙는 로맨스에 대한 희망은 없었던 데다가 몇 주가 지나자 그에게 엄청난 분노를 표출했다. 그는 아이들에게 친절했지만, 인다가 몇 년 동안 겪었던 어려움에 대해 아무런 후회도 내비치지 않았고, 그 때문에 인다에게 더 잘해보려고 시도하지도 않았다. 인다는 그가 오로지 자기 가족에게만 의지하고 일을 하지 않는 것에도 화가 났다. 인다는 또한 언어 능력 없이 일자리를 구하는 것이 얼마나 어려운지에 대해서도 깨닫기 시작했다.

3. 분석: 제도와 젠더화된 주체

루베이드(Luibhéid, 2002)가 제도적 절차와 이민 정책에 의해 특정 사회 범주가 제도적으로 구축되거나 창조된다고 묘사한 것은 인다의 독특해 보이는 이주 경험에 통찰력을 제공한다. 그래서 필자는 인다가 여성, 가사노동자, 어머니, 딸로 등장하는 인다의 이야기에서 경험의 젠더화된 차원을 형성하는 일련의 정책과 제도에 주의를 집중할 것이다. 마찬가지로 버랜트와 뱁의 저서로 정리해 본다면 인다의 경험은 본질화된 이분법적 젠더 범주와 이성애규범이 생산될 때 사람들이 어떻게 동시에 순종하는 주체로 만들어지는가를 보여준다. 이분법적 이성애 범주는 이주자 또는 이동하는 사람들에 대한 다양한 공식적인 범주와 관련된 이주상의 지위 및 권리에 부과된다. 그러나 인다의 경험은 또한 사람들이 규범적 기대에 미치지 못하고 긴장이나 순응 부족, 변화의 가능성, 결혼과 모성에 대한 특정한 이성애규범적 가정에 대한 비판과 거부감을 드러낼 때, 그러한 추정된 범주의 한계를 – 그리고 넘쳐흐르거나 닳아버린 가장자리도 – 보여준다. 소위 외국인 가사도우미FDH: Foreign Domestic Helper나 외국인 가사"노동자"FDW: Foreign Domestic Worker(노동자 활동가들은 이렇게 부르는 것을 선호하는데)는 유연하며 착취 가능한 임시 노동력에 대한 고도로 젠더화된 범주를 구성한다. 그리고 이들 송출국 및 수용국 국가 모두에 의해 순응하는 주체가 된다. 그러나 이 범주들은 필연적으로 파열될 수밖에 없는데, 사람들은 결코 노동자일 뿐일 수 없고 절대 총체적으로 순응할 수 없기 때문이다.

1) 젠더화된 기대

규범적인 자바의 젠더화된 기대와 그런 기대의 위반은 인다의 이야기 전반에 걸쳐 서로 얽혀 있다. 특히 기성세대 사이에서 남성이 주요 생계부양자breadwinner 라는 공통의 기대가 있지만, 최근 수십 년간 남아시아와 동남아시아에서 해외 취업의 기회는 여성에게는 늘어난 반면 남성에게는 줄어들었다. 게다가 인도네시아 여성은 남성(아버지, 남편, 형제)에게 복종하리라 기대되며 남성은 여성을 보호해야 하지만, 이는 항상 지킬 수 없는 이상이다. 소녀가 자라면 부모님의 승인을 얻어 결혼을 하고, 아이를 갖게 되리가 기대된다. 여성이 해외로 일하러 나가면 부모, 남편, 자녀, 동생에 대한 일상적인 돌봄을 소홀히 한다고 비춰지는 경우가 많다. 더욱이 송금을 통해 여성은 남성이 생계를 책임진다는 규범을 무너뜨리는데, 이는 젊은 세대 사이에서 점점 더 흔해지고 있으며 아내가 해외에서 일하기를 기대하는 게으른 남성에 대한 관념을 낳는다. 여성이 해외에서 일하는 것을 선택하거나 선택하라는 압력을 받으면서 헤게모니적 기대는 현실과 충돌한다. 여성은 다양한 이유로 해외에서 일한다. 가난과 가족 구성원을 부양하고자 하는 욕망이나 필요성 때문에, 가족 또는 부부간의 갈등이나 폭력을 피해서, 또는 누구와 언제 결혼할지, (때로는) 결혼을 할지 말지에 대한 갈등 때문일 때도 있고, 현대적인 도시에서 모험을 감행하고 싶기 때문일 수도 있다. 해외에서 일하고 귀환자와 마주치면서, 젊은 여성은 점점 더 고향 밖에서의 가능성, 자유와 모험, 사랑과 성에 관한 새로운 생각을 접하게 된다.

필자가 아는 자바 농촌에 거주하는 인도네시아 여성 수십 명은 부모가 선택하거나 부모에게 승인을 받은 파트너와 10대 후반이나 20대에 결혼하리라는 기대를 받았다. 그러나 어떤 이는 결혼을 피하기 위해 이주를 선택했고, 어떤 이는 어머니는 갖지 못했던 기회를 이용하여 불행하거나 학대받는 결혼생활로부터 탈출하기 위해 집을 떠났다. 기혼이든 아니든 간에 많은 젊은 여성이 가족을 부양하기 위해 해외로 나가면서, 일자리가 없거나 불완전 고용 상태인 남편이나 파트너가 점점 더 그런 선택을 격려하기도 한다. 일부 이주여성들은 해외에서 만난 남성이나 여성과 낭만적이거나 가까운 애착 관계를 발전시켰다. 한편 고향에 있는 그들의 파트너 중 일부는 다른 이성에게 열중하며 해외에서 이주여성이 보내 준 송금을 탕진했고 그렇게 그들의 결혼은 끝나기도 했다.

임신을 하고 홍콩에서 어머니가 된 이주노동자들은 스스로 내면화한 젠더화된 기대뿐 아니라, 세계의 많은 다른 지역(특히 남아시아와 아프리카)에서 온 홍콩에서 만난 파트너의 젠더화된 기대의 대상이 된다. 홍콩에서 만난 파트너들은 종종 종교나 성적 지향, 결혼상의 지위, 낭만적이고 도덕적 기대의 측면에서 차이를 보였다. 많은 남성은 이러한 관계를 단지 성적일 뿐이거나 단기적인 것으로만 여겼으나 일부 여성은 다른 방식으로 발전할 것을 기대하거나 희망했다. 이러한 갈등은 젠더화된 비/도덕성에 대한 가정에 얽매여 있지만, 로맨스에 대한 생각과 같은 그러한 관념은 이주의 맥락 안에서 바뀔 수 있다. 인도네시아의 무슬림 여성들은 인다처럼 자신들의 파트너를 찾을 수 있는 권능감empowering이나 해방감을 주는 세계시민적인 장소로 홍콩을 경험할 수 있을 것이다. 반면에 다른 이들은 때때로 홍콩에 있는 동안 기독교도나 무슬림 파트너의 젠더화된 기대를 받아들이면서 옷차림과 외모가 점차 더 보수적으로 바뀌기도 한다.

2) 새로운 기회

이주 가사노동자들은 홍콩에서 자신들의 노동에 대한 대가를 받고 새로운 연애나 사회관계에 참여할 자유를 누리면서, 어떤 점에서는 해방감을 느끼는 경험을 한다. 그렇지만 실제로는 방문국의 지역사회에서 고도로 젠더화된 역할을 지속적으로 수행하며, 고국에서 여전히 어머니로서의 책임을 짊어지고 있다. 1990년대 후반 아시아 금융위기 이전에는 홍콩의 외국인 가사노동자 대부분이 필리핀 출신이었다. 금융위기 이후, 특히 중부 및 동부 자바의 가난한 지역에서 온 저학력의 젊은 농촌 출신 인도네시아 여성의 채용이 급격히 증가했다. 홍콩의 고용주는 필리핀인 가사노동자의 대안으로 인도네시아인을 환영했는데, 필리핀인이 대학 교육, 영어 능력, 광범위한 지원 네트워크 및 권리에 대한 풍부한 지식으로 인해 너무 단호하고 요구가 많다고 여겼기 때문이다. 반대로 중학교 교육을 받은 농촌 출신의 젊은 인도네시아 여성은 필리핀인보다 더 순종적이고 유순하다고 여겨져 교육을 덜 받은 고용주에게 더 호감을 샀다.

한편, 인도네시아에서 외국인 가사노동자는 (10년 전 필리핀과 마찬가지로) 국가의 자원이자 잠재적 수출품으로, 그리고 채용 산업과 이주의 규제 및 요구 조건과 결부된 정부 기관의 중요한 수입원으로 여겨졌다. 1990년대 후반에 인도네시아인은 동아시아 비무슬림 국가에서도 일할 수 있는 외국인 가사노동자로 적극적으로 마케팅 되었다. 다른 한편으로, 인도네시아 여성이 외국인 가사노동자로 홍보되는 추세에 대해 공개 석상의 토론이나 반대가 없는 것은 아니었다. 비판 가운데는 여성이 해외에서, 특히 비무슬림 국가에서 일하는 것이 위험하고 수치스럽다는malu(인도네시아어로 수치심이라는 뜻 – 옮긴이) 목소리가 컸다. 농촌 가정에서 필요로 하는 상당한 소득을 안겨주고 이상적으로는 경제발전에도 기여할 수는 있지만, (남성이 아닌) 젊은 무슬림 여성이 아버지, 형제 또는 남편의 보호로부터 멀리 떨어져 일하면 수치스럽고 위험하다는 것이다. "남겨진 아이들"에게 끼치는 영향은 잠재적인 경제적 이익과 어머니의 부재로 인한 잠재적 피해와 관련하여 논의되었다. 여성 이주노동자는 – 특히 재정적으로 성공하지 못하거나 임신 중에 또는 아이와 함께 귀국하면 – 가족과 국가에 수치를 안겨줄 가능성이 있다는 비판에 특히 취약했다.

3) 브로커와 관공서

외국인 가사노동자로서 인도네시아 여성의 역할은 고국과 수용국에서 모집에 투입되는 정부 및 비정부적 관료제에 의해 공동으로 만들어진다. 몇몇 예외를 제외하면 FDW는 모두 여성이며 인도네시아에서는 여성만이 FDW로 해외에서 일할 수 있다.[6] 인도네시아 관공서 및 모집 중개업소는 지방과 주정부의 다양

---

6 필리핀 남성은 FDH 비자를 받아 보통 (필리핀 여성들도 가끔 하는 좀 더 남성적인 노동인) 운전사와 정원사로 해외에서 취업할 수 있지만, 인도네시아 남성 가사노동자는 매우 이례적이다. 세차, 개 산책, 정원 가꾸기 등을 해야 하는 여성 가사노동자들은 때때로 이런 일은 여성에게 부적절하다며 불만을 토로하기도 한다.

한 층위에서 개입하여 노동이주 과정을 통제하고 이익을 얻는다. 정부 관료제는 고위 공무원으로 갈수록 대부분 남성이고 낮은 지위로 갈수록 여성의 수가 늘어나는 방식으로 계급화·젠더화되어 있다. 브로커와 모집 중개인은 대부분 남성이기도 하다. 이러한 남성적 역할에는 — 아버지나 형제와 같이 — 갓 모집된 여성에게 가부장적 보살핌과 보호를 제공한다는 의도도 담겨 있지만, 이윤 창출에 집중하는 기업 활동의 특성을 고려할 때 그러한 의도는 현실화되기 힘들다. 여성을 모집할 때 주요한 관심사는 더 많은 여성을 모아 돈을 버는 일이다. 이 과정에서 여성은 커다란 부채를 떠안게 된다. 일반적으로 채용을 위해 든 비용을 상환하려면 최대 7개월치의 임금을 지불해야 한다. 필수 훈련 캠프에서는 종종 가족과 연락을 거의 취하지 못하는 상태로 몇 달 동안 머무르며 지속적으로 젠더화된 감시하에 놓인다. "보살핌"이라는 미명 아래 갇혀 지내면서 통제당하고 감시를 받는 것이다. 신규 채용자는 전직 외국인 가사노동자가 포함된 여성 스태프로부터 "네, 사모님," "네, 선생님"이라고 말할 수 있는 순종적인 가정 "도우미"가 될 수 있도록 훈련받으며 보수 없이 일할 것을 요청받는다(Killias, 2018).

인도네시아 여성의 지리적 이동은 남성보다 더 엄격하게 단속된다. 여성은 아버지나 남편의 서면 승인을 받아야 해외에서 일할 수 있다(남성은 그렇지 않다).[7] 대부분의 경우 채용 담당자는 필수 요건을 해결하는 방법을 개발한다. 모집자와 부패한 공무원은 (실제이지만 허위인) 소위 "아스팔aspal" 문서[8]를 작성하여 여성이 이주할 수 있도록 (그리고 모집자가 이익을 얻을 수 있도록) 한다. 이 문서에서 나이, 이름 또는 아버지의 이름은 바뀔 수 있다. 남성 브로커나 중개책(Lindquist, 2018; Kloppenburg, 2013)이 출발할 때 또는 귀국할 때 공항에 데려다주면서 여성 이주자를 남성 이주자보다 더 면밀하게 감시하는데, 이는 보호하려는

---

7 만약 둘 다 없는 경우에는 형제나 가장 가까운 남자 친척의 허락을 받아야 한다.

8 인도네시아어로 아스팔트를 의미하는 aspal은 "asli tapi palsu"(real but fake)라는 인도네시아어 표현의 줄임말로, 필요한 절차를 제대로 거치지 않고 공식적으로 발부받은 문서를 말한다 — 옮긴이.

의도를 갖고 있으나 종종 표적이 될 가능성을 높인다(Silvey, 2007).

2000년대 초, 실패한 관계에서 벗어나 더 나은 미래를 위해 집에 송금할 수 있다는 희망으로 인다는 (당시 대부분의 인도네시아인에게 발급되는 5년짜리 표준 여권이 아닌) 3년짜리 외국인 가사노동자FDH 여권을 가지고 2년 계약으로 일하기 위해 처음 싱가포르에 도착했다.[9] 해외에서 일하기 위해 여권을 발급받는 데 필요한 모든 서류를 얻기 위해 인다는 모집자의 도움을 필요로 했고 아버지의 승인(그리고 서명)이 필요했다. 인다의 아버지는 기꺼이 동의했지만, 필자가 알고 있는 다른 많은 경우 나이 제한에 맞추어 연령을 높이거나 해외 취업이 가능한 위조 서류를 얻기 위해 여성들은 모집자의 도움을 받았다.

인다가 홍콩으로 떠날 때 여권에는 인다의 계약서에 부합하는 "FDH 비자"가 있어 2년간 홍콩에 머물 수 있었다. FDH 계약서는 여성이 계약을 체결한 고용주의 가구와만 동거하고 일할 것을 명시한다. 이러한 비자는 오고 가는 다른 사람들과 외국인 가사노동자를 식별하고 구별하기 위해 고안된 것일 뿐만 아니라, 주로 동남아시아나 남아시아의 덜 부유한 지역에서 온 외국인 여성(그리고 때로는 남성)의 입국을 돕고, 홍콩 가정에 혜택을 주는 값싼 노동력을 제공하기 위한 필수적인 수단이기도 하다. 많은 현지 여성이 공식 노동력으로 일하는 도시에서 FDH 제도는 이들에게 경제적 이익과 더 높은 지위를 제공하며, 아동과 노인 돌봄 노동을 감당하기 어려운 상황을 대처하기 위한 실용적이고 상대적으로 저렴한 정부 해결책이다.

4) 홍콩에서

2018년 홍콩에는 약 38만 명의 외국인 가사노동자가 있었으며, 이 가운데 절

---

[9] 2015년에는 외국인 가사노동자도 표준 5년 여권을 발급받을 수 있었고 3년짜리 여권은 더 이상 발급되지 않았다.

반이 필리핀인이고, 인도네시아인은 절반(약 16만 명)에 약간 못 미쳤다. 수용국에서는 여성이 돌봄 제공자이자 가정주부라는 여성적인 일을 하도록 길러진다는 널리 퍼진 가정에 따라 가사노동이 여성의 일로 젠더화되어 있는데, 이는 가사노동자의 낮은 계급과 농촌 출신 배경, 순종성과 같은 관념에 의해 강화된다. 외국인 가사노동자는 육아, 노인 돌봄, 모든 종류의 집안일과 같은 여성적인, 또는 여성의 책임으로 여겨지는 일을 한다.[10] FDH 비자 소지자는 정의상 "임시 노동자"로, 얼마나 많은 고용계약을 맺고 얼마나 오래 살았는지와는 상관없이 홍콩 거주자가 될 수 없다. 2012년 항소심 최종 법원에서 홍콩 판사가 판결했듯이 외국인 가사노동자는 오로지 노동자로서만 홍콩에 머물 수 있다. FDH 계약과 해당 비자가 만료되면, 이들은 2주 이내에 도시를 떠나야 한다. 떠나지 못한 사람들은 '체류 조건'을 어겼기 때문에 구속 수감될 수 있다.

외국인 가사노동자는 홍콩으로 가족을 데려오는 것이 허용되지 않는데 인다처럼 일부는 홍콩에서 임신을 하게 된다. 홍콩 노동 조례에 따르면 외국인 가사노동자는 법적으로는 임신이 허용되며 이론상으로는 임신으로 인한 해고를 부당한 젠더차별의 한 형태로 인정하고 있다(Constable, 2019). 하지만 많은 가사노동자가 이러한 모성 보호 조치에 대해 잘 모른다. 일부 고용주는 이런 법에 대해 모르거나 가사노동자의 임신에 대해 강력히 반대한다. 따라서 가사노동자는 고용주가 임신 사실을 알게 되면 해고당하거나 자발적으로 고용주를 떠나는 경우가 많다. 그 후 일부는 인다와 같이 비자에 명시된 체류 기간을 "넘기며" ― 비순응적인 주체로 ― 잔류한다.

몇 년 동안 홍콩에서 비자 체류 기간을 초과하여 거주하면 일반적으로 재판을 받아 체류 조건을 어긴 죄로 유죄판결을 받고, 초과 체류를 한 연수年數만큼

---

10   몇몇 외국인 가사노동자들은 적극적으로 시위에 참여하거나 고용주의 억압에 저항하거나 젠더 중립적이거나 남성적인 형태의 자기표현 방식을 취하면서, 외국인 가사노동자에게 기대하는 순종적 여성성이라는 고정관념에 저항한다.

월月 단위로 세어 한 달이나 두 달 또는 그 이상의 징역형을 선고받는다. 체류기간이 매우 짧은 경우, 다른 혐의(예를 들어 불법 노동)가 없고 홍콩을 떠나는 것에 동의하면 판사가 집행유예를 선고할 수 있다. (망명 신청을 하지 않은) 인다와 같은 초과 체류자는 귀국을 선택할 가능성이 높다. 인다의 (네팔인) 파트너는 자녀에 대한 어떠한 권리도 주장하지 않았고, 그에게 합법적인 거주권과 가족을 부양할 재정적 능력이 없다면 인다와 아이들에게 결코 거주권이 선택지가 될 수 없다.[11] 인다가 홍콩의 이민국에 넘겨져 법원에 출석해야 했을 때 아이들의 아버지는 거의 언급되지 않았고, 그도 뚜렷하게 자식을 책임지려고 하지 않았다. 인다는 어머니가 양육권을 가진 부모라는 일반적인 가정에 따라 이들에 대한 책임을 인정받고 집행유예를 선고받은 뒤, 한 비정부단체가 제공한 항공권으로 바로 귀국했다.

5) 귀국

남편 없이 인도네시아로 돌아오는 이주자 어머니는 (해외에서 무슬림식 니카nikah 결혼식을 올렸다고 해도) 미혼모single mother로 간주된다. 이들의 아이들은 사생아로 간주되며, 아이의 아버지가 지역 주민임을 확인할 수 있는 서류를 얻지 못하면 시민에게 제공되는 학교 교육이나 음식 지원의 일상적 혜택을 받을 자격이 없다.[12] 인다가 인도네시아로 돌아왔을 때, 인다와 자녀들은 미혼모에 대해 자바

---

11   홍콩에 거주하는 네팔인 중에서 1997년 이전 홍콩에서 영국군으로 근무한 구르카(Gurkhas)인이거나 구르카족의 후손이라면 거주권을 갖는 경우도 있다. 인다는 네팔인 파트너가 그의 아버지와 마찬가지로 홍콩에 남아 있을 수 있는 법적 권리를 가지고 있지만 영주권을 신청하지 않았다고 생각했다. 법적으로 홍콩에서 거주권을 가진 사람의 외국인 파트너가 잠재적으로 거주할 수 있는 권리를 얻기 위해서는 거주권을 갖는 배우자가 부양인으로서 파트너를 후원할 수 있는 재정적 능력이 있어야만 한다. 합법적인 거주자의 자녀는 거주권을 취득할 수 있지만, 출생증명서에 거주권자인 부모의 이름이 표시되어야 한다. 이 두 조건 모두 인다의 아이들의 경우에는 충족되지 않았다.

지역사회가 행사하는 낙인의 힘을 완전하게 경험했다. 위에서 언급했듯이, 인다가 돌아온 뒤 인도네시아 남성과 사귀게 된 이유의 일부는 인다를 느슨한 여성으로 여기는 현지 남성을 포함한 이웃의 가십과 비난을 피하기 위함이었다. 남성 파트너를 두면서 어느 정도 보호를 받고 사회적 정당성을 얻을 수 있었지만 부모와의 관계는 더욱 악화되었다.

인다는 2014년 싱가포르에서 일하기 위해 떠날 때, 필자가 "속죄의 이주 순환"이라고 부르는 상황 속으로 재진입했는데, 이는 "결혼하지 않고" 가진 아이에 대한 죄책감, "미혼모"라는 죄책감이 촉발하여, 수치심(말루malu)에 특정하게 젠더화된 형태를 부여하면서 이들 가족에게 더 많은 부담을 더하는, 반복되는 이주 패턴이다(Constable, 2014). 여성들은 말루 때문에 본국으로 송금하고 가족의 상황을 개선함으로써 스스로를 되찾기 위해 이주 노동의 순환 고리에 재진입하려고 한다. 집에 시멘트 바닥을 깔고 콘크리트 벽을 설치하는 등 생활에 가시적인 변화를 주는 송금은 착한 딸임을 입증하는 데 도움을 준다. 이러한 이주 주기가 미혼모에게만 적용되는 것은 아니지만, 미혼모는 파트너가 없거나 있더라도 멀리 떨어져 있거나, 자녀에 대한 경제적 책임을 분담할 수 없거나 분담할 의사가 없기 때문에 이주에 대한 의욕이 더 강한 경우가 많다(Constable, 2018a). 아이들은 대개 친척, 보통은 이주여성의 자매나 어머니와 함께 남아 있고 이들에게 여성들은 인다처럼 송금을 한다. 새로운 파트너 또한 이러한 이주자 어머니를 수입원으로 보는데, 여성이 다시 해외로 일하러 갈 것으로 쉽게 확신하기 때문이다.

6) 선적 거부

아이들과 네팔에 가려는 인다의 첫 시도에는 중요한 젠더화된 함의가 담겨

---

12   어떤 경우에는 조부모나 다른 친척을 부모로 기록한 새로운 출생증명서를 얻는다.

있다. 마리아 황Maria Cecilia Hwang은 필리핀의 경우 이주를 원하는 여성의 경제적 지위를 아주 낮게 잡는 방식으로 비행기 승선을 못하게 하는 필리핀 출입국 공무원의 "선적 거부offloading" 관행을 묘사했다(Hwang, 2017). 황은 필리핀 출입국 관리가 여성이 해외에서 불법 노동에 종사하거나 매춘과 같은 다른 불법 행위에 가담하는 것을 막기 위한다는 명목으로 이 관행을 보호적이고 온정적인 인신매매 방지책이라고 정당화한다는 것을 보여준다. 인다의 경우에서 볼 수 있듯이, 시민에 대한 인도네시아의 국경 정책도 충격적이리만치 유사하다. 이 정책은 가부장적인 "보호"라는 명목하에 취업중개업소가 대행하는 노동이주가 아닌 방식으로 국경을 넘으려는 시도와 겉보기에 경제적으로 하층 계급인 여성의 이동성을 표적으로 삼고 제한한다. 게다가 네팔은 인도네시아 노동자들의 목적지도 아니고 인도네시아인에게 흔한 관광지도 아니기 때문에 인다의 계획은 즉각적으로 의심받게 되었는데, 이는 특히 인다가 관광객으로서 필요한 가시적인 자원이 부족해 보였기 때문이다. 결국 인다는 아버지의 회사명, 추가 자금, 귀국 비행기 표를 제시해야만 떠날 수 있었다.

7) 결혼과 시민권

네팔의 출입국체제도 한몫을 했다. 네팔에 도착한 지 몇 주 뒤, 인다와 자녀들의 방문 비자가 만료되려고 할 때, 인다는 더 오래 머물 수 있는 유일한 대안을 직시할 수밖에 없었다. 바로 결혼이었다. 인다는 선택의 여지가 거의 없었는데, 아이들이 네팔에 합법적으로 남아서 학교에 가거나 아이들 아버지의 가족으로부터 지원을 받으려면, 아이들의 아버지와 결혼하는 수밖에 없다고 말했다. 결혼은 아이들이 네팔인 친부, 거주지, 시민권을 가질 수 있게 해주었다. 비자를 연장하기 위해서는 아이들 아버지와 인다의 결혼에 대한 인다 아버지의 인정과 허락을 증명하는 서류를 인다의 부모 모두가 작성하고 서명해야만 했다. 일단 이 서류가 제출되자 인다의 가족은 결혼을 진행하기 위해 비자를 연장받았고 아이들은 학교에 등록했다.

정통성의 헤게모니적이고 이성애규범적 기준을 (최소한 서류상으로 그녀의 부모 눈에) 충족하자 인다와 자녀들은 달리 접근이 불가능했던 사회적 혜택을 누릴 수 있었는데, 이는 시민권에 얽혀 있는 결혼과 가족 제도를 통해 확보되는 이성애규범성의 헤게모니를 다시 한 번 보여준다. 그러나 이 예시가 보여주는 것은 이러한 배열들arrangements의 닳아빠진 가장자리이기도 하다. 인다는 아이들을 돕기 위한 결심이 선 상태였을 뿐 낭만적인 결합이나 "정상적인" 결혼에 대한 환상은 없다고 주장했다. 그 후 몇 달 동안, 인다는 확장된 가족에 대한 고려가 없으며 무엇보다 게으르고 일하지 않는 자신의 파트너에 대한 화가 점점 더 치밀어 오를 뿐이었다.[13]

4. 맺는말

이주하는 도중 또는 이주 후에 젠더 역할과 관계가 변할지, 그리고 변한다면 어떻게 변하는지 묻는 질문에 대한 답은 복잡하고 다양하다. 강윤희는 한국의 "기러기" 아빠가 싱가포르로 교육 이주하여 주요 양육자의 역할을 수행하고, 그동안 어머니는 다른 곳에서 전문직으로 일하는 보기 드문 상황을 묘사한다(Kang, 2012). 교육 이주에 참여하는 중산층 남성은 (자녀교육 때문에 해외에 거주하는 어머니가 아버지보다는 훨씬 많기 때문에) 자신의 독특함을 인정하고, 양육 역

---

13 필자는 다른 곳에서 인도네시아와 필리핀의 미혼모와 아이를 입양하는 미혼 여성 또는 동성 관계의 여성들의 사례에 대해 글을 썼다(Constable, 2018a). 돌봄 제공자로서 다양한 영역의 친척들에 의해 양육이 이루어지며, 현재 시점에서 볼 때 최신 경향이라거나 독특하다고 할 수 없는 이러한 유연한 가족 구성은, 너무 좁은 이성애규범적 렌즈가 사용되고 있음을 시사한다. 이민 정책이나 연구는 아마도 특정한 공식적이고 헤게모니적인 범주를 반영하고 만들어내고, 그러한 범주의 한계를 드러낸다.

할에서 남성적인 자부심을 갖는다. 필자가 알고 있는 모든 사례에서 인도네시아의 육아 책임은 인다의 경우처럼 거의 전적으로 부재 중인 여성의 여성 친척이나 가끔은 시어머니에게 넘어갔는데, 이는 육아와 가사 노동에 대한 젠더화된 책임에서 거의 변화가 일어나지 않았다는 점을 시사한다. 그러나 최근 동남아시아의 여러 지역에서 이루어진 이주 가구에 대한 대규모 연구를 통해 여성 이주가 어머니의 부재로 인해 최소한 일시적으로는 아버지의 육아 참여 증가를 이끌어낼 수 있다는 점이 보고되었다(Hoang et al., 2015). 그럼에도 홍콩과 싱가포르를 포함한 송출국과 수용국 모두에서 대부분의 육아를 담당하는 사람은 여전히 여성인 경우가 가장 일반적이다.

위에서 언급한 바와 같이, 이러한 젠더화된 노동 분업과 이와 관련된 "돌봄 사슬care chain"(Parreñas, 2001)은 인다와 같은 가난한 동남아시아 여성들이 종종 고국과 해외 모두에서 가사노동과 여성적 돌봄 역할을 모두 맡는 방식으로 계급과 많은 경우 종족·인종 또는 국적에 따라 형성된다. 이를 통해 중상류층 여성들은 집 밖에서 좀 더 명망 있고 수익성이 좋은 직장을 잡아 일할 수 있게 된다. 그러므로 여성 고용주는 일상적인 돌봄과 집안일은 훨씬 덜 하지만, 대개는 가정을 운영하고 가사노동자를 감독할 책임을 진다. 비록 이주가 인도네시아와 필리핀 여성들에게 새로운 유급 노동의 기회를 제공하여 남성이 주요 생계부양자라는 아시아에서 기대되는 젠더화된 패턴을 바꿀 수 있다 하더라도, 예외적인 경우를 제외하고 가사와 돌봄 노동에 대한 부담과 책임은 여전히 여성의 것으로 남아있다.

그러나 그러한 양식과 가정에 대해서는 보다 미묘한 양식을 조사하기 위한 더 많은 민족지적이고 세심한 노력을 기울인 연구가 필요하다. 표면상 젠더화된 양식이라는 점에서 같아 보일지 모르지만, 실제 주관적 수준에서 젠더화된 경험은 일을 하면서 월급을 받고, 욕망을 바꾸고 "세계에 귀속belonging in the world" 하는 방식의 형태를 바꾸는 "세계시민주의cosmopolitanism"나 "세계시민적인 분투 cosmopolitan striving"를 성취한 여성에게는 다를 수 있다(Park and Abelmann, 2004;

Vogel, 2020). 인다와 같은 이주노동자들은 세계시민적인 외양을 더 갖추게 되면서 스스로를 위해서가 아니라면 아이들을 위해서라도 다르면서 더 나은 삶을 위해 노력한다. 여성 이주노동자는 더 이상 고국의 집에서 편안함을 느끼지 못할 수도 있고(Constable, 1999), 다른 곳에서 아이들을 위한 더 나은 미래를 상상하기도 한다. 인다는 인도네시아에서 홍콩, 싱가포르, 네팔로 자신을 이끈 길과 그 길에서의 경험과 욕망을 되새기면서 한때 자기 삶의 많은 부분이 믿기 어려울 만큼 텔레비전 연속극감이라고 말하기도 했다.

인다의 이야기 그리고 필자가 알고 있는 다른 이주노동자의 이야기는 추가 연구가 필요한 흥미로운 세대 간의intergeneraltioanl 관계와 책임감, 그리고 변화를 보여준다. 1990년대에 홍콩으로 온 많은 필리핀 가사노동자는 자신들이 홍콩에서 일을 하기 때문에 자녀들이 더 나은 교육을 받을 수 있어서 이 아이들은 더 이상 이주노동자가 되지 않아도 된다고 말했다(Constable, 2007). 하지만 그 이후로도 필자가 만난 몇몇 이주노동자는 어머니도 이주노동자였다. 고등교육은 많은 필리핀 사람들이 알고 있듯이 더 나은 취업 기회를 보장하지 않는다. 많은 필리핀 어린이들이 어머니의 송금 덕분에 더 나은 교육을 받고 있지만 아이들의 교육은 더 많은 노동력 이주를 추진하게 된다. 교육의 증가에도 불구하고 - 가사노동자, 간호사, 또는 호텔과 접대 산업에서의 - 더 나은 일자리는 해외에서 발견된다(Ortiga, 2017). 게다가 인도네시아와 필리핀에서 딸들 모두는, 특히 나이가 많은 딸들은 부모와 동생, 형제, 그리고 자신의 아이들을 부양해야 한다는 사회적 의무를 계속 강하게 느끼고 있다. 이러한 세대 간 책임은 필리핀 이주여성이 필리핀의 지배적인 젠더 규범과 갈등하도록 한다. 송금은 고맙게 여기면서도 이들에 대한 비난도 따르는데, 특히 더 윗세대나 더 보수적인 동년배층으로부터 가족에게 좋은 엄마이거나 딸, 자매 또는 아내가 아니라는 말을 듣게 된다

인다의 경험은 부조리한 진퇴양난의 상황을 보여준다. 네팔로 이주한 인다는 자녀들이 더 나은 교육을 받고, 인도네시아에서의 오명을 벗고, 아이들 아버지와 친가쪽 식구들과 더 가까워져서 어떤 식으로든 더 나은 삶의 수준이 되도록

돕고 있다. 그러나 그렇게 함으로써 인다는 인도네시아에 있는 자신의 친부모와 형제자매로부터 막내 아이와 부모를 버려두고 송금만 하고 있다는 비난을 받는다. 만일 인다가 인도네시아로 다시 돌아온다면 네팔인 파트너와 그의 가족을 떠난, "실패한 아내failed wife"이며 다시 한 번 "미혼모"라는 오명을 쓰게 될 것이다. 하지만 인다가 법적인 남편과 함께 네팔에 남게 된다면, 본인의 말에 따르면 죽는 순간까지 우울할 것이다. 거의 1년이 지난 지금, 결혼을 하고 새로운 학교와 가정에 천천히 적응하는 아이들과 함께 있는 인다는 네팔에 있는 아이들과 인도네시아에 있는 자신의 부모와 아이 양쪽 모두에게로 계속 끌려가며 의무감을 느끼고 있다. 가족에 대한 책임과 개인적인 욕망을 포함하여 각기 다른 방향으로 끌려가는 이러한 상황은 이주여성들이 흔하게 경험하는 것이다.

인다의 이동성(싱가포르, 홍콩, 그리고 결국 네팔로 가는 것)과 부동성(가는 장소마다 갇히는 느낌)은 이주와 귀환에 대한 비선형적 이야기를, 그리고 집home과 맺는 짜증스럽고 양면적인 관계의 예를 보여준다(Manalansan, 2012; Constable, 1999). 그것은 또한 매시가 제기한, 누가 이동하고 누가 이동하지 않으며 또한 누가 이동성을 통제하는지에 대해 질문을 상기시킨다. 분명히 인다의 계급과 젠더가 가사노동자로서 인다의 이동성을 촉진시켰지만, 이 이동성은 대체로 인도네시아와 싱가포르, 홍콩에서 이주를 규제하는 정부와 취업알선 기관에 의해 윤곽이 그려지고 범위가 제한되었다. 인다는 아이들을 데리고 이동할 수 없었다. 인다와 자녀들의 네팔 여행은 인다의 믿기 힘들 정도의 끈기와 독창성을 분명히 보여주었지만 그럼에도 이 여행은 또한 이들의 이동성에 대한 한계와 통제, 제한을 반영한다. 복수의 제도가 "누가 이동하는지를 통제control who moves"하고 또 젠더, 계급, 연령, 그리고 다른 요인들에 따라 어떻게 이동하는지를 통제한다. 인다의 셋째 아이가 네팔로 가는 것을 방해한 요인도 다수인데, 여기에는 아이 아버지의 반대와 (아마도 아이가 있어야 인다가 계속 송금하는 것이 보장될 것이기 때문에) 인다 부모의 반대가 포함된다.[14]

이주여성들은 이주하는 것만으로 단순히 젠더에 대한 기대를 벗어날 수 없다. 인다와 필자가 함께 알고 있는 다른 여성들은 애초부터 자신들이 이주했다는 사실만으로도 부재하는 어머니가 되어 규범적인 젠더화된 기대에 부응할 수 없었다는 점을 알고 있었다. 하지만 퀴어 접근법을 취한다면, 우리는 이들의 경험을 핼버스탬J. Halberstam이 "실패의 퀴어 기술the queer art of failure"(2011)이라고 부르는 것과 유사한 경험으로 볼 수도 있다. 인다와 필자가 함께 알고 있는 다른 이주 미혼모는 돈이나 남편도 없이 집으로 아이들을 데리고 돌아온 "실패한 이주자들failed migrants"라는 비판을 받았다. 그러나 이들은 대안적이고 위반적이며 비규범적인 유형의 성공으로 간주될 수 있는 것을 행한 것이다. 핼버스탬이 주장하듯이, 실패는 "권력과 규율의 지배 논리를 묵인하는 것을 거부하는 방법이자 비판의 한 형태"이다. 실천으로써 "실패는, 대안이 이미 지배세력에 내재되어 있고 권력은 절대 총체적이거나 일관되지 않는다는 점을 인식한다"(Halberstam, 2011: 88). 실패는 전복적이고 생산적일 수 있다. 이론과 실제 삶에서 실패는 심각하게 받아들여지지 않는 듯 보인다. "실패는 실패하고 자신의 길을 잃어도 좋다는 의지를 수반한다." 또는 어쩌면 기꺼이 자기만의 방법으로 지겠다는 것일 수도 있다.

돈과 새로운 살림살이를 가지고 고국으로 귀환하는 데 실패한다는 것은 핼버스탬의 통찰력에 기대어 본다면, 세상에서 더 창의적이고 덜 관습적이며 예상하지 않았던 존재 방식을 제공한다. 이러한 존재 방식은 (우리가 얼마나 자세히 보는가에 따라) 규범적으로 보이거나 그렇지 않을 수 있지만, 인다의 결혼처럼 이주하는 삶에서 나타나는 퀴어 기술의 부분이다. 이주자들은 자유에 대한 새로운 경험을 하고, 비규범적인 선택에 대한 비판으로부터 벗어난다 – 또는 결혼이 반드시 겉으로 보이는 것과 같지 않다는 것을 이해할 수 있게 된다. 자기 자녀를 돌보기 위

---

14 이주자 어머니들은 "남겨진 아이들(left-behind children)"을 부양해야 한다는 강한 의무감을 느낀다. 이 새로이 구성된 사회적 범주는 인도네시아와 필리핀 어머니들의 초국적 노동이주라는 현대적 맥락에서 종종 역기능적이고 문제적으로 그려지는 반면, 흥미롭게도 좀 더 오래된 역사적 또는 현대의 국내 노동이주에서는 그렇지 않은 것으로 그려진다(Constable, 2018a).

해 자매나 어머니와 같은 다른 여성에 의존하는 대안적 가족 구성은 젠더 역할과 책임 면에서 그다지 급진적인 단절은 아니며, 자녀의 친부와 결혼하는 것은 (역사적인 선례가 있을 뿐만 아니라) 상당히 규범적으로 보일 수도 있다. 그러나 인다의 이야기를 이성애규범적 가정과 기대에 대한 굴복으로 단순하게 읽는 것은 상황을 잘못 읽는 것이 될 것이다.

퀴어 이주에 대한 연구는 "권력, 논쟁, 창조적 각색으로 만들어지는" "복수의 혼종적 성적 문화와 정체성, 신분 증명, 실천, 정치학의 출현에 대한 학문연구를 증진"시켜왔다(Luibhéid, 2008: 173). 비슷하게, 필자는 어떻게 겉으로 보기에 이성애적이고 보기에는 규범적인 헤게모니적인 젠더 형성이 권력과 논쟁, 창조적 반응으로 특징지어지는지 고려하는 것이 중요하다고 제안했다. 이성애규범성을 퀴어링하는 것, 또는 적어도 이성애규범을 따르는 젠더 이상에서 나타나는 균열과 파열을 지적하는 것은, 인다의 이야기가 보여주듯이 여성이 파트너를 구하고 혼외 관계의 아이를 가지면서 젠더 규범에 대한 일상적이지만 아마도 의도하지 않은 논쟁과 저항의 형식들을 드러낸다. 자녀에게 혜택을 주기 위해 결혼을 이용하는 것은 특히 제도의 힘을 보여주는 희생의 젠더화된 형식처럼 보일 수 있지만 이는 동시에 이상과 기대, 그리고 실용적인 기회주의에 대한 질문을 보여준다. 인다는 법적으로나 종교적으로 결혼하지 않고 두 파트너와 아이들을 낳았지만, 첫째 아이가 10대에 접어들자 아이들의 네팔인 아버지와 결혼했다. 인다는 낭만적인 재결합과는 거리가 먼 이 결혼에 대해 사람들의 추측에도 불구하고 오로지 실용적인 조치였다고 주장한다. 인다는 아이들이 자신이 없어도 지낼 수 있게 되면 다시 이주하게 될 것 같다고 말한다. 다른 많은 이주민의 이야기처럼 인다의 이야기는 쉬운 논리와 궤적을 거스른다. 또한 규범과 일탈에 대한 이분법, 사랑과 로맨스에 대한 추정, 안정된 젠더 범주라는 관념을 복잡하게 만든다 (Babb, 2006).

요컨대, "퀴어링 이주queering migration"에 대한 민족지적 접근은 잠재적으로 남반구에서 온 여성 노동이주자의 경험에 대한 새로운 이해를 드러낼 수 있다. 여기에는 결혼과 모성, 가족 구성, 섹슈얼리티에 대한 규범적 가정을 질문하는 것이 포함된다. 필자는 (이동성과 일, 결혼, 가족과 관련된 것들을 포함하는) 이주 제도가 이주 과정에서 생산·재생산하는 젠더 규범에 의존하기도 하면서 이것에 기생하고 이를 착취해 왔다고 주장한다. 그러나 동시에 이주 제도는 젠더화되고 세대에 따른 실천과 양식에 예기치 못한 미묘한 변화를 일으킬 수 있으며, 그중 일부는 통시적으로 그리고 장소와 세대를 가로질러 따라가야만 충분히 인식할 수 있다. 종합하자면 여기서 필자는 이주와 이동성에 대한 우리의 이해를 더 풍부하고 깊게 만드는 비규범적인 양식들 또는 "실패failures"에 대해 세밀한 주의를 기울이는, 이주 패러다임의 젠더화를 다루는 민족지적인 검토를 제안하는 것이다. 젠더화된 이주 제도는 "친밀한 삶의 쟁점을 이용하여 특정한 형태의 지식과 실천을 정상화하고 순응하는 주체를 만들기" 위한 시도를 할 수 있으나(Berlant, 1998: 188). 그렇게 하는 데는 한계가 있는 것이다(이주영 옮김, 김민정 감수).

참고문헌

Babb, Florence E. 2006. "Queering Love and Globalization." *GLQ*, 13(1), pp.111~123.

Berlant, Lauren. 1998. "Intimacy: A Special Issue." *Critical Inquiry*, 4, pp.181~188.

Chan, Carol. 2018. *In Sickness and in Wealth: Migration, Gendered Morality, and Central Java*. Bloomington: U. Indiana Press.

Choo, Hae Yeon. 2016. *Decentering Citizenship: Gender, Labor, and Migrant Rights in South Korea*. Palo Alto: Stanford University of Press.

Constable, Nicole. 1999. "At Home but Not at Home: Filipina Narratives of Ambivalent Returns." *Cultural Anthropology*, 14(2), pp.203~228.

_____. 2003. *Romance on a Global Stage: Pen Pals, Virtual Ethnography, and 'Mail Order' Marriages*. Berkeley: University of California Press

_____. 2007[1997]. *Maid to Order in Hong Kong: Stories of Migrant Workers*(second edition). Ithaca: Cornell University Press.

_____. 2009. "The Commodification of Intimacy: Marriage, Sex, & Reproductive Labor." *Annual Review of Anthropology*, 38, pp.49~64.

_____. 2014. *Born Out of Place: Migrant Mothers and the Politics of International Labor*. Berkeley: University of California Press.

_____. 2016. "Reproductive Labor at the Intersection of Three Intimate Industries: Domestic Work, Sex Tourism, and Adoption." *Positions: Asia Critique*, 24(1), pp.45~69.

_____. 2018a. "Assemblages and Affect: Migrant Labour and the Varieties of Absent Children." *Global Networks*, 18(1), pp.168~185.

_____. 2018b. "Temporary Intimacies, Incipient Transnationalism, and Failed Cross-Border Marriages." *Intimate Mobilities: Sexual Economies, Marriage and Migration in a Disparate World*. In C. Groes and N. Fernandez(eds.). New York: Berghahn.

_____. 2019. "Tales of Two Cities: Legislating Pregnancy and Marriage among Foreign Domestic Workers in Singapore and Hong Kong." *Journal of Ethnic and Migration Studies*, 46(16), pp.3491~3507

Friedman, Sara. 2015. *Exceptional States: Chinese immigrants and Taiwanese sovereignty*. Berkeley: University of California Press.

Friedman, Sara and Pardis Mahdavi. 2015. *Decentering Citizenship: Gender, Labor, and Migrant rights in South Korea*. Philadelphia: University of Pennsylvania Press.

Groes, Christian and Nadine Fernandez. 2018. *Exceptional states: Chinese immigrants and Taiwanese Sovereignty*. Berghahn.

Halberstam, J. 2011. *The Queer Art of Failure*. Durham: Duke University Press.

Hoang, Lan Anh, Theodora Lam, Brenda S.A. Yeoh, Elspeth Graham. 2015. "Transnational Migration, Changing Care Arrangements and Left-behind Children's Responses in South-east

Asia." *Children's Geographies*, 13(3), pp.263~277.

Hwang, Maria Cecilia. 2017. "Offloaded: Women's Sex Work Migration across the South China Sea and the Gendered Antitrafficking Emigration Policy of the Philippines." *WSQ: Women's Studies Quarterly*, 45(1), pp.131~147.

Ishii, Sari K. 2016. *Marriage Migration in Asia: Emerging Minorities at the Frontiers of Nation-states*. Chicago: University of Chicago Press.

Kang, Yoonhee. 2012. "Any one Parent Will Do: Negotiations of Fatherhood among South Korean 'Wild Geese' Fathers in Singapore." *The Journal of Korean Studies*, 17(2), pp.269~298.

Killias, Olivia. 2018. *Follow the Maid: Domestic Worker Migration from Indonesia*. Copenhagen: NIAS Press.

Kim, Minjeong. 2018. *Elusive Belonging: Marriage Immigrants and "Multiculturalism" in Rural South Korea*. Honolulu: University of Hawaii Press.

Kloppenburg, Sanneke. 2013. "Tracing Mobilities Regimes: The Regulation of Drug Smuggling and Labour Migration at Two Airports in the Netherlands and Indonesia." PhD dissertation, University of Amsterdam.

Lindquist, Johan. 2018.4 "Infrastructures of Escort: Transnational Migration and Economies of Connection." *Indonesia*, 105, pp.77~95.

Luibhéid, Eithne. 2002. *Entry Denied: Controlling Sexuality at the Border*. Minnesota: University of Minnesota Press.

_____. 2008. "Queer/Migration: An Unruly Body of Scholarship." *GLQ: A Journal of Lesbian and Gay Studies*, 14(2-3), pp.169~190.

Mai, Nicola. 2012. "The Fractal Queerness of Non-heteronormative Migrants Working in the UK Sex Industry." *Sexualities*, 15(5/6), pp.570~585

Manalansan, Martin. 2012. Ch.2. "Wayward Erotics: Mediating Queer Diasporic Return." *Media, Erotics, and Transnational Asia*. In P. Mankekar and L. Schein(eds.), pp.33~51.

Massey, Doreen. 1994. *Space, Place and Gender*. Minnesota: University of Minnesota Press.

Mohanty, Chandra T. 1991. *Under Western Eyes. In: Third World women and the politics of feminism*. by Chandra Talpade Mohanty, Ann Russo, Lourdes Torres. Bloomington: University of Indiana Press.

Ortiga, Yasmin Y. 2017. *Emigration, Employability and Higher Education in the Philippines*. New York: Routledge.

Oswin, Natalie. 2010.4 "The Modern Model Family at Home in Singapore: a Queer Geography." *Transactions of the Institute of British Geographers*, 35(2), pp.256~268

_____. 2014.6 "Queer Time in Global City Singapore: Neoliberal Futures and the 'Freedom to Love'." *Sexualities*, 17(4), pp.411~433.

Park, So Jin and Nancy Abelmann. 2004. "Class and Cosmopolitan Striving: Mothers' Management of English Education in South Korea" *Anthropological Quarterly*, 77(4), pp.645~672.

Parreñas, Rhacel. 2001. *Servants of Globalization: Women, Migration, and Domestic Work*. Palo Alto: Stanford University Press.

Parreñas, Rhacel. 2005. *Children of Global Migration: Transnational Families and Gendered Woes*. Palo Alto: Stanford University of Press.

Paul, Anju. 2017. *Multinational Maids: Stepwise Migration in a Global Labor Market*. Cambridge: Cambridge University of Press.

Platt, Maria. 2018. "Migration, Moralities and Moratoriums: Female Labour Migrants and the Tensions of Protectionism in Indonesia." *Asian Studies Review*, 42(1), p.89~106

Silvey, Rachel. 2007. "Unequal Borders: Indonesian Transnational Migrants at Immigration Control." *Geopolitics*, 12, pp.265~279.

Tsing, Anna Lowenhaupt. 2005. *Friction: an Ethnography of Global Connection*. Princeton: Princeton University of Press.

Vogel, Erica. 2020. *Migrant Conversions: Transforming Connections Between Peru and South Korea*. Berkeley: University of California Press.

제2장

개발 시대의 해외이주와 젠더*

'국위선양'에 가려진 여성의 해외이주 다시 보기

황정미

1. 개발 시대의 해외이주 다시 보기

해외에 살고 있는 우리 동포, 이른바 재외한인은 750만 명이 넘는 것으로 추산된다. 글로벌 시대를 맞이하여 국경 너머의 동포를 위한 법률과 제도도 마련되었는데, 그 목적은 "재외동포들이 민족적 유대감을 유지하면서 거주국 안에서 모범적인 구성원으로 살아갈 수 있도록"('재외동포재단법' 제1조, 1997년 제정) 지원하는 것이라고 한다. '민족적 유대감', '모범적 구성원'은 재외동포를 바라보는 국가와 국민의 관점을 요약하는 키워드처럼 제시되고 있다.

하지만 재외동포들의 삶의 현실은 민속 명절이나 한글 교실, '성공한 한인' 이야기로 결코 요약될 수 없는 다양한 모습을 품고 있다. 굴곡진 근현대사의 고비고비에서 세계 각지로 떠나간 역사적 시점에 따라, 가족(연고)이주·취업이주·유학 등 저마다의 이주 경로에 따라 삶의 궤적은 달라졌을 것이다. 세계 각지에 삶

---

*　이 글은 《페미니즘연구》, 18권, 2호(2018)에 실린 「개발국가의 해외이주 정책과 젠더」를 수정한 것이다.

의 터전을 두고 있는 동포들의 이야기는 다양하고 복잡한 만큼 정책에 담아내기도 어려운 일이다. 이럴 때 가장 쉽게 빠질 수 있는 오류는 '국위선양'이라는 낡고 익숙한 정서에 기대는 것이다.

고향을 떠나 외지에서 살아가는 한인들을 우리 공동체와 연결하는 방식은 21세기에도 여전히 '민족'과 '성공'밖에 없는 것일까? 이 장은 이런 질문에서 시작된 연구이다. 민족과 성공이라는 표상은 익숙하지만 결코 모든 이민자에게 중립적이거나 포용적이지 않다. 가령, 성공한 한인 이야기의 주인공은 으레 중산층 이상의 남성 가장이기 마련이며, 정착 과정에서 일상을 돌보고 자칫 흔들리기 쉬운 삶을 추슬러 나가는 다양한 가족구성원들의 목소리, 이주국의 다른 문화와 상호작용하며 변화하는 새로운 젠더관계나 문화의 변용 등은 간과되기 쉽다.

이 장에서는 국경 밖에 거주하는 동포와 한인들을 국민국가(민족국가)의 확장된 공동체 안으로 불러들이는 정책의 틀과 문화적 프레임 안에 한국 특유의 국가 주도적 개발, 즉 개발국가의 경험이 강하게 투영되어 있다는 점을 주목한다. 그 역사적 발자국을 거슬러 올라가보면, 박정희 정부가 5·16 직후인 1960년대 초부터 경제성장을 위해 과잉 인구를 내보내는 해외이주를 적극 추진한 사실에 이르게 된다. 또한 개발국가는 전통적 가족문화와 젠더 규범을 근대화 과정에서 새로운 형태의 젠더 위계gender hierarchy로 다시 정립했다(황정미, 2001). 발전과 개척의 주체는 남성, 서구적 근대화의 부작용이나 가치관 혼란을 일으키는 것은 여성이라는 식의 위계적·차별적 인식은 해외 이주자를 관리하는 정책과 담론에도 다시금 투영되었을 것이다. '민족의 이름'으로 이주자의 자격(또는 자격 없음)을 규정하고, 여성의 이주 경험을 남성과 다른 기준으로 보거나 낙인을 덧씌우는 태도를 비판적으로 되돌아보아야 하는 이유가 여기에 있다.[1]

---

1   대표적인 예를 든다면, 독일로 간 간호사들은 어려운 시절 조국을 떠나간 "딸들"로 기억되는 반면, 미군과 결혼해서 미국으로 간 한인 여성들에게는 부정적 낙인이 계속 뒤따라 다녔다(이 책의 4장 참조).

국제이주 연구에서 젠더 관점의 부재, 즉 여성의 이주 경험을 주변화하거나 편향된 관점으로만 다루는 문제는 이미 많은 연구자가 지적해 온 것이기도 하다 (Beneria, Deere and Kabeer, 2013). 최근 국제이주에 대한 관심이 높아지면서 여성의 이주 경험을 다루는 연구들도 늘어나고 있다. 주로 1990년대 이후 한국으로 들어온 이주여성들, 특히 아시아 출신 결혼이주 여성들의 사례에 대한 연구가 많다. 한국의 부계가족주의로 인해 결혼이주 여성에게 가해지는 차별과 인권침해, 이주의 출발지와 도착지 양쪽에서 작동하는 가부장제체계, 이주의 여성화 feminization of migration에 대한 논의들은 젠더 관점의 중요성을 크게 부각시켰다(김민정 외, 2006; 황정미, 2015). 마찬가지로 한국을 떠나 해외로 이주한 여성들의 경험도 젠더 관점에서 재조명해 볼 필요가 있다.

한국으로 들어오는 이입immigration뿐 아니라 한국을 떠나가는 이출emigration 과정 또한 젠더 관점에서 재조명해 보기 위해 이 장에서는 한국의 개발국가가 형성되고 제도화되는 1960년대 초부터 1980년대 중반까지의 시기를 분석한다. 경제개발이 역동적으로 진행된 기간에 국제결혼, 입양, 단순 노동력 이주, 특정 직업의 해외 취업, 이민 등 다양한 경로를 통해 해외이주도 확장되었다. 해외이주가 당시 개발국가의 역점 정책은 아니었지만 이주를 관리하는 법과 제도들이 도입되었으며 이주 자격을 심사하는 법적 기준으로부터 이민자의 기여와 폐단을 저울질하는 수많은 담론이 만들어졌다. 해외 동포의 다양한 경험과 역사들을 '민족'과 '성공'의 기준에 따라 위로부터 규정하고 선택적으로 기억하는 익숙한 태도는 이 시기에 발원된 것이다.

이러한 역사적 과정을 되짚어 보기 위해 복합적 방법론을 활용하고자 한다. 먼저 1960년대 초부터 1980년대에 걸친 이주의 흐름을 거시적으로 보여주는 정책 통계 자료를 분석한다. 해외 이주자의 규모와 성별 구성을 보여주는 자료로 법무부의 '출입국 통계'를 살펴본다. 법무부의 출입국 통계는 1961년 이후 출국자에 대한 통계 수치를 연보 형식으로 제공하며, 이 자료의 가장 큰 장점은 성별 통계가 제시된다는 것이다.[2] 특히 1971년 이후에는 출국 목적 및 행선 국가별로 남녀구분 통계가 나와 있어 성별 분석에 용이하다. 20여 년 동안 정책이나 분류 기준이 바뀌어 전체를 통괄하는 일관된 분석은 어렵지만, 개발 시대 해외이주의 흐름과 맥락을 살필 수 있는 시계열적 자료로 쓸모가 크다. 특히 여기에서는 취업 목적의 출국, 즉 경제적 이주와 이민 목적의 출국인 연고형 이민을 구분하여 시기별 흐름과 변화하는 패턴을 분석해 본다. 이를 보완하는 자료로 외무부의 '해외이주신고통계'도 참고할 만하다. 이 자료는 이주자가 작성한 신고를 집계한 것이기 때문에 기재의 부정확이나 누락 가능성이 더 크지만, 개발 초기 해외이주에 대한 통계가 많지 않은 상황에서 보충적 자료로 의미가 있다. 두 자료를 종합하여 1962년 이후 1987년까지 해외로 나간 한국인들의 이주 목적 및 행선지에서 성별에 따라 어떤 차이가 있는지, 취업 이주와 연고형 이민의 추이가 성별에 따라 어떻게 전개되는지 분석할 것이다.[3]

양적 자료와 더불어 질적인 자료로서 당시 신문기사를 수집하여 살펴볼 것이다. 해외 이민을 다루는 기사와 사설에서 인구 관리, 경제성장, 민족주의 등 개발국가의 핵심 담론들이 어떻게 제시되고 있는지, 그러한 프레임 안에서 여성의 이주를 구별하는 젠더 위계가 어떻게 표출되었는지 고찰하고자 한다. 네이버 뉴스 라이브러리(http://newslibrary.naver.com)에서 제공되는 1961~1987년 신문기사를 키워드 검색을 통해 수집했다.[4] 해외이주, 이민, 이민 정책, 해외 취업, 국제

2　이 시기 한국인의 해외이주에 대한 통계 자료는 제한적이다. 여기에서는 한국인의 이출 과정에 초점을 맞추기 때문에 출발 시점 기준의 통계, 즉 법무부의 출입국 통계 중 출국자 통계를 주로 분석한다. 법무부의 출국자 통계, 그리고 외무부의 해외 이주자 신고 통계는 매년 해외로 나가는 사람들의 수치[인구의 흐름(flow)]를 보여준다. 한편 재외 공관 및 현지 한인회가 제공하는 재외동포 실태 자료를 분석하는 연구도 많은데, 이는 특정 시점의 거주 인구 수를 집계(stock)한 통계로 차이가 있다.

3　이 두 자료의 공통적인 한계는, 해외로 나갔다가 다시 제3국으로 이동하는 흐름을 보여주지 않는다는 점이다.

4　네이버 뉴스라이브러리에서는 ≪동아일보≫, ≪경향신문≫, ≪매일경제≫, ≪한겨레≫ 창간일부터 1999년까지 기사를 무료로 서비스하며, 검색어를 통해 관련 기사들을 일목요연하게 수집할 수 있다. 최근에는 ≪조선일보≫ 기사도 서비스에 추가되었다. ≪한겨레≫의 경우 창

결혼 등을 이용해 1차 검색을 하고, 검색된 기사 안에서 자주 사용되는 당시의 용어들을 확대 적용하여 다시 2차 검색을 했다. 해외이주와 여성 이민에 대한 시각과 프레임을 파악하기 위해 사설, 오피니언, 특집 기획기사 등을 우선적으로 수집했고, 이민 통계나 경제적 효과, 정책 변화 등을 다루는 스트레이트 기사들도 자료로 활용했다. 이렇게 수집한 총 112건의 기사를 주제별·시기별로 분류하고, 기사 안에서 반복적으로 등장하는 키워드와 프레임, 전형화된 표현 등을 내용 분석을 통해 추출했다. 이러한 작업의 목적은 개발 시대의 해외이주를 규정하는 담론적 구조와 인식의 특징들을 읽어내는 것이다.

2. 개발국가의 해외이주 정책과 민족주의

1) 개발국가, 개발-이주 연계와 여성의 이주

개발국가developmental state는 국가가 위로부터 주도하는 경제개발 기획과 그것을 수행하는 제도적 기제들을 가리키는 개념이다. 정치사회학의 차원에서는 더욱 폭넓은 개발동원체제, 즉 국가가 설정한 목표를 향해 국민을 동원하는 전략적인 사회조직화와 사회변동을 추동하는 체제를 의미하기도 한다(조희연, 2010: 17). 한국의 개발국가는 박정희 시대를 통해 형성되었지만 개발국가의 역사가 박정희체제에 국한되는 것은 아니다. 1980년대 후반의 민주화, 1990년대 후반 경제위기를 거치면서 개발국가는 (신)자유주의라는 새로운 환경에서 "개발자유주의"의 형태를 띠게 되었다는 분석도 있다(장경섭, 2011). 이 장에서 개발국가란 국가가 주도적으로 제시하는 "개발"을 국민공동체의 목표로 삼고 이를 실현하기 위한 정책과 제도, 그리고 개발의 정당성을 뒷받침하는 담론들을 포괄하는

간이 1985년으로 이 연구의 분석 기간과 거의 겹치지 않기 때문에 분석에서 제외했다.

개념으로 본다.

우선 이 시기 한국 해외이주 정책의 특징들을 간략히 살펴보자. 먼저, 박정희 정권 초기 해외이주 정책은 인구 정책의 일환으로 도입되었다. 1962년 가족계획(산아제한) 정책과 더불어 해외이주법이 제정되었다(이광규, 1997; 이종훈, 2008). 당시 경제개발계획에서 인구 증가는 곧 빈곤의 원인이자 경제성장의 장애물로 인식되었고, 여성들에게 산아제한을 권장하는 가족계획과 이른바 잉여 인구를 해외로 내보내는 정책은 한 묶음으로 인식된 것이다.[5] 둘째, 국민의 해외이주는 무엇보다도 경제성장을 위한 수단으로 간주되었다. 해외이주 국민의 외환송금에 대한 기대도 정책의 중요한 동기였다.[6] 셋째, 해외이출 과정을 관리·규율하는 정책은 체계화된 반면, 이미 발생한 이민의 사후 관리는 소홀하게 다루어지는 경향이 있었다(이종훈, 2008). 이른바 '현지화 정책'이라는 명목하에 해외 이민자들은 그 나라에 적응해 살아야 한다는 정책적 무관심은 김영삼 정부가 한인정책의 흐름을 바꾸기까지 지속되었다.

한인들의 해외이주를 다루는 기존 연구에서 개발국가 프레임의 영향, 이주 흐름을 강화 또는 약화하는 기제로서 광범위한 개발체제의 영향력은 큰 주목을 받지 못했다. 1960년대 초 가난을 극복하고 경제성장을 가속화하기 위해 잉여 인구를 내보내는 이민 정책이 필요하다는 논의는 있었다. 그런데 이주 정책의 방향과 이주자의 자격, 이민과 장점과 폐단 등을 규정하는 기준과 담론 자체가 개발 프레임 속에서 만들어진다는 점은 간과되어 왔다. 다시 말해 한국적 맥락

5　가족계획의 성공과는 달리, 해외이주 정책은 결과적으로 실패한 것으로 평가된다. 당시 국가가 주도했던 정부 간 협정에 기반한 계약 이민은 독일로의 광부와 간호사 파견 이후 남미 이민 추진 등에서 이렇다 할 성과를 내지 못했다. 오히려 1965년 미국의 이민법 개정으로 이민의 문호가 개방되자 미국으로 떠나는 이민이 크게 증가했다. 국가 주도의 계획적 인력 송출은 지지부진한 반면, 외국(미국)의 이민 정책 변화에 반응하는 국제이주가 크게 늘어난 것이다.

6　한국개발연구원의 분석에 따르면 해외 한인들의 경제지표 기여율은 무역 외 수입에 대해 7% 이상 선을 유지했고 무역 외 수지에 대해서는 1973년 140%, 1977년 94%로 크게 기여했다(한국개발연구원, 1979; 이종훈, 2008: 29에서 재인용).

에서 이주와 개발의 연계migration-development nexus (Piper and Yamanaka, 2004)에 대한 분석은 아직 충분하지 못하다.

아시아 여성들의 이주를 분석해 온 파이퍼N. Piper와 야마나카K. Yamanaka는 이주와 개발의 연계성을 강조했다(Piper and Yamanaka, 2004). 여성들은 주로 피부양자, 의존자로서 사적인 통로로 이동한다고 여겨지지만, 사실 여성들은 저개발이 초래하는 빈곤을 회피하기 위해 자원 결핍을 보충하거나 혹은 가족 전략을 수행하는 방식으로 이주에 참여했다. 이러한 관점은 개발국가 초기 해외로 떠난 한국 여성들의 경험을 분석하는 데에도 확장될 수 있을 것이다.

최근에는 해외로 이주한 한인 여성들에 대한 연구도 늘고 있지만 주로 이민국가(영국, 일본, 남미 등)에서의 현지 생활이나 한인 타운에 대한 사례 분석이 많다(안태윤, 2011; 김현미, 2008; 최금좌, 2011). 국제 이주한 여성들과 현지 사회의 관계를 주로 분석하는 반면 모국과의 관계나 소속감, 한국의 이주 정책과의 연관성은 거의 논의되지 않는다. 이 연구는 기존 연구들이 거의 다루지 않았던 시기와 논점, 즉 1960년대 이후 개발 초기부터 해외이주 흐름을 성별로 구분하여 특성이나 유형을 살펴보고, 개발국가의 해외이주 정책 안에 내포되어 있는 젠더 위계가 여성의 이주 경험을 배제하거나 주변화하는 담론적 양상들을 드러내고자 한다.

2) 트랜스보더 민족주의와 국가 민족주의

오늘날의 재외동포 정책은 경제와 문화 영역뿐 아니라 정치적 참정권으로 확장되고 있다. 트랜스보더 민족주의transborder nationalism, 달리 표현하면 재외시민 정치transborder membership politics가 확산되고 있는 것이다(Brubaker and Kim, 2011; Brubaker, 2010). 국가의 주권은 영토 안에서 행사되는 것이지만, 이미 고향을 떠나 타국에서 살고 있는 이민자들을 '동포'라는 이름으로 모국과 연결하고 이들을 매개로 한 문화적 경제적 교류를 활성화하며, 더 나아가 선거권을 포함한 정치적 권리를 인정하는 국가들이 많다. 재외시민 정치라는 개념은 이처럼 국경 밖에 일정 기간 거주하고 있는 인구를 국가 또는 민족에 귀속되는 것으로 재현하는 정치적 주장, 그와 연관된 제도적 실천, 담론적 재현을 포괄한다.

재외시민 정치에 대한 연구의 권위자인 브루베이커Brubaker는 국가 권력과 민족주의의 영향력에 대해 흥미로운 분석을 하고 있다. 먼저, 해외에 거주하는 동포들은 자연적으로 주어진 집단이라기보다는 국가에 의해 구성된 집단이라고 볼 수 있다. 영토 밖의 인구를 재외동포로 정체화identify하는 과정은 곧 국가의 상징 권력symbolic power(Bourdieu, 1991), 즉 누가 누구인지 이름 붙이고 분류함으로써 "집단을 만들고 또 지우는make and unmake groups" 권력이 행사되는 과정이기도 하다.

둘째, 재외동포에 대한 정책은 민족주의(종족민족주의ethnic nationalism)가 강할수록 더 적극적일 것이라 추측할 수 있지만, 브루베이커는 그렇지 않다고 단언한다. 민족주의 전통이 강한 것으로 알려진 독일과 한국의 역사적 경험을 살펴보면, 국경 밖 동포들을 포용하는 정책이나 동포의 범위는 시기에 따라 달라지며, 민족주의 이념보다는 지정학적 맥락, 정치적 갈등의 영향을 주로 받았다는 것이다. 사실 한국의 재외동포 정책에서도 지정학적 환경이나 반공체제의 영향이 뚜렷하다. 재외동포 정책이 처음 법제화되었을 때 동포의 범위는 1945년 대한민국 정부 수립 이후에 이주한 집단으로 제한했고, 따라서 규모가 가장 큰 재중동포(이른바 조선족)는 포함되지 않았다. 재중동포들은 이후 헌법소원에서 승소함으로써 재외동포로서의 법적 권리를 회복했다. 이처럼 재외동포의 범위를 정하는 기준에 따라 한민족 내부에도 집단별 구분과 시민권의 위계적 질서hierarchy of citizenship가 만들어지기도 한다(이철우, 2008; 황정미, 2014: 254).

이 글에서 고찰하는 1960년대 초부터 1980년대 중반까지 개발국가의 국경 밖 한인들에 대한 관심은 제한되어 있었고, 재외시민 정치 문제가 부각된 것도 아니었다. 그러나 '집단을 만들고 또 지우는' 국가의 권력은 모국을 떠나는 이주민들에게 뚜렷하게 작용하고 있었다. 이 시기 해외 이주자에 대한 지원과 관심은 민족적 동질성이 아니라 이민자들이 '자격 있는' 한국인인가 여부에 따라 결정되었다. 뒤에 신문기사 분석에서 자세히 소개하겠지만, 예컨대 이민을 갔으면 그 나라의 법을 지키며 모범적으로 살아야 한다거나, 준비 없이 이민을 갔다가 '밤거리를 떠돌고 있는' 사람들, '어글리 코리언'에 대해서는 강한 비난이 쏟아졌다. 해외 이민자는 효율적인 근대화와 개발을 위해 일시적 혹은 영구적으로 외부로 나가는 사람들인 동시에, 이들에게는 '국위 선양'의 의무가 부과된 셈이다.

해외 이주자를 포용 혹은 배제하는 기준은 민족적 동질성이나 혈통이 아니라 그들이 국위선양에 얼마나 기여하는가에 있었다면, 브루베이커의 지적대로 이는 일반적인 종족적 민족주의와는 궤를 달리하는 것이다. 여기에서 박정희 시대의 민족주의에서 나타나는 독특한 특성을 주목해 볼 필요가 있다. 김동노는 박정희 시대의 민족주의가 '우리'와 '타자' 사이의 경계선을 분명히 하고 '우리' 내부의 결속을 높이는 수단으로 활용되었다는 점에서 도구적 민족주의 전략을 구사했다고 본다. 이러한 전략이 가장 잘 드러나는 것은 경제발전을 위한 민족주의 담론이며, "개인은 국민의 일원이기 이전에 민족의 일원으로 정체성을 부여받음으로써 민족주의의 도구성에 충실하도록 강요되었던 것이다"(김동노, 2010: 215). 또한 강정인은 박정희 민족주의의 중요한 특징이 개인의 희생을 강조하는 국가주의라고 본다. 개인의 이익과 전체의 이익이 상반될 때 자기를 통제하고 억제하면서 전체와 개인의 합치점을 모색하고 발견하는 것이 곧 '민족적 양심'이며, 민족적 양심이 부활됨으로써 우리 민족 전체가 번영할 수 있는 사회정의가 실현된다(강정인, 2012: 25). 강고한 국가민족주의하에서 이른바 민족적 양심은 개인의 억제와 희생을 필요로 하는 것이며, 희생을 마다하고 자기 이익을 찾는 행위는 곧 국가와 민족에 대한 배반으로 간주된다.

이 시기의 도구적 민족주의, 국가민족주의는 해외 이민을 보는 시각에도 그대로 투영되었다고 볼 수 있다. 더욱이 도구적 민족주의에는 가부장적인 젠더 위계가 내포되어 있다. 고통과 희생은 여성이 당연히 감내해야 할 몫이며, 가족을 벗어나 홀로 해외이주하는 여성들은 가부장적 질서에서 이탈한 위험한 존재로 의심받았다. 온갖 고생을 극복하고 성공한 재외동포의 이야기는 한국인들의 보편적 정서에 소구하는 것이지만, 다른 한편 국가나 민족과 같은 더 큰 가치를 위해 개인의 희생과 고통을 당연시하며 그러한 질서 외부에 있는 개인들의 생존 노력을 폄하하는 기준이 될 수 있다.

3. 출국자 통계 분석

1) 해외이주의 증가와 성별 차이(1962~1987): 이출 과정의 성별화

해외이주 현상을 일목요연하게 이해하려면 역사적 흐름을 시기나 단계별로 구분해 보는 것이 유용하다. 기존 연구는 해외 이주자의 증감, 주요 목적지, 그리고 이민목적국의 정책 변화 등을 기준으로 한국인의 해외이주사를 몇 개의 시기로 구분했다. 이광규는 해외로 간 한인들의 목적지 중심으로 재외동포사를 네 시기로 구분했다. 제1기는 1860년부터 1919년 무렵까지 조선 사람들이 러시아의 연해주와 중국·만주 등 한반도에서 북방으로 향하는 시기이다. 제2기는 1919년부터 1945년까지 한인 노동자들이 일본으로 향하는 시기이다. 제3기인 1965년부터는 주로 미국, 캐나다 등의 북미, 브라질 등의 남미, 그리고 서독으로 한인들이 이동한다. 제4기는 1975년 이후 월남에 나갔던 한인들이 동남아시아와 호주 그리고 뉴질랜드로 이주하는 시기이다(이광규, 1999: 12).

한편 임채완·김홍매(2011)는 1960년대 이후의 해외이주 흐름을 3단계로 구분했다. 이 연구에 따르면 제1기(1962~1987)는 생계형 이주, 연고 이주, 단순노동력 이주, 국제결혼 등을 통해 전체적인 국제이주가 증가하는 시기이며 주요 목적국은 미국이었다. 제2기(1988~1997)에는 올림픽 개최 이후 투자형 취업 및 사업이주가 증가했고 목적국도 미국뿐 아니라 캐나다, 호주, 뉴질랜드, 남미 등으로 다각화된 시기이다. 제3기(1998~2010)는 IMF 외환위기 이후 해외에서 일자리를 찾으려는 사람들이 늘어나는 가운데 투자형 사업 이주, 그리고 전문 노동력의 이주가 증가하는 특징이 있다.

이러한 시기 구분 작업들은 해외 한인의 역사를 조명하는 선구적 연구로 의미가 크지만 또한 각각 장단점도 뚜렷하다. 이광규(1999)의 구분은 주요 목적국의 한인 사회 형성을 기준으로 삼는 반면 이주의 배경이 되는 한국의 개발 경험이나 국가 정책이 미친 영향, 그 안에 내재된 젠더 위계나 담론 지형들은 주목하지 않는다. 임채완·김홍매(2011)의 논의는 이주자들의 이주 목적과 한국 사회의 맥락 등을 언급하고 있지만, 이 장에서 주목하는 1960년대부터 1980년대 중반까지를 하나의 시기로 동질화하고 있다.

여기에서는 기존 연구와는 다른 방식으로 당시 출국자 통계에 나타난 이출자의 양적 변화를 기준으로 시기 구분을 해볼 것이다. 여기서 중요한 기준으로 여성과 남성의 차이, 그리고 취업 목적의 경제적 이주와 가족·연고에 의한 이민 흐름을 구분한다. 먼저 법무부 출입국 통계연감에서 '이민'과 '취업' 목적의 출국자 수치를 추출하여 1960년대 초부터 1987년까지의 흐름을 살펴본다(〈그림 2-1〉). 한편 외무부에서 제공하는 해외이주 통계를 살펴보면 집단이주, 사업이주, 취업이주, 연고이주, 국제결혼 등 이주 성격에 따른 추이도 확인해 볼 수 있다. 이러한 자료를 기초로 개발 초기 인구유출국이었던 한국의 해외이주 추이를 시계열적으로 정리하고 기존 연구와는 차별화된 시기 구분을 할 수 있다.

이 기준을 적용하면 해외이주는 크게 네 시기로 구분된다. 첫 번째 시기인 1960년대 초반(1961~1967)의 특징은 먼저 출국자 전체 규모에서 여성과 남성이 엇비슷하고, 해외이주 신고 내용을 보면 국제결혼의 비중이 가장 높다. 한국전쟁 이후 지속된 국제결혼(미군 부인)과 입양아가 출국자의 대다수를 차지하며, 새로운 이주 경로, 즉 남미행 집단 이민이나 서독행 취업이주가 시작되긴 했지만 양적인 증가가 두드러지지는 않았다.

두 번째 시기(1968~1973)는 1960년대 후반부터 남성 출국자가 증가하면서 여성과의 격차가 점차 확대되는 특징을 보인다. 〈그림 2-2〉의 해외이주 통계 추이

<그림 2-1> 성별 출국자 통계: 전체 출국자 및 취업·이민 목적 출국자(1960~1987)

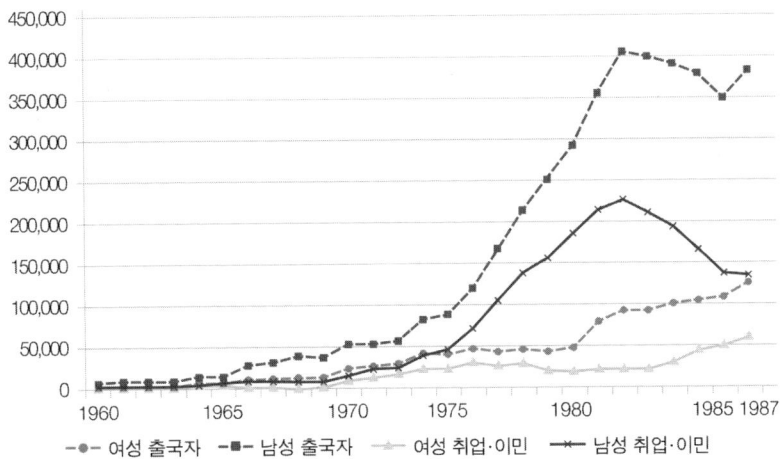

주 1: "취업·이민 목적 출국자"의 범위는 법무부 분류체계 변동에 따라 연도별로 차이가 있음.
　　1960~1965년: "거주 및 방문"
　　1966~1970년: "취업 거주"
　　1971~1983년: "취업", "이민"
　　1984~1987년: "취업", "이민", "동거"
주 2: 교포, 재외국민 출국자는 포함되지 않음.
주 3: 1973년은 제외(월별 통계만 있고 연말 통계가 누락됨).
자료: 법무부 출입국 통계[출입국외국인정책본부 홈페이지(http://www.immigration.go.kr) 통계 자료실(검색
　　일: 2018.2.10)].

　를 보면 취업이주와 연고이주가 비슷한 추세로 증가한다. 이 시기에는 미국 이
민법 개정(1965년 개정)으로 미국 이주 문호가 개방되고 가족 초청에 의한 연고
이민이 늘었다. 또한 베트남전 참전을 계기로 남성 기술자들과 노동자들이 해외
에 진출했다.

　세 번째 시기(1974~1983)는 1974년을 전후로 남성들의 해외 취업 급증이 두드
러진다. 이 연구의 분석 범위 중 출국자 증가세가 가장 가파르게 늘어난 시기이
다. 중동 건설 붐으로 남성 건설노동자와 기술 인력의 해외 취업이 급증했기 때
문이다. 그러나 여성들의 해외 취업이나 이민에는 큰 변화가 없으며 국제결혼도
일정한 추세로 유지되고 있다.

　네 번째 시기(1984~1987)에는 중동 특수가 꺼지면서 남성의 출국은 감소세로

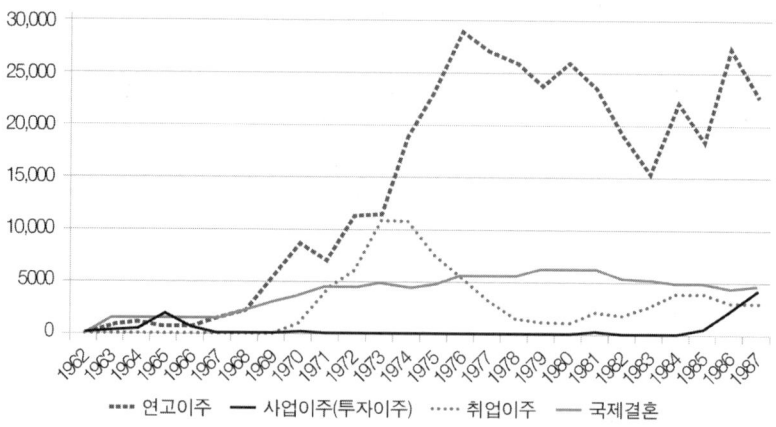

〈그림 2-2〉 해외이주 신고자의 유형별 추이(1962~1987)

····· 연고이주   —— 사업이주(투자이주)   ······ 취업이주   —— 국제결혼

주: 성별 분리통계 없음. 유형별 분류에 국제 입양은 포함되지 않음.
자료: 외교부의 해외이주 통계(각 연도).

전환된다. 그런데 1980년대 중반에 들어서면 여성들의 해외 이민 및 취업을 위한 출국은 이전에 비해 증가하는 추세를 보인다. 즉, 이민과 취업을 위한 출국의 흐름이 성별에 따라 달리 움직이고 있다. 1983년 복수여권이 처음 도입되었는데, 이후 여성들의 출국은 지속적으로 증가하는 반면 남성들은 해외 취업 감소로 인해 전체 출국자 수도 감소하는 일종의 디커플링decoupling이 관찰된다.

이처럼 이출 통계를 근거로 시기를 구분하고 각각의 특징을 살펴보면, 1962년부터 1987년에 이르는 한국인의 해외이주에서 가장 눈에 띄는 것은 이주의 증가와 성별 이주 경로의 분리 현상이다. 해외출국이 양적으로 증가하는 두 번째 시기(1968~1973)와 세 번째 시기(1974~1983)의 변화는 남성의 이출 증가에 의해 추동되었다고 할 수 있다. 특히 세 번째 시기에는 중동행 남성 취업이 급증함으로써 이른바 "남성 가장의 가족 부양을 위한 해외 진출"이 두드러지게 부각되었다. 반면 여성들의 출국은 미주행 이민의 "가족 동반자"로 이동하는 경향이 뚜렷하다. 전체적으로 여성들은 남성보다 출국자 규모가 작을 뿐 아니라 취업보다는 연고 이민을 위해 출국하는 경우가 훨씬 많다. 외형상으로 남성은 경제적 동

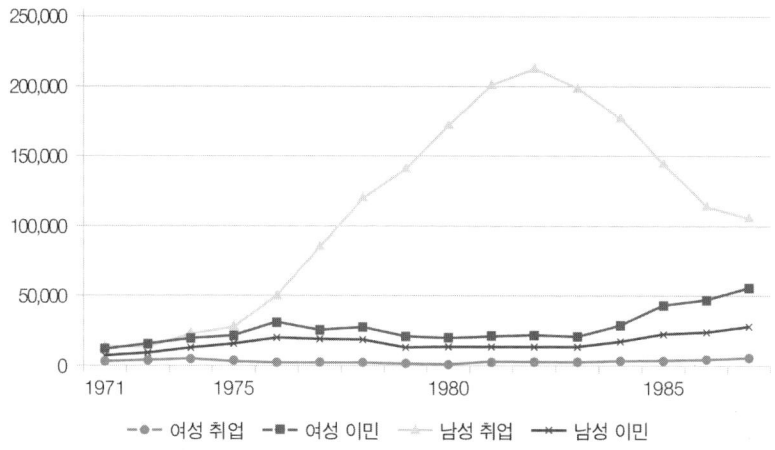

〈그림 2-3〉 성별 취업 및 이민 목적 출국자 통계(1971~1987)

-●- 여성 취업   -■- 여성 이민   -▲- 남성 취업   -✕- 남성 이민

주 1: 1984년 이후에는 "이민" 외에 "동거"가 신설됨. 이 그래프에서는 "이민+동거"로 합산함.
주 2: 1973년은 통계 미비로 제외.
자료: 법무부 출입국 통계[출입국외국인정책본부 홈페이지(http://www.immigration.go.kr) 통계 자료실(검색
일: 2018.2.10)].

기의 단신 해외 취업, 여성은 가족 초청 등 연고에 따라 이민을 떠나는 성별 분리가 나타난다.

〈그림 2-3〉은 1971년 이후 해외 취업과 이민을 구분한 성별 통계를 보여주는데, 여기에서도 같은 흐름을 확인할 수 있다. 이러한 자료들을 종합해 보면, 1962년부터 1987년까지 전 기간을 통해 이민 목적의 출국은 남성보다 여성이 높게 나타나는 일관성이 관찰된다. 여성의 이동을 살펴보면 전 기간 동안 해외 취업이 연고 이민보다 낮은 수치를 보인다. 성별에 따라 인구 이출emigration이 달리 진행되는 사회적 과정, 즉 '이출 과정의 성별화'가 진행되었음을 알 수 있다. 1961년 이후 25년간 한국의 개발 시기의 해외이주는 남성들의 해외 취업과 여성들의 연고형 이민이라는 특징으로 간단히 요약될 수 있을까? 이러한 단순화는 이주 목적지에 따른 크고 작은 변이들을 간과할 수 있다. 좀 더 세부적인 변화들을 확인해 보기 위해 다음 절에서는 목적지에 따른 성별 해외이주의 흐름을 살펴본다.

2) 목적지별 해외출국자 흐름과 성별 차이: 여성 이주 경로의 전환

해외출국자의 성별 추이를 목적지별로 나누어 보면 보다 역동적이면서 다양한 흐름들이 나타나며, 특히 여성들의 해외이주에서 지역별 변이들이 발견된다.[7] 북미, 중남미, 오세아니아 지역으로 향하는 여성들의 이동은 대부분 이민 목적이며 해외 취업자는 많지 않다. 이 중에서도 미국을 포함한 북미로의 이주 규모가 가장 크다. 1972년 이후 1983년까지 매년 1만 명 이상의 여성들이, 특히 1976년부터 3년간은 매년 2만 명 이상의 여성들이 미국, 캐나다 등 북미 지역으로 이동했다.

그런데 아시아, 유럽 지역으로 떠나는 여성들의 이주는 다른 흐름을 보인다. 유럽으로 출국한 여성들을 시기별로 보면, 1975년까지는 연고 이민보다 취업자가 더 많다. 1960년대부터 서독에 취업한 간호사들이 다수를 차지하는 것으로 보이는데, 1976년경부터 그 수가 감소하고 있다. 또한 연고 이민을 위해 유럽 지역으로 떠나는 여성들은 꾸준히 늘었다. 유럽 국가들은 1970년대 중반까지 한국 여성들의 취업 목적국이었으나 이후 이민 목적국으로 전환되었다고 볼 수 있다.

아시아 지역의 경우 1970년대 초반까지 취업을 위한 출국이 많으며 1974년, 1975년, 1977년에는 아시아 국가에 취업한 여성들의 수가 유럽으로 간 여성들과 비슷하거나 오히려 더 많았다. 1981년부터는 이민 목적의 여성 출국자가 크게 늘지만 취업을 위해 출국한 여성들도 일정하게 유지되고 있다. 아시아 지역을 다시 세부적으로 구분해 보면, 가장 여성 출국자 수가 많은 목적지인 일본행 이주의 경우 1975년까지 취업자 비중이 높지만 1976년부터는 이민자 비중이 더 높아진다. 즉, 유럽행 이주와 비슷한 양상으로 해외 취업에서 해외 이민으로 여

---

7   목적지별 통계는 1971년부터 제공되며, 여기에서는 출입국통계상 분류체계가 동일하게 유지되는 1971년부터 1983년까지의 수치를 기준으로 표를 작성했다.

성의 이주 경로가 전환되는 과정이 나타난다.

한국 여성들의 해외이주 경로를 남성과 비교해 보면, 상대적으로 취업보다는 이민 목적의 이주가 더 많다는 점에서 성별 차이가 뚜렷하다. 그런데 목적지별로 살펴보면, 취업 위주에서 이민 목적으로 이주 경로가 전환되는 흐름이 남성과는 다르다. 북미, 중남미, 오세아니아행 이주는 이민 문호가 개방되면서 영구이민, 연고를 통한 여성의 이민이 일관되게 꾸준히 늘었다. 그런데 유럽과 일본으로의 여성 이주는 조금 다른 흐름을 보인다. 즉, 1960년대에는 해외 취업을 위해 이주한 여성들이 더 많았지만, 1970년대 중반 이후에는 연고형 이민이 더 많이 늘어난다. 즉, 전형적인 이민 국가로 떠난 여성들이 가족 동반 혹은 국제결혼을 통로로 이주했다면, 유럽과 일본으로 간 여성들은 개발국가 초기 단신 해외 취업형 이주에서 1975년을 기점으로 연고형 이민으로 전환하는 흐름이 나타난다.

이에 비해 남성들의 이주는 목적지별로 구분해 보더라도 여성과 달리 단순한 흐름을 보인다. 북미행, 그리고 1977년 이전까지 남미행 남성들은 주로 이민 목적으로 이주했다. 1965년 미국 이민법 개정 이후 가족 단위의 미국 이주가 급격하게 늘어났기 때문이다. 이와 달리 아시아, 유럽, 아프리카 등지로 이동한 남성들은 취업을 위해 출국했다. 특히 아시아 지역으로의 해외 취업은 중동 건설 붐에 따라 1970년대 이후 급격히 늘어났다. 아프리카 및 기타 지역으로 기재된 출국자 중에는 외항 선원들이 다수 포함되어 있다.

출국자 통계를 지역별·시기별로 나누어 이주의 경로에서 나타나는 성별 차이를 비교해 보면, 목적지에 따라 남성과 여성의 이주 과정이 달라졌음을 알 수 있다. 달리 표현하면, 한국의 경제개발 과정이 한국인의 해외 취업에 미친 영향은 성별에 따라 달랐던 것이다. 경제개발이 진행되면서 (1980년대 중반까지) 남성의 해외 취업은 지속적으로 증가했다. 그런데 여성의 경우 개발 초기에는 해외 취업이 많았지만 점차 취업이 감소하면서 연고형 이민으로 경로가 전환되었다. 자료의 한계로 이러한 성별 차이의 원인을 더 이상 분석하기는 어렵지만, 적어

〈표 2-1〉 행선지별 취업자와 이민자: 여성(1971~1983)

연도	동아시아		북미		중남미		유럽		오세아니아		아프리카·기타		합계	
	취업	이민	취업	이민	취업	이민	취업	이민	취업	이민	취업	이민	취업	이민
1971	772	88	181	9,373	10	1,036	1,613	874	8	13	16	3	2,600	11,387*
1972	627	81	181	12,704	7	534	1,979	1,219	1	23	15	7	2,810	14,568
1974	1,528	283	205	17,376	21	413	1,976	1,346	2	35	31	40	3,763	19,493
1975	1,280	170	96	18,521	3	642	1,184	940	3	12	3	2	2,569	20,287
1976	769	302	148	24,976	5	2,121	872	1,287	2	210	3		1,799	28,896
1977	1,227	925	55	20,928	2	1,436	849	1,535	6	375	0	0	2,139	25,119
1978	934	1,334	58	22,811	5	310	733	1,752	6	307	27	1	1,763	26,515
1979	366	696	101	17,143	3	191	644	1,411	5	288	3		1,122	19,729
1980	291	660	116	17,054		95	411	1,134	4	100	11	1	833	19,044
1981	1,613	1,141	156	17,015	12	205	478	1,311	12	263	50	7	2,321	19,942
1982	1,524	1,440	149	16,775	16	240	275	1,469	6	369	57	3	2,027	20,296
1983	1,591	1,471	91	16,436	18	451	192	1,153	16	231	67	10	1,975	19,752

주: *는 법무부 홈페이지상의 통계월보에 여기 인보에 1971년 전체 여성이민자 수는 1만 1374명으로 기재되어 있으나, 지역별 여성 이민자를 합산하면 1만 1387명임. 오기로 추정되며, 여기에서는 합산된 수치를 사용했음.
자료: 법무부 「출입국통계연보」 각 연도(www.immigration.go.kr).

〈표 2-2〉 행선지별 취업자와 이민자 이민자: 남성 (1971~1983)

연도	아시아		북미		중남미		유럽		오세아니아		아프리카·기타		계	
	취업	이민	취업	이민	취업	이민	취업	이민	취업	이민	취업	이민	취업	이민
1971	9,417	30	448	4,786	89	1,269	2,318	446	18	9	1,608	5	13,898	6,545
1972	11,507	14	519	7,261	43	558	1,242	575	26	33	1,644	20	14,981	8,461
1974	17,553	26	1,223	11,297	116	420	3,842	886	7	30	1,338	20	24,059	12,679
1975	23,479	57	1,621	14,019	212	681	2,682	584	14	13	431	1	28,439	15,355
1976	42,809	74	2,908	16,110	317	2,338	3,707	709	423	144	265		50,429	19,375
1977	75,014	285	2,961	15,866	530	1,576	5,024	815	656	255	1,150	0	85,335	18,797
1978	112,090	487	2,383	15,481	500	277	3,708	803	628	160	1,060	202	120,369	17,410
1979	129,725	156	3,374	11,117	1,030	153	4,079	766	740	211	2,668		141,616	12,403
1980	158,486	245	3,343	12,293	624	85	3,697	515	1,280	59	5,857	2	173,287*	13,199
1981	172,961	409	4,061	11,481	1,111	184	5,076	551	1,106	157	17,591	5	201,906	12,787
1982	187,419	615	4,802	11,247	770	242	4,196	781	708	247	15,157	3	213,052	13,135
1983	172,036	665	4,756	11,026	511	401	3,761	862	741	162	17,128	7	198,933	13,123

주: *는 법무부 홈페이지상의 통계연보에 1980년 전체 남성 해외 취업자 수는 17만 3,294명으로 기재되어 있으나, 지역별 남성 취업자 수를 합산하면 17만 3,287명임. 오기로 추정되며, 여기에서는 합산된 수치를 사용했음.

자료: 법무부 『출입국통계연보』 각 연도(www. immigration.go.kr) 자료를 근거로 재계산하여 작성함.

도 25년에 걸친 역사적 흐름에서 여성과 남성의 이주 흐름이 다르게 진행된 점은 확인할 수 있다.

이주 과정의 성별 차이를 분석하는 연구는 거의 없지만, 재미한인 사회에 대한 연구에서 인구 성비에 대한 흥미로운 논의가 있다. 재외한인 연구의 선구자인 이광규는 1958~1977년까지 재미한인의 통계에서 여초 현상이 나타난다고 분석했다. 미국 인구조사의 재미한인 연령별 집계를 보면 모든 연도에서 여자가 다수를 차지했으며, 특히 20대 여자가 압도적으로 많았다(이광규, 1988: 75~76).[8]

이와 같은 재미한인 인구의 여초 현상은 2000년 미국 센서스 자료에서도 다시 확인된다. 미국에서 생활하는 한인 중 남성 44.6%, 여성 55.4%로 한인 여성의 비율이 높다. 재미한인의 성비는 80.5로 남성의 수가 매우 적으며, 미국 전체의 성비 96.3보다도 훨씬 낮은 것이다. 성비 불균형의 주된 원인은 앞의 지적과 마찬가지다. 많은 한국 여성이 미군 남성과 결혼하여 미국으로 왔고, 미국인들이 여아를 선호(한국 부모로서는 아들보다 딸을 포기하기가 더 쉬웠기 때문에)하여 여아들을 더 많이 입양했기 때문이다. 또한 1970년대 많은 한국인 간호사가 의료 전문가로 미국에 이민을 왔는데 이들이 대부분 20대 연령층이었다(김경신 외, 2005: 26).

4. 신문기사 분석: '개척자' 신화와 이민 부작용의 '여성화'

1960년대 초부터 정부는 경제개발을 위한 인구 정책의 일환으로 해외이주에

---

8   그런데 흥미롭게도 1986년 대한민국 외무부가 집계한 재미교포 통계에서는 남녀의 성비가 대체로 유사하거나 오히려 남자의 수가 약간 많았다고 한다. 즉, 미국 센서스 통계의 한인 남녀 성비와 우리나라 외무부에서 집계한 한인의 성비에 차이가 있었던 것이다(이광규, 1988: 78). 이러한 차이는 현지 한인 단체와 재외공관이 주도하는 한인 통계에는 입양아나 미군 아내로 이주한 여성들이 정확하게 집계되지 않았기 때문으로 추측된다.

적극적인 관심을 보였다. 민간에서도 이미 4·19 이후 정당 사회단체 속출의 붐을 타고 이민 관계 단체들이 일곱 개나 등록되어 있었다. 5·16 직후 이들 단체는 한국이민협회로 통폐합되며 국가가 주도하는 이민 정책에서 민관협력의 파트너로 다양한 활동을 펼치게 된다(전경수, 1990: 36). 이처럼 정부와 민간 모두에서 이민에 대한 사회적 관심이 높았으며, 당시 신문 지상에도 이민 관련 기사들이 많이 나타난다. 앞에서 살펴본 통계 자료와 더불어 당시 이민에 대한 사회적 시각과 담론, 고정관념들을 질적 자료를 통해 살펴볼 필요가 있다. 신문기사를 키워드를 활용하여 수집하고 체계적으로 분류, 내용 분석을 해본 결과 해외이주를 바라보는 세 가지 프레임을 추출했다.

첫째, 해외 이민은 국가의 백년대계를 위한 해외 진출이자, 상품 수출보다 더 효율적인 인력 수출이다. 이것은 전형적인 국가 주도 경제개발이라는 틀에서 해외이주를 규정하는 프레임이다. 둘째, 해외 이민에는 일정한 부작용이 뒤따르기 마련인데, 그 부작용은 주로 '여성화'된 사건, 가령 국제결혼의 위험성이나 "이국의 밤거리를 헤매는 여성들"의 이야기로 반복되면서 젠더 고정관념을 재강화하는 프레임으로 귀결된다. 셋째, 이러한 해외이주의 양면성 – 경제개발을 위해 필요하지만 또한 부작용도 따르는 – 은 좋은 이주와 나쁜 이주를 가르는 이분법적 틀, 즉 "개척자는 얼마든지 해외로 내보내지만 도피자는 안 된다"는 논리로 고정된다.

1) "백년대계를 위한 해외 진출", "상품 수출을 능가하는 인력 수출"

경제개발을 위한 과잉인구 해소에 이민 정책이 시급히 필요함을 강조하는 기사들이 1960년대 초 신문에 자주 등장한다. 한 사설에서는 이민이 단순히 남아도는 인구의 배출이 아니라 건설적인 해외 진출임을 강조하며, 해외 진출의 백년대계를 위해 이민 정책이 시급히 마련되어야 한다고 정부에 건의한다(≪경향신문≫, 1961.10.16).

이른바 건설적인 해외 진출을 위해 빈번히 언급된 것은 브라질로의 집단 이민이었다. 특히 1960년대 초에는 브라질을 비롯한 남미 지역으로 집단 이민을 추진하기 위해 관련 공무원들을 현지에 여러 차례 파견했다.[9] 남미로의 집단 이민은 아마존 유역을 비롯한 미개척지를 개간하여 농업 용지로 전환시키는 농업 이민이었고, 한국인 집단 농장이 토지를 구입하고 생활 기반을 마련하기 위해서는 정부의 예산 지원이 반드시 필요했다. 당시 신문에는 이민 정책 관련 예산이 편성되었다가 보류되는 혼선들이 나타나 있으며, 이러한 논란 속에서 이민 정책을 지지하는 근거로 '국위선양'이 강조되었다.

혁명정부는 이민의 목적이 단순한 인구 정책의 일환에서 멎는 것이 아니라 '국위선양'이라는 차원에서 '시행착오를 해서라도 단행해야 한다'는 결론에 도달, 반관반민 사업으로 전환시킨 것으로 알려지고 있다(≪경향신문≫, 1962.9.12; 강조는 필자).

해외이주가 국위 선양에 기여하기 위해서는 이민 희망자의 자격에 대한 일정한 기준과 통제가 요청되었다. 1962년 '해외이주법'이 제정된 후 이민 희망자들은 여권 발급 과정에서 일정한 심사를 거쳤는데, 이민 희망자는 병역과 납세 의무를 마치고 고등학교 이상의 학력이 있어야 하며 두 명 이상의 신원 보장이 필요했다.

남미로의 이민은 그러나 실제로는 현지 사정에 대한 무지, 중간 브로커들의 사기, 국가 간 이민 협약의 불완전성 등으로 제대로 안착되지 못하는 경우가 많았다. 현지에 농장용 땅을 구매하고 이민을 결정했지만 막상 도착해 보니 도저히 농업이 불가능한 상황이거나, 농업을 포기하고 도시 지역으로 옮겨간 불법

9　1962년에는 보건사회부 차관을 단장으로 하는 정부이민교섭단 일행이 브라질과 파라과이를 방문하여 이민 문제를 현지 당국과 직접 교섭했고(≪동아일보≫, 1962.3.16), 1963년에도 보사부 이민과장, 농림부 개간간척과장, (민간기구인) 이민협회 이사 등으로 구성된 조사단을 브라질로 파견한 바 있다.

체류자들도 점차 늘어났다.[10] 문제들이 누적되자 브라질 정부는 1970년대 중반부터 한국 이민자를 더 이상 수용하지 않기로 정책을 변경했다. 광활한 남미 대륙의 미개척지에 농장을 건설하는 '해외 진출' 구상은 현실과는 매우 괴리되어 있었다.

경제적 기여라는 차원에서 본다면 가족 단위의 남미 이민보다 훨씬 큰 성과를 보인 것은 해외로 단신 취업하는 노동력의 이동이었다. 1960년대 초부터 광부와 간호사들이 서독으로 취업한 사례가 잘 알려져 있으며, 베트남 참전 또한 본격적인 해외 취업의 계기가 되었다.

≪매일경제≫의 기사(1969.8.21)에 따르면 노동청의 추천에 의해 "해외로 수출된 인력"이 1969년 말 기준 3만 5000명을 넘어서며 특히 월남으로 진출한 기술자가 2만 2600명이나 되었다. 이처럼 해외로 진출한 노동자와 기술자들이 국내로 송금한 외화는 상당한 규모에 이르렀고 특히 월남으로부터의 송금이 가장 큰 비중을 차지했다. 또한 이 기사는 인력 수출의 효과를 상품 수출과 비교하면서 그 장점을 "가득률 100%의 순수 이윤"이라고 설명한다.

> 이들이 벌어들인 외화는 상품 수출에 의해 벌어들이는 달러와는 가득률稼得率 면에서 천양의 차이가 있는 것으로 외지에 나가서 흘린 피와 땀을 계산에 넣지 않는다면 가득률 1백%의 순수 이윤에 해당되는 것이다(≪매일경제≫, 1969.8.21; 강조는 필자).

실제로 해외 취업한 인력이 벌어들인 외화의 국민경제 기여도는 매우 높게

---

10 전경수에 따르면, 실제 1960년대 브라질행 배를 타고 이민 간 한국인들은 가족 단위 이민자뿐 아니라 단신의 남성들, 그리고 퇴역한 군인들이 다수 포함되어 있었다고 한다. 그런데 정부 간 협의에서 이민 규모는 세대수를 기준으로 발표되었으며, 농업 개척을 목적으로 하는 가족 단위의 이민이 기본적인 틀이었다. 브라질 이민에서 성공과 실패 사례들은 전경수(1990)의 연구에 상세하게 소개되어 있다.

평가되었다. 1960년대 이후의 국제수지 적자를 해소하는 데 "인력 수출"의 기여도는 크며, 특히 월남으로부터의 송금이 가장 큰 비중을 차지했다.[11] 따라서 월남전 종전은 해외 송금이 줄어드는 요인이 되었다고 평가된다.

이처럼 당시 언론들은 해외 인력 진출이 국민소득 증대에 기여한 부분을 긍정적으로 평가했다. 상품 수출보다 더 효과적인 "인력 수출"이라는 표현은 한국인들의 해외이주를 경제개발이라는 프레임에서 규정하는 것이다. 해외 취업 인력은 1970년대 중동 건설 붐을 계기로 더욱 급격히 증가했다. 해외 진출 인력의 증가는 이주 관련 법과 정책에도 변화를 가져왔다. 1963년 '해외이주법' 제정에 따라 설치된 해외이주공사는 초기에는 서독으로 광부 및 간호원 인력의 송출, 남미로의 집단 이민 업무를 담당했지만, 1976년에는 해외개발공사로 명칭을 변경하고 해외 취업을 위한 기능인력 교육을 강화하게 되었다. 1983년에는 해외개발공사가 보사부 산하기관에서 노동부로 이관되었는데, 초기의 이민 업무에서 해외 취업 관리로 기능이 완전히 바뀌었음을 알 수 있다. 이후 중동 경기가 퇴조한 1989년 해외개발공사는 폐지된다.

2) 국제결혼과 이민 부작용의 '여성화'

앞서 출국자 통계에서 살펴본 제1기의 특징은 해외 이주자 중 여성이 다수를 차지하며 특히 취업 경로보다는 이민 경로가 더 많다는 것이다. 1950년대적 상황, 즉 출국 허가자의 대다수가 국제결혼 여성과 입양 아동이던 시기의 연장선상에 있었다고 볼 수 있다.[12] 이후에도 국제결혼을 다루는 기사는 주로 결혼 통

---

11 해외 인력의 국내 송금 실적을 지역별로 집계하면 1972년을 기준으로 월남에서 온 송금이 42%를 차지했다. 이는 미주 지역(36%), 일본(13%), 서독(7%)에 비해 확연히 높은 비중이다. (≪매일경제≫, 1972.12.16).

12 한 예로, 1955년과 1956년 두 해의 출국자는 모두 1018명이며, 이들의 이민 대상국은 90%가 미국이다. 성별로는 여성이 946명, 남성이 430명으로 여성이 훨씬 많다(≪동아일보≫, 1957.3.17).

계를 소개하면서 그 증감의 사회적 의미를 진단한다. 1965년의 기사들은 국제결혼이 "부쩍 늘어난" 놀라운 현실을 강조한다. 외국인 신랑은 99%가 한국에 와 있는 미군이며, 국제결혼은 한국동란의 부산물인 기지촌 주변의 결혼이라고 소개한다. 당시 한 보도에 따르면, 서울시의 집계 결과 국제결혼은 9년 동안 약 40배로 늘어났다는 통계도 있었다(≪경향신문≫, 1965.6.4).

국제결혼은 1970년대에도 지속적으로 증가했다. 1979년의 한 기사는 이전과는 달리 늘어난 국제 교류를 배경으로 국제결혼의 배우자 국적이 다양해졌으며 "거의 모든 우방에 우리 주부들이 진출"했다고 긍정적으로 평가하면서도, 국제결혼의 '개운치 않은 뒷맛'이라는 표현으로 그 부작용을 언급한다.

> 이같이 미국으로 간 많은 우리 여성들이 허탈과 방황으로 이국의 밤거리를 헤맨다는 얘기도
> 전해서 국제결혼의 개운치 않은 뒷맛도 남기고 있다(≪동아일보≫, 1979.6.9; 강조는
> 필자).

1980년대 중반에는 국제결혼이 감소 추세를 보이는데, 신문 보도는 이를 긍정적인 현상으로 진단한다. 막연한 외국 붐을 타고 늘어나던 국제결혼은 이제 생활이 윤택해지고 "외국 생활도 별것 아니더라"는 인식 때문에 줄어들었다는 해석을 덧붙이고 있다. 여기에도 국제결혼의 부작용, 즉, 결혼 사기를 당해 현지에서 '국제 미아'가 되는 사례도 적지 않아 이것도 국제결혼 감소의 한 원인이 되고 있다는 점이 언급된다(≪경향신문≫, 1986.10.30).

1960년대부터 1980년대 중반까지 국제결혼에 대한 신문 보도에 일관되게 등장하는 표현과 프레임이 있다. 한국 여성과 외국인 남성 간의 결혼은 '기지촌 사랑' 또는 '막연한 외국 붐'과 같은 부정적 현상으로 규정되며, 여기에는 늘 '부작용'이 뒤따르게 된다는 인식이다. 실제로 당시 국제결혼에서 이와 같이 부당한 대우로 고통을 겪는 사례가 있을 수 있다. 그런데 20년 이상의 기간 동안 국제결혼 기사에는 동일한 프레임이 반복된다는 점은 주목할 만하다. 해외 이민이

초래하는 '부작용'은 국제결혼의 문제점과 '밤거리를 헤매는 여성'으로 재현되고
있다.

국제결혼뿐 아니라 해외 취업의 부작용을 기사화할 때에도 여성의 '일탈'을
지목하며, 특히 연애와 결혼, 가치관의 혼란 등을 전형적인 여성 개인의 문제
로 보는 기사가 많다. "전환점에 선 인력수출 중간결산"이라는 제목의 ≪조선
일보≫ 기사는 인력수출 전반을 진단하면서 부작용 사례로 서독 간호사들의 자
살 사건을 서두에서 강조한다.[13] "두 명의 한국인 간호원 처녀가 서독 청년과의
사랑이 허사로 돌아간 것을 비관해 자살했다"고 소개하는 기사에서는 해외 생활
의 외로움과 향수, 도덕과 규범의 차이가 결국 불행한 결말을 낳았다고 주장한
다(≪조선일보≫, 1974.6.13).

일본으로의 여성 취업은 직업소개 과정에서의 사기나 범죄, 유흥업소로의
취업 등 문제점을 부정적으로 다루는 기사들이 많다. 그런데 1984년 ≪조선일
보≫ 기사에서 보듯이, 유흥업소 취업 통로로 사용된 여성 연예인의 해외 취업
을 금지하는 이유는 '국위를 손상시키는 폐단'이기 때문이다. 당시 노동부는 연
예활동을 위한 문화여권을 소지한 여성들의 해외 취업을 전면 금지하기로 결정
했다. 그러나 이러한 금지 조치는 여성에게만 국한되었으며, 민속무용단과 같은
남자 연예인들의 해외 진출은 계속 허용되었다(≪조선일보≫, 1984.7.7). 해외 취
업의 의미나 기여도를 성별에 따라 구분하고, 특히 여성의 해외 취업은 윤리적
문제와 도덕적 혼란을 초래할 것이라는 부정적 고정관념이 다시금 확인된다.

---

13   간호원 문제를 지적하는 기사의 서술 방식은 같이 독일로 떠난 광부의 문제점을 진단하는 접
     근과 상당히 다르다. "파독광부 집단이탈"이라는 제목의 ≪경향신문≫ 사설(1967.11.17)에서
     는 광부들이 계약 기간이 끝나기 전에 캐나다, 남미 등 제3국으로 무단이탈하는 문제를 지적
     한다. 그런데 무단이탈의 원인은 광산 경력이 없는 무자격자의 선발, 사후 관리의 부실 등 정
     책의 문제로 보고 있다. 여성 간호원들의 문제를 가치관 혼란이나 개인적 일탈로 기사화하는
     것과는 대조적이다.

3) "개척자인가 도피자인가"

경제개발을 위해 이민이 필요하다는 주장과 더불어 이민의 문제점과 폐단을 지적하는 논리들도 신문지상에 자주 등장한다. 유력 인사의 재산 도피를 위한 이민, 외국을 맹목적으로 추종하는 '망국적 이민병' 문제가 전형적 사례이다. 1965년 미국 이민법 개정으로 문호가 열리자 이민법이나 절차 등을 소개하는 기사들도 늘어났다. 미국 이민은 앞서 언급했던 경제개발을 위한 해외 진출, 상품 수출을 능가하는 인력 수출과는 성격이 매우 달랐다. 즉, 브라질 집단 이민이나 해외 취업은 개발국가의 경제성장 정책의 연장선상에 놓여 있지만, 미국 이민은 이민수용국의 정책 변화라는 외부 요인이 만들어낸 새로운 기회였다. 미국 이민은 대규모의 선진국행 이민이라는 점에서 한국 사회에 미치는 파장도 상당히 컸는데, 이민 붐의 부정적인 측면과 이민 정책의 문제점을 지적하는 사설들이 눈에 띈다. 해외 이민 정책은 본래 과잉인구 해소를 위해 경제개발계획의 일환으로 추진된 것이지만, 미국 이민의 실상을 보면 원래의 정책 취지와는 달리 지도층 인사들 및 부적격자들이 해외로 도피하는 결과를 낳았다는 것이다. 또한 남미 농업이민의 경우에는 애초부터 농사와 관계없는 사람들이 부정한 방법으로 이주를 시도함으로써 지속적으로 문제점이 노출되었다고 비판했다(≪동아일보≫, 1977.12.12).

"조국은 영원한 사랑"이라는 제목의 1972년 4월 21일 자 ≪경향신문≫ 사설은 이민의 부정적 측면을 언급하는 데 그치지 않고 이를 비판하는 나름의 체계적인 논리를 제시한다. "개척자는 해외에 내보내야 하겠으나 도피자는 막아야 한다", 즉 개척자와 도피자를 대립시키는 이분법이다. 이 사설은 서두에 미국에 있는 자녀들의 권유로 이민을 갔다 되돌아온 여류 작가의 일화를 소개한다. "쪽 떨어진 소반상을 놓고 원고를 쓰던 고국이 그립고, 분수에 안 맞는 풍부한 생활이 고국만은 못하다"라는 여류 작가의 이야기를 빌려 미국 이민을 '이민병'으로 비난하고 있다(≪경향신문≫, 1972.4.21).

실제로 1975년 월남전 종전 이후 한국의 정세에 불안을 느낀 일부 인사들이 미국에 있는 친구에게 초청장을 부탁하여 미국으로 가서 1만 달러를 예치하고 영주권을 취득하는 사례가 꽤 있었다. 미국은 이런 사람들이 증가하자 예치금을 1만 달러에서 4만 달러로 올렸는데, 한국에서는 10만 달러를 가져가는 사람들도 있었다고 한다. 이에 한국 정부는 도피 이민을 막기 위해 1975년 이민법을 제정, 10만 달러 이상의 재산을 가진 자, 퇴역 장성, 국회의원, 판검사, 국립기업체 사장 등 고급 관리의 이민을 제한했다(이광규, 1999: 81).

도피자와 개척자를 구분하는 이분법은 중산층 이상 고학력층의 미국 이민을 비판하는 효과적인 논리였다. 그러나 개발국가가 원칙으로 삼았던 '개척자' 이민은 사실 거의 실현되지 못했다. 앞에서도 지적했듯이 1960년대 초부터 정부가 추진했던 브라질 이민은 계속 실패 사례로 이어졌는데, 광활한 땅을 개간하여 농장으로 탈바꿈시키는 '개척자'의 이상에는 부합했지만, 실제 한국 이민자들은 농사일에 익숙하지 않았고 원시림 개척을 적극적으로 회피했다. 한국 정부의 입장에서도 막대한 자금이 소요되는 개척 영농을 지원하는 일은 투자효과 면에서 위험 부담이 컸고 자본 상실로 간주될 수밖에 없었다(전경수, 1990: 101).[14]

개척자의 이미지로 포장된 브라질 이민의 실상을 보면 각종 불법과 사기, 농장 정착에 실패하고 도시로 유입되는 이민자들의 문제, 불법 이민을 해결하려는 정부의 잘못된 접근 등으로 많은 문제점을 남겼다. 이는 농업회사를 설립하여

---

14   이러한 문제들이 반복되면서 브라질에 불법 체류하는 한인들이 계속 증가했다. 정부는 1978년 누적된 불법이민 문제를 해결하기 위한 방안으로 남미농업이민조사단을 브라질로 파견하고, 브라질리아 부근에 약 2800헥타르의 농지를 구입하여 100세대의 한국 이민을 입주시키고자 했다. 한인 불법체류자들 중 100세대를 모집하여 농업 이민으로 재정착시키고 그 정착금을 한국 정부가 마련한다는 계획을 세운 것이다. 그런데 토지 구입까지 마친 후에 자금 일부가 브라질 외환관리법을 위반했다는 문제가 발생했다. 한국 정부가 은행을 거치지 않은 숨은 자금으로 브라질 영토의 일부를 매입한 것은 심각한 침해 행위로 간주되었고, 이것이 외교 문제로 비화되자 한국 정부는 결국 사과와 동시에 구입된 땅을 브라질에 모두 기증하는 식으로 마무리했다(전경수, 1990: 105~110).

농지를 개척하고 일본 정부의 체계적 지원에 따라 '일본 꼴로니아'를 건설한 일본 이민자들과는 매우 대조적인 사례이다. '한국 꼴로니아'를 아마존 미개척지에 설립한다는 이상적인 명분은 그야말로 이상에 그치고 말았다. 이 사례는 개발국가의 이민 정책에 내재하고 있는 '도피자 대 개척자'의 이분법이 현실과는 얼마나 괴리된 것인가를 잘 보여준다.

5. 맺는말

이 장에서는 1961년부터 1987년까지 한국인의 해외이주 흐름에서 성별 차이와 그 의미, 개발국가의 정책 담론이 해외이주와 동포를 바라보는 인식틀 전체에 영향을 미치고 있음을 살펴보았다. 양적 자료(출국자 통계)와 질적 자료(신문 기사)를 함께 분석함으로써 여성들의 이주 흐름과 이주 경로의 변화, 그리고 여성의 이주를 바라보는 사회적 시선과 정책 담론들의 특징을 함께 파악할 수 있었다.

담론 분석에서 가장 눈에 띄는 결과는, 국가가 주도하는 '개발'의 상상력 자체에 남성 중심의 서사가 내포되어 있다는 점이다. 해외이주 정책에서 반복적으로 강조되는 국익과 국위선양 안에는 이미 해외 진출의 주체가 남성이며 이들이 '개척자' 활동을 통해 개발의 가치를 실현할 것이라는 전제가 함축되어 있었다. 한 예로, 1960년대 초 과잉인구 해소를 위해 적극적으로 추진하려 했던 남미행 농업 이민은 – 현실적으로 성공 사례는 매우 적었지만 – 아마존 우림 지역과 같은 광활한 땅을 개간하여 농장으로 만드는 이른바 개척형 이민이자 남성적 실천으로 상상되었던 셈이다. 또한 1970년대에 증가한 기술 인력의 해외 취업에서 '기술'은 곧 중장비, 운전, 기계 장비 등 남성적인 직종을 의미했다.

그렇다면 개발국가가 지향했던 해외이주의 모델은 남성 가장 혹은 남성 기술자의 해외 개척이나 해외 취업을 통한 가족 부양이라고 볼 수 있다. 이러한 프레임은 해외 이민에서 성별에 따른 고정관념, 위계화된 젠더 인식을 반영하는 담론들을 만들어낸다. 해외에서 힘들게 일하며 돈을 버는 것이 남성들의 몫이라면, 해외 생활에서 겪는 문화 충격과 갈등은 주로 가정의 문제이자 여성의 위기로 묘사되었다. "위기의 장소로서의 가정과 여성"은 해외 이민의 부작용을 상징하는 표현이다. 국제결혼은 미군과의 결혼에 대한 부정적 인식의 연장선상에서 다루어지며, 가족 단위로 이민한 한인들, 미국 이민자의 어려움과 고통을 소개할 때에도 특히 향수병과 문화 충격에 시달린 나머지 '밤거리를 헤매거나 자살을 시도하는' 여성들의 이야기가 으레 언급된다.

둘째, 생존을 위해 이주하는 여성들의 경험을 배제하며, 이주지에서 새로운 삶을 개척했던 여성들의 노력과 다양한 경험을 제대로 조명하지 못하게 만든다. 실제 재미한인 여성에 대한 실태조사 결과는 여성들이 상당한 노동의 부담을 안고 가정경제의 한 축을 담당했음을 보여준다. 1989년을 기준으로 한국 이민 여성의 67% 이상이 노동시장에 참여했는데, 이들은 본국에 있는 여성이나 미국 내 비非한인 여성보다 많은 일을 하고 있었다(Yu, 1990: 15; 김경신 외, 2005: 55에서 재인용). 재미한인 여성들의 노동시장 참여 증가는 이들의 과중한 노동시간 증가로 연결된다(Min, 1998). 이들은 이민 이후 변화된 사회 환경과 전통적 가족관계 간의 부조화 속에서 경제적 공헌에도 불구하고 가사를 줄이거나 의사결정 권한을 늘리는 등의 보상을 받지 못한 채 생활하고 있다는 것이다(김경신 외, 2005: 55).[15]

출국자 통계 자료의 시계열적 흐름에서는 남성의 해외 취업과 여성의 연고 이민이 분화되는 큰 그림을 볼 수 있다. 그런데 목적지별로 세분화된 분석에서는 '이출 과정의 성별화'가 시기별로 상이한 패턴을 보였다. 북미, 남미, 오세아니아로 이주한 여성들은 남성들과 마찬가지로 연고 이민이 대다수이지만, 아시

---

15   재미한인 여성들의 가족 내 역할은 미국 내 백인 또는 흑인 여성의 라이프 스타일보다 오히려 한국 농촌 여성의 삶과 더 비슷하다는 평가도 있다(김경신 외, 2005: 54에서 재인용).

아 및 유럽으로 떠난 여성들은 1960년대 단신 취업 위주에서 1970년대 중반 이후 이민 목적의 이동이 증가하는 전환이 일어났다. 한국의 경제개발 과정이 한국인의 해외 취업에 미친 영향이 성별에 따라 상이하며, 남성의 해외 취업은 경제개발과 함께 1980년대 중반까지 지속적으로 증가했지만, 여성들은 개발 초기의 해외 취업이 점차 줄어들면서 1970년대 중반 연고 이민으로 전환되었다.

개발국가 초기인 1960년대의 여성 이주, 특히 여성들의 취업 이주는 그 규모 면에서 '이주의 여성화'로 볼 수는 없으나 '생존의 여성화feminization of survival'(황정미, 2009; Sassen, 2002)라는 차원에서 재조명될 필요가 있다. 흥미롭게도 2000년대 이후 한국으로 들어오는 이주여성이 늘어나면서 ─ 마치 개발 초기 한국 여성들이 그러했듯이 ─ 국제결혼과 연예인 취업은 개발도상국 여성들이 한국으로 입국하는 주요 통로가 되고 있다.[16] 한국 여성들의 해외이주에서 나타나는 흐름과 유형들은 개발과 이주의 연계성, 개발도상국 여성들의 이주 유형 변화라는 역사적 흐름 속에서 재해석될 수도 있다.

이 장에서 살펴본 자료와 담론 분석의 결과들은 한국인의 해외이주 연구사를 젠더 관점에서 다시 해석해 볼 가능성을 열어준다. 개발국가 초기인 1960년대 초반 국제결혼, 입양 경로로 이주한 여성들의 경험은 기존 연구의 관심사에서 벗어나 있었다. 한국 사회의 고정관념으로 인해 이주여성들은 가정이나 사적 공간에 머무르는 '피부양자'로만 인식되고 이들이 초기 이주자로서 한인 사회 형

---

16 한국으로 들어오는 외국인 여성 입국자 중 아시아 출신 결혼이민자가 많다는 점은 잘 알려져 있다. '예술흥행(E6)' 비자로 입국하는 사람들은 그에 비해 숫자가 많은 것은 아니지만 여성들이 다수를 차지하고 불법체류 비율이 높다는 점에서 눈길을 끈다. 2019년 기준 체류 외국인은 252만 4656명이며 이 중 여성은 117만 8521명(여성 비율 46.7%)이다. 여성 체류자 중 결혼이민(F6) 비자는 10만 6786명(여성 비율 81.5%), 예술흥행 비자는 2418명(여성 비율 68.1%)이다 (법무부 출입국 외국인정책본부, 2019). 예술흥행 비자로 입국한 여성들은 2000년대 초에 지금보다 훨씬 많았다. 매년 외국인 입국자 통계를 기준으로 할 때 2000년 4121명(여성 비율 86.8%), 2001년 4863명(여성 비율 86.8%)에 이르렀으나 점차 감소하여 2017년 이후 1000명 이하로 줄어들었다(통계청, '국적/체류자격별 외국인 입국자'(2010~2020.10), KOSIS 국가통계포털 http://kosis.kr/ (검색일: 2020.10.15).

성에 기여한 부분이 간과된 경우도 있을 것이다. 개발 시대 해외 취업 사례로서 서독으로 진출한 간호사에 대한 연구가 활발한 편이지만, 그 외 지역에서 여성의 취업이주 경험, 연고 이민을 떠난 여성들이 현지에서 경제활동에 참여한 경험들에 대한 분석도 더해질 필요가 있다. 국제적으로 볼 때 제2차 세계대전 직후 과거 식민지였던 국가, 근대화가 본격화되기 이전의 국가에서 단기노동력으로 해외이주하는 여성들이 있었으며, 이 여성들에게 이주는 새로운 삶의 기회로 여겨졌다(나혜심, 2017: 25). 개발 시기에 이주한 한인 여성들이 새로운 삶의 기회를 개척하고 생존을 책임지는 주체로 살아간 이야기들, '민족'과 '성공'의 프레임 안에서는 포착될 수 없는 여성들의 다양한 경험을 재조명하는 연구들이 이어지기를 기대한다.

참고문헌

강정인. 2012. 「박정희 대통령의 민족주의 담론: 민족과 국가의 강고한 결합에 기초한 반공·근대화 민족주의 담론」. ≪사회과학연구≫, 20(2), 34~72쪽.

김경신·임채완·이선미·김명혜·한경미. 2005. 『재외한인여성의 생활실태 및 의식』. 서울: 집문당.

김동노. 2010. 「한국의 국가 통치전략으로서의 민족주의」. ≪현상과 인식≫, 34(3), 203~224쪽.

김민정·유명기·이혜경·정기선. 2006. 「국제결혼 이주여성의 딜레마와 선택: 베트남과 필리핀 아내의 사례를 중심으로」. ≪한국문화인류학≫, 39(1), 159~193쪽.

김현미. 2008. 「중국 조선족의 영국 이주 경험: 한인 타운 거주자의 사례를 중심으로」. ≪한국문화인류학≫, 41(2), 39~77쪽.

나혜심. 2017.11.1. 「한인여성의 디아스포라, 그 주인공들로서의 한인여성」. 숙명여대 아시아여성연구원·강원대학교 사회과학연구원 주최 추계학술대회 '한인여성의 디아스포라와 정체성' 발표문.

법무부 출입국 외국인정책본부. 2019. 『2019년 출입국 외국인정책 통계연보』.

안태윤. 2011. 「일본 야마가타현으로 결혼이주한 한국여성들: 여성들의 삶의 적응방식과 지역사회의 다문화전략」. ≪재외한인연구≫, 24, 43~77쪽.

이광규. 1988. 『재미한국인: 총체적 접근』. 서울: 일조각.

_____. 1999. 『재외동포』. 서울: 서울대학교 출판부.

_____. 1997. 『재외한인의 인류학적 연구』. 서울: 집문당.

이종훈. 2008. 「재외한인정책의 역사와 전개: 해방에서 참여정부까지」. 전남대학교 세계한상문화연구단 학술회의 발표문, 503-539쪽.

이진영. 2011. 「영국 한인사회의 형성과 변화: 해외여행 자유화(1989) 이전을 중심으로」. ≪재외한인연구≫, 25, 137~172쪽.

이철우. 2008. 「영토와 인민의 대립과 통일: 재외국민참정권의 변증법」. ≪법과 사회≫, 34: 271~296쪽.

임채완·김홍매. 2011. 「한국의 국제노동력 송출 및 유입정책 분석」. ≪한국동북아논총≫, 59, 189~208쪽.

장경섭. 2011. 「개발국가, 복지국가, 위험가족: 한국의 개발자유주의와 사회재생산 위기」. ≪한국사회정책≫, 18(3), 63~90쪽.

전경수. 1990. 『브라질의 한국이민』. 서울: 서울대학교 출판부.

조희연. 2010. 『동원된 근대화: 박정희 개발동원체제의 정치사회적 이중성』. 서울: 후마니타스.

최금좌. 2011. 「브라질 상파울루시의 코리아 타운 '봉헤찌로(Bom Retiro)'」. ≪재외한인연구≫, 24, 235~277쪽.

황정미. 2001. 「여성정책과 젠더정치: 복지국가 및 후발국가 사례를 중심으로」. ≪페미니즘 연구≫, 창간호, 75~111쪽.

_____. 2009. 「이주의 여성화 현상과 한국 내 결혼이주에 대한 이론적 고찰」. ≪페미니즘 연구≫, 9(2), 1~37쪽.

_____. 2014. 「초국적 이주와 시민권의 재조정: 재외국민, 외국인 투표권의 한일 비교」. ≪아세아연구≫, 57(2), 228~257쪽.

_____. 2015. 「결혼이주여성의 가정폭력 피해에 대한 재고찰: 취약성 프레임에서 인간안보 관점으로」. ≪한국여성학≫, 31(4), 1~39쪽.

Beneria, L., C. D. Deere and N. Kabeer. 2013, "Gender and International Migration: Globalization, Development, and Governance." *Feminist Economics*, 18(2), pp.1~33.

Bourdieu, Pierre. 1991. *Language and Symbolic Power.* Cambridge: Harvard University Press.

Brubaker, R. and Jaeeun Kim. 2011. "Transborder Membership Politics in Germany and Korea." *European Journal of Sociology*, 52(1), pp.21~75.

Brubaker, R. 2010. "Migration, Membership, and the Modern Nation-State: Internal and External Dimensions of Politics of Belonging." *Journal of Interdisciplinary History*, 41(1), pp.61~78.

Min, Byong Gap. 1998. "The Burden of Labor on Korean American Wives in and outside the Family." In Young I. Song and Ailee Moon(ed.). *Korean American Women: From Tradition to Modern Feminism.* Westport: Praeger.

Piper, N. and K. Yamanaka(eds.). 2004. "Gender, Migration, and Governance." Special Issue, *Asian and Pacific Migration Journal*, 12, pp.1~2.

Sassen, Saskia. 2002, "Women's Burden: Counter-Geographies of Globalization and the Feminization of Survival." *Nordic Journal of International Law*, 71, pp.255~274.

제3장

태평양을 횡단한 기지촌*

한국 여성과 미군기지, 그리고 미국 내 군대 매매춘

유리 둘란(Yuri W. Doolan)

1. 들어가는 말

1986년 미국 이민귀화국INS: Immigration and Naturalization Service은 한인 조직범죄 전담반Korean Organized Crime Task Force을 구성하여, 오랫동안 미군기지를 괴롭히다 이제는 미국 사회 전역을 위협하기에 이른 문제를 하나 조사했는데, 그것은 바로 한인 성매매 문제였다(US Congress, Senate, Committee on Governmental Affairs, 1986: 246). 불법 성거래를 위해 운영되는 다양한 마사지 업소와 사우나, 스파 시설을 조사한 결과, 당국은 업계 인력의 약 90%가 미군 아내들GI brides이라고 추정했 다.[1] 많은 여성이 "가짜 결혼이민"을 통해 미국으로 입국했고, 중간 브로커들은

* 이 글은 *Journal of American Ethnic History*, vol.38 no.4(2019)에 실린 "Transpacific Camp-towns: Korean Women, US Army Bases, and Military Prostitution"을 번역한 것이다(DOI: 10. 5406/jamerethnhist.38.4.0033). 이 장에서 군부대 문서, 의회 자료와 같은 출처는 각주로 표기 했다.

1 이 글에 등장하는 Gi bride나 military bride라는 말은 "미군 신부" 또는 "군대 신부"로 직역될 수 있겠으나, 이 장에서는 한국 독자들에게 더 잘 전달될 수 있도록 "미군(의) 아내"로 번역하고 자 한다 ─ 옮긴이.

미군에게 미화 5000달러 이상을 지불하여 결혼과 "빠른 이혼"을 진행시켰다(US Congress, Senate, Committee on the Judiciary, 1985: 15, 67). 또한 "미군기지 인근에서 일하는 모집책들"은 기존 한인 이민자 여성의 지역공동체를 표적 삼아, 미군과 결혼했거나 이혼한 여성을 유인하여 무허가 업소에서 일하도록 하기도 했다 (Cohen, 1986.9.23). 이 문제에 대한 미 정부의 관심은 1986년 '이민결혼 사기에 관한 개정법the Immigration Marriage Fraud Amendments'을 마련하면서 절정에 달했는데, 이 법안은 "부적절한" 결혼을 한 것으로 간주되는 한국 여성을 추방하는 법적 근거가 되었다.[2] 1970년대 초 이래 한인 성매매에 대한 수백 건의 언론 보도와 더불어 이 법안은, 미국이 얼마나 광범위한 규모로 이 문제를 주시하고 해결하려고 노력을 기울여왔는지를 보여준다. 그러나 한미 간의 명백한 군사관계를 염두에 둘 때, 마사지 업소의 성매매는 단순한 불법 이민이나 결혼 사기의 문제로 이해되어서는 안 된다. 이는 오히려, 한때 주한 미군기지에서 근무하던 수천 명의 한국 여성이 "노스캐롤라이나의 포트 브래그Fort Bragg에서 텍사스의 포트 후드Fort Hood에 이르는" 미국 내 지역으로 이주하기 시작하면서, 처음에는 미군만을 상대하다가 결국엔 평범한 민간인도 성접대를 받게 되었다는 점에서 기지촌의 군대 성산업이 미국으로 들어왔다는 놀라운 사실을 드러낸다(US Congress, Senate, Committee on Governmental Affairs, 1986: 247).

* * *

한미 군사관계가 시작된 이래, 100만 명이 넘는 한국 여성들이 주한 미군기지 주변의 기지촌 지역에서 600만 명 이상의 미군에게 친밀한 방식의 유흥을 제공해 왔다(K. Moon, 1997: 1, 121). 이에 학자들은 기지촌과 군대 성매매가 주로 해

---

2   An Act to Amend the Immigration and Nationality Act to Deter Immigration-Related Marriage
     Fraud and Other Immigration Fraud, Public Law 99-639, *US Statutes at Large* 100(1986),
     pp.3537~3544.

외 미군기지의 결과라고 받아들인다. 그러나 이 글은 나아가, 미 제국의 잔재가 다시 미국 내로 돌아와 미국인들의 문제가 되면서, 어떻게 해외에 존재하는 미 제국주의의 공간과 실천이 국내 영역으로 돌아와 반향을 일으키는지를 보여준다. 이 글은 1945년 이후 한국의 기지촌과 미국 내 군사시설 사이에 형성된 태평양 횡단회로transpacific circuits를 강조하면서, 1980년대에 다른 일반 지역으로 퍼지기 전 1970년대에 미군 지역공동체에서 처음으로 목격된 무허가 마사지 업소의 확산은, 1940년대 이후 한국에서 조장되어 온 군대 매매춘military prostitution의 초국적 파생물transnational outgrowth이었음을 주장한다. 이렇게 한국 내 기지촌과 미국 내 군사기지에서의 성노동 사이의 연관성을 지적하는 것이, 미군의 한인 아내 대부분은 과거 미군기지 근처에서 일하던 군대 매춘부이고 낙인찍힌 여성이라고 추측해 온 오래된 "기지촌의 그림자camptown shadow"를 떠올리게 한다는 점을 충분히 인식하고 있다.[3] 여기서 필자의 의도는 초국적 결혼이주자와 성노동자에 대해 한국인과 미국인 모두가 품고 있는, "기지촌의 그림자"나 여타의 고정관념 그리고 뒤따르는 오명에 실체를 부여하려는 것이 아니다.[4] 이 글의 목적은 한국인이면서 여성인 사람들이 어떻게 고국에 존재하는 미군부대의 변화하는 형세에 따라 취약한 존재로 남게 되는지 명확히 하면서, 그러한 취약성이 어떤 이들에게는 미국 도착 후까지 따라와 어떻게 지속되고 또 다른 어떤 이들을 군대 성매매라는 이주 상황으로 내모는지 보여주는 것이다. 이러한 이야기는 미국의 힘이 어떻게 세계적 규모로 작동하는지에 대한 것뿐 아니라, 미국의 군사점령으로 인해 가장 취약해진 다른 나라 사람들의 삶에 대해서도 많은 점을 드러낼 수 있다.

---

3   기지촌 그림자와 이것이 미군의 한인 아내의 삶에 미치는 영향에 대한 좀 더 자세한 내용은 Yuh(2002)를 참조.

4   미국에서 무허가 마사지 업소에서 일하는 여성 대부분은 미군과의 결혼으로 미국에 입국한 한인이라는 점은 확실하지만, 추정컨대 그 숫자는 몇천 명을 넘지 않았는데 이 수치는 오늘날 미국에 거주하는 10만 명 이상의 군인 아내 중 아주 작은 부분만을 차지한다는 의미이다.

이제부터는 1970년대와 1980년대 미국 사회의 마사지 업소 성매매 문제를 설명하기 위한 배경으로, 1945년 이후 한국의 기지촌과 미국에 대한 태평양 횡단의 역사를 소개한다. 우선 1940년대 미국의 군사 정책이 어떻게 미군 병사와 현지 한국 여성 사이의 관계를 방해했는지를 설명할 것인데, 이는 인종 통합과 인종 간 혼인miscenenation을 반대하는 당시의 일반적 태도 때문이기도 하며, 한국 여성을 아내이거나 인생의 동반자가 아닌 매춘부로 보았기 때문이었다. 기지촌은 미군이 휴일에 이용하도록 지정된 유흥 공간으로서, 여기서 미군과 한국 여성의 관계는 통제된 군대 성매매라는 경로를 통해서만 접촉할 수 있는 형태로 관리되었다. 그럼에도 한국 여성과 결혼한 미군의 수는 계속 늘어나 미국 정부는 한국 여성의 미국 입국을 수용하는 조치를 마련하게 되는데, 이는 결국 수십 년 후 미군과의 결혼을 통해 군대 성매매가 미국 내에 들어가는 것을 허용하게 되는 것으로 보이는 중요한 전개 과정이었다. 1960년대 전반에 걸쳐 한국에 대한 미국의 군사개입이 지속되고 이민법이 자유화되자, 미군의 한인 아내들은 가족을 미국으로 초청하기 시작했다. 이렇게 가족에 기반한 이주는 미국 내 군사 기지 주변에 대규모의 이민자 공동체가 성장하는 연료가 되었다. 1970년대 한국에서는 주한미군의 규모가 꾸준히 감소하기 시작했고, 미군에 의존하여 생활하던 기지 주변의 지역사회에 엄청난 경제적 격변이 일어났다. 그 결과, 한국의 기지촌 업소들은 미군에게 돈을 주고 결혼을 중개하는 방식으로 업소의 마담과 성노동자를 미국으로 보내어 미국 내 영업을 확장해 나갔다. 노스캐롤라이나에 있는 포트 브래그, 테네시의 포트 캠벨Campbell, 텍사스의 포트 후드와 같은 미국 내의 대규모 군사시설이 이 한국계 미국인의 성산업을 위한 모집과 운영에서 중요한 기반으로 사용되었는데, 이는 이미 이곳에 미군의 한인 아내가 상당수 있었고 한국 내의 기지와도 연결되어 있었기 때문이다. 1980년대에 이르러 군대 매매춘은 이러한 군부대 타운에서 일반인(비군사적) 지역공동체로 확산되어, 오늘날까지 미국 사회에서 굳건히 자리를 지키며 남았다.

2. 기지촌의 유래: 간략한 역사

1947년 1월, 주한미군 본부는 부대 내 남성 전체 인원에게 "한국 여성과의 관계를 삼가하라"는 안내문을 돌리면서, "매매춘이라는 가장 저급한 형태가 아닌 다른 방식으로는" 지역 여성들과 관계하는 것을 금했다.[5] 한국 여성이 미군의 낭만적 파트너로서는 부적절하다고 여기면서 매매춘은 용인하는, 이런 모순된 입장은 당시 미국 군사 정책을 뒷받침하던 아이러니를 잘 보여준다. 실제로 1945년 미군 7만 2000여 명이 제2차 세계대전에서 연합군의 승리로 폐허가 된 일본 제국으로부터 권력을 넘겨받기 위해 도착했을 때, 군인들은 한때 제국 군대Imperial Army에 속해 있던 미군 시설 주변의 집창촌에 드나드는 것이 허용되었다(박동은, 1966: 277). 새로 세워진 다른 주둔지는 수십 년간의 억압적인 식민통치로 인해 궁핍해지고 삶의 터전을 잃은 사람들이 포주 일과 호객 활동을 활발히 하는 곳이 되었고, 부대 내 성병 발생률도 치솟았다. 기지촌은 미국 남성과 한국 여성 간의 성관계를 엄격하게 감시할 수 있는 통제된 공간으로서, 성병 위기에 대한 해결책의 하나로 제시되었다.

미군 당국은 군인들의 오락 공간으로서 허용되는 곳과 제한되는 곳을 구분하여 알리는 다양한 출입금지령을 통해 기지촌의 위치를 지도화하고 성병이 맹렬하게 확산하지 못하도록 다양한 임시조치를 취했다. 1946년 5월 초에는 재조선미육군사령부군정청USAMGIK: United States Army Military Government in Korea(1945~1948, 이후 미군정)이 미군정령 제72호를 제정했다. 이 법은 "전염성이 있는 성병을 앓고 있는" 한국 여성이 "점령군의 성원과 성관계를 갖거나 이를 유도하는" 행위를 범죄로 간주했다(Meade, 1951: 221, 261). 이는 매매춘을 합법으로 여기면서도

---

5 "Association with Korean Women," January 25, 1947, United States Army Forces in Korea (USAFIK) Adjutant General, General Correspondence (Decimal Files) 1945-1949, National Archives at College Park (NARA), Records of General Headquarters, Far East Command, Supreme Commander of the Allied Powers, and United Nations Command (RG 554), Box 50.

자발적이거나 비자발적인 성병 전염은 불법화하는 조치였다. 1년 뒤, 미군정의 보건후생부 산하 성병통제과는 "유홍 업종의 여성entertaining girl"(길거리 매춘부에서 댄서, 호스티스, 웨이트리스에 이르는 하나의 범주)에 대한 정기적인 건강검진과 치료를 시작했다.[6] 군 지휘관은 미군의 성병 통제 조치를 따르는 업소는 승인했지만, 호객 행위의 비율이 높은 지역은 출입제한 구역으로 규정했다. 미군기지와 가까운 거리에서 발견되는 길거리 매춘부streetwalker는 성병 감염 여부를 확인할 수 없기 때문에 군 당국자들에게 끌려가 검사를 받고 강제로 치료를 받았다.[7] "출입제한 구역에서 체포된" 미군 병사는 "사단 사령부에서 즉결법정의 장교가 진행하는 재판을 즉시 받고, 한 달 급여의 3분의 2까지 감봉되는" 처벌을 받았다.[8] 성병에 걸린 군인은 진해 재활 훈련소에 격리되었고, 이런 위반이 두 번 반복되면 승진 자격이 영구적으로 박탈되었다.[9]

이러한 적극적인 성병 통제 조치는 기지촌 위치에 경계선을 긋고 특정 종류의 친밀한 관계를 범죄화 했을 뿐만 아니라, 미군부대 성원의 마음속에 한국 여성의 이미지를 하나로 동질화했다. 즉, 한국 여성은 인생의 동반자나 아내가 아니라 매춘부라는 이미지였다. 한때 군 관계자들은 군부대 인근 세탁소조차도 성적 접촉 장소로 규정짓고 출입에 제한을 두어, 전혀 관련되어 보이지 않는 어떤 업소도 절대 간과하지 않겠다는 군의 공포감을 확인시켜 주었다.[10] 미군부대에 고용된 타자수, 커피배달원, 세탁부, 미용사, 가정부조차도 보건 당국에 의해 성병 검사를 받은 것으로 보이는데, 이들이 기지나 부대 내 클럽에서 열리는 무도

---

6   "Venereal Control Program in South Korea," July 27, 1948, Adjutant General's Section Operations Division, General Correspondence 1948, NARA, RG 554, Box 78.

7   "Venereal Disease Control," March 23, 1948, USAFIK, Decimal Files, NARA, RG 554, Box 148.

8   "Letter to Commanding General, XXIV Corps, APO 235 from Orlando Ward, Major General US Army Commanding," September 30, 1948, USAFIK, Decimal Files, NARA RG, 554, Box 148.

9   "Venereal Disease Control," April 17, 1948, USAFIK, Decimal Files, NARA, RG 554, Box 148.

10   "Report of Meeting of Venereal Disease Council," April 19, 1948, USAFIK, Decimal Files, NARA, RG 554, Box 147.

회에서 미군과 은밀히 성적 접촉을 할 수 있다는 것이 그 이유였다(S. Moon, 2010: 45). 비슷하게 양공주 또는 양갈보와 같은 한국어 표현은 미국인과 친밀한 관계를 맺은 여성을 묘사하기 위해 오랫동안 사용되어 온 비인간적인 경멸어이며, 이런 표현으로 인해 기지촌의 주민과 민간인 피고용자, 여자친구, 아내, 매춘부 사이의 경계는 흐려졌다.[11]

1948년 가을, 한국 정부가 출범하면서 미군정은 종식되었다. 그 결과 미국에서 온 약 500명의 장교만이 군사 자문단의 형태로 남고 미군 전체가 한국에서 철수하면서 군대 매매춘은 거의 사라졌다. 이러한 상황은 1950년 여름에 한국 전쟁이 발발하면서, 수백만 명의 미군 병력이 한반도로 되돌아오고 수천 명의 한국인이 미군기지로 피난하면서 변화하게 된다. "품위 있는 여성"을 강간에서 보호하기 위한 "필요악"이며, 외국 군대의 병력 지원을 위한 유인책으로도 필요하다는 정당화를 통해 새로 출범한 대한민국 정부는 군대 성매매를 돕는 "위안소comfort stations"를 다시 설립했다(S. Moon, 2010: 41). 그러나 1953년 여름에 체결된 정전 협정은 공식적인 평화 협정이 아니라 적대행위 종식에 불과했기 때문에 미군은 언제 닥칠지 모를 공산주의자들의 침공 위협에서 한국을 보호하기 위해 남았고, 전쟁이 끝난 후에도 군대 매매춘은 계속되었다. 이에 한국 정부는 "위안소"를 미군을 위한 클럽과 댄스홀로 다시 사용했다(박정미, 2015: 10). 1954년에 한국 정부는 미군의 압박으로 '전염병예방법'을 통과시켰는데, 이는 기지촌에서 성병 검사를 위한 법적 근거를 제공하면서 1940년대 미군정 통치 아래의 단속 상황으로 되돌아가는 것이었다(박정미, 2015: 11). 한국 정부는 군부대의 상설 시설 주변에 성병 클리닉을 세우고 보건 인력을 파견했고, 미군은 의료진과 페니실린을 제공했다.[12] 이렇게 1940년대와 1950년대 미군과 한국 정부의 협력 과정

---

11   이 용어에 대한 추가 논의는 Cho(2006: 309~31)를 참조.

12   "Venereal Disease Council Meeting," undated March 1948, USAFIK, Decimal Files, RG 554, Box 147.

속에서 미군사령관들은 미군부대 근처에서 일하는 한국 여성을 마치 매춘부처럼 그러므로 성병 보균자처럼 보았으며, 어떤 대가를 치르더라도 이들이 미군과 맺는 관계는 통제되어야 한다고 보았다.

3. 미군의 한인 아내와 냉전 통합, 그리고 미국 이민법의 자유화

미국 군대에게 한국 여성의 섹슈얼리티가 가하는 전복적인 위협을 억누르고자 했던 기지촌 정책과 유사하게, 1940년대와 1950년대 초의 미국 이민법과 군사 정책 역시 인종 차이에 근거하여 군인 아내의 미국 입국을 제한했다.[13] 처음으로 미군의 한인 아내들이 미국으로 갔을 때는 인종 간 격리가 엄격하던 시기로, 미국의 이민법이 사실상 모든 아시아인의 입국을 금지하고 귀화하여 시민이 되는 것도 금지하던 때였다. 1945년에 의회가 전쟁신부법The War Brides Act을 제정할 때에도 이는 미국 시민의 유럽 배우자에게만 배타적으로 적용되었다. 1947년의 개정안이 아시아 여성에게까지 입국 권리를 확대하면서 이민 자유화를 향한 변화를 보여주었지만, 이 법이 인종 관계에서 선을 넘어선 것은 아니었다. 그 대신 의회는 "태평양에서 복무하는 동안 자신과 같은 인종의 여성과 결혼한" "일본 또는 한국 인종의 군인"을, 백인이나 흑인과는 달리, 의도된 수혜자로 간주하면서 인종 간 혼인에 대해 현상 유지의 태도를 고수했다(US Congress, Senate, Committee on the Judiciary, 1947). 이 외에도 1950년의 한국전쟁 발발 그리고 한국 여성은 아내보다 매춘부에 더 어울린다는 지속적 신념 같은 다른 이유를 들면서 군사령관들은 군인들의 결혼 허가 요청을 계속해서 거절했다. 그 결과 이민귀화국INS 기록에는 1950년 한 명의 한국 여성에 대한 결혼이주를(아마

---

13 인종 간 친밀성이 역사적으로 어떻게 불법적인 것으로 구성되어 왔는지에 대해서는 Pascoe (2009)를 볼 것.

도 미군의 한인 아내로서는 처음일 것으로 추정되는 이 분을) 시작으로 1951년에는 총 11명의 한국 여성이 오르는데, 이들 대부분은 고위 장교의 배우자여서 엄격한 제한 정책의 예외로 취급되었을 가능성이 높아 보인다.[14]

그러나 한국 여성에 대한 이러한 지배적인 해석에 논란이 없었던 것은 아니다. "미군 내 많은 부대에서 군종 목사들이 백인 미국인과 유색인 동양인 간의 국제결혼이 증가하는 것을 막고자 미군들을 회유하고 있다"는 사실에 불만을 품은 한 사병은, "우리가 극동 지역에서 아무리 많은 돈을 쓴들 미국의 외교 정책이 인간 평등의 실천적인 교훈을 계속 파괴하는 한, 우리는 이 지역에서 친구를 얻을 수 없을 것"이라고 주장했다.[15] 이러한 주장은 일반적이었는데, 미국 시민들이 인종 다원주의와 냉전 자유주의라는 명분을 지키기 위해 군인과 아시아 여성들 간의 결혼을 언급한 방식이 주목되었다. 미국의 인종주의에 대한 공산주의자들의 비난은 세계에서 미국 민주주의의 신뢰성을 훼손할 정도로 강력했지만, 미군의 아시아인 아내들의 계속된 유입에 대해 생산된 문화적 서사의 내용은 이러한 비난을 무시하고 아시아에서 미군의 지속적 주둔을 정당화했다. 이를 테면 최초의 미군의 한인 아내에 대한 미디어의 재현은 기지촌의 과거를 지우고 외국 매춘여성을 미국의 딸과 아내 이미지로 바꾸면서, 냉전 통합에 대한 교훈을 미국인에게 제공했다.[16] 미군의 한인 아내의 미국 입국은 아시아에서의 군사 주둔을 좀 더 영구적으로 지원하기 위해 미 당국이 이민법을 점진적으로 자유화하게 된 주요 요인 중 하나였다.[17]

14　미군의 아내 이민에 대한 이 글의 모든 통계는 B-K Kim(1981: 12)에 실린 "Asian Women Immigrants Admitted to US as Wives of American Citizens by Country of Origin and Year," US Commissioner of Immigration and Naturalization, Annual Reports, 1947~1977, Table 6 (Washington, DC)에서 가져옴.

15　"Re: Alleged Segregation on Okinawa," Army Adjutant General, Decimal File 1953-1954, NARA, The War Department and the Army Records(RG 407), Box 129.

16　이 냉전 서사의 가장 좋은 예는 "A War Bride Named 'Blue' Comes Home," *Life*, November 5, 1951, pp.40~41라는 보도이다.

1952년에 의회가 통과시킨 맥캐런-월터법McCranran-Walter Act은 과거 아시아인 아내들의 입국을 방해하던 귀화에서의 인종 제한을 폐지하고, 이들이 아시아 출신의 다른 이민자에게 적용되던 엄격한 규제를 피할 수 있도록 했다. 이러한 이민법의 변화 속에서 군은 이와 일치하도록 결혼 정책을 바꾸었고 많은 한국 신부가 미국으로 오기 시작했다. 한편 기지촌 매매춘은 초기 군사 정책의 결과로 남아 계속 성행했다. 1952년부터 1968년까지 (의회가 1965년 '이민과 국적법Immigration and Nationality Act'을 제정하여 아시아인 배제의 흔적을 최종적으로 제거했을 때) 미군의 아내들은 한국과 일본에서 온 입양아들과 함께 아시아에서 온 이주자의 절대다수를 차지했다. 이 기간에 미국으로 이민 온 한국 신부 약 1만 명은 군 복무를 마친 남편과 함께 남편의 고향에 정착하거나 남편의 다음 복무지를 따라 같이 이주하면서, 미국 사회 구석구석으로 흩어졌다. 후자의 경우 많은 여성이 포트 브래그나 포트 캠벨, 포트 후드와 같이 다수의 인원이 배치된 대규모 기지로 이주했다. 이들 기지 주변에 한인 이주여성의 수가 증가하면서 이 여성들이 미국의 후방기지 주변에서 빠르게 성장하게 될 이민자 공동체의 기반을 마련했다.

초기 미군의 아내들은 반反아시아 이민 정책의 예외로 간주되어 미국으로 갈수 있었지만, 일부는 인종차별과 고립, 학대, 유기로 고군분투했다. 그러나 군사기지 근처에서 거주한 사람은 민간인 세계로 통합되어야 했던 경우에 비해 상대적으로 조금 더 상황이 나았다는 증거가 있다.[18] 흥미롭게도 태평양 근무를 마

---

17 이러한 과정은 또한 일본인 군인 아내와 아시아의 입양아에게도 적용되었다. 이러한 냉전 가족관계를 논의한 학자들은 상당히 많다(Klein, 2003; Shibusawa, 2006; Simpson, 2001; Oh, 2015).

18 이 초기 집단에 대한 보고서는 다음을 볼 것. "Stranded Wives Problem Solved by the Red Cross," *The San Diego Union*, March 14, 1954; "Korean Bride Leaps from Feather Span," *The Sacramento Bee*, April 10, 1956; "War Bride Found Starving Now in Hospital," *Stamford Advocate*, December 22, 1959; "Korean Bride Commits Suicide," *State-Times*, September 5, 1960; Associated Press, "Report Cemetery Refuses to Accept Body of Korean," *Morning Advocate*, December 6, 1960; "Troubled Korean War Bride Given Divorce," *The Fort Worth Star-Telegram*, February 23, 1963; "Mother Ties Baby to Tree then Gives Birth to Another," *The*

치고 민간인 생활로 돌아가지 않고 다시 군 복무에 지원했던 흑인 병사에 대해서도 같은 상황이 언급된다(Green, 2010: 2장). 이는 1948년 7월 미국 정부가 군대 내 인종분리의 철폐를 명령했기 때문인데 이는 흑백분리 군대Jim Crow Army를 포함한 인종차별 관행으로 인해 미국은 새로운 자유세계의 민주적인 지도자로서 자격이 없다고 국내외에서 제기하는 비난을 부인하기 위한 노력의 일환이었다(Dudziak, 2000: 3장). 군대의 인종분리 철폐로 인종 통합에 적대적이었던 지역 주민들이 남부 지역의 기지 주변에서 긴장을 조성하기도 했지만(Lutz, 2001: 3장), 대체로 당시 미국 내의 군사시설은 일반 미국 사회의 그 어떤 곳보다 더 공정한 관행을 준수했다.

　미국 남부의 군사 기지들은 어떤 점에서, 차별이라는 거센 물살이 사방에서 몰아치는 흑백분리의 바다a sea of Jim Crow에 있는 섬과도 같았다. 군대가 인종분리 철폐를 시도하면서 나타난 특히 중요한 변화 중 하나는, 군인의 근무지를 재배치할 때 해당 주에서 채택하고 있는 인종 간 혼인법miscegenation laws을 고려했다는 점이다.[19] 1954년 6월까지도 28개의 주에서는 여전히 인종 간의 결혼을 금지했다. 이 법의 대부분은 백인과 흑인 또는 백인과 인디언 사이의 결혼에 적용되었고, (일본인과 중국인, 말레이인, 몽골인이라는 20세기 들어 법적 인종 범주를 구성하게 된) 아시아인은 아홉 개의 주(아이다호와 유타, 텍사스, 메릴랜드, 미시시피, 네브래스카, 몬태나, 오리건 그리고 와이오밍)에서만 인종 간 결혼이 허용되지 않았다. 비록 많은 수의 미군과 아시아인 아내가 이들의 결혼을 불법으로 여기는 지역에서 복무하는 것을 면했지만, 몇 가지 예외도 있었다.[20] 이런 경우에 군대는 국제결혼을 한 내부 인원을 보호하기 위해 최선을 다했다. 예를 들어 1953년에 남부의 한 지역사회에서 흑인 군인과 아시아인 아내가 거주하는 것에 대해 항

Boston Herald, September 4, 1963.

19　"Miscegenation Laws of Various States of the Union," June 28, 1954, Army Adjutant General, Decimal File 1953~54, NARA, RG 407, Box 129.

20　불법적인 결혼에 대해서는 재산 압류와 구속, 결혼 무효화와 같은 처벌이 내려졌다.

의했을 때, 군사령관은 보통 고위 장교에게만 제공되던 기지 내 주택을 제공했다(Walters, 1953.9.12). 이러한 관행은 군 당국이 미시시피와 같은 남부의 주에 필요한 인원을 조달하고 유지하기 위해 사용한 방법 중 하나였는데, 그렇게 하지 않는다면 인종 간 결혼을 한 부부는 인종분리법을 채택한 그 주의 사법 관할권에 속하기 때문이다(*The Chicago Defender*, 1952.5.31). 게다가 한인 아내들은, 때로는 아내들의 모임을 만들면서, 군부대 타운의 다른 여성들과 함께 어울릴 가능성이 높았다(Yuh, 2002: 3장; *The Evening Star*, 1963.7.29 참고). 다른 일자리를 구하기 힘들 때 이들은 기지에서 식당의 접시 닦이나 청소부로 일하곤 했다(J. Kim, 2003: 51; S. J. Kim, 2012: 86, 98). 이런 방식으로 짐 크로 법을 따르는 남부의 군사기지에서도 진보의 작은 공간이 만들어졌고, 여기서 군인이라는 지위는 아시아인 아내에게 (그리고 이들의 남편에게) 민간인의 세상이었다면 누릴 수 없었을 권리와 특권을 허용했다. 1960년대에 미군 아내의 지역공동체는 한국에서 기지촌이 확장되는 것과 함께 지속적으로 성장해 온 것으로 보인다.

4. 또 하나의 코리아타운? 또 하나의 기지촌?: 미국 내의 미군 아내 지역공동체

한국전쟁 이후 미군부대의 인원이 정점에 이른 1960년대에는, 어림잡아 3만여 명의 한국 여성들이 주요 주한미군 시설 외곽의 오락 지역에서 대략 6만 2000명의 미군에게 유흥을 제공했다(Yuh, 1999: 15). 그 무렵 기지촌은, 이동하는 전쟁 지역에 텐트나 판잣집을 짓고 캠프를 따라다니며 군대를 접대하던 상당한 수의 인구 집단에서, 영구적인 군사시설 주변의 술집과 나이트클럽에서 군인에게 오락을 제공하는 상업적인 유흥 구역으로 진화했다(C. Moon, 1997: 27). 결혼 역시 기하급수적으로 증가하여, 1950년대 연평균 200건에서 1969년에는 2000건에 육박했다. 나아가 1965년에 이민과 국적법이 시행되면서 1968년에는 차별적인 인종쿼터제가 정상화되었고 가족 재통합에서 우선권을 가지는 특혜 범주가 생겼다. 이러한 정책 변화로 한인 아내는 자신의 친척을 특혜 이민의 대상으로 초청할 수 있었었으며, 이는 미국 내 군사 지역 공동체로 한인 이민이 증가하는 촉매가 되었다. 서울에 있는 주한 미국대사관 자료에 기반한 1988년의 한 보고서는, 평균적으로 미군의 한인 아내 한 명을 따라 열다섯 명의 친척이 미국 이민을 온 것으로 결론짓는다(Yuh, 2002: 164). 한인 아내가 초청한 친척들은 대개 군사시설 지역에서 미국 생활을 시작했다.

이렇게 새로운 한인 이민자들이 군부대 타운으로 유입되자 미국 내 기지 주변에서는 해외의 기지촌과 놀랄 만큼 유사한 방식으로 소규모 상업활동이 급성장하기 시작했다. 초청받아 온 가족들은 보통 한국에 있는 집과 재산을 처분하여 미국에서의 투자에 필요한 창업자본을 마련했지만, 이들은 자주 자금난에 처했고 상황을 만회하고자 초청해 준 미군의 아내에게 금전적 도움을 요구했다. 근처에 사는 가족 그리고 종종 이들과 공동 운영하는 사업으로 인해 페이엣빌Fayetteville이나 클라크스빌Clarksville, 킬린Killeen의 군사기지 사이를 순환하며 단기 거주하던 한인 여성들은 이들 지역 중 한 곳에 정착하려고 마음먹는데, 이러한 상황은 초기에 이민 온 한인 여성들의 '남편들'이 군 복무를 은퇴하는 시기와 맞물려 나타났다. 이렇게 1970년대 초까지 미국 내 군사기지 주변에는 미군의 아내가 중심이 된 이민자 공동체가 뿌리를 내렸고, 이들 소도시에는 최초의 한인 교회와 한인 모임이 생겨났다(J. Kim 2003: 53). 커다란 한글 글씨가 쓰인 간판을 내 건 에스닉ethnic 식료품점과 식당이 소도시 미국에서 증가하는 한인들에게 편의를 제공했고, 서비스 경제는 지역 군사기지 공동체의 필요에 직접 응대했다.

군인들의 급여로 주유소와 동전 세탁소, 드라이클리닝 업소, 양복점, 보험과 부동산 중개업소, 이발소, 패스트푸드점, 주류 상점, 그리고 군대보급품military surplus점이 유지되었다. 페이엣빌 시내에 있는 병사들은 "수지웡 클럽과 김치 라운지 밖에 줄 서 있는" 아시아계 여성들과 즐길 수 있었는데, 이를 "과거 아시아에서의 지상전을 떠올리게 하는 장면"으로 묘사한 기자도 있었다(Mann, 1980.

4.27). 테네시 클라크스빌의 거주자들은 한국 기지촌의 쥬시 바juicy bar 구조를 따온 '핑크 레이디'라는 업소를 자주 방문했는데, 여기서 남성 고객은 말동무가 되어주는 조건으로 여성 호스티스에게 주스를 한잔 사주어야 했다. 군사령관들은 한인이 운영하는 업소에 대해 해외의 기지촌 업소에 적용되는 것과 같은 출입금지령을 적용했다. 그 근거로는 마사지 업소의 "건강과 복지에 유해한 상황"(성병)에서부터 술집이나 클럽에서의 폭력적인 싸움, 군대 보급품 상점의 불법 군무기 시스템 판매, 또는 드라이클리닝 업소에서 군복에 풀 먹이기 (그리하여 적외선 탐지 시 착용자가 더 쉽게 노출됨)에 이르는 모든 것이 언급되었다(*The Fort Campbell Courier*, 2006.10.26). 바로 이런 이유로 페이엣빌에 있는 한인 소유의 드라이클리닝 업소에 내려진 출입금지령이 1980년대 초 지역민의 삶을 황폐화시켰는데, 해당 업소들은 곧 군의 요구를 받아들이고 상황을 되돌렸다(Lutz, 2001: 85).

미국 내 미군의 아내 지역공동체는 주변 군사기지와 함께 성장과 쇠락을 공유했기에 한국에 있는 기지촌의 호황과 불황을 반영하기 시작했다. 이들 군사 소도시는 미국이 다른 지역에서 수행하는 군사적 형세의 변화에 취약했는데, 해외에서 미국이 일으킨 전쟁에 필요한 인원 공급을 위해 이 지역의 인구가 선발되었기 때문이다. 예를 들어 1990년대 초 걸프전 시기에 클라크스빌의 포트 캠벨에서 발생한 대규모 군인 이동의 여파는 너무도 심각하여, 미국 상무부US Department of Commerce와 노동부US Department of Labor가 주변 도시의 지역 경제에 미친 부정적 영향을 평가하는 조사를 했다(O'Brien, 2014: 7). 세계적인 테러와의 전쟁Global War on Terror의 여파를 아직 완전히 느낄 수 없었던 2002년까지는 클라크스빌에 114개에 달하는 한인 소유 업소가 호기롭게 영업하고 있었다(Kentucky Cabinet for Economic Development, 2006.7: 8). 10년 후, 이 숫자는 절반 이하로 줄었다고 클라크스빌 주민들은 이야기한다.[21]

---

21 그 지역의 한국계 미국인 단체가 발표한 보도 자료에 따르면, 2015년에는 한인 교회 14곳과 한

비슷하게 1970년대 초에 한국의 기지촌은 혼란 상태에 빠졌는데, 당시는 제7보병사단과 2만 명의 병력이 한국에서 철수한 때였다. 나아가 닉슨 독트린Nixon Doctrine에 따라, 1만 명의 군대가 곧 추가로 철수할 계획이었는데, 주로 미국의 베트남 개입과 관련된 이 정책은 한국에 대한 군사개입을 서서히 축소하는 방향을 추구했다. 불과 1년 만에(1970년부터 1971년까지) 기지촌의 부동산 가격은 폭락했고, 미군기지에 고용된 한국인 (총 3만 2000명 중) 6000명이 일자리를 잃었으며, 클럽 100곳이 폐업했다. 그 결과 술집과 클럽에서 미군을 접대하는 한국 여성의 월급은 월평균 10만 원에서 (오늘날 미화 4~5달러에 해당하는) 단돈 5000원으로 20배나 감소했다(K. Moon, 1997: 67~68). 미군이 부대를 해체하고 재편성하면서 군대는 재배치되었고 몇몇 기지촌은 버려진 유령 마을이 되었다. 예를 들어, 이 시기 카이저 부대 주변의 파주 운천리 마을에서는 미군 병사들에게 수입을 의존하던 주민 1만 8000명 중 1만 명과 "등록 매춘부 850명 대다수"가 다른 곳을 찾아 떠났다(Freeland, 1970.10.17; Kamm, 1970.11.16). 당시 경제기획원(현 기획재정부 — 옮긴이)의 김학렬 장관은 '이러한 병력 감축으로 한국이 주한미군으로부터 벌어들이는 연소득은 절반으로 줄어, 1억 6000만 달러에서 8000만 달러가 될 것'이라고 예측했다(신동호, 1970.8: 30). 의정부와 양주, 포천의 시장들은 미 병력 감축이 초래한 경제적 격변으로부터 주민들을 구제하기 위해 새로 공장을 건설하자고 제안했다(성영소·장봉진, 1970.9: 128~139).

미군 병력감축의 직접적인 영향을 받지 않은 기지촌에서도 급격한 경제적 변화에 따른 사회 혼란이 증가했는데, 미군이 떠난 기지에서 온 신규 업소와 여성들 때문에 한정된 미화 달러 수입을 두고 긴장과 경쟁이 발생했기 때문이다. 한국 시사 월간지 ≪신동아≫는 미군 병사 고객을 서로 빼앗으려는 "바 걸"의 이야기와 함께 성병 허위 보고로 군 당국이 출입금지령을 내리도록 하여 경쟁 업소의 영업을 방해한 사건들을 보도하면서 이러한 혼란을 인상적으로 그려냈다(성

인 소유 업소 47곳이 있었다.

영소·장봉진, 1970.9: 139). 1970년대 양주여성회의 김상수 회장은 자신에게 기지촌을 떠날 방법에 대해 조언을 구하는 여성들이 많았다고 전한다. 그러나 "벌어놓은 것도 없어, 돈도 없어, 몸은 망가져, 어떻게 이 여성들이 직업을 바꿔 떠날 수 있겠어요?"라고 반문한다(성영소·장봉진, 1970.9: 130). 기지촌은 바로 인구과잉이 되었고 미군을 찾아나서는 여성들로 넘쳐났다. 상황이 악화되자 실업 여성들이 거리로 나섰고, 성병 감염률은 급증했으며, 기지촌에는 폭력과 범죄가 등장했다. 미군은 다양한 출입금지령을 시행하여 이러한 사회 혼란에 대응했는데, 그중 가장 유명한 것이 평택 안정리 기지촌에 적용되었던 48일 금지령이었다. 여기서는 업주 한 명이 500만 원(미화 1만 3157달러)가량의 손실을 보고하기도 했는데, 당시는 한국의 1인당 국민소득이 200달러 미만이던 시기였다(Lea, 1971.8.28). 이러한 금지령은 기지촌 주민들이 직면한 절망적인 경제 상황을 더욱 악화시켰다. 한국에서 벌어들일 수 있는 미화 달러의 액수는 한정적이었고 이는 급격히 감소하는 미군 인구에 의존하고 있었기 때문에 기지촌 사업은 새로운 시장을 찾아 "수익이 더 큰 미국으로 영업장소를 이전하기" 시작했다(US Congress, Senate, Committee on Governmental Affairs, 1986: 244). 따라서 1970년대 한국 기지촌 여성의 미국 유입은 아시아 내 미국의 군사개입 변화가 부과한 문제에 즉각적으로 대응한 결과이다. 중개인을 통해 미군과 결혼하는 것은 기지촌에서 미국으로 들어올 수 있는 주요 진입 지점이었기 때문에 이들은 먼저 왔던 미군의 한인 아내들과 같은 태평양 횡단 회로를 따라 움직였다.

5. 마사지 업소와 군대 매매춘

미국의 마사지 업소에서 일하는 미군의 아내에 대한 첫 보도가 실제로 나온 것은 1970년대 주한미군 감축이 초래한 대혼란이 일어난 직후였다. 헤드라인 뉴스로 다뤄지면서 군대 성산업에 따르는 범죄로 알려진 사건은 1974년 9월 19

일 콜로라도의 포트카슨 근처에서 발생한 순옥 커즌Sun Ok Cousin 살해 사건이었다(United Press International, 1974.9.22; Erickson, 1977.9: 1582~1584). 그녀를 공격한 범인 박 에스텝Park Estep은 또 다른 한국 여성 연 리Yon Lee를 강간하기 전 칼로 목을 찌르고 난도질했으며, 결국 순옥에게 총을 쏘아 살해했다. 그는 두 여성 모두에게 불을 질렀으나 연 리는 살아남아 가해자의 신원을 확인했다. 25세의 미국 병사가 미국 땅에서 저지른 이 끔찍한 공격은 1970년대 한국 기지촌에서 목도되었던 범죄와 섬뜩할 정도로 비슷하다.[22] 한국의 기지촌 주민들은 경제위기를 피해 미국 내로 영업장소를 옮길 수는 있었지만, 국경을 넘어 자신들을 따라온 폭력과 미군 범죄 문화로부터 벗어날 수는 없었다. 이런 사건들은 한국의 기지촌과 미국의 마사지 업소 모두에서 한인 여성과 (대개 미군 병사인) 미국인 남성 고객 사이에 존재하는 취약성과 거대한 권력의 불평등을 명료하게 보여준다.

같은 해 미국 내 아시아인 군인 아내들이 처한 문제를 다룬 탐사보도 기사는 군사기지 한 곳당 주변 사우나와 마사지 업소에서 일하는 여성 120명 중 90명이 아시아계이고, 이 중 86명이 한인 여성이라고 전했다(Chrisman, 1974.2.17). 이는 마사지 업소의 성노동과 해외의 미군 주둔지에서 온 여성 사이의 상관관계를 보여준 것으로 보이는 최초 보도 중 하나였지만, 미국 내 매매춘에 대한 초기 자료 대부분이 정확하지 않았고 미군과의 연관성이나 이렇게 많은 수의 한인 여성이 성노동에 종사하는 이유에 대해 명확하게 이해하지 못했다. 이러한 보도 중 하나가 1976년 샌디에이고의 한 마사지 업소를 적발하며 나온 보고서이다. 여기서 당국자는 한인 여성들이 왜 한인 인구가 없는 도시에서 발급된 다른 주의 면허를 소지하고 있는지 의아해하면서 마사지사들이 위조 서류를 소지한 것으로 추정했다(Bos, 1976.9.25). 이 여성들은 사실 미국 내 더 외진 농촌에 위치한 소규

---

22 한국의 한 언론인이 (1960~1970년대에 발생한 기지촌 여성 살해 사건을 포함하여) 한국에서 발생한 미군의 범죄 목록을 작성해 놓았다(오연호, 1990: 360~362). 1990년대에 발생한 살인 사건(1992년 동두천에서 케네스 마클 육군 이병이 한국인 여성 윤금이를 끔찍한 방식으로 살해한 사건 ─ 옮긴이) 하나는 특히 중대한 반미 운동을 촉발했다(H.S. Kim, 1998).

모의 군부대 지역에서 온 미군의 아내들로 더 많은 수의 군인과 민간인을 대상으로 일하기 위해 샌디에이고로 온 것이다.

1980년대에는 미국 내 거의 모든 군사기지와 뉴욕과 로스앤젤레스 같은 주요 도시에서조차 무허가 마사지 업소를 볼 수 있게 되었다(US Congress, Senate, Committee on Governmental Affairs, 1986: 247). 지역의 매매춘 단속반이 함정 수사를 통해 업소를 폐쇄하자 업자들은 미국식 성을 가진 한인 여성들을 다른 지역으로 번갈아 이동하면서 군부대 지역 밖에서 영업하기 시작했다(United Press International, 1984.1.22). 이 시기 성산업에 종사하던 한인 여성의 수에 대한 신뢰할 만한 통계는 해당 지역의 언론 보도를 참조하거나, 연방 정부나 외교부 차원에서 이 문제를 조사한 개인의 증언에 의존해야만 할 것이다. 1986년의 한 뉴스 출처는 미국 내 성산업에 종사하는 한인 여성의 수가 약 1000명에서 1200명 사이 어디쯤일 것이라고 추정했지만(Cohen, 1986.9.23). 1989년 국무부 당국자는 그 수가 6000명이라고 보았다(Bartman, 1989: 31). 1983년에는 유명한 심층보도 TV 시리즈인 〈20/20〉조차 황금시간대 시청자를 위해 이 주제를 다루면서 "보수적으로 추정하더라도 하루 한 명꼴로 미군 병사들이 위장 결혼에 연루된다"고 보도했다(20/20, 1983.10.6). 사태는 더욱 충격적으로 전개되었는데, 일부 주에서는 매매춘이 너무 만연하여 마사지사들에게 "적어도 6개월마다 신체검사와 전염병 검사 결과를 제출하도록" 하는 법을 도입하기 시작했다(The Plain Dealer, 1987.9.18). 기지촌의 초기 성병 통제 방식과 유사하게, 이러한 조치에서는 한인 매매춘을 피할 수 없는 현실로 수용한다는 점이 강조되는데 이는 지역사회의 정책이 방지책에서는 멀어지고 그 대신 마사지 업소가 평범한 미국 지역사회에 끼치는 폐해를 관리하고 개선하는 쪽으로 이동함을 보여준다.

하지만 마사지 업소에서 일하는 여성은 정확히 누구였을까? 그리고 만약 그들이 미국 병사와 결혼했다면 왜 성매매에 종사하고 있었을까? 무허가 마사지 업소에 대한 언론 보도는 다양한 수준의 자유와 비자유의 상태에서 성노동에 진입하게 된, 즉 때로는 자발적이지만 또 때로는 강압적인 채용 전략을 통해 고용

계약에 예속된indentured servitude 아주 폭넓은 범위의 개인들을 소개했다. 그렇지만 여성들은 다음의 두 주요 범주 중 하나에 속한다고 할 수 있었는데, 하나는 한국의 기지촌에서 미국으로 입국한 사람들이고 다른 하나는 미국 내 군사시설 주변에서 이미 거주하고 있던 미군의 아내들이었다. 첫 번째 집단에서는 미군 병사와의 결혼 중개가 기지촌의 술집에서 진행되었는데 미국으로 업소를 옮기려는 클럽 소유자가 건당 수백 달러에서 수천 달러에 달하는 돈을 미군 병사에게 지불했다(US Congress, Senate, Committee on Governmental Affairs, 1986: 244). 1970년대까지 한국 여성과 미군 사이의 결혼은 (1976년에 4000명 이상에 이를 정도로) 너무 흔한 일이 되어, 부대 지휘관들은 병사들의 결혼을 거의 반대하지 않았다. 한 퇴역 군인은 이 전체 과정이 그저 "서류 훈련the paper drill" 같은 문제로 다뤄졌다고 말한다. 어떤 보고서는 "결혼 상대 여성이 매춘부라는 것을 군 장교가 알더라도 그녀가 정숙한 여성이 될 것이라는 희망을 내세울 수 있었다"는 점을 지적했다(US Congress, Senate, Committee on Governmental Affairs, 1986: 245). 연방정부와 주정부의 법 집행에서는 1년이라는 짧은 군 복무 기간 동안 "어떤 군인들은 무려 네 명의 한국인과 결혼"하는 상황에 대해 결혼 승인과 비자 발급을 대가로 군 지휘관과 대사관 직원들까지도 뇌물을 받았다고 의심했다(Anderson, 1989.8.12). 이렇게 느슨해진 절차는 불과 20~30년 전과 달리 군부대 정책이 극적으로 변화했음을 보여주는데, 여기서 미군 병사와의 결혼은 기지촌에서 미국으로 여성들을 옮기는 효과적이고 쉬운 방법이 되었다. 기지촌의 쇠락과 빈곤, 인구과잉으로 인해 많은 여성이 착취에 더 취약해졌기 때문에 어떤 이들은 미군 병사와의 결혼과 미국 이주를 더 나은 삶을 위한 기회로 여기며 자발적으로 이주했다.

두 번째 집단은 이미 미국에 살고 있는 미군의 한인 아내들이었다. 이들 중 일부는 미군과의 결혼이 이혼으로 끝나게 된 약 80%에 속하는 사람들이었다(Takagi and Park, 1995). 다른 이들은 타지 근무를 배치받은 남편이 있는 경우부터 페이엣빌과 킬린 같은 군부대 도시에 가족을 두고 떠나 온 경우에 이르는 기혼 여성들이었다. 이들을 성산업으로 밀어 넣는 요인에는 재정적 어려움과 경제적 기회의 제한이 포함될 뿐 아니라, 미군 남편과 한국 가족 성원에 의한 학대나 유기, 또는 배척이 더해졌다. 이러한 점은 미국 사회에서 영어 실력과 경제적 이동성이 제한된 이주여성으로서 낙인찍힌, 한인 아내의 취약한 위치를 잘 보여준다.[23] 뉴스 보도는 놀랍게도 균형을 유지하면서 같은 종족 집단에 속하는 한인들이 젊은 한인 여성을 착취하는 방식뿐 아니라 자발적으로 이 산업에 들어온 이들의 주체성agency도 보여주었다. 착취를 당한 것으로 보이는 사람들의 경우, "노련한 매춘부가 포트 후드 근처의 킬린 같은 군부대 지역을 정기적으로 방문하여 젊은 아내들에게 '보수가 좋은 일자리'를 찾아 남편을 떠나라고 '세뇌'한다"고 신문은 보도했다(Associated Press, 1985.2.23). 여성들은 또한 "새로 도착하여 생계를 꾸리느라 고군분투할 때 돈을 빌려주고 때로는 남편의 월급을 조롱하는" 모집책들의 유혹에 넘어가기도 했다(Cohen, 1986.9.23). 그러나 자발적인 성노동자의 경우 어떤 여성들은 마사지 업소의 일을 미국 사회의 다른 곳에서는 불가능한 필수적인 재정 자본을 모을 수 있는 기회로 보았는데, 때로는 자녀와 확대 가족의 생활 지원을 위해 "현금 봉투"를 보낼 수 있었기 때문이다(Henican, 1989.4.19).

표면상으로 마사지사나 웨이트리스 일로 알고 응한 한인 여성들은 모집책에 의해 실제로는 매매춘을 하는 위장 업소로 보내졌다. 자신들이 속았다는 것을 깨닫게 되더라도 미군의 아내들은 대개 업소를 빠져나오지 못했는데, 빌린 돈과 교통비, 숙식비 모두가 되갚아야 할 빚으로 책정되었기 때문이다. 단속에 걸려 체포될 경우, 보석금과 소송 비용, 재이주 비용 모두 해당 여성의 이름으로 청구되었다(20/20, 1983.10.6). 채무노예화debt-bondage 시스템은 한국의 기지촌 술집과 유사했다. 기지촌의 여성들은 대개 농촌 마을에서 좋은 보수가 보장되고 안정적인 일자리라는, 실제와는 정반대인 광고를 보고 채용되는데 새로운 일자리에 도

---

23   학자들과 정보 제공자들은 국제결혼을 한 한인 여성들과 한국에서 온 이들의 가족 사이에 문제와 갈등이 많았다고 언급한다. B-L, Kim(1977)과 Yuh(2002)의 5장을 볼 것.

착해서야 자신들이 술집 주인에게 방세와 가구, 중개 수수료에 해당하는 수천 달러의 빚을 지게 되었다는 것을 알게 되었다.[24] 미국 매춘업소 관리자 중 일부는 빚을 갚지 않은 여성들이 업소를 떠나지 못하도록 지역 갱단을 동원하기도 했는데, 이 역시 한국 기지촌의 악명 높은 관행이었다(김정자, 2013: 75). 예를 들어 텍사스에서는 업소 주인들이 베트남계 미국인 갱단을 이용해 한인 아내들이 탈출하는 것을 막았다. 미국 남부에 이러한 아시아인 이민자 집단이 존재한다는 사실이야말로, 베트남에서 미국이 벌인 전쟁과 그로 인한 1970년대와 1980년대 미국으로의 난민 유입이 직접적으로 만들어낸 결과였다(Associated Press, 1985.2. 18; 1985.2.23).

미국의 마사지 업소 주인은 대개 기지촌 지역공동체에서 클럽을 운영하거나 소유했던 여성들이었다. 1976년부터 1979년까지 한국에서 근무했던 외교관 한 명은 "여행 경험이 많아 보이고 잘 차려 입은 스무 살 연상의" 여성과 결혼하는 미군 병사를 보는 것이 드물지 않았다고 말하는데, 이는 위장 결혼 중 상당 부분은 젊은 성노동자 외에도 기지촌 마마상[25]과 진행된 것임을 암시한다(Antippas, 1994.7.19). 이론적으로는 이러한 "위장 결혼" 방식을 통해 기지촌의 술집 종업원을 한 명씩 천천히 그러나 확실하게 미국으로 이주시켜 영업 시스템 전체를 옮길 수 있었다. 미국의 무허가 마사지 업소는 믿기 힘들 만큼 수익성이 높았다. 샌안토니오 지역에서 매춘으로 기소된 한인 마담 한 명은 1980년대 중반 사망 당시, 미화 40만 달러에 달하는 주택과 마사지 업소 3곳, 그리고 200만 달러에 달하는 재산을 소유하고 있었다. 10년이 흐른 뒤, 이 산업은 기하급수적으로 성장하여 텍사스 경찰단속반이 "적어도 미국 내 80%의 매매춘 업소에 한인 여성

---

24 한국 기지촌의 채무노예 시스템에 대한 추가 내용은 K. Moon(1997: 21~22)와 Pollack and Stoltzfus(1993: 176~239)를 볼 것.

25 마담을 의미하는 일본어인 마마상(mamasan)은 미군 병사들이 한국 기지촌의 술집 주인과 클럽 매니저를 일반적으로 부르는 말이었다. 이 용어는 1940년대와 1950년대 연합국 점령 시기의 일본으로부터 한국의 남쪽 지역을 통해 들어온 것으로 보인다.

이 고용되어 있다"고 주장하고, "연방정부와 주정부 최고의 수사관들"이 "미국에서 일하는 한인 매춘부의 99%는 주한미군과 결혼하여 이곳으로 왔다"고 확언할 정도가 되었다(Anderson, 1989.6.22).

6. 결론

1990년대와 2000년대에 걸쳐 미국의 마사지 업소 매매춘과 군사 공동체는 한국 기지촌의 변화와 함께 계속해서 변화했다. 한국의 빠른 경제발전과 맞물려 주한미군의 수가 연평균 4만 명에서 2만 8500명으로 꾸준히 감소하면서 군부대 성산업의 새로운 시대를 열었다. 기지촌의 한국 여성들이 돈 되는 일을 찾아 떠나고 노동력 부족 사태가 발생하자 한국 정부는 E-6 비자제도를 만들어 미군부대를 접대하는 업소들이 '관광진흥법'을 구실로 내세워 "연예인" 이주자를 고용하는 것을 허용했다.[26] 2000년대 초 한 여성 NGO가 수행한 연구에 의하면, 한국의 미군기지 주변 술집과 업소 종사자의 90%는 필리핀인이거나 이들보다 더 적은 수의 러시아인이다(Lee, 2006). 이에 따르면 페이엣빌과 클라크스빌, 킬린과 같은 도시에 새로 유입되는 새로운 세대의 주한미군 아내들은 실제 종족상으로 한인이 아니라 필리핀이나 동유럽 국가 출신이었다. 한국 여성은 1990년대가 되자 다른 경로를 통해 미국으로 들어왔는데, 무단으로 멕시코와 미국 서남부 지역 사이의 국경을 넘거나 비용 측면에서 더 효율적으로 진입이 가능한 관광비자나 학생비자를 발급받는 방법이 사용되었다. 오늘날 페이엣빌과 클라크스빌, 킬린과 같은 군사 도시에는 여전히 군부대 입구 밖에 다양한 성서비스 업소가 존재한다. 이런 업소는 대체로 나이 든 한인 마마상이 운영하며, 각기 다른 아시아 종족의 여성이 지역 남성을 대상으로 서비스를 제공한다. 일반적으로 체포에

---

26 오늘날의 기지촌 이주노동자에 대한 추가 내용은 Cheng(2013)과 Choo(2016)을 볼 것.

초점을 맞춰 보도하는 뉴스에서는 검거된 집단 성원에 주로 한국 이름과 중국 이름이 섞여 나온다. 미국의 반인신매매 NGO인 폴라리스 프로젝트Polaris Project 가 2018년에 발표한 연구도 이를 확인해 준다. 보고서는 "9000개가 넘는 무허가 마사지 업소가 현재 미국에서 영업 중"인데 여기서 매매춘에 종사하는 한국 여성은 중국 여성에 이어 2위라는 점을 지적한다(Polaris, 2018: 7).

1990년대와 2000년대에 대한 추가 연구를 통해 정확히 어떻게 그리고 왜 (중국 여성이 한인 여성의 수를 넘어서게 된 이유를 묻는 질문을 포함하여) 이러한 변화가 발생했는지 밝히는 것이 필요하다. 다만 이 글에서는 1970년대 무허가 마사지 업소가 기지촌에서 기원한다는 점을 지적하여 지난 수십 년 동안 한국의 군대 매매춘이 미국 내로 들어오는 것을 가능하게 한 태평양 횡단회로를 강조하고자 한다. 1940년대 기지촌의 형성부터 1950년대 군인 아내의 이주, 1960년대 미군 기지 주변 재미한인 공동체의 형성, 그리고 마침내 1970년대와 1980년대 군대 매매춘의 미국 이식에 이르기까지 한국에서 미군과의 만남은 한국의 사회와 지리를 재구성했을 뿐만 아니라 미 제국주의적 공간과 관행, 주체들을 후방으로 불러들이면서 미국의 삶도 재편성했다. 미군기지를 둘러싸고 "여기"와 "거기" 모두에서 발생한 사건들 대개는 평범한 한국인과 미국인 모두에게 똑같이 보이지 않는 관심 밖의 일이지만, 한국의 기지촌과 페이엣빌이나 클라크스빌, 킬린 같은 군부대 지역 주민들은 오래전부터 해외에서 미국의 군사개입이 초래한 문제의 직격탄을 맞아왔다.[27] 이는 특히, 세계를 배경으로 하는 미국 군사개입의 변화하는 형세에 적응하고자 초국적으로 이동해 온, 한인 여성들에게 해당하는 사실이었다. 그러나 제국에서 빠져나가는 인구를 담아내려는 시도가 부질없는 것으로 판명되고 기지촌의 군대 매매춘이 빠르게 미국 전역으로 퍼져 나가자, 평범한 미국인들 또한 곧 그 현실을 엿볼 수 있었다(이주영 옮김, 김민정 감수).

---

27 이 표현은 이민자들 사이에서 유행하는 다음 문구에서 가져온 것이다. "당신이 거기 있었기 때문에 우리가 여기 있는 겁니다."

참고문헌

김정자 증언. 2013. 『미군 위안부 기지촌의 숨겨진 진실: 미국 위안부 기지촌여성의 최초의 증언록』. 김현선 엮음. 새움터 기획. 파주: 한울.

박동은. 1966.9. "특집: 한국과 미국, 양공주와 혼혈인". ≪신동아≫, 277쪽.

박정미. 2015. 「한국 기지촌 성매매정책의 역사사회학, 1953~1995년」. ≪한국사회학≫, 49권, 2호, 1~33쪽.

성영소·장봉진. 1970.9. "특집 주한미군감축과 한국의 안보: 기지촌". ≪신동아≫, 128~139쪽.

신동호. 1970.8. "미군감축과 기지촌경제". ≪월간사월≫, 30쪽.

오연호. 1990. 『더 이상 우리를 슬프게 하지 말라: 발로 찾은 「주한 미군 범죄 45년」』. 서울: 백산서당.

Anderson, Jack. 1989.6.22. "Hookers Enter US as GI Brides." *The Evansville Courier*.

_____. 1989.8.12. "Military Procurement Acquires New Meaning." *The Greenville News*.

Antippas, Andrew. 1994.7.19. Interview by Charles Kennedy. The Association for Diplomatic Studies and Training Foreign Affairs Oral History Project.

Associated Press. 1985.2.18. "Korean Wives of Servicemen Often Lured into Prostitution." *The Independent Record*.

_____. 1985.2.23. "Koreans Marketed by Brothels." *The Post-Crescent*.

Bartman, William. 1989. "Korean War Brides, Prostitutes and Yellow Slavery." *Minerva*, 7, No.2, pp.31.

Bos, Otto. 1976.9.25. "S.D. Police Puzzled: Korean Influx into Massage Business Draws INS Interest." *The San Diego Union*.

Cheng, Sealing. 2013. *On the Move for Love Migrant Entertainers and the US Military in South Korea*. Philadelphia, PA: University of Pennsylvania Press.

Cho, Grace. 2006. "Diaspora of the Camptown: The Forgotten War's Monstrous Family." *Women's Studies Quarterly*, 34, Nos.1/2, pp.309~331.

Choo, Hae Yeon. 2016. *Decentering Citizenship: Gender, Labor, and Migrant Rights in South Korea*. Stanford, CA: Stanford University Press.

Chrisman, Jan. 1974.2.17. "Fairy Tales Don't Come True: Asian 'War Brides' Face Many Problems." *The Seattle Times*.

Cohen, Sharon. 1986.9.23. "Officials Eye Growing Prostitution Network." *The Evening Post*.

Dudziak, Mary. 2000. *Cold War Civil Rights: Race and the Image of American Democracy*. Princeton, NJ: Princeton University Press.

Erickson, William H. 1977.9. "Pronouncements of the United States Supreme Court in the Criminal Law Field: 1976~1977 Term." *Colorado Lawyer*, 6, No.9, pp.1582~1584.

Freeland, Jim. 1970.10.17. "Unchon's Bustling Nightlife – Only the Memories Remain." *Pacific Stars and Stripes*.

Green, Michael Cullen. 2010. *Black Yanks in the Pacific: Race in the Making of American Military Empire After World War II*. Ithaca, New York: Cornell University Press.

Henican, Ellis. 1989.4.19. "Parlors Lured Army Wife." *Newsday*.

Kamm, Henry. 1970.11.16. "Korea Town Plunged Into Despair as US Camp is Closed." *New York Times*.

Kentucky Cabinet for Economic Development. 2006.7. "Asian-Owned Businesses in Kentucky," p.8.

Kim, Bok-Lim. 1977. "Asian Wives of US Servicemen: Women in the Shadows." *Amerasia Journal*, 4, No.1, pp.91~115.

_____. 1981. *Women in Shadows: A Handbook for Service Providers Working with Asian Wives of US Military Personnel*. La Jolla, CA: National Committee Concerned with Asian Wives of US Servicemen.

Kim, Hyun Sook. 1998. "Yanggognju as an Allegory of the Nation." *Dangerous Women: Gender and Korean Nationalism*. In Elaine Kim and Chungmoo Choi(ed.). New York: Routledge, pp.175~201.

Kim, Juhwan. 2003. "A Cultural Introduction of the Korean American Community of Killeen, Texas, 1950~2000." Master's thesis, Baylor University.

Kim, Sang Jo. 2012. "'We Should Not Be Forgotten': Korean Military Brides and Koreans in Kansas." Doctoral Dissertation, University of Kansas.

Klein, Christina. 2003. *Cold War Orientalism: Asia in the Middlebrow Imagination, 1945-1961*. Berkeley: University of California Press.

Lea, Jim. 1971.8.28. "48 Day Ban Ends: On-Limits Sign Has Anjong-Ni Smiling." *Pacific Stars and Stripes*.

Lee, Na Young. 2006. "The Construction of Camptown Prostitution in South Korea: Trans/Formation and Resistance." Doctoral Dissertation, Department of Women's Studies. University of Maryland, College Park.

Lutz, Catherine. 2001. *Homefront: A Military City and the American Twentieth Century*. Boston, MA: Beacon Press.

Mann, Jim. 1980.4.27. "We Think They Shot 'Em Down, Man." *The Tampa Tribune-Times*.

Meade, Edward Grant. 1951. *American Military Government in Korea*. New York: King's Crown Press.

Moon, Katharine H.S. 1997. *Sex Among Allies: Military Prostitution in US-Korea Relations*. New York: Columbia University Press. 〔문, 캐서린 H.S. 2002. 『동맹 속의 섹스』. 이정주 옮김. 서울: 도서출판 삼인〕.

Moon, Seungsook. 2010. "Regulating Desire, Managing Empire: US Military Prostitution in South Korea, 1945~1970." In M Höhn and S Moon(eds.). *Over There: Living with the U.S. Military empire from World War Two to the Present*. Durham. NC: Duke University Press.

O'Brien, John. 2014. *A History of Fort Campbell*. Gloucestershire: The History Press.

Oh, Arissa. 2015. *To Save the Children of Korea: The Cold War Origins of International Adoption*. Stanford, CA: Stanford University Press.

Pascoe, Peggy. 2009. *What Comes Naturally: Miscegenation Law and the Making of Race in America*. New York, NY: Oxford University Press.

Polaris. 2018. *Human Trafficking in Illicit Massage Businesses*. Washington, DC: Polaris.

Pollack, Saundra and Brenda Stoltzfus(eds.). *Let the Good Times Roll: Prostitution and the US Military in Asia*. New York: The New Press.

Shibusawa, Naoko. 2006. *America's Geisha Ally: Reimagining the Japanese Enemy*. Cambridge, MA: Harvard University Press.

Simpson, Caroline Chung. 2001. *An Absent Presence: Japanese Americans in Postwar American Culture, 1945-1960*. Durham, NC: Duke University Press.

Takagi, J. T. and Hye Jung Park(dirs.). 1995. *The Women Outside: Korean Women and the US Military*. New York: Third World Newsreel.

The Evening Star. 1963.7.29. "Korean Wives Plan Meeting."

The Fort Campbell Courier. 2006.10.26. "Club Listed 'Off Limits'."

The Plain Dealer. 1987.9.18. "City Massage Parlor Law Challenged."

United Press International. 1974.9.22. "Man Sought for Murder of Masseuse." *Dallas Morning News*.
_____. 1984.1.22. "Law Aimed at Curbing Prostitution." *Sunday Advocate*.

US Congress, Senate, Committee on Governmental Affairs. 1986.9.17, 24, *Emerging Criminal Groups: Hearings Before the Permanent Subcommittee on Investigations of the Committee on Governmental Affairs*, 99th Cong., 2nd sess., vol.4, p.246.

US Congress, Senate, Committee on the Judiciary. 1947.7.11. *Amending the Act to Expedite the Admission to the United States of Alien Spouses and Alien Minor Children of Citizen Members of the United States Armed Forces*, 80th Cong., 1st sess.
_____. 1985.7.26. *Immigration Marriage Fraud: Hearing Before the Subcommittee on Immigration and Refugee Policy of the Committee on the Judiciary*, 99th Cong., 1st sess., pp.15, 67.

Walters, Enoc. 1953.9.12. "Adventures in Race Relations: Kicked into Luxury." *The Chicago Defender*.

Yuh, Ji-Yeon. 1999. "Out of the Shadows: Camptown Women, Military Brides, and Korean (American) Communities." *Hitting Critical Mass: A Journal of Asian American Cultural Criticism*, 6(1, Fall), pp.15.
_____. 2002. *Beyond the Shadow of Camptown: Korean Military Brides in America*. New York: New York University Press. [여지연. 2007. 『기지촌의 그늘을 넘어』. 임옥희 옮김. 서울: 도서출판 삼인].

20/20. 1983.10.6. ABC News.

제2부

재외한인의 젠더와 귀속의 정치

제4장

'조국'에 대한 공헌과 '재외한인'으로의 인정*

미군의 아내와 파독 간호여성의 사례

김민정

1. 조국의 근대화와 재외한인

1) 국민 만들기

중국에서 독립투사 양성의 요람이었던 신흥무관학교와 육군무관학교, 미국에서 대한민국 임시정부가 세웠던 비행학교, 이들은 오늘날 국군의 기원이 되었습니다. 1960년대 재미동포들이 보내준 3억 5000만 달러, 파독 광부 간호사들이 보내준 2억 달러는 우리 발전의 밑거름이었습니다. 한강의 기적을 이끌었던 구로공단도 재일동포들의 희생과 헌신의 산물입니다. 내외 동포들의 단결을 바탕으로 우리는 모든 위기를 극복하고 성장을 계속했습니다(재외동포재단, 2020).

---

* 이 글은 ≪아시아여성연구≫, 57권, 1호(2018)에 실렸던 「조국에 대한 공헌과 재외한인으로의 인정: 미국과 독일의 재외한인여성 비교」를 '대폭' 수정한 것이다. 이 연구를 위해 인터뷰에 응해주신 재미·재독 한인여성들께 마음 깊이 고마움을 전한다.

한국 정부의 공식 담론에서 재외한인은 국가건설 과정에 핵심적 역할을 한 해외 독립운동가의 후손으로, 또한 한강의 기적이라는 경제발전을 위해 외화를 보탠 기여자로 기억된다.[1] 식민 지배와 내전 이후 미군의 주둔, 국가 주도의 경제발전을 특징으로 하는 대한민국의 근현대사는 재외한인의 이주 배경이며 동시에 재외한인은 이러한 역사의 행위자이기도 하다. 근대 국민국가의 역사는 영토 내 다양한 사람들 간의 차이와 모순을 아우르며 상상의 공동체로서 "국민"을 만드는 작업이었다(Anderson, 1991). 한국의 경우 특유의 "종족민족주의ethnic nationalism"가 반식민주의와 반제국주의의 이데올로기로 또한 산업화를 추동하는 국민 윤리로 작동하는 동시에, 시민권 침해를 정당화하는 이념이 되기도 했다(신기욱, 2009). 한국 사회에서 국민은 단일 종족성ethnicity[2]으로 정체화 되었으며, 국민 만들기에는 국경 밖의 "동포"들을 국민공동체로 포섭하는 과정이 따랐다(신기욱, 2009; Brubaker, 2010; Brubaker and Kim, 2011). 2020년 재외동포재단 홍보동영상의 일부인 위의 인용문은 "사는 곳은 다르지만 우리는 하나, 재외동포 당신은 대한민국"으로 마무리되며 재외한인은 대한민국 국민과 다를 바 없음을 강조한다.

외교부의 "재외동포 현황"에 의하면, 2018년 말 재외한인(동포)의 수는 749만여 명인데, 이는 1971년 이후 열 배 이상 증가한 수치이다. 같은 시기 한국의 인구가 1.6배 증가한 것과 비교하면 증가 속도가 급격하다(국가통계포털). 한국 정

---

1 재외한인에 대한 한국 정부의 공식 명칭은 혈통을 통한 연결을 강조하는 "재외동포"이다. 그러나 국민국가 제도에서 혈통은 공동체의 성원권을 논의하는 객관적인 기준이 되기 힘들다. 정부가 발표하는 "재외동포 현황"에서도 외국 국적자의 수는 (해당 국가에서 귀화자의 원국적에 대한 통계를 발표하지 않는다면) 스스로 재외공관이나 재외한인회에 자신들의 존재를 알릴 경우에만 파악할 수 있다. 이 글에서는 이주자와 후손들이 문화적 소속감을 유지하면서 스스로를 한(국)인으로 정체화하는 인식이 중요하다고 보아 "재외한인"이라는 용어를 사용한다.

2 문화정체성으로서 종족성은 혈연을 통해 개인에게 전달되고 경험된다는 점에서 엄격한 의미에서는 인종 또는 생물학적 혈통의 개념으로 표현된다. 나아가 좀 더 유연하게는 모든 개인이 학습하고 각자의 행동 수준에서 구별되는 유산이나 문화적 차원으로 표현되기 때문에 인격적 정체성이 구성되는 방식과도 밀접하게 연관된다(프리드만, 2009: 60~61를 참고할 것).

부는 일찍이 1962년에 '해외이주법'을 제정하고 내국인에 대한 이주 정책을 펼쳤으나, 국경 운영이 다분히 폐쇄적이던 시절에는 재외한인에게 별다른 정책적 관심을 보이지 않았다. 서울올림픽을 치른 다음 해이자 해외여행이 전면적으로 자율화된 1989년에 제1회 "세계한민족체전"이 개최되었는데, 이는 재외동포 정책의 서막을 여는 행사였다. 이 행사는 전 세계 곳곳에 흩어져 사는 해외동포에게 "한민족의 동질성"을 확인하고 연대감을 조성하여 "국민화합과 민족통합"을 이루는 것을 목적으로 했다(총무처, 1991). 올림픽을 치를 정도로 발전한 고국 땅으로 동포들을 초청하여 민족 동질성을 적극적으로 표명한 것이다.

한국 정부가 "세계화 정책"을 선포한 이듬해인 1996년에는 "재외동포정책위원회"(이하 위원회)가 설치되었고, 이어 1997년에는 "재외동포재단"이 설립되면서 재외한인 정책은 공식화되었다(이병훈, 2007: 367). 그러나 위원회는 실제로 소집되지 않다가 "다문화 사회" 논의가 촉발되기 시작되는 2004년에야 첫 회동을 한다. 이때 위원회가 설정한 재외동포 정책 목표에는 한인 정체성을 유지하기 위한 "유대 강화"와 함께 거주국에서 동포들의 적응과 지위 향상을 추구하는 "현지화"가 포함되었다(이병훈, 2007: 368). 한민족의 동질성과 통합을 강조하던 과거의 기조에서 나아가 거주국의 현지 주민으로서 향상된 지위를 갖도록 한다는 목표가 추가되면서, 국경 안팎에 걸쳐진 재외한인 삶의 이중적 측면이 인식되기 시작한다.

한편, 한국 정부가 "다인종·다문화로의 진전은 거스를 수 없는 대세"라고 표명한 2006년은 총인구 중 외국인의 비율이 2%에 육박하던 시점이었다(KTV, 2006.4.26). 10여 년 후인 2017년에 총인구 중 외국인 비율은 3.6%로 증가하는데(행정안전부, 2018), 같은 해 재외동포의 수는 총인구의 14.4%에 달했다(외교부, 2017). 이런 점에서 한국은 국제이주와 관련하여 여전히 출신국의 위상을 점한다고 할 수 있다. 하지만 이주의 유형과 방식이 더욱 복잡하고 다양해지는 글로벌 시대에 이민자의 삶을 이주 전의 출신국과 이주 후의 거주국으로 나누어 따로 이해할 수는 없다. 2000년대로 접어들어 국제이주가 급증하면서 법적으로 외국인이 된 재외한인을 국내로 포섭하거나 해외에 거주하는 내국인의 권리를 증진하는 방향으로 정책이 전개된다. 2002년에 영주권 제도가 생긴 후로는 귀환이주라고 부르는 외국 국적자 재외한인의 국내 체류가 증가했으며, 2012년부터 재외국민의 참정권이 허용되자 한국 국적을 유지하는 재외한인에 대한 한국 사회의 관심은 부쩍 커졌다. 다문화 한국 사회는 이제 재한외국인뿐 아니라 재외한인과도 새로운 관계를 맺는 상황을 의미하며, 재외한인의 이주와 관련된 다양한 역사문화적 배경과 한국 사회와의 연결 지점에 대해서도 이해가 필요한 시점이다.

이 글은 이러한 변화의 과정에서 재외한인 집단으로서 주목받거나 무시되어 온 사람들은 누구인지, 젠더에 주목하여 질문해 보려 한다. 한국의 근대화 과정은 국가가 근대성을 경제성장으로 환원하면서 확장된 가부장적 가족으로서 국민과 관계를 맺어 온 시간이었다(김덕영, 2014: 171). 이는 여성과 남성을 다른 방식으로 국민화하는 과정이었고, 산업발전의 가부장적 성격과 가정 안팎의 성별분업으로, 경제 영역에서 여성들은 주변화 되었다(Kim, 1997; 이재경, 2016). 냉전 상황으로 반공을 내세우고, 징집제가 산업화 과정과 결합한 국가건설 과정에서, 정치적 주체로서 여성과 남성의 비대칭성은 더욱 확대되었다(문승숙, 2007: 22~23). 그렇다면 한국의 근대화를 특징짓는 경제성장 우선주의, 부계혈연 공동체 신화, 군사화와 성별화 같은 요인은 여성을 재외한인으로 인식하는 방식에 어떤 영향을 미쳤을까? 이 글은 개발국가 시기에[3] 미국과 독일로 떠난 한국 여성의 이주 사례를 통해 재외한인 인식의 성별화 문제를 질문해 보려 한다.

---

3   여기서 개발국가 시기는, 문승숙이 군사화된 산업화 시기로 명명한, 박정희 정권이 등장한 1962년부터 문민정부가 들어선 1987년까지를 말한다(문승숙, 2007: 16). 이 시기는 국가가 주도적으로 제시하는 "개발"을 국민공동체의 목표로 삼고 이를 실현하기 위한 정책과 제도, 그리고 개발의 정당성을 뒷받침하는 담론들이 지배적이었다는 점에서 "개발국가" 시기로 불릴 수 있다(황정미, 2018: 6).

2) 재외한인의 성별성

재외한인의 성별 구성에 대한 구체적인 자료는 찾기 힘들다. 재외공관을 통해 수집되는 "재외동포 현황"은 해당 국가의 재외한인 수를 성별로 나누어 보고하지 않는 경우가 많기 때문이다. 이런 점에서 2015년의 한국여성정책연구원 보고서는 재외동포 현황과 함께 해당 국가의 인구통계를 활용하여 주요 20개국의 재외한인 여성 비율을 산출하여 제시한 드문 자료이다(이수연 외, 2015: 147; 〈부표 1〉 참조). 여기서는 재외동포 중 외국 국적자의 비율이 높은 선진국에서 재외한인 중 여성의 비율이 더 높게 나타난다는 점이 주목된다. 예를 들어 미국, 일본, 뉴질랜드, 캐나다, 독일, 프랑스에서 재외한인 여성의 비율은 69.97%에서 52.3% 사이로, 재외한인 여성의 수는 남성보다 더 많았다. 반면, 과테말라, 이집트, 인도네시아, 말레이시아, 필리핀에서 재외한인 여성의 비율은 45.02%에서 41.78% 사이로 절반에 미치지 못했는데, 이들 국가는 외국 국적을 취득한 재외동포의 비율이 상대적으로 더 낮은 곳이다. 일정 요건이 갖춰지면 국적취득이 보장되는 선진국에서 재외한인의 여성 비율이 더 높은 것은 여성의 경우 국제결혼을 통해 선진국에 정착할 가능성이 남성보다 더 높기 때문일 것이다.

재외동포에 대한 한국 사회의 인식에서도 재외한인 여성들의 존재는 잘 포착되지 않는다. 예를 들어, 국가기록원의 "재외한인의 역사" 연표에 언급된 인물은 재일한인 차별에 대해 저항하거나 일본과 미국, 독일에서 문인이나 교수, 법조인, 정치인으로 성공한 남성들이다(〈부표 2〉 참조). 거주국에서 직업적 성공을 이룬 사람들 위주로 재외한인의 역사가 기록될 때, 20세기까지만 해도 공적 영역에 진출할 기회를 갖기 힘들었던 여성들의 삶은 삭제되거나 모호하게 언급될 수밖에 없었다. 〈부표 2〉에서 해방 이후의 미국 이주와 관련된 내용으로 가장 먼저 등장하는 것은 "1968년 새 이민법 하트-셀러법 발효, 한인 가족 미국과 캐나다로 이민"이다. 이 이민법은 미국에서 초청해 주는 사람이 있어야만 실현 가능한 "가족이민"을 내용으로 하기 때문에, 주한미군과 결혼한 한인 여성들의 가족 초청이 초기 재미한인 사회의 초석을 마련한 것으로 보이지만, 이들에 대한 언급은 찾아보기 힘들다. 한편 파독 이주노동의 역사는 "1963년 광부 247명, 3년 계약으로 독일 광산 취업"과 "1965년 한국 간호사 독일병원 초청으로 취업"이라고 소개된다. 그런데 파독 간호 인력의 실제 역사는 1957년 독일인 파비안 담Fabian Damn 신부의 주선으로 김천 성의여자고등학교 졸업생 30명이 선발된 시기까지 거슬러 올라가며, 그 수는 1970년대 말까지 1만 1000여 명으로 8000명에 조금 못 미치는 광부보다 훨씬 더 많다(민속박물관, 2013: 451~452). 즉, 파독 광부에 비해 간호여성에 대한 소개는 구체적이지도 정확하지도 않다.

한국을 떠났던 재외한인 여성의 존재가 잘 드러나지 않는 것은 1960년대 이후 국가 주도의 산업화 과정에서 여성의 기여가 가리어진 것을 떠올리게 한다. 한국 사회는 1962년부터 5년 단위의 경제개발계획을 1986년까지 진행하면서 연 10%의 경제성장률을 기록했는데, 남성이 담당하는 생산과 성장 중심의 사회에서 가정 내 여성의 역할과 위치는 평가절하 되었고 여성들의 경제적 기여는 비가시화되었다(이재경, 2016: 10). 여성의 경제활동 참가율이 경공업 중심의 초기 공업화 시기인 1960년의 26.8%에서 1975년의 45.7%로 급격히 증가하면서 여공들은 수출 역군으로 칭송되기도 했지만, 주요 노동 집단으로 인식되지는 않았다(장하진 외, 2001: 11). 다른 한편, 기지촌 성산업이나 일본 관광객을 대상으로 한 소위 기생관광은 외화벌이를 위해 조국에 필요한 일이라는 변명으로 통용되었다(이나영 2007; 박정미 2011).

여러모로 한국의 국가 주도 경제발전은 성 중립적이지 않았는데, 이는 재외한인에 대한 인식에도 영향을 미쳤을 것이다. 근대국가의 민족과 젠더관계는 여성이 생물학적으로, 문화적으로, 상징적으로 민족을 재생산한다는 사고를 바탕으로 해왔다(유발-데이비스, 2012: 16). 한민족이 부계혈통을 계승하는 공동체라고 인식할 때, 재외한인 여성은 자녀 세대에게 민족의 문화를 전승하더라도 가족과 민족을 대표하지 못한다. 외국 남성과 결혼한 경우에는 특히나 민족의 재생산이나 발전에 대한 여성들의 기여가 원천적으로 부정된다. 이러한 민족과 젠더의 관계는 산업화 시기에 해외로 이주한 여성들이 비가시화되는 배경이 되며, 재외한인 여성들이 한(국)인 사회를 대상으로 자신들의 종족과 젠더정체성을 내세우는 방식에도 영향을 미친다.[4]

이 글에서는 해방 이후 개발 시기 한국 여성의 국제이주 사례로서 미군과 결혼한 재미한인 여성과 간호 인력으로 이주한 재독한인 여성의 경험을 소환한다. 필자가 이 두 유형의 여성 이주 경험에 주목하게 된 것은 2000년대 중반 들어 한국 남성과 아시아 여성들이 구성한 "다문화가족"을 중심으로 다문화정책을 펴나간 한국 사회가, 결혼이주 여성의 상황을 반추해 볼 수 있는 과거로서 "미군의 아내"가 아닌 "파독 간호여성"의 경험에 더 관심을 보였기 때문이다. 정치·경제·군사적으로 밀접한 한미관계와 국제결혼 재미한인 여성들의 규모에도 불구하고 한국 사회는 이들에게 철저하게 무관심했으며, 이런 분위기 속에서 미군의 아내들이 나서서 자신들의 이주 경험을 출판하는 일은 거의 없었다. 반면, 다문화사회 정책이 펼쳐지는 한국에서 파독 간호여성들은 자신들의 자전적 이야기를 적극적으로 출판했고 이들의 이주 역사에 대한 전시와 연주, 연극 등의 국내 문화 행사도 줄을 이었다.[5]

이 두 사례는, 유교문화와 가부장적 의식이 강하게 남아 있던 시절에 젊은 한국 여성이 단독으로 결행한 국제이주라는 점에서 주목된다. 비슷한 시기에 한국을 떠났던 이들의 인생이 반백 년이 지난 오늘날 고국에서 이토록 다르게 가시

---

4   여기서 '한(국)인'은 대한민국 영토 내에서 거주하는 "한국인"뿐 아니라 해외의 "한인"을 포함하는, 민족정체성과 문화를 공유하면서 '우리'라는 동류의식을 만들어내고 경계를 유지해 나가는, 종족 집단의 의미이다.

5   이 장에서 참조한 자전적 이야기 출판물은 이영숙(2009), 이-슈미트(2012), 재독한인여성모임(2014), 박경란(2016)이다. 파독 간호여성들과 관련된 한국 내 전시나 문화행사로는 한국이민사박물관의 전시 "젊음, 독일행 비행기에 오르다: 파독 광부, 간호 여성 이야기"(2012), 서울예술의전당의 공연 "광부·간호사·간호조무사 파독 50주년 기념 음악회"(2013), 서울아르코극장의 연극 "베를린에서 온 편지"(2016), 서울역사박물관의 전시 "파독 간호여성의 이야기 '국경을 넘어, 경계를 넘어'"(2017) 등이 있다.

화되는 이유는 무엇일까? 이 글에서는 과거 한국 사회의 여성들에게는 그리 가능하지 않던 국제이주라는 선택으로 진행된 재외한인 여성의 인생이 어떻게 고국의 발전 과정과 국제관계 속에서 영향을 받았는지 질문하고자 한다. 아래에서는 이 두 집단의 이주 상황과 이에 대한 한국 사회의 담론을 검토하고, 이들의 자전적 글과 필자가 수집한 생애사 이야기를 통해 스스로 재현하는 이주 경험의 서사를 비교 정리한다. 이어 이 두 집단이 보여주는 종족성과 젠더 정체성에 대한 인식의 차이를 통해, 다문화 한국 사회가 보여주는 재외한인에 대한 인식을 돌아본다.

2. 미국과 독일로 간 젊은 한국 여성들

1) 미군의 아내[6]

우리 국제결혼한 여자들이, 국제결혼한 여자들이 우리 대한민국 부자로 만들어줬잖아요. 독일에서 뭐, 그 한창 뉴스에서 말했쌌(었)는데, 간호사들이 뭐 부자 만들어줬다고 하는데, 뭐 그렇지만, 내가 딱 보기로는 이 국제결혼한 여자들이, 이 많은 여자들이, 각 나라(주)에서, 이 미국 각 나라(주)에서, 각 주에서 보내는 돈들이 얼

---

6   여지연은 미국 사회에서 미군의 아내들을 일컬어온 "전쟁신부(war bride)"라는 말이 여성의 의존성을 강조하고 전쟁과 연관된 전리품의 인상을 준다는 점에서 비판하며, 그 사용을 반대한다. 그 대신 미군의 주둔이 한국 여성의 국제결혼에 영향을 미치고 있다는 점을 전달하기 위해 "군인 아내(military bride)"라는 명칭을 사용한다(여지연, 2007: 15~19). 이 글에서는 이를 받아들이면서 국제결혼의 함의도 나타내고자 '미군의 아내'라는 표현을 사용한다. 그러나 여기서 "미군"은 주한미군부대라는 공간에서 근무했던 다양한 부처와 직위의 미국 남성을 대변한다. 즉, 미군부대의 존재로 인해 한국 여성이 미국 남성과 결혼하게 된 상황을 폭넓게 일컫기 위한 표현이며, 이러한 결혼과 이주 경험을 통해 발생하는 재미한인 여성의 정체성을 설명하기 위한 도구적 표현이다.

마예요. 우리가 부자로 만들어놨다고.

  — 한국전쟁 중 미군과 결혼하여 미국으로 이주한 A씨와의 인터뷰(미 동부 지역,

    2016.1.11)

위의 이야기는 필자가 한국전쟁기에 미군과 결혼하여 미 동부 지역에서 살고 있던 A씨를 인터뷰하며 들은 내용이다. 65년이 넘도록 미국 시민으로 살고 있는 A씨는 왜 한국 경제에 대한 자신의 기여를 언급하면서 파독 간호여성들과 같은 위상으로 보아달라고 강하게 주장하는 것일까?

근대 한인의 해외이주는 구한말인 1860년대부터 시작되지만, 대한민국 출범 이후에는 정부가 이민 정책을 수립하는 1960년대를 기점으로 그 성격이 크게 구분된다. 이광규(1996)는 이를 신新이민과 구舊이민으로 구분하는데, 구이민은 혼란스러운 정치 상황 속에서 다양하게 발생한 개별적인 국제이주였다. 지역상으로 만주와 연해주, 기타 중국 지역과 일본, 하와이, 멕시코, 미국 등으로 다양하며 그 동기 역시 농업이주부터 노동이주, 장사, 독립운동, 일본군 징용, 사진신부와 전쟁신부 등으로 여러 갈래이다(김민정, 2015: 256). 반면 1960년대 이후 1980년대 말까지 개발국가 시기의 이주는 한국 정부의 해외개발 정책이나 노동수출 정책, 고등교육 유학 정책 등으로 국가에 의해 기획된 측면이 크다.

한국의 젊은 여성들이 미군의 아내로 그리고 간호노동자로 미국과 독일로 이주하는 상황은, 해외 한인 이주의 성격을 크게 둘로 나누는 1960년대 전후인 1950~1970년대에 걸쳐 발생했다. 얼핏 보면, 미군의 아내는 개별적인 이주자들이고 사회로부터 긍정적으로 받아들여지지 않았으나, 간호노동자는 국가 주도로 이주하고 외화송금으로 국가발전에 기여한 것으로 여겨진다는 점에서 서로 대비된다. 하지만 신이민과 구이민의 접점 지대에 놓인 이들의 국제이주가 개인의 선택과 사회문화적 압력, 그리고 국가 정책 사이의 상호 영향력과 복잡한 작동 방식 속에서 발생했다는 점에 주목할 때, 이 두 집단의 대비는 흐려진다.

한국 여성과 미군 사이의 국제결혼은 해방과 함께 시작된 미군의 주둔과 대

미 종속 상황으로 이어지는 특수한 한미관계에서 촉발되었다. 한국전쟁이 발발하자 총 34만여 명의 유엔군이 한국으로 들어왔고(국가기록원), 이들과 결혼하여 한국을 떠나는 여성들이 사회의 이목을 끌기 시작했다. 1950년대 초의 한국 신문에 이들은 "전쟁신부war bride"로 소개되었는데, 미군뿐 아니라 필리핀군이나 영국군의 아내가 된 경우도 있었다(≪경향신문≫, 1952.6.23; 1952.11.13). 그러나 1953년 휴전 당시 주한미군의 규모는 32만 5000명으로 유엔군의 대다수를 차지했기 때문에 미군과의 결혼은 외국 군인과의 국제결혼에서 절대다수를 차지했다. 휴전 이후 미군은 단계적으로 철수하여 한국군이 베트남전 파병을 결정하는 1964년에는 6만 3000명으로 감소했고, 이후는 1980년대 말까지 4만여 명 수준으로 유지되었다(외교부, 2014: 158).[7]

국제결혼을 한 재미한인 여성들의 역사는 미군의 한국 주둔과 밀접하게 관련된다. 미군은 해방 직후 제2차 세계대전에서 패한 일본군의 무장해제를 위해 한국에 들어왔으며, 한국전쟁에 대규모로 참전한 뒤 전쟁이 휴전 상태에 이르면서 오늘날까지 주둔하고 있다. 주한미군의 주둔지 주변에는 소위 기지촌이 조성되었는데, 이 지역의 성매매에는 당시의 '윤락행위 등 방지법'이 적용되지 않았다. 나아가 청와대 직속의 기지촌정화위원회 그리고 한미합동위원회 산하의 한미성병대책위원회가 기지촌 성매매 여성들에 대한 성병 검진과 격리 수용을 시행하는 등 기지촌 운영에 국가가 적극적으로 개입한 정황들이 나타난다(박정미, 2011; 이나영, 2007; 문, 2005; 여지연, 2007).[8]

---

7 2008년 한국과 미국은 주한미군 규모를 2만 8000여 명으로 합의했는데(외교부, 2014: 158), 이 합의는 2021년 3월 현재까지 유지되고 있는 것으로 보인다.

8 2017년 1월 20일에 정부를 상대로 한 "한국 내 기지촌 미군 위안부 국가배상 청구소송"에 대한 재판부의 판결이 나왔다(≪한겨레≫, 2017.1.20). 그 내용은 '전염병예방법 시행규칙'이 제정·시행된 1977년까지는 성병 환자를 격리 수용할 법적 근거가 없었으므로 기지촌 위안부들을 낙검자 수용소등에 격리 수용하여 치료한 행위는 법적 근거가 없는 행위로서 위법하다는 것이었다. 이어 2018년 2월 8일에는 한국 정부가 '군사동맹'과 '외화 획득'을 위해 미군 기지촌을 운영하고 관리하면서 성매매를 적극적으로 정당화하거나 조장했다는 것을 인정하는 첫 판결

한국 사회에서 기지촌 여성들에 대한 비인간적 처우나 사기, 폭력, 멸시 등에 관심을 보이는 사회세력은 거의 없었다. 기지촌 여성과 이들의 혼혈 자녀는 오랫동안 '사회적 천민' 대접을 받았으며, 국제결혼이나 입양으로 한국을 떠나는 것이 한국 사회의 낙인을 벗어나는 거의 유일한 길이었다. 기지촌에 드리운 아픈 역사의 '그림자'는 미군과 결혼한 여성들이 어떻게 살아왔고 어떤 경로로 미군과 결혼하게 되었는지와는 무관하게, 미군과 결혼한 한국 여성 모두를 따라 미국의 한인 사회로 건너왔고(여지연, 2007), 다음 세대까지 드리워졌다(Cho, 2008).

한인들의 미국 이주는 20세기 초로 거슬러 올라간다. 하와이 계약노동자나 신문물을 배우러 갔던 유학생과 독립운동가 등 소수의 개척자들로 그 역사가 시작되었지만(패터슨, 2003), 미국은 곧 1924년부터 모든 아시아인의 이민을 금지했다(Sinke, 1999: 18). 그러나 한국전쟁으로 미군과의 국제결혼과 전쟁고아 입양이 증가하면서 미국으로의 한인 이주는 새로운 전기를 맞이한다. 아시아인의 미국 이민이 허용되지 않던 시기에도 미군의 배우자에게는 바로 시민권이 주어졌기 때문에 미군의 한국인 아내들은 재미한인 사회의 초기 구성원이 되었다. 1965년에 이민법을 개정하여 미국이 다시 아시아계 시민권자의 가족에게 국경을 개방하자, 이들 국제결혼 한인 여성들은 한국에서 친정 식구들을 초청하기 시작했고 재미한인 인구는 급격히 증가했다. 이렇게 미국으로 오게 된 미혼 자매들이 이주 후에 미군과 결혼하는 사례 또한 적지 않았다.

김복림 등에 의하면 1950년대부터 1970년대까지 미국 시민권자의 아내로 미국으로 간 한국 여성은 모두 4만 3253명에 달했다(Kim and Sawdey, 1981: 12). 1965년까지 대개가 미군의 아내이거나 한국인 입양아였던 3만 2000명의 재미한인 수는 1990년이 되면 50만 명으로 증가한다(민병갑 외, 1991: 36, 42). 1965년 이후에 미국으로 이주한 재미한인의 40~50%는 가족원 중 국제결혼 여성의 초

이 나온다(≪한겨레≫, 2018.2.8).

청으로 입국한 것으로 추정된다(여지연, 2007: 218). 그러나 1980년대 말 이후 주한 미군의 규모가 줄어들고 한국의 경제가 발전하고 국경이 개방되면서, 미군과의 결혼은 더 이상 미국 이민을 위한 주요 루트로 간주되지 않게 된다.

1980년대까지도 미국은 정치군사적으로나 경제적으로나 한국보다 월등하게 우월한 국가였다. 미국 남성과 결혼한 한국 여성들은 물질적 부와 선진국의 생활을 누린다는 점에서 선망과 부러움의 대상이 되었다. 그러나 대부분은 미군기지를 배경으로 남편을 만났기 때문에 구체적인 내막이나 사정과는 무관하게, 미군과의 결혼에는 항상 기지촌의 '그림자'가 따라다녔고 한국 여성에게는 도덕적 낙인이 가해졌다. 한국이나 재미한인 사회에서 미군과 결혼한 한국 여성은 정치·경제·군사적으로 미국에 종속된 한국의 국가적 위상을 단적으로 보여주는 젠더화된 존재였다. 이들 한인 여성은 기지촌의 매매춘 문제를 불러일으키는 존재이거나 아니면 그런 기억을 떠올리지 않기 위해 없는 존재로 여겨져야 했기에, 이상하리만큼 국내의 언론이나 학계가 주목하지 않는 재미한인집단이 되었다.

이러한 역사 속에서 자신들이야말로 조국의 근대화에 기여한 재미동포 송금자라는 점을 내세우는 A씨의 주장은, "재외동포의 희생과 헌신"을 추켜세우는 한국 사회의 인식을 투사한다. 필자에게 A씨의 이야기는 자신의 존재가 재미한인 이주 역사의 주체로 부각되지 못하고 한국 근현대사의 주변화된 과거로 묻히는 것에 대한 항변으로 들렸다.

2) 파독 간호여성[9]

광부·간호사의 임금을 담보로 독일로부터 상업차관을 성사시켰다는 신청인 및 세

---

9   나혜심은 "파독 간호원"이나 "파독 간호사"라는 표현이 다양한 직급의 간호 인력을 포괄하지
     못한다고 여겨, "파독 간호 인력"이나 "파독 간호여성"이라는 명칭을 제안한다(나혜심, 2012:
     29~30). 이 글에서는 맥락에 따라 이 두 용어를 섞어서 사용한다.

간의 주장과 인식은 사실이 아님이 확인되었다. 1961년 독일의 대對한국 상업차관
은 한독 정부 간 『경제 및 기술협조 의정서』(1961.12.13)에 의거한 원조의 일종이
었다.

— '파독 광부 간호사의 한국경제발전에 대한 기여의 건' 결정요지(진실·화해를위

　한과거사정리위원회, 2008)

　A씨가 비교 대상으로 언급한 파독 간호여성들의 경제적 기여에 대해서는 하
나의 입장만 있는 것 같지 않다. 위의 인용문과 같이 2008년 "진실·화해를 위한
과거사 정리위원회"(이하 진실화해위원회)는 과거 한국 정부가 독일로부터 차관을
얻은 것과 파독 이주노동 정책은 서로 관련이 없다는 점을 '밝히고' 있다. 왜 파
독 노동자들의 송금이 당시 한국의 경제발전에 기여한 방식에 대해 질문이 제기
되고 또 해명되어야 했던 것일까? 왜 과거 파독 노동자였던 현재의 재독한인들
은 자신들의 임금을 담보로 한국 정부가 차관을 들여오지 않았다는 점을 밝히는
것이 중요한 일이었을까?

　한국 정부가 독일로 이주노동자를 파견한 것은 1960년대 초의 일이다. 광부
의 경우 1961년에 한국 정부가 독일과의 기술원조에 관한 협정을 체결하고, 이
어서 1963년에 서독탄광협회와 해외고용계획에 관한 협정을 체결하면서 바로
모집이 시작되어 모두 7936명이 파독되었다(민속박물관, 2013: 450~451). 그러나
간호 인력의 경우는 정부가 주도한 광부들의 파독보다 4년 먼저 민간 부문에 의
해 노동이주의 역사가 시작되었다(이하는 민속박물관, 2013: 451~452 참조). 1957년
독일인 파비안 담 신부가 경북 김천의 성의여자고등학교 졸업생 중 30명을 선
발하여 보낸 것이 그 시초였다. 이후 재독 의사 이종수와 독일 종교 관계자의 주
선으로 1963년에서 1965년까지 모두 1043명의 간호 인력이 독일로 갔다. 1966
년부터는 모집 과정에만 한국해외개발공사가 관여하고, 독일의 병원을 알선하
는 일은 재독 의사 이수길이 맡았는데, 이렇게 파독된 인력은 모두 128명이었
다. 이때까지는 정식 간호사보다는 간호학생 자격의 지원자들이 더 많았다고 한

다. 1968년에 한국과 독일 정부 간의 합의가 이루어지고 1969년에 "한독 정부 간 간호원 진출에 관한 협정"이 체결되면서야 비로소, 정부가 주도하는 인력 송출이 진행되었다. 즉, 간호 인력의 노동이주는 정부가 나서기 10년 전에 이미 종교계와 의료계의 민간 부문에서 일을 진행해 온 것이다. 재독한인 귀환이주자들로 조성된 한국 남해의 "독일마을"에 대한 조사보고서에 의하면, 이렇게 1976년까지 파독된 간호여성은 모두 1만 1057명이다(민속박물관, 2013: 451~452).[10]

그런데 2006년 11월, 파독 광부와 간호사였던 김한용과 최말순은 "1960~1970년대 파독 광부·간호사들의 월급을 담보로 해서 한국 정부가 독일정부로부터 차관을 얻고, 광부·간호사들이 임금을 고국으로 송금함으로써 한국의 경제발전에 직간접적으로 기여한 바 이에 대한 진실규명을 통해 독일 현지 유학생이나 상사 직원들 혹은 여행자들의 파독 광부·간호사에 대한 **잘못된** 인식을 바로잡고, 자식들에게 당당한 모습으로 남을 수 있게 해줄 것"을 정부에 요청한다(진실·화해를위한과거사정리위원회, 2008: 174, 강조는 필자).

재독한인 사회가 파독 광부와 간호사들에 대해 가지고 있는 '잘못된 인식'이 무엇인지 결정요지에는 구체적으로 언급되지 않는다. 아마도 2000년대 들어 국경을 넘나드는 한국인들이 증가하면서 재독한인 사회에서는, 과거 파독 노동자들의 경제적 기여나 파독 과정의 주체성 등에 대해 각기 다른 입장들이 대립했던 것 같다. 진실화해위원회의 2008년 조사보고서에 의하면, 파독 광부와 간호사가 1965년부터 1975년도까지 한국으로 보낸 송금액은 1억 153만 달러인데, 1965년, 1966년, 1967년의 경우 이는 총수출액 대비 각각 1.6%, 1.9%, 1.8%였다. 1960~1970년대에 독일에 파견된 광부와 간호사들이 국내에 송금한 임금은 외화 가득률이 100%여서 한국의 경제성장에 상당한 기여를 한 것으로 평가되었다. 그러나 "한국 정부가 독일 정부와 상업차관을 교섭할 때 광부·간호사의 임금을 지급 보증하여 차관을 빌렸다"는 것은 잘못 알려진 사실로 규명되었다.

---

10   이는 진실화해위원회가 2008년에 발표한 수치보다 334명이 더 많다.

더불어 간호 인력의 파독은 애초에 정부 주도로 시작된 것도 아니었다는 점이 밝혀졌다(나혜심, 2012: 24~25; 노명환 외, 2014: 15).[11]

차관교섭용 인력 파독설은 경제개발을 위한 당시 박정희 정권의 노력과 공을 부풀리기 위한 이야기였다. 파독 노동자의 입장에서 이런 이야기는 자신들이 국가의 볼모가 되어 일종의 "노예 계약"처럼 노동이주를 한 것으로 읽힐 수 있기 때문에 반감을 불러일으켰다(나혜심, 2012: 38~40). 광부들과 달리 병원에서 직접 독일 시민들을 접하면서 일을 했던 간호여성들은 특히 더, 자신들이 독일에서 지나치게 힘든 생활을 하고 하급 대우를 받은 것처럼 이야기가 과장되는 것에 대해 민감한 반응을 보였다. 예를 들어 다수의 파독 간호여성들은 이주 초기 자신들의 독일 생활이 "시체 닦는 일"까지 해야 했던 비참한 삶으로 묘사되는 것에 대해 "매우 부담스러워하며 때로는 분노"했다(나혜심, 2012: 138).

즉, 파독 간호여성에 대한 한국 사회의 이미지는 당시 국가 주도의 개발담론에 의해 상당히 왜곡되어 있었다. 독일로 일하러 간 여성들은, 미군과 결혼한 여성들의 이주가 개인의 이익을 위한 행동이었다고 보는 시선과 달리, 가족을 위해 희생하고 조국 발전에 공헌한 기여자로 여겨졌다. 미군의 아내와의 대척점에서 파독 간호여성에게는, 당시 한국의 일반적인 젊은 여성과도 차별화되는 "희생과 헌신"의 이미지가 덧씌워졌다. 그런데 이러한 이미지는 독일 사회에서 차별대우를 감내하면서 특별히 고달프고 힘들게 살아온 인생이라는 서사와 더 어울리는 것이다. 즉, 개인의 선택으로 인생을 개척하면서 주체적으로 살아온 젊은 한국 여성이라는 이미지와는 맞지 않았다.

당시 개개인의 이주와 노동의 현실은 각자의 상황에서 여러 복잡한 요인이 작용하면서 다양하게 전개되었을 것이다. 파견 막바지에 해당하는 1974년이 되면 한국 사회에서는 이들 간호여성들을 비판하는 논조의 신문기사도 등장한다.

---

11 나혜심은 이러한 잘못된 소문의 진원지로 백영훈이 한국산업개발원에서 펴낸 두 권의 책, 『아우토반에 뿌린 눈물』(1977)과 『한강에 흐르는 라인강의 기적』(2001)을 언급한다.

취업허가와 체재기한 연장을 미끼로 파독 간호여성들이 성범죄의 표적이 되었고, 파독 광부들은 가족관계서류를 위조하여 회사로부터 배우자 사망위자료를 받으려 한 사기 사건이 발생했기 때문이다. 당시 한 신문 사설에는 "돈 벌러 나간 간호원이나 광부에게 국위선양을 기대한다는 것은 본질적으로 무리한 이야기"이며, 정부가 "수출만능주의의 문제점을 드러내 보인 일"이라는 노골적인 비아냥도 등장한다(≪동아일보≫, 1974.5.25). 즉, 당시의 한국 사회가 파독 간호여성들에게 기대한 것은 개인의 성공이나 행복을 추구하는 것이 아니라 한국의 가족을 위해 송금을 하고 독일에서 자랑스러운 한국인의 이미지를 남기는 것이었다. 개인적 불운으로 성범죄의 희생양이 된 여성에게 고국은 보호나 지지를 보내는 대신 국가 이미지를 훼손했다고 비난하는 것이 당시 한국 사회의 민족의식이자 젠더 의식이었다.

파독 간호여성의 모집에 정부가 나선 것은 1966년이었고 곧 독일과 협정을 맺으면서 파독인력의 숫자와 한국으로의 송금 액수 등은 정확하게 조사될 수 있었다. 또한 파독 간호여성들은 파독 광부 남성들과 함께 파독 이주노동자로 언급되었고 실제로 광부들과 결혼하여 귀국한 사람들도 많았다. 이런 이유로 한국 사회에서 재외한인에 대한 관심이 커지는 2000년대 중반에 접어들면서 파독 간호여성들은, 조국의 경제발전에 공헌한 대표적인 재외한인 여성 사례로 자리매김했다. 이들이 서구로 진출하여 근대 간호 업무를 익히고 새로운 인생을 개척해 나간 이주노동자였다는 점은 주목받지 못했다(나혜심, 2012: 136). 파독 간호여성들이 조국 근대화의 경제신화 만들기를 위한 역할로만 기억되고 언급되어 왔다면, 이들 역시 미군의 아내들과 마찬가지로 역사적 주체로 여겨지지 못한 것이다.

그렇다면, 이 두 집단의 재외한인 여성들이 회고하는 이주 경험과 스스로 내세우는 정체성의 내용은 무엇이며 어떤 방식으로 젠더화되었을까? 다음 두 절에서는 당사자들의 자전적 이야기가 담긴 출판물과 필자의 인터뷰 사례를 통해 두 재외한인 여성 집단의 이주 경험을 맥락적으로 비교해 보고자 한다. 미군의 아내에 대한 생애서사로는 송전기Chon S. Edwards의 『나도 한국의 딸I am Also a Daughter of Korea』(송전기, 1988)을 위시하여[12] 필자가 2015년 4월에서 2016년 5월 사이에 서울과 워싱턴 D.C., 버지니아주에서 진행한 한미여성재단(과거의 한미부인회) 회원 네 명의 생애 이야기 인터뷰를 참조했다. 파독 간호여성에 대한 생애서사로는 2000년대 중반 이후 출판된 이영숙(2009)의 『누구나 가슴 속엔 꿈이 있다: 독일에서 의사가 된 간호사 이야기』와 이-슈미트 영남(2012)의 『하얀 꿈은 아름다웠습니다: 다문화의 정체성을 장점으로 승화시킨 파독 간호사의 성공 스토리』, 14인의 개인 기록이 담긴 재독한국여성모임(2014)이 펴낸 『독일이주여성의 삶, 그 현대사의 기록』과 21인의 생애사를 간추려 펴낸 박경란(2016)의 『나는 파독 간호사입니다』를 위시하여, 필자가 2015년 4월부터 2018년 10월 사이에 서울과 남해에서 진행한 독일 남성과 결혼한 여섯 명의 생애 이야기 인터뷰를 참조했다.

---

[12] 송전기는 1963년에 미 동부 지역에서 국제결혼 재미한인 여성들의 자조모임인 한미 부인회를 만든 사람이다. 1928년생으로 동국대학교 재학 시절 한국에서 미 외무부 직원으로 일하던 남편과 1952년에 결혼했고, 1957년에 주한미군부대에서 신부학교를 여는 데에도 일조했다. 『나도 한국의 딸』에서는 자신의 이력과 경력, 한미부인회의 활동과 대개가 미군의 아내이던 당시 국제결혼 재미한인 여성들의 미국 생활상을 소개한다. 자신들을 향한 한인 사회의 편견을 시정하려는 의도를 담고 있는 이 책은 필자가 아는 한, 미군과의 결혼이라는 이주 상황을 드러내면서 자전적 이주 경험을 서술한 거의 유일한 출판물이다. 출판사도 폐업이라 구하기 힘든 책을 빌려 주신 아칸소주의 정나오미 목사님께 감사드린다. 한편, 필자는 2016년 1월 미국 현지 조사 중에 송전기의 존재를 알게 되어 소식을 수소문했는데, 노령으로 요양원에 있으며 외부인 접촉이 힘든 상태라고 하여 직접 인터뷰를 하지 못했다.

3. 선진국 이주에 대한 기대와 현실

1) 미국 가족을 구성하여 살아가기

미군과 결혼한 한국 여성들의 미국행 동기에서 공통되는 것은 당시 한국과 극명하게 대비되던 미국의 "부유함과 새로운 기회"이다. 1950~1960년대의 한국에서는 모두가 가난했지만 미군기지나 대사관 부지에서 따로 살던 미군이나 미국인들의 삶은 달랐다. 필자가 인터뷰했던 A씨(1952년 도미)는 한국전쟁 중 부산 피난 시절에 알게 된 미 여군의 방에서 온갖 미제 물건들을 보고 홀리듯 새 세상을 동경하게 되었다. 1970~1980년대로 접어들면 미국행의 동기는 교육에 대한 열망이나 혼혈자녀 양육 문제 등으로 더욱 다양해진다. 필자가 인터뷰했던 B씨(1975년 도미)는 먼저 미국에 와 있던 언니의 초청으로 공부하러 왔다가 국방부 정보국에서 일하는 남편과 결혼했으며, C씨(1980년 도미)는 서른 즈음에 흑인 미군과 결혼 후 한국 발령을 받아 한국 생활을 하다가 혼혈 자녀가 차별받는 것을 우려해 미국으로 왔고, D씨(1985년 도미)는 유학 준비를 위해 영어 과외를 받다가 군부대 직원인 남편과 결혼하여 미국으로 왔다. 미국은 당시 한국의 많은 부분을 통제하는 권력의 핵심이었고, 새로운 기회와 풍요의 땅이었다. 시대에 따라 차이는 있지만, 당시 한국 여성으로서는 쉽지 않았을 이들의 미국행은, 변화하는 사회 현실에 대한 '간파'였고, 미래에 대한 '선택'이었다.

그러나 새로운 기회를 갖기 위한 미국으로의 이주는 새로운 곤경에 봉착하는 것이기도 했다. 거의 모두가 언어, 인종차별, 문화적 차이 등으로 인한 향수, 공포, 고독, 소외 등을 경험했다. 송전기(1952년 도미)는 이민법이 개정되기 이전에는 소수의 재미한인들이 뿔뿔이 흩어져 살아 외로웠고, 오븐으로 요리하거나 세탁기로 빨래하는 것도 낯설었으며, 체면을 고려하여 괜찮다고 말하면 다시는 음식을 권하지 않는 미국식 예절도 당황스러웠다고 한다. 또 친척이나 이웃이 있어도 서로 간섭을 안 하는 것이 미국 문화라서 외로웠고, 범죄도 많아 공포스럽기도 했다(송전기, 1988: 23~26). A씨는 미국 생활 중 군부대 관사에서 첫아이를 낳았는데, 남편이 미역국이 아니라 닭튀김을 해줘서 서럽게 울었다는 이야기를 이제는 웃으며 했다. 이렇게 미국 생활을 시작하면서 느낀 고립과 무력감, 어려움이 컸기 때문에 송 씨는 1963년 미국 동부 지역에서 (현 한미여성재단의 전신인) "한미부인회"라는 이름으로 국제결혼 재미한인 여성들의 자조모임을 결성했고 A씨도 초창기부터 회원으로 함께 활동했다.

미국 생활에서의 고립과 초기 적응의 문제는 이주 시기에 따라 차이를 보인다. 1970년대 중반만 되어도 재미한인의 수가 늘어났기 때문에 새 이민법 이전 시기와 같은 고립을 경험하지는 않았다. 그러나 군부대에서 일하는 남편의 근무지를 따라 이동해야 했고, 미국 가족에 속하여 가정주부의 역할을 수행해야 했기 때문에 미국 사회에 적응하도록 남편이 찬찬히 도와주지 않는다면 바로 고립될 수 있는 상황이었다. 미국 생활을 위해서는 영어와 쇼핑하기, 은행계좌를 열고 개인수표 쓰기 등을 배워야 했고, 가정 안팎의 이러한 기본 업무를 실수 없이 처리하는 것만도 쉬운 일이 아니었다.

아이들이 아주 어리지만 않으면 미국 사회의 풍토에 맞추어 많은 여성이 일을 했다. 군부대를 옮겨 다니며 살아야 하는 상황에서는 부대 근처에서 공장 일을 많이 했고, 같은 미군의 아내끼리 일자리 정보를 공유하고 또 일자리를 물려주었다(여지연, 2007: 183~194). 도착 직후에 영어가 부족하고 기술도 없을 때에는 공장, 식당, 호텔 등에서 단순노동을 하면서 영어를 배우다가, 미국 생활에 익숙해지면 미용, 양장, 간호, 경리, 부동산 업무, 보험 업무, 실내장식 등의 기술을 배워서 적극적으로 직업 전선에 뛰어드는 경우가 많았다(송전기, 1988: 101). 취업이 쉽지 않을 때는 자영업을 시도하게 되는데, 담보가 없어 은행 대출을 받을 수 없는 여건에서 서로 계를 조직하여 사업자금을 마련하기도 했다(송전기, 1988: 102).

미국에서 자리를 잡아가면서 많은 여성은 미국에서 번 돈을 한국의 가족들에게 송금하여 새집을 짓거나 동생들이 공부를 계속할 수 있도록 도왔다. 특히 이민법이 개정되면서는 한국 가족들이 미국으로 올 수 있도록 여비를 지원하고 초청장을 보냈다. 송 씨는 "국제결혼을 한 약 90%의 여성들은 부모와 형제를 초청"했고, "미국 한인 사회의 절반 이상이 한미 여성들의 연줄을 통해 이민 왔다고 봐도 과언"이 아니라고 말한다(송전기, 1988: 250~251). 한국에서 발간되던 월간지 ≪말≫의 1988년 기사에서도 평균적으로 미군 아내 한 명당 15명의 일가친척이 미국으로 갔다고 추정한다(≪말≫, 1988.8: 109; 여지연, 2007: 268). A씨는 두 아이가 초등학교에 들어가고 난 뒤 미용학교를 다니면서 기술을 익혀 미용실을 열었고 꽤 성공했다. 이후 새 이민법이 발효되자 언니와 동생네 가족을 초청하여 일자리를 마련해 주고자 일부러 패밀리 레스토랑으로 전업했다. 미국으로 온 친정 형제자매들은 A씨의 레스토랑에서 일하면서 영어와 미국 생활을 익히고 돈을 모은 후 따로 식당을 차려 나가는 식으로 독립했다. 언니의 초청을 받았던 B씨의 경우는 부모님만 한국에 남고 형제자매가 모두 미국으로 왔으며, C씨와 D씨는 부모와 형제자매가 모두 미국으로 와서 살았다.

미국 가족을 구성하여 미국 사회로 편입한 한인 여성들은 미국 남편이나 미국 국가와의 관계에서 억울한 처지에 놓일 수 있는 위치이기도 했다. 가장 심각한 것은 약혼자초청법이 시행되면서 미국에 도착한 뒤 미국 남성의 배반이나 변덕으로 오갈 데 없는 신세가 되는 경우였다(송전기, 1988: 127~143). 미국에 와서 90일 이내에 결혼신고를 하지 않으면 영주권이 나오지 않았고 추방되었기 때문에, 미국 남성의 변심이나 예비 시부모의 반대로 결혼신고를 하지 못한 한국 여성들은 오갈 데 없이 곤경에 처하기도 했다. 결혼을 하더라도 미국 남편이 한국 아내의 현지 적응을 전혀 돕지 않고 혼자 해외 근무를 나가버리거나, 그렇게 방치된 상황에서 한인 남성에게 사기를 당하는 일도 있었고, 미국 남편과 이혼 시 자녀와 관계를 차단당하거나 재산분할을 제대로 못 받는 일도 발생했다(송전기, 1988: 159~174). B씨도 위자료를 한 푼도 못 받고 남편과 이혼하는 힘든 상황에 처하면서 한미부인회에 나오게 되었고, 나중에 경제적으로 안정 되자 임원진으로 열심히 활동했다.

많은 경우 가족의 형식을 갖추고 유지하는 주도권은 미국 남편에게 있었기 때문에 한국 아내의 미국 시민으로서의 권리는 침해받을 수 있었다. 가족을 유지하기 위해 언어와 음식은 남편과 미국 사회의 요구를 따라 미국식을 받아들이고, 미국 시민으로 자라야 하는 자녀와의 관계에서도 한국식의 양육 방식이나 모자녀 관계를 내세우기 힘든 경우가 많았다. 이런 점에서 미국 가족을 구성하여 미국 생활을 하기 위해서는 친정 식구들을 초청하여 보완적 가족관계를 구축하고 미국 사회로 이주해 온 다른 한인들과도 새로운 관계를 만드는 것이 필요했다.

2) 이주노동자의 한계를 넘어서기

독일행 간호여성들의 이주 동기에서는 "자유"에 대한 언급이 주목된다. 이묵순(1970년 파독)은 "늘 새로운 것에 대한 갈망과 불안 속에서 헤매"다가 고교를 졸업하고 파독 간호사 모집 광고를 보는 순간 인생을 바꿀 운명을 직감했다고 회고한다(박경란, 2016: 9~13). 온갖 잡무가 포함된 독일의 간호 업무는 고되고 외국 생활은 외로웠으나 이 씨는 2년 만에 자동차를 구입하고 주말에는 클럽에도 가면서, "삼강오륜으로 얽매였던 삶에 자유를 찾고 막연히 갈망했던 일들을 하나씩 감행"했다. 5년 후 한국을 방문했으나 아무래도 한국 생활로 돌아가기는 힘들겠다는 생각에 다시 독일로 돌아와 독일 남성 간호사와 결혼하여 정착했다. 집안의 반대가 심했으나 오히려 한국 남성과는 결혼하지 않겠다고 엄포를 놓았다고 한다. 이렇게 이 씨는 자신의 독일 이주가 돈을 벌기 위해서가 아니라 탈출과 자유를 꿈꾸었기 때문이었다고 소개한다.

1960~1970년대의 한국은 경제적으로 모두가 어렵고 힘들었으며 전쟁 후유증과 군사화된 산업화 분위기 속에서 집안에서 남자의 위치는 더 강화되고 가부장적 분위기가 팽배했다. 당시로서는 드물게 한국에서 중등교육 이상을 받은 젊은 여성이, 홀로 타국에서 일하며 살겠다고 결정하는 것은, 개인의 확고한 결단

이 필요한 일이었다. 파독 간호여성들은 대부분 당시 돈을 벌어야 하는 경제적 상황과 함께 자신과 가족의 '더 나은 미래'를 위한 선택이었다는 점을 언급한다. 더 나은 미래에는 한국 사회가 허락하지 않던 인생에 대한 다양한 기획과 바람이 포함된다. 위의 이 씨가 갈망한 자유와 그 실천 방식은 당시 한국에서는 도저히 누릴 수 없는 것이었다. 필자가 인터뷰했던 E씨(1969년 파독)는 짝사랑하던 남자가 파독 광부로 한국을 떠나자 그를 찾아 나서면서 대학 공부도 하고 오겠다는 결심으로 간호교육을 받고 독일로 갔다. F씨(1971년 파독)는 당시 간호학교를 나와 보건소에서 일하던 기혼 여성이었는데, 남편이 집을 나가 가족들을 방치하고 생활비도 주지 않자 두 아이를 시댁에 맡기고 돈을 벌기 위해 출국했다.

이주노동자로 독일에서 일하는 삶은 힘들었는데, 나혜심은 이 점을 특히 다각도로 설명한다(나혜심, 2012: 131~150). 독일은 일반 병원뿐 아니라 요양 시설과 양로원, 호스피스 병동 등에서도 간호 인력을 필요로 했는데, 이런 곳의 간호 업무는 환자를 가까이 돌보는 일에 더욱 치중되었다. 어린 나이에 이국땅에서 낯선 외국어로, 자신보다 덩치가 큰 환자를 상대하는 것은 쉬운 일이 아니었다. 한국과 달리 독일의 간호 직무는 전문적인 의료 처치뿐 아니라 보호자를 대신하여 환자를 씻기고, 용변 보게 하고, 약을 먹이고, 식사를 돕는 일 등을 두루 해야 했다. 또한 병원 수녀들과 서열 높은 간호사들을 돕고 심부름도 해야 했다. 초기에는 임금을 더 많이 받는 것도 아닌데 힘든 일을 해야 하는 상황에 대해 감정적으로 대응하던 간호여성들은, 시간이 지나면서 독일 방식으로 문제를 해결하고 처리하는 법을 배워나갔다. 송현숙(파독 연도 미상)은, 처음에는 한인 간호사에게만 따로 보라색 유니폼을 주고 독일 이름을 짓도록 한 지침을 멋모르고 받아들였다가, 재계약을 하면서 흰색 유니폼과 한국 성씨로 ("간호사 송"으로) 불러달라고 요구하여 관철시킨 일화를 소개한다(재독한국여성모임 2014: 253~254). 당시 독일 병원에서는 의사는 성씨로 간호사는 이름으로 부르는 것이 전통이었기 때문에, 한국 간호여성들은 의사급의 호칭으로 불리게 된 것이다.

독일에는 이주노동자를 차별하는 임금체계는 없었으나, 한국 간호여성들은 경력이 짧고 미혼이어서 가족수당은 받지 못하고 세금은 더 많이 냈기 때문에 상대적으로 더 적은 임금을 받았다. 한인 간호여성들은 주말에 특별히 갈 곳이 없는 데다가 일을 하면 특별수당이 나왔기 때문에 주말에도 추가 근무를 하는 경우가 많았다. 월급의 많은 부분을 가족들에게 송금했고, 보낸 돈은 형편이 어려운 한국 가족의 생활비로, 집 지을 비용으로, 형제자매의 학비로, 부모님의 병원비 등으로 사용되었다(안연선, 2015: 179). 그러나 실제로 간호 인력이 한국으로 송금한 액수는 파독 광부들보다 더 적었다(나혜심, 2012: 294). 이들에게 송금을 한다는 것은 대체로 한국의 가족을 돕기 위한 것이었지만 때로는 한국의 가족들로부터 자신의 위치를 '인정'받기 위한 것이기도 했다. 유복한 집안에서 자란 김도남(1972년 파독)은 파독을 결심하고도 아버지의 거센 반대로 요리학원을 다니며 맞선을 봐야 했고, 작은어머니에게 돈을 융통하여 독일로 몰래 오다시피 했다(박경란, 2016: 253~259). 김씨는 생활비를 제외한 모든 돈을 한국으로 보냈는데, "그것은 일종의 아버지에 대한 복수"였다고 회고한다(박경란, 2016: 105). 이렇게 송금은 때로 가부장적 가족관계 안에 아버지의 의사에 반하여 행동했던 딸이 자신의 선택이 옳았음을 증명하는 행동이기도 했다.

경제호황기에 이들의 노동력을 절실히 필요로 하던 독일 사회는, 1970년대 들어 오일 붐으로 불황이 닥치자 재계약을 하지 않으려 했지만 이주간호여성들의 반발로 재계약이 이루어졌다(나혜심, 2012: 191~195). 젊은 외국 여성의 입장에서 "손님 노동자"로서 계속 계약을 연장할 것인지에 대한 결정은 어느 국적의 남성과 결혼하여 어느 나라에서 살 것인지의 문제로 귀결된다. 이후 파독 간호여성 중 삼분의 일은 한국으로 귀국하고, 또 다른 삼분의 일은 독일에 남았으며, 남은 삼분의 일은 미국이나 캐나다, 다른 유럽 국가 등지로 다시 이주해 간 것으로 추정된다(나혜심, 2012: 121). 당시 독일의 한인 광부들은 간호직과 달리 노동계약이 연장되지 않았기 때문에 한인 간호여성들과 결혼하여 독일에 남고 싶어하는 경우가 많았다. 간호직은 광부보다 더 안정적인 직업이었고, 환자를 대하고 동료 간호사들과 교류하는 방식으로 인해 언어 습득이나 현지 적응에도 더 유리했기 때문이다. 이들은 한국으로 돌아오거나 다른 서구 나라로 다시 이주하기도 했다.

독일 남성과 결혼한 경우는 거의 다 독일에 남아 생활했다. 독일 남성의 직업이 안정적인 경우가 많아 한국 아내는 가정주부 생활을 "선택"할 수 있어서 "여자" 입장에서는 살기가 더 나았다고 한다(안연선, 2015: 190). 독일 남성과 결혼한 경우 친정집의 반응은 제각각이었다. E씨는 홀어머니와 어린 동생들을 여럿 둔 장녀였는데, 어머니가 결혼을 반대하지 않았고 독일 사위를 반기며 결혼을 진행했다. F씨는 자녀들 학비를 벌기 위해 독일에 남기로 결정한 후 한국 남편과는 이혼을 하고 독일로 돌아와 독일 남성과 재혼했다. 그런데 독일 남편과 함께 한국 방문 중에 형부 회사를 찾아갔더니, 형부가 동료들에게 독일인 제부를 F씨의 남편이 아니라 병원에서 함께 일하는 의사라고 둘러대는 것을 보고 무척 서운했다고 한다. 자신이 혼전 임신한 것을 아버지에게 알리고서야 비로소 결혼 승낙을 받을 수 있었던 경우도 있었다.

독일에 남는 것이 결정되는 1970년대 중·후반에는 각 지역에서 한인 간호사회를 비롯한 여러 유형의 한인 모임이 생기기 시작한다. 예를 들어 1974년 베를린에는 "서로 돕는 여성회"가 생겼고(재독한국여성모임, 2008), 1976년 함부르크에서는 "백의회"라는 간호사 모임이 생겼다(이-슈미트 영남, 2012), 베를린에는 풍물패와 연극 모임이 생기고, 1980년대에는 베를린과 프랑크푸르트에서 주말 한글학교도 운영되었다(재독한국여성모임, 2008). 간호여성들은 독일 국적을 가지고 안정적으로 생활하는 사람들이었기 때문에 규모가 크지 않은 재독한인 사회에서 한인 모임을 주도하고 한인회에서도 주축이 되어 활동하는 편이었다. 독일에서 이들의 개인적 삶은 다양한 방식으로 펼쳐진다. 간호사로 일하면서 아비투어Abitur에 합격하고 의대로 진학하여 의사가 된 사람부터(이영숙, 2009), 한인 간호여성 모임을 만들고 지역한인회의 주축이 되어 활동한 경우(이-슈미트 영남, 2012), 결혼 후 학부모가 되어 아이들과 함께 공부하면서 독일 문화와 시스템을 배워가며 아이들을 전문직으로 길러낸 경우(E씨), 한국에 남겨두었던 아이들을 독일로 데려와 교육을 시키고 간호사로 은퇴 후 한국으로 돌아와 장독대와 수채가 있는 전원주택 생활의 꿈을 이룬 경우(F씨) 등으로 다양화된다.

4. 한인 정체성과 젠더

1) "나도 한국의 딸"

"나도 한국의 딸"이라는 송전기의 책 제목은 많은 것을 함축한다. 이는 미군의 아내로 규정되는 재미한인 여성들이 '나는 누구인가'라는 물음에 대해 내린 답변이면서, 한국 사회와 재미한인 사회를 향한 외침이기도 하다. "나도"라는 표현은 당연하게 받아들여져야 할 자신의 존재가 부정되고 있다는 인식을 보여주며, "한국의 딸"은 종족성이 젠더와 교차된 지점에서 자신의 정체성을 내세우고 있음을 제시한다.

송전기가 소개하는 1972년의 일화 하나는 미군의 아내들이 재미한인 여성으로서 어떻게 인식되었으며 이에 대해 스스로 어떻게 대응할 수 있었는지를 잘 보여준다(이하는 송전기, 1988: 114~116). 어느 날 송 씨는 미국의 지역 한인신문에서 미국 대학 소속의 한인 교수가 진행한 연구 결과로 실린, "미국인과 결혼한 한국 여인들은 열 명 가운데 아홉 명이 매춘부였고, 70%의 여인이 불행하다"는 내용을 보았다. 송 씨와 그가 1963년에 결성한 한미부인회 회원들은 분노하여 해당 교수에게 자료의 근거를 제시해 달라고 요청했으나 묵살당하다가, 앞으로는 미연방정부로부터 연구비를 받지 못하도록 항의하겠다는 내용을 전달하고서야 전화 통화를 할 수 있었다. 그 교수는 자신의 연구 결과가 한국전쟁 이전인 1940년대 말 미8군에서 조사한 내용이라고 답하여 모임 회원들은 "큰 쇼크를 먹었"지만, 같은 동포끼리 타국에서 고소까지는 가지 말자고 결론을 내리고 그 대신 신문에 사과문을 싣고 한미부인회 지역으로 와서 사과할 것을 요청했다. 교수가 비행기를 타고 왔을 때 회원들은 직접 공항으로 마중 나갔고 고급 레스토랑에서 융숭하게 대접하면서야 비로소, 자신들의 이야기에 귀 기울이도록 할 수 있었으나, 이후 교수는 신문에 사과문을 싣지는 않았다.

송 씨와 모임 회원들은 이런 보도 내용이나 교수의 태도가 부당하다고 생각하고 크게 분노했지만, 공식적으로 강하게 항의하지는 못했다. 자신들이 다른 재미한인들과 같은 대우를 받지 못한다는 점을 느끼고 있었기 때문에 강한 항의로 자신들의 주변적 위치가 더 악화될 것이 두려웠을 것이다. 이들 결혼의 공간적 배경이 되는 미군부대는 한국에 대한 미국의 우위를 보여주는 상징이며, 기지촌은 그러한 한미관계가 투영된 미군을 위해 존재하는 한국인들의 공간이었다. 밀접한 한미관계로 인해 재미한인 사회는 한국 사회의 연장선과도 같았고, 미군과 결혼한 한국 여성들은 기지촌의 역사를 일깨운다는 점에서 재미한인 사회에서 '다른' 존재처럼 여겨지고 따로 구분되었다.

이러한 배제와 차별적 인식은 미군과 연루된 한국 여성이라는 점만으로도 공공연하게, "양ㅇㅇ"와 같은 욕설을 듣는 상황을 만들었다. 송 씨의 회고에 의하면, 대부분의 국제결혼 한인 여성들이 특별한 정치적 입장 없이 한국 대통령이 미국을 방문하면 의례적으로 환영하러 나갔는데, 1981년 전두환 전 대통령 방미 시에는 한국의 반정부 인사들로부터 대로변에서 그 욕설을 듣는 봉변을 당했다(송전기, 1988: 255). 자신들의 행동이 아무리 큰 잘못이었다 하더라도 "다른 한인에게는 절대로 쓰지 않을" 그런 욕설을 공공장소에서 거침없이 내뱉은 것에 대해 충격을 받았고 분개했다. 이런 욕설에 대한 일화는 이후 30여 년이 지난 시점까지도 필자의 인터뷰에 등장했다. B씨는 지역의 국제결혼 여성모임과 한인회가 서로 갈등하는 상황 속에서 같은 한인 여성으로부터 이 욕설을 들었다고 한다. 또한 자신의 대외 활동에 호의적인 한국의 지도층 인사로부터 "양ㅇㅇ"들을 어떻게 도와드리면 되겠냐는 말을 듣기도 했다고 한다. 당시 필자는 이런 기억을 떠올리며 이야기를 전하는 B씨의 얼굴 표정과 몸짓에서 '형언할 수 없는 격노'를 '억누르는 기운'을 느낄 수 있었다.

공란에 "색시"가 들어가기도 하고 "갈보"가 들어가기도 하는 "양○○"라는 말은 한민족이라는 종족 경계선 밖으로 추방될 수 있는 젠더가 여성이라는 점을 보여준다. 1970년대 이후 규모가 커지는 재미한인 사회에서 미군과 결혼한 한국 여성들은 이렇게 '한국 여성으로 인정받을 수 없는 한국 여성'이 되었다. 이들이 초청한 친정 식구들마저도 시간이 지나면 재미한인 사회 일반에 소속되기 위해 이주와 초기 정착에 도움을 준 이들 여성을 외면하기 일쑤였다(여지연, 2007: 281~300). 재미한인 사회에서의 차별은 한인 교회 안에서도 발생하여, 미군 아내들은 교회 활동이나 평신도 직위에서도 배제되는 경우가 많았다(여지연, 2007: 300).

한편, 이들이 결혼한 미국 남성들은 대외적으로 "미군"으로 통칭 되더라도 동질적인 집단이 아니었다. 주한미군의 공간에는 실제로 여러 직급의 군인과 민간인인 군무원, 국방부 공무원, 군병원 인력, 군부대 관련 서비스를 제공하는 하청업체의 피고용자 등이 근무했다. 한미부인회 회원의 남편들은 사병에서부터 장교, 컴퓨터 정보 요원, 의료진 등으로 다양한 직무에 종사했다. 이들이 미국 남편을 만난 곳 역시 부대 안의 피엑스PX나 장교클럽, 부대 근처의 고아원이나 친구와 함께 간 유흥 시설, 영어 교습을 받던 가정집, 언니의 초청으로 미국에 와서 다니던 교회 등으로 다양했다. 또한 적지 않은 수는 남편이 한국으로 발령을 받아 결혼 후 다시 한국으로 돌아가 미군부대 주변에서 중상류 생활을 누린 경험이 있었다. 결혼 후 삶의 전개 양상에 따라 군인으로 있다가 군부대 밖의 일로 전업을 하거나, 이른 제대나 은퇴 후에 다른 일을 하는 경우도 있었고, 부부간의 이혼이나 재혼으로 미군의 아내라는 지위가 계속 유지되지 않는 경우도 적지 않았다. 즉, 미군의 아내라는 이주자의 경험은 내부의 다양한 차이를 포괄하며, 개인의 생애 주기에 따라 변화해 나간다.

이러한 내부의 차이와 다양성에도 불구하고, 시간이 지나 재미한인 사회의 규모가 커지면서 미군과의 결혼은 국제이주 한인여성들을 하나로 묶어내는 공통의 경험으로 부각되었고 급기야는 재외한인으로서 별도의 정체성을 구성하는 기준처럼 사용되었다. 이는 재미한인의 수가 증가하는 1980년대에 접어들면서 미군 아내의 비공식적인 모임들이 조직화되고 공식화하는 추세로도 확인된다. 소규모의 자조 모임이었던 미 동부 지역의 한미부인회는 1984년에 "한미여성재단"이라는 이름으로 미연방정부에 비영리단체로 등록하고 지역사회에 대한 자선 활동과 교육으로 활동범위의 영역을 넓혔다. 이들의 자선 활동에는 어려운 생활을 하는 퇴역 미군이나 미국인 노숙자들, 미국 일반 가정의 가정폭력 희생자들이 포함되었다(OKAW, 2013). 한편 초기 한인 교회의 주춧돌이던 미군의 아내들은 점차 커지는 한인 사회의 교회를 벗어나 따로 모이기 시작하다가, 1988년에 미연합감리교회 아래에 "이중문화가정목회전국연합회"라는 평신도 중심의 별도 조직을 만들었다. 이들의 활동은 미국 전역을 연결하는 여성 평신도 운동으로 발전했고 자체 선교센터를 건립하는 운동을 진행했다(NAICFM).

이들의 모임에서는 언제나 한국 음식이 빠지지 않았는데, 미국 남편과 아이들과 생활하는 가정에서 먹기 힘든 한국 음식을 서로 준비하고 나누어 먹는 것은 회원들이 모임에 나오는 중요한 동기 중 하나였다. 한국 음식은 또한 활동 기금 마련을 위한 바자회의 중요 품목이기도 했다. 모임에서는 항시 한국어가 사용되었으며, 한국적인 사고도 통용되었다. 필자가 인터뷰한 여성 모두는 자신이 미국 시민이며 평상시 생활 방식은 미국식이라고 하면서도, 자신들은 한국을 떠나올 때와 마찬가지로 한국 사람이라는 점을 강조했다. 나아가 미국에서 자신들이 고국인 한국 사회에 도움이 되는 방식으로 생활하고 있다는 점을 역설했다. A씨는 자개장을 가져다 놓거나 한국식으로 방을 꾸미면서 미국 가족과 이웃들에게 한국 문화를 알렸다는 점을 자랑스러워했다. A씨 뿐 아니라 B, C, D씨도 모두 고국의 경제를 돕는 마음으로 한국 가전이나 한국 자동차를 구입하고, 남편이나 시댁, 이웃에서 한국을 무시하는 발언을 하면 적극적으로 나서서 설명하고 설득하여 한국 편을 만들어 나갔다고 한다. 그런 점에서 이들은 스스로가 미국이 아닌 한국의 '애국자'이며, 미국에서 한국을 대변하는 '외교사절'이라고 자평한다. 이렇게 "두드러지게 심지어는 의도적으로 한국적"인 태도는(여지연, 2007:

330), 자신들을 진정한 한국인으로 보지 않는 것에 대한 대응으로 볼 수 있다.

2) "이방인"과 "세계시민" 사이

오랜 동안 고국을 떠나 생활한 파독 간호여성들에게도 '나는 누구인가'라는 질문은 이주생활을 돌아보는 화두로 등장한다. 송현숙은 동생에게 보내는 시에서 (독일에 살면서) "나는 내가 누구인지 밝히면서/ 스스로 의혹에 빠진다./ 나는 과연 누구인가?"라고 질문한다(재독한인여성모임, 2014: 109). 미군의 아내들이 한국의 딸이라는 정체성을 내세우는 것과 달리, 파독 간호여성들의 자전적 글에서는 두 국가의 경계 사이에서 소속을 잃은 감성에 대한 표현이 많이 등장한다. 필자가 인터뷰한 F씨처럼 독일 국적을 취득했다가 은퇴 후 한국으로 돌아와 국적회복 절차를 밟은 경우도 있지만, 독일에 남은 사람들은 전반적으로 "어디 한 곳에 속하지 않는 삶"이라는 느낌을 표출했다. 그 느낌은 "지금 어디에도 제 고향은 없어요. 독일도 한국도…"라고 토로하는 방영숙처럼(박경란, 2016: 27) 고향을 잃은 이방인의 심경으로 전달되기도 하다. 한편 이영숙은 자신도 과거에는 이방인의 느낌이었으나 이제는 독일이 고향처럼 여겨져 "고향이 한국과 독일로 나뉘어 있다"고 생각한다면서, 이러한 이중적 소속감은 세계화의 진전에 따라 "서로 다른 여러 세계의 시민이 될 수 있다"는 세계시민 의식으로 변화할 수 있음을 내비치기도 한다(이영숙, 2009: 11~14).

이방인과 이중적 소속감, 세계시민을 언급하는 파독 간호여성들의 서사는 특정 국민국가에 대한 소속감과 가족 내 젠더 규정을 넘어서는 자아 인식을 보여준다. 의무계약 기간이 끝난 파독 간호여성들은 1977년 12월에 재독 외국인 간호사 송환조치에 반대하여 1만 1000명의 서명을 받아내는 집단행동을 성공시키는 경험을 하면서 독일에 남게 되었다. 이렇게 영구고용이나 영구체류 자격을 얻어내면서 이주여성 노동자라는 정체성을 갖게 되었다. 독일에 남은 간호여성 중 일부는 이듬해 "재독한인여성모임"이라는 단체를 결성했는데, 창립선언문에서 자신들은 "한국 근로여성으로서의 기본적인 공통점"을 가지므로, 독일에서 자신들의 삶이 한국의 노동 및 여성, 인권 문제와 밀접히 관련된다는 인식을 드러냈다(재독한인여성모임, 2008). 이후 이 모임은 독일 전체를 포괄하는 재독한인 여성단체로 스스로를 자리매김하면서 한국에서 발생한 주요 정치사회 이슈들, 예를 들어 1970~1980년대의 여성노동운동과 5·18 광주민주화운동, 1990년대 이후 일본군 위안부 문제 등에 대해 적극적으로 입장을 표명하고 후원금을 보냈다(재독한인여성모임, 2008).

그러나 한국의 사회 이슈에 대한 이러한 관심과 개입은 자신들의 한인 정체성을 강화하는 것이 아닌, 재외한인으로서 새로운 자기 정체성을 모색하는 방향으로 이들을 이끌었다. 그 배경으로는 우선 한국의 사회운동에 대한 이들의 관심이 독일의 대학이나 사회운동의 영향을 받아 형성된 것이라는 점을 지적할 수 있다. 즉, 출신국인 한국의 사회문제에 대해 목소리를 내고 운동 세력을 지원하게 된 것은 거주국인 독일 사회의 관점과 기준을 배우고 받아들였기 때문이다. 또한 1970~1980년대 냉전체제 아래에서 한국과 독일 양국 모두는 이데올로기 대립이 첨예한 분단국가였고, 파독 간호여성들은 자신들의 구체적인 이주 경험을 통해 출신국과 거주국의 상황과 관계를 세계적인 규모 속에서 파악할 수 있었다. 예를 들어 월북한 삼촌 때문에 여권이 나오지 않아 고생했던 김-모리스 순임은 1976년에 한국을 방문했다가 형사의 방문과 일종의 취조를 경험했다(재독한인여성모임, 2014: 98). 독일도 분단 상태이던 시절에 동독 남성과 결혼해 시어머니를 만나러 동독을 방문했던 장현자는 동독에서 5년간 수감되는 고초를 겪기도 했다(박경란, 2016: 3장).

한국에 문민정부가 들어선 1990년대 중반 이후 재독한국여성모임은 일본군 위안부 동원와 북한 문제에 치중했는데, 이를 평화와 여성, 인권을 위한 국제연대의 맥락에서 다루었다. 이와 동시에 독일 내 이주여성단체들과 더욱 적극적으로 연대하면서 독일 사회의 이주자로서 정체성 계승을 위한 한국문화 활동을 펼쳤다(양영자, 2016: 81~84). 한편, 2000년대 들어 '다문화사회'로 진입한 한국은 파독 간호여성이라는 재외한인의 존재에 주목했다. 2002년에는 경남 남해에 은퇴 귀향자를 위한 독일마을이 조성되었고,[13] 2008년에는 한국국사편찬위원회에서 이들의 증언 자료를 편찬했으며, 2010년 이후로도 관련 전시와 기념행사 등이 이어졌다.[14] 특히 2013년에 박근혜 대통령이 당선된 이후에는 파독 이주노동 정책이 조국근대화를 위한 박정희 정권의 업적으로 재포장되면서, 2014년 남해의 독일마을에는 "파독 박물관"이 문을 열었고, 이들의 이주 경험과 가족생활은 다문화 한국 사회에 대한 교훈으로 제시되었다.

이러한 한독관계와 시대의 변화 속에서 파독 간호여성들은, 자신들이 이주노동자이자, 아시아 여성, 분단을 경험한 선진국의 시민이라는 중첩적 위치에 있다는 점을 더욱 의식했다. 결과적으로 미군의 아내들과 달리, 한국인이나 한국의 딸로서 고국과의 관계를 원초적으로 규정하지 않는 방식으로 자신들의 정체성을 변화시켜 나갔다. 이런 점에서 고국이 관심을 가진 이들의 '다문화 경험'은 사실, 혈통으로 규정되는 재외동포의 개념을 해체하는 것이었다.

5. 비교와 제언

1950년에서 1970년대 사이 미군의 아내와 파독 간호여성의 이주는 가부장적인 사회 분위기 속에서 젊은 여성들 스스로의 결정으로 집을 떠나 선진 국가로 생활 터전을 옮긴 경험이라는 점에서 공통된다. 미국과 독일은 당시 한국인이 선망하는 부자 나라이고 기회의 나라였는데, 특히 미국은 한국인에게 가장 많이 알려진 선진국이었다. 실제로 파독 간호여성들 중 많은 수는 미국으로 가고 싶

---

13 이를 조성한 당시 김두관 도지사는 큰형과 큰형수가 각기 광부와 간호사로 독일에서 만나 결혼한 가족 배경을 가지고 있다(《오마이뉴스》, 2012.6.11).

14 120쪽의 각주 6 참조.

었으나 비자가 나오지 않아 독일행을 결심했고(박경란, 2016: 장현자, 박화자, 박말숙, 안영임 이민자의 사례), 독일에서 미국으로 다시 이주한 경우도 많았다. 선진국으로 가려는 이주 동기로서 공통되는 것은 돈을 벌어서 한국의 가족들을 돕고 한국에서는 실현하기 힘든 자신들의 꿈을 펼치는 것이었다.

당시 미국과 독일로 간 한인 여성들은 모두 가난한 고국의 가족들에게 외화를 송금하고 가족의 후속 이주나 유학 등을 돕는 식으로 한국 사회의 성원들에게 더 나은 삶의 기회를 제공했다. 미군의 아내들은 부정기적이고 개별적으로 송금을 했지만, 월급을 받는 파독 간호여성들은 정기적으로 송금을 하고 하나의 집단으로 관리될 수 있었기에 눈에 띄었다. 그러나 두 집단 모두 자신들의 가족에게 송금했고, 가족관계를 통해 한국 사회에 외화를 공급했다. 즉, 외화 공급의 측면에서라면 두 집단 모두 개발 시기의 조국 경제에 '공헌'한 것이다. 또한 두 집단 모두 선진국에 정착하면서 대부분 한국 국적을 포기하고 미국이나 독일 국적을 취득했다는 점도 공통된다. 파독 간호여성들 중 독일에 남아 생활한 사람들의 대다수는 독일 남성과 결혼한 경우이기 때문에 이들 역시 미군의 아내들과 함께 "국제결혼을 한 재외한인 여성"으로도 분류될 수 있다.

한편, 파독 간호여성들은 취업을 목적으로 이주한 직업적으로 동질적인 집단이었고, 독일에서도 추가 교육을 통해 직업적 성취를 이룬 경우가 많았다. 미군의 아내들 역시 미국에서 추가 교육을 받고 회계사, 부동산 중개업자, 목사, 사회복지사, 사업가 등으로 성공한 사람들이 많다. 단, 내부 구성이 상당히 이질적이어서 무학에서 대학졸업자까지, 빈곤층에서 기업 수준으로 사업을 하는 경우까지 교육과 계급적 구성이 다양한 편이다. 즉, 두 재외한인 여성집단의 차이는 교육이나 계급, 또는 거주국에서의 성공과 같은 내용에서 나타나는 것이 아니라, 내부의 동질성과 이질성의 문제라고 할 수 있다.

두 집단의 이주 경험 비교에서 더 중요해 보이는 차이는, 거주국에서 형성된 재외한인 사회의 성격과 그 안에서 이들 여성이 점하는 위상이다. 파독 간호여성들은 이주 초기부터 지역별 한인간호협회를 만들어 활동했고, 향후 형성되는 재독한인 사회의 여러 활동, 한국의 밤 행사나 한글학교 운영, 한인회 등에서 중심적인 역할을 했다(박경란, 2016: 김금선, 노미자, 박모아 덕순, 안영임의 사례). 다른 국가에서는 재외한인 조직과 활동에서 여성들이 배제되는 경우가 많았지만 독일은 그렇지 않았을 뿐 아니라 간호여성들이 중심이 되었는데, 이는 파독 노동자들 이후의 한인 이주가 개별적이고 한시적인 경우가 많았기 때문이다. 이후의 재독한인들은 한국 기업의 지상사 직원이나 유학길에 오른 사람들이어서 임무를 마친 후에 독일에서 취업하거나 독일인과 결혼하는 식으로 정착하는 경우가 적었다. 1976년까지 파독된 간호여성과 광부의 총수는 모두 1만 9000여 명이었는데, 40년 후인 2015년의 재독한인의 수는 3만 9000여 명 수준이다(외교부, 2015).

반면, 재미한인 사회는 1980년대 이후 급속하게 성장했고, 결과적으로 재미한인 중 미군 아내의 비중은 크게 줄어들었다. 미국 센서스 자료에 의하면 1970년에 6만 9000여 명으로 집계되던 재미한인Korean Americans은 1980년에는 35만 4000여 명으로, 1990년에는 79만 8000여 명으로 계속 증가했고(US Census Bureau, 1970; 1980; 1990: KoreanAmericanStory.org에서 재인용), 2014년 미국 지역사회조사(ACS)에서 단일혈통 재미한인Korean alone 수는 147만 6000여 명으로 집계된다(US Census Bureau, 2014: 이수연 외, 2015: 40에서 재인용). 재미한인의 수가 44년 사이에 20배 이상 증가한 상황은 내부 구성이 이질적인 미군 아내들이 급속히 커져가는 재미한인 사회로 흡수 통합될 수 있는 조건이기도 하다. 그러나 역설적이게도 재미한인 사회의 확장 속에서 미군의 아내들은 자신들만의 모임을 통해 국제결혼 한인여성의 정체성을 만들어내고 강화했다.

"나도 한국의 딸"이라는 표현은 30년 후 한국의 신문 기사를 통해 다시 활자화되었다. 한국 출신으로는 처음으로 미국에서 '주지사 퍼스트레이디'가 된 유미 호건Yumi Hogan이[15] 1년 후 한국을 방문했을 때, "매일 아침 한국 신문을 읽고

---

[15] 유미 호건은 이혼 후 세 딸을 혼자 키우며 고생하던 국제결혼 한인여성이었는데, 두 딸을 독립

기도해요. 전 한국의 딸이니까요"라고 인터뷰한 것이다. 남편인 호건 주지사는 공화당 소속으로 민주당 표밭인 메릴랜드주에서 아내와 딸들의 도움으로 당선 되었는데, 한인 장관을 임명하고, 태권도의 날을 정하고, 한국로Korean way를 지 정하면서 재미한인들의 위상을 높였다(《동아일보》, 2017.9.4). 이후 한국 언론은 호건 주지사에게 "한국 사위"라거나 "호건 서방"이라는 별칭을 붙여 보도하면서 "한국의 딸"인 유미 호건을 통해 미국 내 유력한 친한 세력이 형성되었음을 인정 했다(《동아일보》, 2020.4.22).

개발국가 시기를 특징짓는 미군의 아내와 파독 간호여성의 이주 경험은 한국 의 근대화를 지배해 온 부계혈통주의와 종족민족주의, 국가발전주의가 재외한 인에 대한 선택과 배제, 추방과 포섭의 젠더화 과정에도 영향을 미쳤음을 보여 준다. 한국 사회는, 미군의 아내로 대변되어 온 재미한인 사회의 국제결혼 여성 들이 내부의 다양성을 연결하고 공동체적 가치를 추구하면서 한국과 미국을 실 제적으로 연결해 왔다는 점을 더욱 적극적으로 인정할 필요가 있다. 또한 파독 간호여성에 대한 국가주의의 시각을 벗어나 재독한인 여성들의 다채로운 인생 경험과 초국적 관점에 주목하면서 이주 시대의 시민권에 대한 한국 사회의 인식 을 돌아볼 필요가 있다.

시키고 40대로 접어든 시점에 한 미술 전시회에서 래리 호건(Larry Hogan)을 만나 결혼했다 (*Washington Post*, 2015.1.23).

참고문헌

김덕영. 2014.『환원근대 : 한국 근대화와 근대성의 사회학적 보편사를 위하여』. 서울: 길.

김민정. 2015.「1900년대 초중반기 필리핀의 한인이주에 대한 성찰적 연구」. ≪사회와 역사≫, 107, 251~284쪽.

나혜심. 2012.『독일로 간 한인 간호여성』. 서울: 산과글.

노명환·윤용선·정흥모·유진영·나혜심. 2014.『독일로 간 광부 간호사: 경제개발과 이주 사이에서』. 서울: 대한민국역사박물관.

문승숙(Seungsook Moon). 2007.『군사주의에 갇힌 근대: 국민 만들기, 시민 되기, 그리고 성의 정치』. 이현정 옮김. 서울: 또하나의 문화.

문, 캐서린(Katharine H. S. Moon). 2005.『동맹 속의 섹스』. 이정주 옮김. 서울: 삼인.

민병갑·최봉윤·하동수·김광정·차종환·장원호·이성형·이부덕·김유미·최인달. 1991.『미국 속의 한국인: 교포들의 이민생활 및 사회적응 분석』. 서울: 유림문화사.

민속박물관. 2013.『남해의 보석 물건마을』. 서울: 민속박물관.

박경란. 2016.『나는 파독 간호사입니다』. 서울: 정한책방.

박정미. 2011.「한국전쟁기 성매매정책에 관한 연구: 위안소와 위안부를 중심으로」. ≪한국여성학≫, 27(2), 35~72쪽.

송전기. 1988.『나도 한국의 딸(I am Also a Daughter of Korea)』. 서울: 미래문화사.

신기욱. 2009.『한국 민족주의의 계보와 정치』. 서울: 창비.

안연선. 2015.「경제개발시기 젠더화된 이주: 독일의 한국간호사」.『조국 근대화의 젠더정치: 가족, 노동, 섹슈얼리티』. 서울: 아르케, 175~199쪽.

양영자.「독일로 떠난 한인 간호여성의 사회운동 과정에 대한 생애사 연구: 탈정체화의 정치」. ≪비판사회정책≫, 53, 48~95쪽.

여지연(Jiyeon Yeo). 2007.『기지촌의 그늘을 넘어: 미국으로 건너간 한국인 군인아내들 이야기』. 임옥희 옮김. 서울: 삼인.

유발-데이비스, 니라(Nira. Yuval-Davis). 2012.『젠더와 민족: 정체성의 정치에서 횡단의 정치로』. 박혜란 옮김. 서울: 그린비.

이광규. 1996.『세계의 한민족 1: 총론』. 서울: 통일원.

이나영. 2007.「기지촌의 공고화 과정에 관한 연구(1950-60): 국가 성별화된 민족주의, 여성의 저항」. ≪한국여성학≫, 23(4), 5~48쪽.

이병훈. 2007.「한국의 재외동포 정책: 현상과 과제」. ≪고려법학≫, 48, 357~384쪽.

이수연·김인순·최진희·이선미·이혜웅·이혜림. 2015.「재외한인여성 정책발전 방안에 관한 연구」. 한국여성정책연구원 연구보고서, 2015-54. 서울: 여성가족부.

이-슈미트 영남. 2012.『하얀 꿈은 아름다웠습니다: 다문화의 정체성을 장점으로 승화시킨 파독 간호사의 성공 스토리』. 서울: 동심방.

이영숙. 2009.『누구나 가슴 속엔 꿈이 있다: 독일에서 의사가 된 간호사 이야기』. 서울: 북스코프.

이재경. 2016.「여성 주체의 관점에서 본 발전과 근대화」.『조국 근대화의 젠더 정치: 가족, 노동,

섹슈얼리티』. 서울: 아르케, pp.7~23.

재독한국여성모임. 2014.『독일이주여성의 삶, 그 현대사의 기록』. 서울: 당대.

장하진 외. 2001.「근로 여성 50년사의 정리와 평가」. 한국여성정책연구원 연구과제 공청회 자료.

진실·화해를위한과거사정리위원회. 2008.「파독 광부 간호사의 한국경제발전에 대한 기여의 건」. 『진실화해위원회 종합보고서 II: 항일 독립운동과 해외동포사』. 서울: 진실·화해를위한과거사정리위원회, 129~144쪽.

패터슨, 웨인(Wayne Patterson). 2003.『하와이 한인 이민1세』. 정대화 옮김. 서울: 들녘.

프리드만, 조나단(Jonathan Freedman). 2009.『지구화 시대의 문화정체성』. 오창현·차은정 옮김. 서울: 당대.

황정미. 2018.「개발국가의 해외이주 정책과 젠더」. ≪페미니즘연구≫, 18(1), 3~46쪽.

국가기록원 홈페이지. "6.25전쟁과 유엔". http://theme.archives.go.kr/next/unKorea/warCondition.do (검색일: 2017.10.1).

국가통계포털 홈페이지. http://kosis.kr/index/index.do.(검색일: 2020.10.1).

외교부. 2014. "미국개황". http://www.mofa.go.kr(검색일: 2017.10.1).

_____. 2017. "재외동포 현황".

재독한국여성모임. 2008. "재독한인여성모임 30년 역사"(조국남 정리). https://koreanische-frauengruppe.tistory.com/164.(검색일: 2020.10.1).

_____. 2014. "재독한인여성모임창립역사" https://koreanische-frauengruppe.tistory.com/5(검색일: 2020.10.1).

재외동포재단 2020. "2020 재외동포재단 홍보동영상". https://www.youtube.com/watch?v=ei-MErZIdRA&ab_channel=YTNkorean.(검색일: 2020.10.1).

총무처. 1991. "제2회 세계한민족체전". 정부시책 소개 11887호. 국가기록원 사이트. http://theme.archives.go.kr/next/immigration/archiveDetail.do?type=2&sort=&page=2&archiveEvntId=0049292454(검색일: 2017.10.1).

KTV. 2006.4.26. "외국인·이민정책 총괄기구 설치". http://www.ktv.go.kr/content/view?content_id=102348.(검색일: 2020.10.1).

행정안전부. 2018. "외국인주민 현황."

≪경향신문≫. 1952.6.23. "韓國參戰比國勇士의 第二의 戰爭新婦 出向". http://newslibrary.naver.com (검색일: 2017.10.1).

_____. 1952.11.13. "英軍下士와 結婚한 金壤 夫君의 故鄕으로 떠난다". http://newslibrary.naver.com(검색일: 2017.10.1).

≪동아일보≫. 1974.5.25. "人力輸出의 反省". http://newslibrary.naver.com(검색일: 2017.10.1).

_____. 2017.9.4. "난 한국의 딸… 그림자 외조, 美서도 통하더군요".

_____. 2020.4.22. ""한국에 큰 빚 졌다" 감사 인사한 '호건 서방'".

≪말≫. 1988.8. "기지촌 매매춘 여성", 8월호, 107~112쪽.

≪오마이뉴스≫. 2012.6.11. "이국적인 여행지? 30년 전 그들의 '피땀'을 보세요".

≪한겨레≫. 2017.1.20. "법원 "미군 기지촌 '위안부'에 국가가 배상해야".

_____. 2018.2.8. ""국가가 미군 기지촌 성매매 조장" 첫 판결… 배상범위 확대".

Anderson, Benedict R. O'G. 1991. *Imagined Communities: Reflections on the Origin and Spread of Nationalism*(Revised and extended. ed.). London: Verso.

Brubaker, Roger. 2010. "Migration, Membership, and the Modern Nation-State: Internal and External Dimensions of Politics of Belonging." *Journal of Interdisciplinary History*, 41(1), pp. 61~78.

Brubaker, Roger and Jaeeun Kim. 2011. "Transborder Membership Politics in Germany and Korea." *European Journal of Sociology*, 52(1), pp. 21~75.

Cho, Grace. 2008. *Haunting the Korean Diaspora: Shame, Secrecy, and the Forgotten War*. Minneapolis: University of Minnesota Press.

Kim, Bok-Lim C. and Sawdey, M. R. 1981. *Women in Shadows: A Handbook for Service Providers Working with Asian Wives of U.S. Military Personnel*. La Jolla, Calif.: National Committee Concerned with Asian Wives of US Servicemen.

Kim, Seung-kyung. 1997. *Class Struggle or Famfy Struggle? The Lives of Women Factory Workers in South Korea*. Cambridge: Cambridge University Press.

KoreanAmericanStory. "Infographics." http://koreanamericanstory.org/(검색일: 2017.10.1).

NAICFM(국제결혼가정선교전국연합회) 홈페이지. https://naicfm.org

OKAW(한미여성재단). 2013. *Caring for Others for Half Centuries*(50주년 기념책자). OKAW.

Sinke, Suzanne. 1999. "Migration for Labor, Migration for Love; Marriage and Family Formation across Borders." *OAH Magazine of History*, Fall, pp.17~21.

US Census Bureau. 1970. 1980. 1990. "US Census."

_____. 2014. "ACS(American Community Survey) 1 year estimates."

Washington Post. 2015.1.23. "Md. Gov. Larry Hogan and His Korean-born Wife, Yumi, are a Historic First Couple."

<부표 1> 재외동포가 2000명 이상 거주하며 여성가족부 지역 담당관이 있는 19개국의 재외한인 여성 비율(2015년 기준)

국가	재외한인 수	내용	여성 비율(%)	통계
프랑스	15,000	재외동포	69.97	2015년 한국 재외동포 현황
독일	28,463	재외국민 (외국 국적자 제외)	58.5	2015년 한국 재외동포 현황
홍콩	12,646	재외동포	57.3	2015년 한국 재외동포 현황
미국	1,476,577	단일혈통 한인	54.9	2014년 미국 ACS l-year estimates
호주	74,538	한국출생 한인	53.9	2011년 호주 센서스
일본	545,401	한인	53.3	2014년 일본 재류외국인통계
뉴질랜드	30,174	한인	52.8	2013년 뉴질랜드 센서스
캐나다	168,890	한인	52.3	2011년 캐나다 전국가구조사
러시아	166,956	재외동포	52	2015년 한국 재외동포 현황
아르헨티나	22,730	재외동포	50.31	2015년 한국 재외동포 현황
중국	1,830,929	조선족	50.2	2011년 중국 제6차 전국인구보편
스페인	3,708	재외동포	48.03	2015년 한국 재외동포 현황
브라질	50,418	재외동포	46.49	2015년 한국 재외동포 현황
과테말라	5,162	재외동포	45.02	2015년 한국 재외동포 현황
이집트	933	재외동포	43.84	2015년 한국 재외동포 현황
인도네시아	40,741	재외동포	43.63	2015년 한국 재외동포 현황
말레이시아	12,690	재외동포	43.51	2015년 한국 재외동포 현황
필리핀	89,037	재외동포	41.78	2015년 한국 재외동포 현황
터키	3,839	재외동포	미보고	2015년 한국 재외동포 현황

주: 여성 비율이 높은 순이다.
자료: 이수연 외(2015: 38, 57~58, 76~77, 82, 91, 116, 131~140).

<부표 2> 국가기록원 "재외한인의 역사" 연표(해방 이후)

연도	내용
1946	- 재일 조선거류민단 결성, 한국 정부는 민단을 유일한 재일동포 단체로 인정 - 중국에서 조선족 종합대학인 연변대학 창립 - 한국, '재외국민령' 공포 - 일본, 한국인학교 폐쇄 - 한국, 재외국민등록 실시, 재외국민등록법 개정·공포
1947	- 일본, '외국인등록법' 선포(지문채취 강요)
1950	- 6·25전쟁 재일한인지원군 결성 - 재일본 대한청년단 결성

연도	내용
1951	- 일본서 KP통신 창간
1952	- 연변 조선족 자치주 건립 - 한국, '외국인등록법' 공포
1953	- 중앙아시아 고려인 거주지 제한 해제
1954	- 일본 도쿄에 한국학원 설립
1955	- 재일본조선인총연합회(조총련) 결성 - 첫 캐나다 이민
1956	- 일본에 조선대학교 설립 - 반공포로 62명, 중남미 이주
1959	- 재일한인 북송 시작 - 한국 국회, 재일한인을 국회옵저버로 승인(6명)
1962	- '해외이민법' 제정, 브라질 농업이민 출발
1963	- 광부 247명, 3년 계약으로 독일 광산 취업
1965	- 한국 간호사 독일 병원 초청으로 취업
1966	- 재일한인 법적지위협정 발효, 재일한인 영주권 신청접수 개시
1967	- 조총련 동포 9000명 한국 국적 획득 - 일본, 영주허가 재일한인에 국민건강보험법 적용
1968	- 일본에서 차별철폐를 주장한 김희로 사건 발생 - 새 이민법 '하트-셀러법' 발효, 한인가족 미국, 캐나다로 이민
1969	- 미국 시카고에서 주 1회 우리말 방송 시작 - 한국, 제2차 세계대전 당시 사할린 징용자에게 국민등록과 여권발급 결정
1971	- 재미한인 허버트 최, 동양인 최초로 미연방 고등법원판사 임명
1972	- 재일한인 이회성, 일본 문단 최고상 아쿠다카와상 수상 - 뉴욕 한국방송주식회사 설립 - LA에서 한국문화회관 정식 개관 - 재일한인 2000여 명 7·4남북공동성명지지 모임(조총련과 거류민단 최초의 공동모임)
1973	- 제주 출신 재일동포, 약 1억 1000만 엔을 제주개발기금으로 기탁 - 파독 광부, 간호사의 외화 송금액 9월 말 현재 7660만 달러
1974	- LA 첫 코리안페스티벌 - 재일동포 박종석 히다치 상대로 취직 차별철회 소송 승소 - 베트남 파견 기술자 500여 명 호주 입국, 영주권 획득
1975	- 조총련 모국방문 추석성묘단 제1진 내한
1976	- 이종수 박사 동양인 최초 서독 종신교수 임명 - 중동 최초의 한국학교 이란 테헤란에서 개교
1977	- 김경득, 최초의 한국 국적 소지 일본변호사 등록
1978	- 독일 정부 외국인근로자 신규고용 전면금지 발표, 15년간의 독일 인력진출이 막을 내림
1980	- 라성 한국문화원 개원식 - 중국 길림성 연길시에서 한국어 TV방송 시작

연도	내용
1984	- 일본 최초의 지문날인 거부자 한종석에 대한 공판 - 재일 민단 동경본부, 수재의연금 450만 엔 전달
1989	- 세계 한민족체전 개최
1992	- 로스엔젤레스 4·29사태 발생
1993	- 일본, 개정 '외국인등록법' 시행
1994	- 민단, 재일본대한민국민단으로 개칭
1997	- 한국, 재외동포재단 창립
1999	- 한국, 재외동포의 출입국과 법적 지위에 관한 법률(재외동포법) 제정·시행
2000	- 해리 김, 하와이 시장 취임
2003	- 미주한인 이민 100주년 기념식(하와이)
2007	- 제1회 세계한인의 날(10월 5일)

자료: 국가기록원(http://theme.archives.go.kr).

제5장

호주 한인 '1세대' 여성의 이민 과정과 삶의 경험에 대하여*

문경희

1. 들어가며

이 글은 한인 중에 시기적으로 가장 먼저 호주로 이주한 '1세대' 여성의 이민 경험에 관한 것이다.[1] 호주로의 한인 영주이민이 가시화된 시기는 1970년대부 터이다. 그 시기 호주에서는 백호주의 이민 정책의 폐지로 인해 비유럽계 이민

---

*　이 글은 ≪아시아여성연구≫, 제57권, 1호(2018)에 실렸던 「젠더와 국제이주: 호주 한인 '1세 대' 여성의 이민 과정과 삶의 경험을 중심으로」의 내용을 일부 수정·보완한 것이다.

1　'1세대'라는 용어는 호주 한인 이주 역사상 영주이주를 최초로 한 세대라는 의미와 이민 경로 를 선구적으로 만들어낸 세대라는 의미를 내포한다. 시대를 불문하고 사용되는 이민자 부모 세대를 지칭하는 1세대가 아니라, 이 장에서는 호주의 첫 한인 영주 1세대라는 의미에서 따옴 표를 쓴 '1세대'로 구분하고자 한다. 『호주 한인 50년사』에 '구포(舊胞)'라고도 소개된 이들은, 1970년대부터 1980년대 초반 사이에 호주에 입국한 이들로 고국에서보다 '더 나은 삶'을 살기 위해 가족들과의 이별도 감수하고 베트남이나 독일, 남미, 중동, 호주 등 타국에서 경제적으로 나 육체적으로 고군분투한 '격동기'를 거친 한인과 그들의 가족들이다(박병태·조양훈, 2008: 83). 이들의 비교 대상으로 호명되는 '신포(新胞)'들은 1980년대 중반 이후 투자이민을 통해 호 주로 유입된 한인 이민자들로, '구포'에 비해 안정된 경제적 토대 위에서 이민자로서 삶을 시 작한 경향을 보인다.

자의 이주 흐름이 생겨나기 시작한 시기였다. 정책적인 과도기적 시기에 많은 수는 아니지만 약 2000여 명의 한인이 개별적으로 호주에 입국했으며, 그중 상당수는 여성이었다. 그들 중 극소수는 한국에서 영주권을 받아 호주로 입국했지만, 대다수는 남편이나 아버지가 먼저 호주에 정착하여 영주권을 취득한 이후에 가족초청을 통해 입국한 경우이다. 가족초청 이민을 통해 호주로 들어온 여성들 중 일부는 베트남전 당시에 기술자로서 베트남에서 상당 기간 근무한 파월인력의 아내이자 딸들이었다. 즉, 그들에게는 호주가 첫 해외이주 국가였지만, 그들을 맞이한 남편 또는 아버지에게 호주는 베트남을 거쳐서 정착하게 된 재이민 re-migration 국가였다. 한편 이들 여성 이외에도 독일이나 남미를 통해 가족들과 함께 호주로 재이민한 여성들도 있다. 당시 약 40여 명의 간호사들이 독일을 거쳐 호주로 영주이민을 했으며, 브라질 등의 남미 국가로 가족이민을 떠났다가 호주로 재이민한 여성들도 일부 존재한다. 즉, 이들 호주 한인 '1세대' 여성들은 서로 다른 경로를 통해 호주로 유입되었지만, 가족이민이나 재이민 등의 공통적 특성이 있다.

여기서는 호주의 한인에 관한 연구에서 능동적인 이민의 주체로 등장하지 못했던 여성들의 국제이주의 실천과 경험을 다층적으로 조명하는 데에 초점을 맞춘다. 한편에서는 '1세대' 여성의 호주이민을 유발한 동인과 구조를 밝혀내는 작업으로, 이민과 노동의 주체는 남성이라는 젠더편견이 구조화된 국가의 이민체계와 사회적 여건에 관한 논의가 이뤄질 것이다. 또한 그러한 구조적 여건에 대응해서 한인 여성들이 어떻게 개인적으로 인식하고, 삶을 구성해 나갔는지에 대해서도 살펴볼 것이다. 다른 한편에서는, '1세대' 여성들은 누구인지, 그들의 젠더정체성이 이민 동기와 정착에 어떤 영향을 미쳤는지, 나아가서 이민이라는 전 과정을 통해 그들이 맺고 있는 젠더관계가 어떻게 변화했는지 등을 살펴볼 것이다. 이 과정에서 '1세대' 여성들이 자신이 처한 사회적 위치와 맥락 속에서 어떤 주체적인 선택을 하며 자신의 삶의 조건을 만들어갔는지, 그리고 모국과 이민국의 가부장적 관행으로부터 어떻게 자존감을 높이며 자유를 획득해 나갔는지 등을 논의할 것이다.

이 연구의 주요 연구 대상자는 1970년대에 호주로 이주한 한인들이다.[2] 호주 한인 '1세대'의 이민은 생계형 단순 노동이주이자 가족 연고이주라는 공통점이 있다. 이 장에서 호주 한인 '1세대' 여성의 이민에 영향을 미친 거시 구조적 환경에 대한 설명은 국내외에서 출판된 학술 논문과 단행본이 제공하는 자료를 중심으로 기술한다. 한편, '1세대' 한인 여성의 이민과 정착 과정에서의 경험과 그들의 일, 가족, 젠더관계 등에 대한 논의는 현지조사를 통해 이뤄진 구술면담에 토대를 둔다. 필자는 2017년 2월과 7~8월에 총40일간 호주 시드니와 멜버른에서 구술면담을 진행했다. '1세대' 한인 남녀 17명과 면담을 진행했으나, 그중 일곱 명의 여성과 진행한 면담 내용을 이 연구의 주요 자료로 사용할 예정이다.[3] 호주 한인들이 가장 많이 거주하는 지역이 시드니와 멜버른이라는 점에서 두 지역을 면담 장소를 선택했다. 2011년 기준 전체 한인의 56.1%(약 4만 명)가 시드니를 포함한 뉴사우스웨일스주에, 15.8%(약 1만 명)가 멜버른을 포함한 빅토리아주에 거주하고 있다(Australian Government, Department of Immigration and Citizenship, 2011).[4] 면담은 반구조화된 면접semi-structured interview 기법에 따라 필자와 피면담자 간에 개별적으로 이뤄졌다. 면담 질문에는 그들의 이민 동기, 이민 과정, 이민 전후의 삶의 조건 및 인간관계의 변화 등이 포함되었다.

마지막으로, 이 연구의 피면담자 일곱 명의 경험이 호주 한인 '1세대' 여성 모두를 대표할 수는 없다. 하지만 이 연구의 목적은 피면담자 소수의 경험으로 다

---

2 호주와 한국의 국제관계 및 한인 이주의 역사에 관해서는 문경희(2017)를 참고할 것.

3 면담에 응한 한인 '1세대' 남성은 파월 장병 출신 기술이민자 여섯 명, 유학을 통해 취직 후 영주권을 획득한 전문직 두 명, 기술 가족이민자 두 명으로 총 열 명에 해당한다. 이들 중 일부와의 면담 내용은 필자의 2017년 연구에서 다뤄진 바 있다. 이들 중 기술이민자 한 명의 경우는 이 연구의 피면담자 A의 남편이었기 때문에 본문에서 짧게 언급될 것이다.

4 필자는 두 지역의 한인 네트워크의 도움으로 피면담자를 섭외했다. 당초에 더 많은 여성을 만날 계획이었으나, 고령자인 그들의 건강상의 이유와 시간 제약 때문에 결과적으로 총 일곱 명을 만나게 되었다.

수의 경험을 일반화하는 데에 있는 것은 아니라, 그동안 호주 한인 연구에서 누락된 존재였던 '1세대' 한인 여성이 누구인지, 그들이 어떤 이주 배경을 가지고, 어떤 젠더화된 경험을 했는지를 일부나마 드러내는 데에 있다. 이러한 내용이 향후 호주 한인 연구의 연구 대상자 다양화 및 젠더 관점에서의 논의 확대에 기여할 수 있다는 점에서 이 연구의 의의를 찾을 수 있다. 한편, 이 연구는 비록 적은 인원이지만 호주 한인 '1세대' 여성의 내적 다양성을 확보하기 위해 이주 배경과 경로가 다른 네 유형의 여성들을 만났다. 구체적으로, A는 가족이민자로 기술이민 비자를 얻은 남편의 동반자 자격으로 한국에서 바로 호주로 입국한 경우이다. B는 브라질 이민자 출신으로 호주에 재이주 했으며, C1, C2의 경우에는 파월 기술자의 아내로 국내에서 남편 없이 오랜 기간 지내다가 가족재결합 비자를 얻은 후에 호주로 입국했다. 파월 기술자의 딸로 가족초청을 통해 호주에 입국한 여성의 면담 내용은 그녀의 저서 인용을 통해 소개할 것이다. D1, D2, D3의 경우에는 독일 간호사 출신으로 독일에서 일정 기간 거주 후에 호주로 재이주 했다.

2. 젠더와 국제이주

국제이주 연구에서 이주 경험의 성별 차이가 생물학적 성이 아닌 사회적 성역할, 즉 젠더관계에 기인한다는 인식이 확산되면서 젠더가 중요한 키워드이자 분석 틀로 자리 잡기 시작했다. 특히 1990년대 이후 젠더가 단지 이주 과정의 외부변수뿐 아니라 그 자체가 이주 전 과정을 통해 재구성되기도 한다는 점이 강조되기 시작했다(Hondagneu-Sotelo, 2000). 이러한 젠더와 이주에 대한 사회구성주의적인 시각의 도입은 국제이주를 유발하고 구성하는 거시 구조에 대한 분석에서 이주자 개인의 경험과 주체성, 행위성agency 등의 미시 구조에 대한 분석으로 확장되었다. 구체적으로, "이주라는 과정을 통해 이주자 개인의 정체성과 그 개인이 맺고 있는 젠더관계가 어떻게 변화했는지, 또는 이주자의 계급, 젠더, 국적 등과 같은 사회적 정체성이 어떻게 상호 결합하여 특수한 이주 경험을 만들어냈는지 등"(정현주, 2008: 895)이 페미니스트 국제이주 연구 분석에 주요 주제로 등장하게 되었다.

정현주는 국제이주와 여성 연구에서 미시적 접근은 거시적인 구조에 대한 관심에서 직접 행위를 하도록 이끌어낸 개인의 선택 과정에 대한 관심이라고 설명한다(정현주, 2008: 901). 그녀에 따르면, 이주자의 행위성을 강조하는 미시적 접근은 여성들을 신자유주의 국제정치경제 질서의 희생물로 단순화하거나, 이주를 통해 창출된 변화를 활용하여 이익을 창출하는 합리적인 경제인으로 간주하는 것을 지양한다. 따라서 그녀는 "오히려 여성들이 처한 사회적 위치와 맥락 속에서 주체적인 선택을 내리는 존재로, 다층적이고 때로는 상호 모순적인 정체성을 가진 존재로 볼 것"을 제안한다. 이 때문에 미시적 접근은 국제이주를 통한 여성의 지위 향상, 자존감 증진, 가부장적 관행으로부터의 자유 획득 등 여성의 권한 강화empowerment를 드러내기도 하지만, 한편에서는 그들이 여전히 이주국 내에서 저임금, 장시간 노동의 조건 속에 있거나 가족 내에서 전통적인 젠더 역할을 요구받고 있다는 점을 강조하기도 한다.

미주 한인 여성들의 경험을 중심으로 이민과 계층, 젠더정체성의 관계에 관해 살펴본 박금재K. J. Park는 중산층, 고학력 출신의 한인 여성들이 미국에서의 삶에 대해 "몰락downfall, 격하된downgraded, 쪼그라든shrunken, 한계가 있는 limited, 굴욕적인humiliating" 등의 느낌으로 표현했다고 기술했다(Park, 2009: 51). 이러한 부정적인 느낌은 대부분 이민 초창기에 강한 경향을 보이나, 그녀의 일부 피면담자들은 시간이 지나도 미국에서의 삶의 조건이 한국에서 누렸던 것과 비교해서 나아지지 않고 있다는 점에서 이민 후의 삶에 대해 지속적으로 부정적으로 느낀다고 지적했다. 피면담자들은 학력과 전공과는 무관한 일을 하거나, 전공과 연계된 일이지만 낮은 직급의 일을 하게 되고, 직장 내에서도 동료들과 잘 어울리지 못하는 것으로 나타났다(Park, 2009: 55). 그리고 박금재는 그들 여성이 자신들이 겪고 있는 어려움을 미국 사회의 구조화된 인종문제와 결부시키기보다는 자신들의 언어 문제와 문화의 차이로 인식한 경향을 보인다고 지적했다.

하지만 박금재는 같은 연구에서 피면담자들이 직장 생활을 시작하고, 자신의 소득으로 가족경제에 기여한다는 점, 특히 자녀의 교육을 위한 소비에 기여한다는 점에 대해 긍정적으로 느낀다는 점을 언급한다(Park, 2009: 130). 즉, 앞에서 살펴본 바와 같이, 한인 중산층 기혼 여성들은 타국인 미국에서 '격하된' 직업·직급의 일을 하게 되면서 권한 약화dispowerment를 느끼지만, 또 다른 한편에서는 경제적인 자립심 강화와 가족경제에 미치는 영향 확대, 특히 자녀의 미래를 위한 모성 역할 강화 등으로 인해 권한 강화empowerment를 느끼기도 한다는 것이다. 이러한 박금재의 연구 결과는 여성의 이민 경험이 긍정적이거나, 또는 부정적인 한 가지 측면만으로 설명할 수 없는 다층적인, 때로는 상호 모순적이기도 하다는 다른 페미니스트 연구자들의 주장과도 맥락을 같이한다(Foner, 1998; Mahler and Pessar 2003).

한편, 한인 여성들이 경제활동을 통해 가족경제에 기여하는 바가 증가함에도 불구하고, 실제 가족 내 젠더관계는 크게 변화되지 않고 있다는 점이 몇몇 연구에서 확인된다(Lim, 1997; Moon, 2003; Park, 2009). 구체적인 일례로, 가족 내 젠더 불평등한 관계에 대한 미주 한인 여성이민자의 도전에 대해 연구한 임인숙I. S. Lim은 모국의 가부장적 남성중심성과 성 역할에 익숙한 남편들은 아내가 직장생활을 하는데도 불구하고 가족을 위한 돌봄노동을 수행하려는 의지가 약하고, 거부하는 경우가 일반적이라는 점을 보여준다(Lim, 1997). 그녀는 여성들이 부부간 불평등한 돌봄노동에 대해 포기하거나 인내하는 이유로 여성들이 가부장적 가족 질서 내 자신들의 희생과 인내를 '운명'으로 받아들이는 경향을 보인다는 점을 지적했다(Lim, 1997: 43). 그리고 가족 중에 시어머니나 시집 가족 구성원이 함께 이민을 온 경우 그들이 부부간 불평등한 젠더분업 관계를 유지하거나 강화하는 데에 기여한다는 점도 지적했다(Lim, 1997: 44~45). 한편, 이러한 모국 요인은 정주국의 로컬 요인과 상호작용하여 여성이민자 가족의 젠더관계 및 사회적 지위 형성에 영향을 준다는 점을 상기할 필요가 있다.

요약하자면, 젠더를 국제이주의 분석 틀로 삼는다는 것은 단순히 분석의 대상을 여성으로 삼는다는 차원을 넘어서는 것이다. 그것은 여성의 국제이주를 유발하고 가능하게 한 정치경제적 거시 구조를 이해하는 것이자, 그러한 구조가 여성들의 어떠한 사회적 위치와 맥락과 상호작용하여 실제 이주라는 행위로 실천되는지를 파악하는 것이다. 또한 이주와 정착 과정 속에서 이주자 개인이 맺고 있는 젠더관계가 어떻게 변화했는지, 또는 이주자의 다양한 사회적 정체성이 어떻게 상호 결합하여 특수한 이주 경험을 만들어냈는지를 살펴보는 것이다. 이 연구에 적용해 보자면, 호주 한인 '1세대' 여성의 국제이주는 주로 1960~1970년대에 진행되었다. 그때에는 주지하다시피 신자유주의 국제정치경제 질서가 확산되기 이전 시기였고, 따라서 신국제 분업체계에 따른 여성의 국제이주 노동이 등장하기 전이었다. 그 시기에는 한국과 호주 양국 모두 산업화(혹은 공업화)를 이뤄가는 시기였고, 이 때문에 제조업 중심의 산업노동 인력이 공통적으로 필요한 시기였다. 호주에서는 주로 제조·기계·중화학 산업 분야의 기술을 갖춘 이민자들을 수용했다. 이들 산업이 주로 남성 집중 직종이었으며, 결과적으로 당시 기술 이민의 대상은 남성들이었다. 한국의 경우에는 당시에 정부가 나서서 남성 기술 인력을 호주로 직접 송출하지는 않았으나, 이미 정부의 해외이주 정책을 통해 파월 인력과 함께 독일, 남미, 중동 등으로 노동이주를 했던 남성 기술자들이 미국과 캐나다에 이어 호주로 몰려들어 기술이민의 대상이 되었다.

하지만 그 당시 호주 노동시장에서 여성노동력 충원에 대한 수요가 없었던 것은 아니다. 전통적인 여성 집중 제조업 분야에 인력 충원이 필요했었고, 호주 정부는 이에 대응해 여성들을 기술이민자가 아니라 남성이민자의 가족으로 초청하여 문제를 해결한 경향을 보인다. 즉, 여성을 남성의 동반자인 수동적인 이민 주체로 수용하여 저임금 제조업 분야의 노동력으로 활용한 측면이 강했다. 이런 점에서, 당시 호주의 이민 정책과 신규 이민자 여성의 생산노동에 투영된 가부장제와 인종화 된 자본주의체제 간의 상호작용에 관해서도 주목할 필요가 있다.

3. 1970년대 호주의 이민 정책과 신규 여성이민자의 유급노동 참여

1) 백호주의 이민 정책의 폐지와 젠더화된 이민 범주

1970년대 한인 '1세대' 여성의 호주 이민을 가능하게 했던 거시 구조적 요인은 무엇인가? 가장 중요한 요인으로 호주의 백호주의 이민 정책White Australia Policy의 폐지를 꼽을 수 있다. 이는 기존의 이민 정책에서 인종에 관한 내용이 전면적으로 삭제되었음을 의미한다. 대표적인 이민 정책의 변화를 살펴보면, 먼저 출신국에 상관없이 호주에서 3년 이상 거주한 사람이면 누구나 시민권을 신청할 수 있는 자격이 주어졌다(Weaver, 1984: 127~128). 다음으로, 이민자를 선발하는 과정에서 인종과 관련된 요소들이 전면 배제되었으며, 호주 정부는 이민과 인종차별금지와 관련된 모든 국제조약을 비준했다. 이에 대한 후속 조치로, 1975년에 '인종차별금지법'을 통과시킴으로써 공적 영역에서 인종과 관련된 기준이 적용되는 것을 모두 불법화시켰다. 그리고 1978년에 개정된 이민법은 호주의 이민체계가 다음의 네 가지 범주, ① 가족재결합, ② 기술이민, ③ 인도주의적 난민 지원, ④ 특별 자격 지원(투자 이민, 퇴직자, 타 영연방국가 시민)으로 구성된다는 점을 명확히 했다. 그리고 호주 정부는 기술이민자를 선별하기 위해 점수제를 도입했다. 신청자의 직업과 모국어 수준, 영어 실력, 성공적 정착을 위한 계획 등에 따라 점수 배점이 결정되었다. 하지만 가족재결합의 경우에는 점수제가 적용되지 않았기 때문에 영어 능력이나 전문기술력 여부와는 상관없이 기술이민자의 가족 구성원이라면 누구나 어렵지 않게 호주로 입국할 수 있게 되었다. 이 제도로 인해 해외 영사 업무 담당자들의 역할이 중요해졌다는 평가가 나왔으며, 한편에서는 이 제도가 여전히 비영어권 국가 출신 이민자들의 유입을 제한하는 장벽으로 작동했다는 비판이 제기되기도 했다(Weaver, 1984: 128). 이후 이 제도는 일부 개정되었지만, 기술 이민자를 중심으로 한 가족재결합 이민이라는 큰 정책의 틀은 2021년 현재까지도 유지되고 있다.

이러한 이민 정책은 그 내용만을 봤을 때에는 젠더 중립적으로 보인다. 하지만 1970년대와 1980년대 초반 호주 정부가 기술이민 제도를 통해 충원하고자 했던 인력은 전반적으로 남성 집중 직종(기계, 화학, 자동차 관련 분야의 생산직과 건설 분야 노무직, 용접 등) 종사자 중심이었다. 따라서 당시 기술이민 범주로 호주에 유입되었던 이민자는 거의 남성들이었다. 이는 당시 '우수한 전문성'을 지닌 극소수 직업군의 여성을 제외하면, 대다수의 여성들이 기술이민 범주가 아니라 가족재결합 제도를 통해 호주로 입국할 수 있었다는 점을 의미한다. 필자가 만난 피면담자 일곱 명 중에 특별 자격 지원으로 입국한 한 명(D3)을 제외한 여섯 명이 기술 자격을 갖춘 남편의 동반자 자격으로 호주에 입국했다고 진술한 바 있다. 그들 중에는 대학 졸업 또는 대학 중퇴 등의 고학력 또는 경력직 간호사들도 있었지만 모두 기술이민자의 가족으로 분류되었다. 한국에서 간호사로 근무하다가 독일로 이주하여 6년간 근무한 경력을 가졌던 D1의 경우에는 독일에서 남편을 만나서 결혼했는데, 당시 비자가 만료되었었던 남편은 간호사였던 자신의 동반자 자격으로 체류 연장할 수 있었다고 전했다. 하지만 호주로 올 당시에는 호주 정부의 기술직 리스트에 간호 업무가 포함되어 있지 않았기 때문에 남편의 용접 기술로 비자를 신청하여 승인받은 후에 함께 입국했다고 한다. 간호 인력으로 독일 이주 → 결혼 → 남편의 동반자 자격으로 호주 재이주의 경로는 D2의 이주 경로와도 유사하다. 한편, 남편의 기술이민 비자 취득으로 각 한국과 브라질에서 가족이 동반 입국한 A과 B의 사례가 있는 반면, 파월인력의 아내인 C1과 C2는 '불법체류' 시기를 거친 후 사면령을 통해 영주권을 취득한 남편의 초청으로 가족재결합 비자를 취득했다.

일반적으로 가족재결합 제도는 이민자의 가족재결합 권리를 보호한다는 측면에서 국제인권규범을 따른 선진적 이민 제도라고 할 수 있다. 호주 정부는 이민자의 가족들에게 영주비자를 제공함으로써 한편에서는 국제인권규범을 따른 다는 명분을 살리는 것과 동시에, 다른 한편에서는 가족재결합을 통해 기술이민 자들의 안정적 정착을 도모했다. 이런 점에서 가족재결합 제도는 호주의 인구 증가를 위한 인구 정책이자, 가족구성원 중 성인들이 입국 이후에 대체로 노동 시장에 참여했다는 점에서 고용 정책의 일환이었다고 할 수 있다. 하지만 당시 에 여성이 제도적 장벽에 의해 기술이민자가 될 수 없었다는 사실, 즉 여성이 자 신의 교육이나 기술력 여부와는 무관하게 남성에게 의존적인 가족의 자격으로 만 호주에 입국할 수 있었다는 사실은 호주 정부가 당시에 여성을 독립적인 이 민의 주체이자 기술력을 갖춘 유급노동의 주체로 인식하지 않았다는 점을 의미 한다. 이는 당시 호주 정부의 가부장적인 인식과 태도가 국가의 이민 정책과 노 동 정책에 반영되었고, 그 결과 여성이민자의 사회적 지위가 남성에 비해 불리 하게 형성되었음을 짐작케 한다.

2) 신규 여성이민자의 노동시장 참여

1970년대에 유입된 여성이민자의 사회적 지위에 관해 살펴보기 위해 당시 호 주 여성의 사회적·경제적 지위에 대해 먼저 살펴볼 필요가 있다. 가장 먼저 1972년에 '동일노동법'이 통과되면서 남성과 여성의 임금 격차가 서서히 줄어들 기 시작했다(Strachan and Burgess, 2002: 3~5). 당시 정부는 1975년에 통과된 '인종 차별금지법'을 토대로 '성차별금지법' 또한 통과시키려 시도했으나 성공하지 못 했다. 그해 11월에 치러졌던 연방선거에서 노동당이 패하면서 그러한 시도는 무산되었고, 다시 정권을 잡게 된 1984년이 되어서야 '성차별금지법'이 통과되 었다.[5] 그러나 위와 같은 제도권의 움직임에도 불구하고, 호주 사회의 구성원들

---

5   1983년 집권에 성공한 노동당 정부는 고용과 직장 관련해서 여성들이 남성들에 비해 불이익
     을 당하고 있다는 점을 명확히 한 것으로 전해진다(Strachan and Burgess, 2002: 4). 구체적으

이 여성의 유급노동에 대해 모두 호의적으로 바라본 것은 아니었던 것으로 파악된다. 스트라찬G. Strachan과 부르게스J. Burgess는 당시 일부 언론들이 여성, 특히 기혼 여성들의 노동력 참여에 대한 부정적 시각을 확산시키는 데에 기여했다고 지적했다(Strachan and Burgess, 2002: 5). 예를 들어, 기혼 여성들이 젊은이들의 일자리를 차지해서 실업 문제가 심각해진다는 내용이나, 직장 생활하는 기혼 여성들이 경제적으로 독립심이 강해지면서 이혼할 가능성이 높아진다는 등의 내용이 대표적이다.

그렇다면 1970년대에 호주로 신규 유입된 여성이민자들의 노동시장 참여는 어떠했는가? 캐롤라인 알코르소Caroline Alcorso는 1990년 이전 시기에 호주로 입국한 비영어권 국가 출신 여성이민자들의 유급노동 활동에 관한 연구보고서를 발간한 적이 있다(Alcorso, 2012: 19~20). 그녀에 따르면, 1970~1980년 기간에 입국한 여성이민자들 중에서 영어권 국가 출신보다 비영어권 국가 출신 여성들의 노동시장 참여도가 훨씬 높았다. 각 그룹별 전체 인구 중에 노동시장에 참여했던 여성의 비율은 전자가 평균 45%이었던 반면, 후자는 50%에서 85%까지 달했다고 한다.[6] 그녀가 면담을 위해 만났던 여성들 상당수는 호주에서 생애 최초로 취업을 한 것으로 전해진다. 그들이 취업을 한 주요 동기는 높은 수준의 주택비 및 생활비, 교육비 등을 충당하기 위해서였는데, 당시에 가족 중 두 사람 정도가

로, 여성들이 고용상의 지위가 낮고, 저임금 직종에 집중되어 있으며, 남성에 비해 많은 수의 여성이 시간제 일자리에 집중되어 있다는 점도 지적했다. 결과적으로, 다음 해 1984년에 '성차별금지법'이 통과되었으며, 이는 여성들이 성, 혼인 여부, 임신 등의 이유로 고용, 교육, 상품과 서비스 수혜, 법과 정책 등 삶의 전 분야에서 차별받아서는 안 된다는 점을 법제화한 것이다.

6 에클레스(Eccles)는 1982년 연구에서 1981년 기준 신규 여성이민자를 포함한 호주 전체 여성 중에 노동시장에 참여하는 여성의 비중이 44.6%였고, 그중 기혼 여성의 비중이 42.3%라고 조사했다(Eccles, 1982: 2~3). 비영어권 국가 출신 여성이민자의 노동시장 참여 비율이 1970년대에 최고 높은 경우 85%까지 달했다는 사실에 비춰볼 때, 영어권 국가 출신 이민자뿐 아니라 호주 출생 여성들에 비해 비영어권 국가 출신 여성이민자의 노동시장 참여율이 약 두 배 수준 정도로 높았다는 점을 유추할 수 있다.

평균임금 수준의 소득을 벌어야만 호주에서 평균 수준의 생활비를 충당할 수 있었다는 것이 알코르소의 설명이다. 더욱이 여성이민자 남편의 경우에 영어권 출신 국가 남성보다 저임금 직종에 종사하는 경우가 일반적이었으며, 그들의 실업률 또한 높아서 아내인 여성이민자들의 경제활동이 선택의 문제가 아닌 필수적인 측면이 강했다고 볼 수 있다. 즉, 당시 여성들의 유급노동 참여는 호주 사회에서 적어도 이민자 가족들에게는 남성 생계부양자 모델이 지켜질 수 없었던 상황이었고, 또한 자녀들의 '더 나은 삶'을 만들어주기 위한 모성 실천을 위해 엄마들이 돈을 벌어야 하는 상황이었다는 점을 알려준다.

여성이민자들의 경우에도 비영어권 국가 출신의 여성들은 생산노동 경력이 전무하거나, 시장이 요구하는 수준의 언어 및 기술력이 거의 부재했었기 때문에 그들 중 대다수는 저숙련·저임금의 불안정한 직종에 종사했던 것으로 파악되었다(Alcorso, 2012: 40~47). 그들의 낮은 수준의 인적자원에 대한 지적과 함께, 알코르소는 당시 호주의 노동시장에 만연했었던 인종차별주의와 성차별주의 구조와 태도로 인해 비영어권 국가 출신의 여성들의 직종이 매우 제한되어 있었다는 점을 언급했다. 그녀는 당시에 호주의 노동시장이 성별분화뿐 아니라 인종적으로도 분화되어 있었다는 점을 지적하며, 여성이민자들이 주로 의류, 신발 제조업, 전자제품 조립, 식음료 제조업 등에 집중되어 있었다고 설명했다.[7]

결론적으로 위에서 정리한 내용을 토대로 한인 '1세대' 여성이 유입된 시기인 1970년대 중반부터 1980년대 초반 호주 사회의 특성을 여성이민자의 측면에서 살펴보면 다음과 같이 요약할 수 있겠다. 첫째, 여성이민자의 대다수는 기술이민보다는 가족재결합과 인도주의적 지원 제도에 따라 호주로 입국했다. 이런 점에서 그들을 선구적으로 이민을 개척한 주체로 평가하기는 어려운 부분이 있지만, 이는 당시 여성을 독립적인 이민의 주체이자 유급노동의 주체로 인식하지

---

7   이 연구의 연구 대상자인 한인 '1세대' 여성들도 신규 이민자로 유입된 이후 주로 위 제조업 분야에 종사한 것으로 파악되었다. 이들의 노동 경험은 이 글의 4절에서 자세히 논의될 것이다.

않았던 호주 정부의 가부장적 인식과 태도가 국가 이민, 노동 정책에 반영된 탓이라고 볼 수 있다. 하지만 둘째, 그들이 남성(남편 또는 아버지)의 지원하에 의존적으로 이민을 왔다고 하더라도, 호주에 입국한 이후에도 그들의 삶이 남성 의존적이었던 것만은 아니었다. 그들 중 높은 비율의 여성들이 남편이나 아버지의 실업 또는 저임금 노동으로 인해 유급노동에 나선 경우가 많았다. 그 당시가 호주 사회 전반에서 여성의 노동시장 참여와 성평등 고용 여건을 마련하기 위한 제도화 노력이 시작된 시기이기는 하지만, 여전히 노동시장 내에 성별분업과 여성에 대한 차별이 존재했던 것으로 파악된다. 게다가 일하는 기혼 여성은 '나쁜' 여성이자 '나쁜' 엄마라는 부정적인 이미지가 언론을 통해 부각된 시기이기도 하다. 이러한 시기에 한인을 포함한 신규 여성이민자들이 저숙련·저임금 여성집중 직종의 인력부족분을 채운 것으로 보인다. 결과적으로, 이는 당시 호주 정부의 이민 정책과 여성 노동 정책이 가부장제와 인종화 된 자본주의적 체제에 기초를 두고 있다는 점을 함의한다. 이러한 정주국 요인을 염두에 두고, 다음 4절과 5절에서는 한인 '1세대' 여성의 호주 이민을 젠더 관점에서 살펴보도록 하겠다.

4. 1970년대 한인 여성의 호주 이민과 정착: 일과 가족에서의 젠더 관계

1) 이민 배경과 이주 경로

주지하다시피, 국제이주의 전 과정에 젠더정체성이 미치는 영향은 상당하다. 여성이기 때문에 또는 여성이라서 특정한 삶의 조건에 직면하며, 또한 특정한 유형의 이주가 가능하기도 하고, 불가능하기도 하다. 앞에서 살펴봤듯이, 1970년대 한인 여성의 호주 이민은 호주 사회가 필요로 하는 특정 기술을 가진 남성의 가족구성원이었기 때문에 가능했다. 당시 한국의 상황과 젠더관계를 고려했을 때, 대학을 다녔다고 하더라도 젊은 여성들이 전문 기술직에 종사할 가능성은 그다지 크지 않았다. 전문직이라고 하더라도 여성들은 대부분 전통적인 여성 직종과 산업 분야에 종사했으며, 그나마 그들도 20대 초·중반에 결혼하여 직장을 그만두는 사례가 다반사였다.[8] 따라서 필자와 만났던 피면담자들의 언급, 즉 1970년대에 호주로 이민을 왔던 한인 성인 여성의 절대다수는 기혼이었으며, 한국에서 직장을 한 번도 다녀보지 않았거나, 다녔다고 하더라도 결혼 후에 그만둔 것으로 안다는 그들의 언급을 통해서도 확인할 수 있었다. 피면담자 중에서 대학에서 피아노를 전공했던 A는 대학을 졸업하자마자 결혼했으며, 결혼 후 첫아이를 낳자마자 남편의 제안으로 호주행을 결정했다고 언급했다. B는 대학 졸업 후 직장을 구하기 어려운 상황에서 당시 남자친구였던 지금의 남편이 자신과 결혼해서 같이 일을 해보자며 청혼을 해서 곧장 결혼을 했다고 말했다. 결혼 후에 남편과 함께 교육 사업을 운영했지만 한순간에 경제적 어려움이 닥쳐 빚에 시달렸던 남편이 모든 것을 정리하고 브라질로 이민을 가자고 제안해서 반대 없이 이민을 가기로 결심했다고 한다.[9]

한편, 파월 기술자들의 아내인 C1과 C2의 경험은 A와 B의 사례와는 다른 측

---

8   김경희의 연구에 따르면, 1970년대의 여성노동시장은 10대 후반과 20대 초반의 여성이 절대다수를 차지했다. 18~24세의 여성노동자 비중이 전체의 73%를 차지했고, 이러한 비중은 25~29세에 9.5%로 급격히 하락했다. 이는 당시 20대에 결혼한 여성들이 결혼하면 직장을 그만두는 관행과 관련 있다. 산업별로 파악했을 때 취업 여성의 약 80%가 제조업에 종사했으며, 그중에서도 섬유 32%, 의류 18% 등 노동집약적인 제조업에 집중되어 있었다(김경희, 2005: 194~195).

9   B가 남편의 제안에 이민을 가기로 결심한 이유는 단순히 경제적인 이유만은 아니었다고 한다. 1968년 '김신조 청와대 습격사건'이 일어났는데 그때 이북 출신인 남편이 "세상에 나라님이 사는 서울 한복판까지 간첩이 들어오고 이북 것들이 들어와 난동을 쳐도 속수무책인 이 나라에서 못 살겠다"는 말을 자주 했다는 것이다. 그러던 와중에 남편이 친구의 권유로 브라질 이민을 결정하게 되었고, 남편의 주도로 1년 만에 비자를 받아서 이민을 떠나게 되었다고 한다.

면을 보인다. C1은 한국에서 대학을 다니다가 그만두고 결혼을 했다고 밝혔으며, C2는 면담에서 학력에 대해 밝히지는 않았다. 두 피면담자의 남편은 베트남전 당시 현지에서 운영되었던 미국 군수회사 빈넬Vinnell에서 각 10여 년 근무한 이력이 있는 파월 기술자들이며, 장병 출신은 아니다.[10] 두 피면담자 모두 1976년 사면령을 통해 영주권을 취득한 남편의 초청비자로 이민을 왔으며, 사면령 받은 그해에 자녀들과 함께 호주로 입국했다. C1, C2에 따르면, 그들의 남편이 베트남에서 근무하는 동안 가족이 떨어져서 지내긴 했지만 남편이 베트남에서 보내준 송금 때문에 가족들이 비교적 풍족하게 지냈다. 이 때문에 그들은 호주로의 이민을 마냥 반기지만은 않았던 것으로 파악되었다.

마지막으로, 대학 졸업자이지만 간호사로 근무하다가 독일로 이주노동을 떠난 D1, D2, D3의 이주 경험은 앞에서 소개된 다른 피면담자들의 사례와는 구분된다. 먼저 D1과 D2는 어려웠던 가정 형편으로 인해 여성으로서 전액 학비를 지원받고 기숙사 생활까지 할 수 있었던 간호학교에 진학했다고 밝혔다. D3은 가정 형편과는 무관하게 본인이 원해서 간호학교를 입학했다고 했다. 세 명의 피면담자 모두 간호학교 재학 시절과 병원 근무 시절에 주변 선배와 동기들을 통해 해외 취업에 관한 긍정적인 이야기를 일상적으로 들었다고 했다. 독일로 취업하게 된 동기에 대해 묻는 질문에, 세 명의 피면담자들은 공통적으로 경제적인 이유, 해외생활에 대한 동경, 자유로운 생활의 만끽 등을 이유로 꼽았다.

D3의 경우에는 20여 년에 걸쳐 한국에서 베트남으로, 다시 독일로 그리고 호

---

10 베트남전 당시 총 2만 4000여 명의 민간 기술자들이 베트남에 취업한 것으로 알려졌으며, 1965년 초 국가 선발을 거친 기술자들은 숙련기능직이 많았다. 하지만 이후에는 기술이 없더라도 '월남 붐'을 타고 무작정 베트남으로 향한 사람들도 있었다(윤충로, 2006: 217~222). 미국 군수회사인 빈넬은 베트남에 진출했던 단일 회사로서는 가장 많은 한국인 기술자를 고용했던 것으로 전해진다. 그리고 파월 기술자는 '일반 기술자'와 '현지 취업자'로 나뉘는데, 일반 기술자는 한국에서 선발된 인력으로 숙련기술직, 영어 능통자, 운전 등 경력이 다양했다. '현지 취업자'의 경우에는 파병 군인들이 현지에서 전역한 제대군인 자격으로 취업한 사람을 일컫는다.

주로, 이동하는 삶을 스스로 선택해서 살았다. 그녀는 간호장교의 신분으로 베트남전에 2회 참전했으며, 제대 이후 직업 간호사 신분으로 독일에서 6년 간 근무했다. 그리고 그때 저축한 돈으로 호주 투자이민비자를 취득하는 데에 성공하여 호주 이민생활을 시작했다. D1과 D2는 독일에서 한인 남성을 만나서 결혼했으며, D1은 독일 생활 6년 만에, D2는 3년 만에 호주로 재이주를 했다.

1970년대에 남성 기술이민자의 동반 가족의 일원으로 호주로 유입된 조건은 같다고 하더라도 앞서 살펴봤듯이, 한인 여성의 사회경제적 배경과 이민 경로가 다양한 만큼 그들의 이민 후 삶의 경험 또한 미시적 차원에서 서로 다를 것으로 예측할 수 있다. 다음은 피면담자와의 면담 내용을 중심으로 국제이민이라는 변수가 그들 한인 여성의 삶의 조건과 젠더관계를 어떻게 변화시켰는지, 또한 그들이 주어진 사회적 상황 속에서 어떻게 자신들의 삶을 주체적으로 이끌었는지에 대해 유형별로 나눠서 살펴보겠다.

2) 가부장적 가족관계의 유지와 일을 통한 권한 강화

먼저 피면담자 A의 사례부터 살펴보면 다음과 같다. 남편과 A 모두 대학 졸업자이며, A는 음대에서 피아노를 전공했다. 한국인이라고는 거의 찾아볼 수 없었던 멜버른에 도착한 이후 남편은 취직을 하려고 했으나 영어 실력이 부족하고 호주 대학의 학위가 없다는 이유로 번번이 실패했다. 한국 대학의 학위가 인정되지 않았던 현실 속에서 남편은 대학 과정에 편입해 "죽기 살기로" 공부했다고 한다. 당시 어린 딸(2살) 한 명이 있었고, 둘째를 임신한 상황이었지만 A는 가공육 공장을 다니면서 가족의 생계를 책임졌다. 둘째 딸을 출산한 이후에 직장 생활을 하며 아이 둘을 양육하기가 어려워지자, A는 한국으로 귀국하는 지인을 통해 둘째 딸을 친정 부모님께 데려다주고 당분간 키워줄 것을 부탁했다고 한다. A는 이때를 생각하면 지금도 마음이 아프고, 둘째에게 미안하다고 했다. 2년여가 지난 후에 남편은 학위를 취득했고, 어렵지 않게 호주 기업에 취업했다. 이후 둘째 딸을 한국에서 데려와서 직접 키우기 시작했으며, 곧 셋째 딸을 임신해서 출산했다. 한편, 공장 일을 그만두고 아이들 양육에 전념한 A는 아이들이 크면서 피아노를 가르치게 되었는데, 초등학교에 다녔던 큰딸이 피아노 경진대회에서 상을 받게 되면서 학교와 교회를 중심으로 아이들에게 피아노를 가르치게 되어 70세가 넘은 지금까지도 피아노를 가르치고 있다고 한다.

A의 경우 결혼부터 이민 결정, 이민이 이뤄졌던 과정과 이후 생애 전반에 걸쳐 가족 내 전통적인 성별분업에 기반한 젠더관계가 지속된 것으로 보인다. 예를 들어, 부부가 같이 일을 하더라도 가족관계에서 자녀 양육과 집안일은 A가 도맡아 했다고 하는데, 이에 대해 A는 다음과 같이 언급했다.

처음에는 우리 애들부터 먼저 가르치고, 왜냐하면 이 시스템을 알아야 되니까, 내가 가르쳐서 애들을 피아노 경연대회에 내보냈어요. 그랬더니 내가 가르친 학생들이 막 일등을 하고 그러니, 국민학교 2학년 이런 애들이, 그래서 자신을 얻었는데, 어떤 유명한 피아노 선생한테 전화를 했더니, 내 호주 이름을 알고 빨리 오라고 하는 거예요. 그래서 내 애들 두 명을 그 선생한테 보냈어요. 그때 셋째가 태어났는데, 셋째를 데리고… 그때 차가 한 대밖에 없었으니까, 그때 남편은 골프 치러 가야한다고… 우리는 기차를 타고, 유모차를 밀고, 저기 애슈퍼드Ashford, 저 먼 동쪽에 있는 거기까지 늘 레슨을 가는 거예요.

(생략) 하여튼 남자들이 좀 이기적이야, 여자는 얼마나 바빠요. 애 넷 키우고 레슨하랴, 그런데 기저귀를 넣어가지고 걷는 것도 좀 걷어 달라 그러면, 학생들 부모가 앉았는데 내가 어떻게 이것을 걷느냐 하면서! 그것을 안 걷으면 여기 사람들이 보기에 이상한 거지.

(생략) 그때 우리가 살 때 손님들을 많이 불러가지고, 멜버른에서 제일 많이 손님을 부른 집이 우리 집일 거예요. 골프 치면 그 수십 명 되는 사람들, 그때는 손으로 다 갈비를 다듬어야 되는데, 그거 전부 다 집에서 해야 되는 거라.

위의 내용에 따르면, 자녀 양육뿐 아니라 A씨 부부와 동료 한인들과의 관계에서도 '전통적인' 여성의 역할이 유지·강화된 것으로 보인다. 면담 중에 A는 "제가 매일 밥하고, 애 보고, 피아노 가르치고, 밤늦게까지 손님 치른다고 직접 음식하고 치우고 하는 것보고 워크홀릭이래요. 참 내 누가 좋아서 하나. 할 수 없어서 하는 것이지"라고 언급하며, 남편은 이민 와서 "남자 우선주의"로 산다고 지적했다. 결혼 전부터 친정아버지가 "참아라, 참아야 된다. 겸손해야 된다"라고 늘 말씀하셨는데, 그 때문인지 결혼 후에 A는 "아는 것도 모르는 척하고 살았다"고 한다. 그뿐만 아니라, 혼자서 감당하기 힘들 때 A는 "니가 무슨 불평하노, 좋아서, 좋아서 호강에 받쳤다. 눈 딱 뜨면 내가 겁이 나가지고. 저쪽 방에 가서 울고 그러면서 살았는데, 뭐 이런 식으로 너무 여자의 하는 일을 몰라주는 것, 그때는 그게 서러웠어"라며, 남편에 대해 원망 어린 말을 쏟아냈다. A는 70세가 넘은 현재까지도 집안일은 도맡아 하지만, 아이들에게 피아노 가르치는 일을 지속적으로 하고 있다. 또한 자녀들을 피아노와 바이올린 연주자로 성공적으로 키웠으며 교회와 한인회를 중심으로 사회 참여도 적극적으로 하고 있다. 이런 점에서, A의 경우 호주에서 가족, 친지를 중심으로 한 돌봄 네트워크나 남편이 젠더 역할의 확장을 거부했던 상황에서 A의 '전통적인' 아내, 어머니로서의 역할이 더욱 확장되고 강화된 것을 볼 수 있다. 이는 이민 후에 A가 피아노 강사라는 일을 통해 가족 경제와 자녀 교육에 기여하는 바가 컸고, 사회 활동에도 적극적이었음에도 불구하고, 가부장적 젠더관계는 이민 전이나 이민 후 삶의 전 과정을 관통하며 A의 삶의 조건을 구조화시킨 것으로 분석할 수 있다.

이러한 A의 사례는 다른 여섯 명의 피면담자 중 브라질에서 호주로 재이주한 B의 사례와 가장 유사하다. B의 가족이 이민 준비를 시작했던 1960년대 말에는 5차에 걸친 기획이민이 끝난 시기로, 이민을 떠났던 1971년에 그들은 일반 가족 이민 비자를 받고 브라질로 출발했다고 한다.[11] B의 남편과 아들, 시어머니, 시

---

11 '당시 브라질 이민비자 받기가 어렵지 않았느냐?'는 필자의 질문에 B는 그때 자신은 애들 돌

누이 가족까지 총 16명이나 되는 사람들이 함께 며칠에 걸쳐 브라질 상파울루에 도착했으며, B는 말도 한마디 안 통하는 그곳에서 남편만 믿고 새로운 삶을 시작하게 되었다고 한다. 하지만 도착한 후에 남편이 일자리를 찾는 데 번번이 실패하면서 걱정이 커졌는데, 그래도 남편이 시내의 작은 가게에서 사탕을 만들어서 파는 사업을 시작해서 생계를 이어갔다고 한다. 이민 후 세 아들을 키우고, 시어머니를 모시느라 바깥일에는 신경을 쓰지 못했던 B는 남편이 잠시 한국에 들어간 사이에 어릴 적 재봉사였던 아버지에게 배웠던 자수 실력으로 집에서 재봉 일을 시작하게 되었다. 처음에 남편은 B에게 "남자 체면이 말이 아니니 그만두라"라고 재촉했지만, 결국 그것이 계기가 되어 남편과 함께 상파울루에서 의류사업을 크게 일으켜서 몇 년 사이에 큰돈을 벌게 되었다고 한다. 하지만 의류사업이 번성했던 시기에 브라질의 경기가 나빠지면서 돈의 가치가 떨어지기 시작했고, 그때 사업을 하느라 피폐해진 자신들을 돌아보며 남편이 브라질을 떠나 미국으로 가자고 제안했다고 한다. 하지만 B는 "낯선 타국에서 처음부터 다시 시작한다는 것이 너무 끔찍해서" 남편에게 가고 싶지 않다고 했으나 결국은 남편의 고집을 이기지 못하고 호주로 오게 되었다고 한다. B는 당시에 브라질에 이민 왔었던 상당수 가족들이 브라질을 떠나서 미국으로 재이민을 갔었는데, 자신들이 이민가려고 했을 당시에 미국이 신규 이민자의 수를 대폭 제한하면서 결국 호주에 사업 비자를 신청해서 영주권을 받게 되었다고 설명했다.

하지만 B는 브라질에서 번 돈의 상당액을 투자한 남편의 사업이 호주에서 실패로 끝이 났다는 사실을 언급했다. 우여곡절 끝에 B 부부는 호주에서 쌀과자 사업을 시작해서 큰 성공을 거두었으나, 시장 여건의 변화 및 남편의 사업 전략 실패로 인해 그 사업 또한 오래 지속되지는 못했다고 한다. 두 번째 사업의 실패

보느라 정신이 없어서 관여 안 했지만, 당시에 남편이 브라질 대사관 직원에게 "밥도 사고, 쉽게 말해서 옆에다 계속 찔러주고⋯. 심지어 끌고 같이 등산도 가고 물고기도 잡으러 바닷가에 가서 천막도 치고, 그랬던 생각은 난다"고 언급했다. 그러면서 당시엔 외교부가 그렇게 운영된 것 같다는 말을 덧붙였다.

결과, B는 남편과 더 이상 함께 사업을 하지 않기로 결심했다고 했는데, 그 이유에 대해 그녀는 "중요한 결정은 주로 남편이 혼자 내리고, 고집스럽게 추진하다가 결국 실패하곤 했다"고 언급한 바 있다. 한편, B는 자신의 삶에서 가장 어렵고 도전적인 일이 시댁 가족과의 관계 유지였다고 한다. 결혼 후 브라질에서, 그리고 호주에 와서 살면서 집안일과 바깥일 모두 챙기면서 "별난" 시어머니와 시누들 때문에 하루도 제대로 쉬어본 적이 없다는 것이다. B는 두 번의 이민과 자신의 '기구한' 이민 생활을 기록하기 위해 자서전(송홍자, 2014)을 집필했는데, 필자에게 자신의 결혼과 이민 생활 중 가장 힘들었던 순간에 대해 적은 내용을 읽어보라고 추천했다. 그 내용 일부를 살펴보면, 시집와서 처음 욕을 듣고 놀랐던 경험과 대학을 졸업하고 이민을 와서 시어머니와 시누네 세 가족까지 돌보아야 하는 자신의 '식모'와 같은 삶을 한탄하는 내용이 포함되어 있다(송홍자, 2014: 196~200).

늘 시댁 식구들 뒤치다꺼리를 해도 불만만 제기했던 시어머니 때문에 B는 남편과 이혼까지 생각하며, 가출도 해봤다고 말했다. 하지만 결국은 가족의 품으로 돌아오게 되었다며, 자신이 참고 인내하는 것 외에는 방법이 없었다는 말도 덧붙였다. 이러한 B의 삶의 경험은 이민과 경제 영역의 역할 확대에도 불구하고 결혼으로 인해 맺어진 가부장적 젠더관계는 변화되지 않은 모습으로 유지·강화되었다는 점을 시사한다. 불평등한 젠더관계를 변화시키기 위한 B의 노력은 결국 다른 가족 구성원의 인식과 태도를 변화시키지 못한 채 가족의 해체라는 위기 상황을 스스로 무마하는 것으로 끝을 낸 것으로 파악된다. 이런 점에서, B는 A와 마찬가지로 소수 그룹 출신의 이민자라는 사회적 맥락 속에서 경제 활동을 통해 자존감 증진 및 사회적 지위 향상 등을 이뤄냈지만, 가족관계에서는 가부장적 관행으로부터 자유로워지지 못한 것으로 볼 수 있다.

3) 가족 재결합을 통한 갈등과 사회적·경제적 계층 이동

호주 한인 '1세대'를 집단별로 파악할 때, 파월 기술자와 그들 가족의 수가 가장 많다. 파월 기술자와 그 가족들은 대략 10여 년 정도 베트남과 한국에서 따로 떨어져 살았던 것으로 파악된다. 이민 전에 C1과 C2는 자신과 아이들이 남편과 아버지의 부재가 시간이 지날수록 익숙해져서 생활에 큰 어려움이 없었다고 전했다. 필자와의 이러한 이야기 중에, C1과 C2는 10년 만에, 그것도 호주라는 먼 타국에서 남편과 다시 재결합하는 것이 쉽지만은 않았다고 당시를 회고했다. 두 피면담자 모두 남편이 베트남에서 근무할 당시에 소위 현지 '애인'이 있는 것을 알고 있었음을 언급했다. 이에 대해 C1의 경우에는, "그 당시에 건강한 남자가 외국에서 그렇게 오래 생활했는데 설마 '현지 애인'이 없었겠냐"며, "그때는 다른 사람들도 다 그러고…. 남자는 여자랑 정기적으로 같이 자야 한다고 알고 있었어요.[12] 그래서 남편한테 '애인'이 있다는 것을 짐작은 했지만, 결코 물어본 적은 없어요"라고 말했다. 이와 유사한 내용의 진술은 C2에게서도 들을 수 있었다. 덧붙여서, C1은 "호주에 와서도 남편에게 절대 안 물어봤어요. 내가 자존심이 있지"라고 말했다. C2의 경우에도, "우리 남편은 그래도 여자한테 딸린 애기는 없었어요. 그냥 다른 사람에 비하면 그 정도면 됐다 생각했어요"라고 당시의 심정을 설명했다.

---

12 빈넬에서 근무한 두 명의 파월 일반 기술자 두 명의 구술 면담이 담긴 윤충로의 연구에 따르면, 빈넬에서 근무한 한인 기술자들이 외출 시에 자주 들렀던 곳은 음주와 성매매가 가능했던 기지촌인 '수진마을'('소전'이라는 베트남어를 한국식으로 부른 것)이었다(윤충로, 2006: 236). '수진마을'에서 술 먹고 색시들과 놀았던 기술자들이 많았기 때문에 한때는 '수진에서 낭비 말고, 한국에 가서 쓰자'라는 현수막이 마을에 걸린 적도 있었다고 한다. '수진마을'이 위치한 깜라인만 지역에는 베트남인 여성과 한국인 기술자 사이에 동거가 많이 이뤄졌다고 하며, 그들 중 일부는 정식 결혼을 한 것으로 전해진다. 한국 기술자와 베트남 여성 간의 정식 결혼은 당시 한국 언론에서 보도된 바 있으며, 그들의 결혼이 결속하는 한·월 관계로 비교되기도 했다고 한다(김주현, 2017: 301).

C1과 C2의 이러한 설명은 호주 한인 '1세대'의 호주 이민과 정착 경험에 관해 기술된 저서인 『스텔라 김의 호주와 이웃하기』(김은경, 1997)에도 자세히 소개되어 있다.[13] 면담을 통해 만났던 스텔라 김은 파월 기술자의 딸로서, 본인 나이 스물한 살에 아버지의 초대로 어머니와 동생들과 함께 호주로 이민했다고 언급했다. 2021년 현재 멜버른에서 한인들을 중심으로 한 주간지 발행 및 방송인으로 활동하고 있는 그녀는 자신의 경험뿐 아니라 한인들의 다양한 삶의 경험을 저서에서 당시 '1세대', 특히 파월 기술자들의 가족 재결합에 대해 그녀는 "아이러니컬하게도 그 책임 없는 따이한들이 질책의 대상이 되는 것처럼 책임을 완수한 따이한이 호주 한인 사회에선 문제가 되었다"고 언급했다(김은경, 1997: 181~182). 이는 즉, 베트남 부인과 자식을 베트남에 남겨 두고 온 한인뿐 아니라 호주로 데리고 온 한인들도 모두 사회적 질책을 피할 수 없었다는 것이다. 그 이유는 베트남에서 온 가족, 주로 자녀가 있는 상황에서 한국의 가족을 초청해서 함께 사는 상황이 발생했기 때문이다. 이런 이유로 그녀는 그들의 자녀들, 특히 사춘기에 접어든 10대들이 이민 생활 적응은 물론이고 가정에서의 부조화 때문에 상당히 어려운 시간을 보냈다고 언급했다.

이 저서의 내용은 C1과 C2가 '자존심' 때문에 베트남 '애인'의 존재에 대해 남편에게 절대 물어보지 않았다고 언급한 면담 내용이 다른 파월 기술자 아내들에게도 적용된다는 점을 보여준다. 특히 위 내용은 오랜 기간 멀리 떨어져 살았던 남편에게 당연히 '애인'이 있었을 것이라고 짐작했지만, 그것을 당사자에게 직접 확인하지 않았던 것이 아내들에게 '없었던 일'로 치부된 것은 아니라는 점을 알려준다. 아내들이 남편에게 직접적으로 묻지도, 화내지도 못했다는 사실은 당시 한국 사회나 호주 한인공동체에서 남성의 성적性的 욕망과 실천이 관대하게 받아들여졌고, 그것을 '말'로 표현하지 못했던 아내들은 한편에서는 '화'를 억누

---

13 스텔라 김의 저서 『스텔라 김의 호주와 이웃하기』는 그녀의 한국 이름인 김은경으로 출판되었다.

르며, 다른 한편에서는 '딸린 애'가 없다는 점을 '다행으로' 여기며 평생 상호 모순적인 감정을 느끼며 살았다고도 추측할 수 있다. 파월 기술자 남성의 10여 년에 걸친 베트남에서의 생활은 부부관계뿐 아니라 아버지-자녀 관계에도 영향을 미친 것으로 보인다. 이에 대해 스텔라 김은 자신의 저서에서 '1세대' 파월 기술자 가족의 재결합은 남편과 아내뿐 아니라 자녀들에게도 전환기적인 '사건'이며, 가부장적이고 권위적인 아버지, 남편의 태도는 곧 가족 내 갈등의 불씨가 되었다고 언급했다(김은경, 1997: 181~182).

한편, '1세대' 여성들의 이민 전후의 삶을 비교했을 때, 가족재결합이라는 중요한 '사건'과 함께 여성들이 경험한 또 다른 변화는 바로 일에 관한 것이다. C1과 C2도 모두 공통적으로 언급한 바에 따르면, 파월 인력의 가족들의 경우 한국에서는 남편, 아버지의 송금으로 인해 돈 걱정 없이 비교적 윤택하게 생활했었지만, 호주에 도착한 이후에는 생활하는 데에 돈이 많이 들었기 때문에 남편뿐 아니라 아내, (성인인 경우) 아들, 딸 모두 일을 하러 다니기 시작했다는 것이다. C1과 C2도 "공장에도 다니고, 청소 일도 해보고, 안 해 본 일이 없다"고 했으며, 처음에는 한국에서의 생활과 너무 달라서 서럽고 적응하기 어려웠지만 그때에는 어쩔 수 없었다고 설명했다. 필자가 면담을 위해 『스텔라 김의 호주와 이웃하기』의 저자 스텔라 김을 직접 만났을 때, 그녀는 자신도 이민 직후에 공장 노동을 시작했었다며, 다음과 같은 에피소드를 소개했다.

처음에 사면령이 내리고, 남자들이 가족들을 무조건 초청했어요. 그래서 1976~1979년에 시드니에 한인 수가 굉장히 많이 늘었어요. 보통 한 가족에 세 명 이상, 부인, 두세 명의 자녀가 함께 들어왔지요. 재밌는 에피소드가 많은데, 호주 간다고 파티 드레스만 잔뜩 해온 아줌마가 당장 그다음 날부터 신발공장에 나가서 일을 하면서, "이게 지상 낙원이냐, 이게 지상 낙원이냐"하며 자기 파티 드레스가 썩고 있다고 불평하는 걸 들은 적이 있어요.[14]

이에 대해, C1의 사례를 설명하자면, 대학 중퇴자인 C1의 남편은 대학졸업자였다. 남편은 미국 회사에 오랜 기간 경리·회계에 관련된 일을 했었지만, 실제 호주로 이민 온 이후에는 마땅한 직장을 구하지 못했다고 한다. 그 이유는 당시에 호주가 필요한 인력은 주로 기계를 다룰 줄 아는 기술자들이었지만 C1의 남편은 그런 기술이 없었던 데다가, 호주에서 C1의 남편이 취업 가능했던 경리 일은 말단직밖에 없었기 때문에 경력직으로 일자리를 구하기가 쉽지 않았다고 한다. 이 때문에 C1은 호주에 입국한 지 얼마 되지 않아 옷 공장에 출근해서 미싱사로 근무했으며, 또한 남편과 함께 청소사업을 시작했지만 오래하지 못했다고 한다. C1은 나중에는 호주 정부가 제공하는 직업훈련 과정을 수료하여 병원 응급실의 수술을 보조하는 인력으로 채용되어 퇴직 때까지 직장 생활을 했다고 말했다. C1은 '1세대' 한인 여성 중에 자신과 같이 퇴직할 때까지 가족을 부양하며 '전문직'에서 일한 사람은 찾아보기 힘들다며, 자신이 살아온 길에 대해 후회는 없다는 점을 강조했다. 하지만 젊었을 때 남편에게 말하지 못하고 살았기 때문에 남편이 세상을 떠난 지금에는 자신의 이야기를 하고 살고 싶다며, 2017년 면담 당시에 자신의 이민사를 담은 에세이 작업을 하고 있다고 전했다.

4) 간호 일과 젠더, 인종 관계

독일에서 간호 근무를 하며 결혼을 한 후 호주로 입국한 D1과 D2의 가족과 일에 대한 경험은 앞의 A, B의 사례와는 다르다. D1과 D2는 호주에 입국한 후 일정 기간이 지난 후에 간호사로 다시 일을 시작했다고 한다. 두 사람 모두 간호사 일을 시작할 수 있었던 데에는 당시 호주 병원들이 필리핀 간호사들을 일정 기간 연수시킨 이후에 자격시험에 합격하면 간호사 자격증을 준다는 정보를 알게 된 영향이 컸다고 한다.[15] D1, D2는 공통적으로 자격증을 취득한 이후 병원

---

14   스텔라 김과의 면담은 2017년 8월 4일 오후에 진행되었다.

보다는 요양원에서 근무했다고 말했다.[16] 그 이유에 대해 두 피면담자 모두 밤 근무를 할 수 있는 근무 조건에 대해 설명했는데, D2의 말을 인용하면 다음과 같다.

처음 내가 간호 연수 받은 병원에서 2년 반 정도 풀타임으로 일했어요. 그런데 거기서 매주 닷새 일하는 게 너무 힘들었어요. 애들 베이비시터 값도 너무 많이 나오고…. 그래서 다른 데로 직장을 옮겼는데, 거기가 요양원nursing home이었어요. 당시에 요양원에서는 순환근무rotating shift가 아니고, 자기 고정된 날을 골라서 일할 수 있었거든요. 그리고 주말에 일하면 수당이 많아서 3일만 일해도 풀타임보다 돈이 훨씬 많았어요. 이민자인 나에게는 그게 훨씬 유리했어요. 베이비시터 값 안 나가고, 수당으로 돈 많이 벌고, 남편과 교대로 애를 볼 수 있었으니까. 주말을 끼고 금, 토, 일, 월 4일을 잡아서 일 했어요. 첫애는 독일에서 낳았고, 둘째 애는 호주에 와서 출산했어요. 남편은 공장에서 일했는데, 애를 (베이비시터에게) 안 맡기고 4일을 일하니까 돈이 조금씩 모이기 시작해서, 대출 받아서 집부터 샀어요.

D1의 경우에는 남편이 매우 가정적이어서 집안일과 자녀 양육에서 남편의 역할이 무척 컸다고 설명했다. 남편이 직장을 마치고 4시쯤 퇴근을 했는데, 퇴근 이후 요리도 하고, 정원 관리도 하고, 아이들 숙제도 봐주고 했다는 것이다.

---

15 백호주의 이민 정책이 폐지되기 전에 호주로 온 필리핀인들은 주로 스페인 혼혈계(메스티조) 필리핀인이었다(Tibe-Bonifacio, 2003: 77). 그들 중 대부분은 남성이민자의 아내로 호주로 온 것으로 전해진다. 하지만 1960년대부터 이미 호주 정부는 필리핀 정부와의 협약을 통해 인력이 부족한 간호직종에 필리핀 여성들을 고용했던 것으로 전해진다(Tibe-Bonifacio, 2003: 96). 1973년 이후에는 필리핀 남성 기술이민자의 아내로 유입된 여성들이 일부 있었고, 이외 상당수 여성들은 호주 남성과의 결혼을 통해 호주로 입국한 것으로 알려져 있다. 한편, 1970년대 후반부터 필리핀 여성 간호사들은 전 세계로 이주하여 일하기 시작했는데, 호주도 그들의 정착지 중에 한 곳이었다.
16 피면담자 D1과 D2, D3 모두 호주의 요양원도 병원처럼 공식 자격을 갖춘 간호사들이 근무하는 곳이기 때문에 간호사들이 어디에서 일할 것인지는 개인적으로 결정했다고 주장했다.

D1과 D2의 두 사례만으로 일반화할 수는 없겠지만, 필자가 현지조사 기간 중에 만난 '1세대' 남녀 피면담자 17명과의 대화를 종합해서 봤을 때, 간호사로 일한 여성의 남편들이 가사와 돌봄 노동에 참여한 시간이 다른 한인 남성에 비해 많았던 것으로 추정할 수 있다. 또한 D1과 D2의 이야기를 통해 추정해 볼 때, 그 이유는 간호사라는 직업의 전문성과 다른 여성들의 직업에 비해 더 나은 임금과 근무 조건 등이 부부간의 불평등한 젠더관계를 일정 부문 완화하는 데에 기여한 것으로 보인다. 더욱이 D1의 경우에는 남편이 형님 내외 및 여동생을 호주로 초청하는 과정에서 비자 취득에 어려움이 생기자 약 2년 반이라는 기간 동안 식당을 운영하며 그들의 비자 취득에 결정적인 도움을 줬다고 한다. D1은 자신이 도와준 것에 대해 남편이 무척 고마워했었고, 그 이후 남편이 자신에게 더 잘해주려고 했었다는 점을 회상했다. 하지만 어렵게 비자를 받아서 그들이 호주로 온 이후에 남편과 형님 내외 사이의 관계가 나빠지자 D1과 남편은 상당한 스트레스에 시달렸다고 한다.

한편, D2는 호주에 온 지 약 10년 만에 간호원장 자리를 맡게 되었으며, 이후 한인으로서는 최초이자 유일하게 요양원을 개원해서 2017년 면담 당시에도 운영하고 있었다. 그녀는 호주인이 운영하던 요양원에서 일할 당시에 자신의 깔끔한 업무 처리 및 문제해결 능력 덕분에 원장의 높은 신뢰를 받았다고 한다. 따라서 요양원 내에서 간호 업무뿐 아니라 행정 등 다양한 업무 분야를 오가며 책임이 따르는 일을 수행하게 되었고, 몇 년이 지난 후에 본인이 직접 요양원 사업을 해야겠다는 결심을 했다고 한다. 그녀가 간호원장직을 그만두고 직접 요양원을 차리기로 결심한 배경을 물은 필자에게 D2는 당시 부간호원장이었던 한 호주 백인 여성의 자신을 향한 인종차별적 태도와 언행 때문이었다고 털어놓았다. 부간호원장이었던 그 백인 여성은 '못사는 나라' 한국에서 온 여성이 자신보다 높은 직책인 간호원장직을 맡고 있는 것에 불만을 품고, 다른 직원들과 고객들에게 D2에 대한 부정적인 소문을 은근히 퍼뜨리고 다녔다고 한다. 처음에는 화가 나기도 하고 억울하기도 했던 D2는 소문이 사실이 아니라는 점을 증명하기 위해 노력했지만, 결국 그럴 것이 아니라 직장을 그만두고 자신이 직접 요양원을 개원하기로 결심했다고 한다. D2는 처음에 전혀 의도하지는 않았지만, 자신이 요양원을 개원하고 고객을 맞이하다 보니 '1세대' 한인들과 그들의 부모 세대가 요양원의 주요 고객이 되었다고 한다. 한국 음식을 제공하고 한인 간호사와 직원들이 근무한다는 점에서 고령의 한인 여성들이 본인의 요양원을 선호하는 것 같다고 설명했다.

D3의 경우에도, 호주에 입국한 이후 요양원에서 근무하다가 퇴직했다고 말했다. D1과 D2가 자녀 양육을 위해 저녁 근무를 지속적으로 할 수 있는 요양원 근무를 선택했다고 한 반면, 독신으로 자녀 양육의 부담이 없었던 D3은 영어 문제로 인해 병원이 아닌 요양원 근무를 택했다고 말했다. D3은 간호장교 때부터 수술실 전담이었는데, 48세에 호주에서 다시 일을 시작하며 의학용어를 영어로 다시 공부하는 것이 자신이 없어서, 수술 담당을 안 해도 되는 요양원을 선택했다는 것이다. 한편, 그녀는 1988년에 저축한 돈으로 한호간호협회를 세웠다고 한다. 당시 한국에서 온 젊은 여성들이 일자리가 없어서 고생하는 것을 봤는데, 그들이 간호사 자격증을 취득하면 일도 하고, 영주권도 받을 수 있겠다는 생각이 들어서 한호간호협회를 세워 그들 여성을 돕고 싶었다고 D3은 설명했다. 결과적으로, 협회를 통해 약 150명의 한인 여성들이 간호사 자격증을 취득했고, 이후 영주권 또한 취득했다고 한다. 그 당시의 성과에 대해, D3은 그 일을 통해 자신의 저축 상당액을 소진했지만 어려움에 처한 여성들을 위해 보람 있는 일을 했다고 생각한다는 점을 언급했다.

결과적으로, 호주로 재이주한 간호사 D1, D2, D3의 사례는 한인 여성이라는 사회적으로 구성된 정체성이 그들의 이민 결정과 과정에 영향을 미쳤지만, 개인적인 선택과 주체적인 대응 방식에 따라 결혼, 가족, 노동 등 각자의 삶의 영역에서 '전통적인' 젠더관계의 와해 또는 변화가 이뤄진 것으로 보인다.

5. 나가며: 호주 한인 '1세대' 여성의 주체적 삶과 권한 강화

앞에서 크게 세 유형으로 나눠 살펴본 피면담자 7인의 이민 전후의 삶의 이야기는 그들의 여성이라는 젠더정체성이 이민 전후 삶의 모든 영역에서 영향을 미쳤다는 점을 보여준다. 그들이 한국을 떠나 해외로 이민을 처음 떠난 시점이 대체로 1970년대 초·중반이었는데, 그 당시 20~30대 여성들에게 직업 선택의 기회가 매우 제한되어 있었다. 대학 교육을 받은 여성들에게도 이는 예외가 아니었으며, 또한 결혼과 이민 후 가족관계에서도 가부장적 젠더관계와 성별노동 분업은 여전히 그들의 삶의 조건 형성에 가장 중요한 변인으로 작용했다. 전문기술 분야로 간주되는 간호직의 경우에는 호주에서 단기간의 연수 과정을 거친 후에 시험에 합격하면 어렵지 않게 일자리를 구할 수 있었다. 이는 1960년대 후반부터 호주 사회의 간호 인력 부족으로 인해 호주 정부가 소수이긴 했지만 필리핀 간호 인력을 유입했다는 점과 연계해서 이해할 수 있다. 면담에 응했던 D1, D2, D3이 남편의 기술 또는 본인의 저축을 통한 투자 이민 프로그램을 통해 호주에 들어왔다는 점도 이를 알려준다. D1, D2, D3의 경험에 따르면, 당시 호주에서도 간호 업무는 여성 집중 직종이었다는 점을 알 수 있고, 낮밤 교대 근무 조건으로 인한 자녀 양육의 문제, 영어 능력 부족, 직장 내 인종차별적 태도 등으로 인해 세 명 모두 병원보다는 요양원 근무를 선호했던 것을 알 수 있었다.

한편, 이들 간호사 세 명을 제외한 면담자 네 명은 한국에서 직장 경험이 조금 있거나 거의 없는 상황이었지만, 이민 후에는 예외 없이 가족경제를 위해 유급노동을 시작했다. 특히 초기 정착 과정에는 학력과 한국에서의 직장 경험과는 상관없이 '1세대' 여성 대다수가 공장 또는 식당, 청소 등의 저임금·저숙련 노동을 한 것으로 볼 수 있다. 이러한 내용은 『호주 한인 50년사』에도 소개되어 있는데, 그들이 주로 일했던 곳은 화장품 공장, 봉제 공장, 신발 공장이었고, 그들 중 일부는 저녁부터 새벽까지 식당 및 청소 일 등 두세 가지 일을 더하며 돈을 벌었다(이경숙, 2008: 229~230).[17] 한국에서 대학을 졸업했던 기술이민자의 아내 A

와 브라질에서 투자이민을 온 B의 경우에도 초기 정착 단계에 그들의 학력, 전공과는 무관한 제조업 공장에 취업을 했다. 이는 앞서 소개한 1970년대 비영어권 국가 출신의 신규 여성이민자 중 다수가 가족경제를 위해 이민 직후 유급노동을 시작했다는 연구 내용에 비춰 봤을 때, 한인 여성도 예외는 아니었다는 점을 시사한다. 그리고 당시 젠더 및 인종화 된 노동시장 내에서 아시아 출신의 기혼 여성이 전문 기술과 영어 능력이 부족한 상황에서 가장 쉽게 종사할 수 있었던 일이 단순·반복적인 손 기술을 요하는 저임금·저숙련 제조업 분야나 서비스업이었다는 조사 결과와도 맥락을 같이 한다. 이후 한국에서 대학 교육을 받았던 여성들 중 일부는 "낮에는 공장, 밤에는 TAFE Technical and Further Education(주립 기술전문대학) 혹은 대학원에서 공부하며 2~3년 안에 공장에서 나와 전문직에 종사하거나 또는 배운 지식을 이용하여 사업을 시작"했던 것으로 보인다(이경숙, 2008: 230). 학위과정 이외에 신규 유입 이민자를 위한 호주 정부의 영어교육 및 다양한 직종의 취업연수 프로그램 등도 '1세대' 여성들의 일자리 경쟁력을 높이는 데에 기여했다. 면담에 응했던 모든 여성이 은퇴 연령까지 유급노동을 했고, 2017년 면담 당시 개인적인 저축 자산과 (또는) 호주 정부의 노인연금 혜택을 받으며 경제적으로 크게 어려움 없이 생활하고 있었다.

이상과 같이 '1세대' 여성들은 호주 이민 이후에 새로운 학위 취득이나 특정 직종 관련 연수과정 및 어학과정 이수를 통해 업무 전문성과 경쟁력을 확대해 나갔다. 특히 한국에서 대학을 다닌 경험이 있는 여성들의 경우가 그러하며, 이 연구의 피면담자 일곱 명 중 여섯 명이 이에 해당된다. 마지막으로, 피면담자 일곱 명 중 한 명을 제외한 여섯 명이 결혼을 통해 가족을 형성했으며, 일부에서는 그들의 경제적 활동에도 불구하고 가족 내 전통적인 가부장적 젠더관계와 성별

---

17 시드니에 주로 거주했던 파월 기술자들의 경우에는 타이어 공장, 자동차조립 공장, 제약 또는 화학 공장 등에서 용접, 기계 수리, 조립 등의 일을 한 것으로 파악된다. 또한 건설 분야에서 일하거나 식당, 슈퍼마켓, 청소업 등 가족들과 자영업을 했던 사례도 찾아볼 수 있다(이경숙, 2008: 214~217).

분업체계가 유지되거나 오히려 강화된 측면이 보인다. '1세대' 여성들의 유급노동이 가족경제에 기여한 바가 크고, 특히 그것이 자녀의 교육 및 소비 등을 위해 필요한 모성 실천의 한 방법이었다는 점에는 의문의 여지가 없다. 하지만 현실적으로는 여전히 한국과 호주 사회 전반에 팽배한 남성생계부양자 이데올로기로 인해 여성 본업은 '바람직한' 모성의 실천 방식으로 여겨지는 가족을 위한 재생산노동이고, 그들의 유급노동은 여전히 부차적으로 간주되었다. 이러한 '전통적인' 젠더관계와 남성에게 관대한 성규범에 기초한 아내의 가족 유지 노력은, 그들이 남편의 혼외 여성관계에 대해 '자존심은 상했지만' 침묵하거나 직접적으로 언급하지 않는 식으로 갈등을 회피하려 했다는 언급으로 드러난다.

정리하면, 이 연구는 이민 주체로서 호주 한인 '1세대' 여성의 삶의 조건에 영향을 준 거시 구조적 맥락을 고찰했다. 1970년대 한국과 호주 양국 모두 산업화를 이뤄가는 과정이었다. 한국에서는 해외 이민 유출을 통해, 호주에서는 해외 이민자 유입을 통해 인구와 노동력 과잉·부족의 문제를 정책적으로 해결하기 위한 노력이 모색되었던 시기였다. 여기서는 그러한 구조에 대응해서 호주 한인 '1세대' 여성이 이민과 삶의 조건에 대해 어떻게 개인적으로 인식하고, 자신의 삶을 구성해 나갔는지에 대해 살펴보았다. 그들의 경험이 집합적인 특수성을 공유하면서도 저마다의 사회적 정체성과 행위성에 따라 다양하게 나타난 측면을 상기하면서, 이 연구는 '1세대' 여성들의 삶의 경험은 이민과 젠더정체성의 상호작용의 결과라는 점을 강조한다. 특히 모국과 이민국의 사회 전반에 구조화된 젠더편견이 이민 전후 여성의 삶에 제약과 함께 기회를 제공했고, 여성들은 구조적인 제약에도 불구하고 주체적인 이민자로서의 삶을 재구성하며 가족과 사회·경제적 영역에서 자신의 권한을 지속적으로 강화시켜나갔다는 점을 강조한다.

이 글은, 선행연구에서 거의 다뤄진 적이 없는 1970년대를 기점으로 타국을 거쳐 호주로 재이민을 한 다양한 배경을 가진 한인 여성에 대한 것이라는 점에서 독창성이 있다. 이들의 이민 시기가 1970년대, 즉 호주의 백호주의 이민 정책 철폐와 베트남전 종전, 또한 개발국가인 한국의 이민 정책이 전개된 시기라는 점에서, 이 연구의 논의 중 일부는 개발과 한인 이주의 관계를 젠더 관점에서 재조명하는 데에 유용한 자료로 활용될 수 있을 것으로 기대한다.

참고문헌

김경희. 2005. 「여성노동자의 작업장 생활과 성별분업: 1970년대 제조업을 중심으로」. ≪산업노동 연구≫, 11(1), 189~220쪽.

김은경. 1997. 『스텔라 김의 호주와 이웃하기』. 서울: 송림출판.

김주현. 2017. 「월남전 후반기(1970~1975) 귀환 서사에 담긴 '한국민 되기'의 (불)가능성」. ≪어문논 집≫, 70, 292~329쪽.

문경희. 2017. 「호주 한인 '1세대'의 이민에 대한 연구: 이주체계접근법과 이민자의 경험을 중심으 로」. ≪인문과학≫, 67, 117~156쪽.

박병태·조양훈. 2008. 「한인동포사회의 역동적 발전(1980~1999년)」. 호주한인50년사 편찬위원회 편. 『호주 한인 50년사』. 서울: 진흥, 73~95쪽.

송홍자. 2014. 『엄마의 바다: 뜨거운 노래 아직 끝나지 않았다』. 서울: 도서출판 하다.

윤충로. 2006. 「파월(派越) 기술자의 베트남전쟁 경험과 생활세계의 변화: 빈넬(Vinnell)사의 사례를 중심으로」. ≪사회와 역사≫, 71호, 217~250쪽.

이경숙. 2008. 「한인들의 직접과 가정 생활」. 호주한인50년사 편찬위원회 편. 『호주 한인 50년사』. 서울: 진흥, 207~232.

정현주. 2008. 「이주, 젠더, 스케일: 페미니스트 이주 연구의 새로운 지형과 쟁점」. ≪대한지리학회 지≫, 43(6), 894~913쪽.

Alcorso, C. 2012. "Family Migration to Australia." *Literature Review-August 2012 presented to Australian Government, Department of Immigration and Border Protection*, pp.1~36.

Australian Government, Department of Immigration and Citizenship. 2011. "Community Information Summary: The Republic of (South) Korea-born." https://www.dss.gov.au/sites/ default/files/documents/02_2014/korea.pdf(검색일: 2017.11.20).

Eccles, S. 1982. "The Role of Women in the Australian Labour Market: A Survey of the Literature." *The Journal of Industrial Relations*, 24, pp.315~336.

Foner, N. 1998. "Benefits and Burdens: Immigrant Women and Work in New York City." *Gender Issues*, 16(4), pp.5~24.

Hondagneu-Sotelo, P. 2000. "Feminism and migration." *Annals of the American Academy of Political and Social Science*, 571, pp.107~120.

Lim, I. S. 1997. "Korean Immigrant Women's Challenge to Gender Inequality at Home: The Interplay of Economic Resources, Gender, and Family." *Gender and Society*, 11(1), pp.31~51.

Moon, S. S. 2003. "Immigration and Mothering: Case Studies from Two Generations of Korean Immigration Women." *Gender and Society*, 17(6), pp.840~860.

Park, K. J. 2009. *Korean Immigrant Women and the Renegotiation of Identity: Class, Gender, and the Politics of Identity*. El Paso: LFB Scholarly Publishing LLC.

Pessar, P. R. 1986. "The Role of Gender in Dominican Settlement in the United States." In Nash, J. C. and H. I. Safa(Eds.). *Women and Change in Latin America*. MA: Bergin and Garvey Publishers, pp.173~194.

Strachan, G. and J. Burgess. 2002. "Unfinished Business: Employment Equality in Australia." *Workplace Equality: International Perspectives on Legislation, Policy and Practice*, Springer. https://research-repository.griffith.edu.au/bitstream/handle/10072/15404/35134_1.pdf%3Bsequence=1(검색일: 2018.01.26).

Tibe-Bonifacio, G. 2003. "Filipino Women and their Citizenship in Australia: In Search of Political Space." Ph.D Dissertation, University of Wollongong.

Weaver, M. 1984. "Immigration for Investors: A Comparative Analysis of U.S., Canadian, and Australian Policies." *Boston College International and Comparative Law Review*, 7(1), pp.113~134.

제6장

귀속의 정치와 재일한인 여성의 국적 문제[*]

이지영

1. 국제이주와 민족주의 그리고 여성

21세기 국제사회가 직면하고 있는 거대한 흐름 가운데 하나가 국제이주이다. 경제 영역에서 신자유주의가 더욱 심화되고 고용이 유연화되면서 전 세계적으로 사람의 대규모 이동이 촉발되고 있다. 2000년 1억 5000만 명이었던 국제이주민의 수는 2015년 기준 2억 4400만 명에 이르러 전 세계 인구의 3.3%를 점하고 있다(IOM's Global Migration Data Analysis Centre, 2015: 5). 이러한 현상과 더불어 폐쇄적 국경과 독점적 주권, 정체성과 성원권에 있어 동질의 국민을 특징으로 하는 국민국가는 점차 약화되고 '국경 없는 세계'가 도래할 것이라는 주장이 증대되었다(Ohmae, 1999).

이와 더불어 국민국가를 기반으로 하는 민족주의nationalism에 대해서도 다양한 논의가 전개되었다. 민족을 자연적인 것, 태고부터 존재하는 공동체로 인식

---

[*] 이 글은 ≪아시아여성연구≫, 57권, 1호(2018)에 실렸던 논문 「트랜스보더 민족주의와 재일한인 여성의 국적 문제」를 수정·보완한 것이다.

하며 그 특질과 구성요소를 규명하는 것을 내용으로 하는 원초주의primordialism (Ozkirimli, 2000; 2005)나 신화, 기억, 상징, 가치 등 문화적 구성요소에 의해 고대나 중세로부터 민족주의가 출현했다고 보며 민족 정체성의 지속성과 재현성을 중시하는(Armstrong, 1982; Hutchinson, 1987; 1994; 2000; 2001) 논의에서 벗어나 민족주의를 커뮤니케이션, 이데올로기, 경제, 정치 분야에서의 근대화 과정의 산물이라는 주장(Smith, 1998; 2001)이 그것이다. 특히 민족주의에 대해 '상상되어지는 것', 사회적으로 구성되는 것이라는 주장(Anderson, 1991)이 확산되면서 민족, 민족주의의 자명성, 선험성은 상대화되었다.

그러나 국제이주의 증대와 상기와 같은 주장의 확산은 국가가 국경 관리 능력을 상실했다거나 민족주의의 형성에서 힘을 발휘하지 못하게 되었다는 것을 의미하지 않는다. 사람의 이동에 있어 국가는 합법적이면서 절대적인 수단을 독점하고 있으며 국가가 원하지 않는 국제이주를 저지할 수단이 없거나 국가가 원할 때 그러한 수단을 사용할 수 없는 것이 아니다. 국가는 누가 국경을 넘어 입국할 수 있는지, 없는지, 국경을 넘는 개인의 이동을 규제하고 있으며 그러한 규제는 출입국관리 정책의 개정과 개인의 신원 확인 기술의 발달로 더욱 정교해지고 있다. 그리고 개인의 신원 확인에서 결정적이면서 보편적인 수단이 국적과 여권이다. 국가는 이 수단을 기반으로 개인을 국가에 귀속시키며 누가 국경을 넘어 입국할 수 있는 바람직한 국민인지, 바람직하지 않은 타자인지를 구분하고 선별하는 것이다(Torpey, 2000). 국가 이동의 통제와 독점, 국적을 매개한 신원의 확인과 보장은 국가의 가장 중요한 주권 행사의 하나로 개인의 이동과 삶, 정체성, 민족주의에 지대한 영향을 미치고 있다(Brubaker, 1994: 227~231). 세계화, 국제이주가 심화되고 있는 21세기 현재에도 이러한 국가의 영향력은 약화되지 않는다는 것이 트랜스보더 민족주의transborder nationalism의 입장이다.

이러한 이동과 귀속의 정치에 있어 한국은 큰 의미를 지닌다(Brubaker and Kim, 2011: 21~75). 1910년 한일강제병합으로 대한제국은 주권을 박탈당했고, 국민은 국적을 상실했다. 1945년 해방이 되었지만 냉전하에 한반도는 1948년 대한민국, 1949년 조선민주주의인민공화국의 두 개의 정부 수립으로 분단되었고 해방 후 귀국하지 않거나 못하고 일본에 잔류한 재일한인 약 53만 명이 존재하게 된다. 이 재일한인의 법적 지위와 처우 문제가 1965년까지 미해결로 남아 새로운 국가 건설과 국민 만들기에서 개인의 국적과 이동을 통해 포섭과 배제의 복합성과 국가 권력의 작동을 잘 보여주기 때문이다. 특히 대한민국에도 조선민주주의인민공화국에도 일본에도 귀속되지 못한 채 국경 밖에서 생을 영위할 수밖에 없는 재일한인은 여전히 민족 그리고 어느 한 쪽의 국가에 귀속되는 것으로 재현됨으로써 늘 트랜스보더 민족주의의 대상이자 실천자였다.

일본은 미국과 중국에 이어 가장 많은 한인 여성이 해외 이주한 국가이다. 일본은 한인 여성의 해외이주사에 있어 그 시발점이 식민지배-피지배의 구舊 제국주의하의 디아스포라에 있다는 점에서 역사적, 경험적, 실천적 차원의 특수성을 지닌다. 1910년대 소수 엘리트 여성의 해외 유학으로 시작된 일본으로의 한인 여성의 이주는 조선총독부의 본격적인 식민지 정책의 영향을 받으며 확대되었다. 1920년대의 산미증식계획에 의한 농촌의 몰락과 도시노동자로서 일본으로의 대량 이출 과정, 1930년대 말 이후 강제동원 과정에서 한인 여성은 식민지민에 대한 차별과 가부장제하 젠더차별의 이중의 피해에 노출되었다. 해방 이후 1946년 12월 말까지 모국으로 귀환하라는 귀환 정책, 귀환하지 못하거나 귀환하지 않고 일본 사회에 잔류한 재일한인 53만 명에 대한 일본의 출입국관리 정책은 트랜스보더 민족주의의 형성과 유지, 균열에 심대한 영향을 미쳤고 그 과정에서 남성은 민족주의의 행위자로, 여성은 그러한 남성의 피부양자 혹은 비가시적인 존재로 그려지고 주변화되었다. 재일한인 사회의 트랜스보더 민족주의는 냉전하의 이념 대립으로 다시 분열되고 1965년 한일국교정상화 회담의 교섭과정과 국교정상화에 따른 협정영주권, 모국의 재일한인 정책으로 분열이 심화되었다.

이 글은 재일한인 여성에 초점을 맞추어 한일 양국의 국교정상화와 출입국관리 정책이 재일한인 여성의 국적 문제에 어떠한 영향을 미쳤는지 분석하고 그 분석을 바탕으로 모국으로의 귀속을 강력하게 촉구하는 한편 개인의 이동을 통제함으로써 배제하는 국가와 일본에서 삶을 영위하면서도 모국과 민족을 지향하고 정체성을 형성해 가는 재일한인 여성의 트랜스보더 민족주의에 대해 살펴보고자 한다.

2. 선행연구와 사례 소개

이주를 주로 남성만의 현상으로 간주해 왔던 국제이주에 관한 연구에서 여성을 주체적인 행위자로 인식하기 시작한 것은 1960년대 서구 산업국에서 이주민의 가족재결합이 이민 정책의 핵심 요소가 되면서이다. 여성이주민은 처음에는 남성이주민의 피부양자로서 남성을 따라 이주하거나 먼저 이주한 배우자와 결합하기 위해 이주하는 수동적인 존재로 다루어졌으나 세계화와 신자유주의의 심화로 인해 여성의 이주가 남성의 이주를 초월하는 이주의 여성화가 나타나면서 여성이 이주하는 원인과 여성의 이주가 송출국과 수용국에 미치는 영향, 이주여성의 삶에 미치는 영향에 관한 연구가 진행되고 있다(이지영, 2013: 233~267; 황정미, 2009: 1~37; Hochschild, 2000; Oishi, 2005).

그러나 21세기 메가트렌드로 일컬어질 만큼 국제이주가 증대하는 가운데 국제이주로 촉발된 국경 밖에 장기간 거주하는 이주민의 성원권과 귀속의 문제, 모국과 이주민의 관계와 정체성 문제에서 여전히 여성에 대한 관심은 부족하다(Brubaker, 2010: 61~78). 이러한 문제는 재일한인의 귀속의 정치와 성원권, 정체성에 매우 중요한 영향을 미친 전후 일본의 출입국관리 정책이나 한일회담과 협정영주권 관련 연구에서도 지적할 수 있다.

일본의 출입국관리 정책은 주로 노동 정책이나 외국인 정책의 일환으로 다루어져 단순 거주와 취로를 인정하지 않는 엄격성과 폐쇄성을 비판하는 연구와 그 변화에 대한 연구가 진행되어 왔다(明石純一, 2010; 近藤敦, 2014: 79~86). 최근에는 이주의 여성화 현상을 배경으로 일본의 출입국관리 정책이 이주여성, 특히 아시아 이주여성에게 어떠한 영향을 미치는지에 관한 분석이 이루어지고 있으나(이지영, 2012: 257~287) 여성이 주요 분석 대상으로 인식되는 연구는 많지 않다.

한일회담에 관해서는 거시적으로는 냉전의 국제체제가 한일회담의 개최와 전개에 미치는 영향을 분석한 것과 미시적으로는 각 의제에 관해 구체적으로 분석한 것이 있다(국민대학교 일본학연구소, 2010a; 2010b). 1951년부터 1965년까지 7차에 걸쳐 14년간 진행된 한일회담의 주요 의제는 청구권 문제였으며 재일한인의 법적 지위와 처우 등 기타 의제는 청구권 문제를 협상하기 위한 교섭의 수단으로 사용되거나 부차적인 문제로 다루어져왔다(장박진, 2014: 9). 재일한인의 법적 지위와 처우에 관한 연구는 그 교섭 과정과 재일한인의 국적 문제에 초점을 맞춘 연구가 진행되었는데 대부분의 연구가 재일한인의 기본적인 인권과 이동권을 침해하거나 제한한 박정희 정권과 일본 정부를 비판하고 있다(김부찬, 2012: 25~58; 노영돈, 2009: 675~727; 이성, 2009: 293~326; 이재승, 2013: 187~222; 장박진, 2009: 29~59; 小林玲子, 2011: 297~324). 재일한인의 법적 지위와 처우에 관한 연구에서도 국제관계, 국가의 정책, 그 정책 과정에만 관심이 집중되어 주요 행위자인 재일한인, 특히 재일한인 여성에 대해 분석한 연구는 거의 없었다. 최근에는 협정영주권이[1] 재일한인의 국적에 미친 영향과 경계를 넘어 이동한 개인 행위자로서의 재일한인과 그들의 생활세계에서 이 이동이 갖는 의미에 관한 연구가 진행되고 있으나(한영혜, 2017: 161~218), 이 연구에서도 성별은 주요 변수로 다루어지지 않고 있다.

이 글은 이러한 선행연구를 보완하기 위해 국가가 개인의 이동을 통제하고 규제함으로써 국민국가 건설과 귀속의 정치를 전개하는 트랜스보더 민족주의의 관점에서 한국과 일본의 출입국관리 정책과 재일한인의 법적 지위, 처우의 문제를 분석하는 한편, 재일한인 여성을 주요 분석 대상으로 삼아, 트랜스보더

---

1   협정영주권에 대한 자세한 설명은 4절을 참고할 것.

민족주의와 귀속의 정치 전개 과정에서 재일한인 여성이 어떻게 주체적으로 대응하며 자신의 국적을 선택하고 정체성을 형성해 나갔는지 살펴보고자 한다. 이러한 분석을 위해 문헌연구와 면접조사가 실시되었다. 면접조사는 2017년 7월 18일부터 21일까지 〈표 6-1〉과 같이 재일한인 여성 일곱 명과 재일본대한민국민단(이하 민단)[2] 소속 남성 두 명에 대해 실시했다.[3]

면접조사는 반구조화 질문으로 진행되었는데, 2017년 7월 현재의 국적과 국적 변경·유지의 이유, 한일 국교정상화와 협정영주권, 출입국관리 정책에 대한 평가, 자신의 삶에 있어서 국적의 의미, 한일 양국 정부와 사회에 대한 요구에 초점을 두었다. 귀속과 정체성의 문제는 국가의 제도와 정책, 합법적 서류에 의해서만 결정되는 것이 아니다. 개인적 차원, 그리고 사회적 차원에서 구성되기도 하며 그 표현 형태 역시 사회적으로 세대에 걸쳐 관리되고 변화되며 때로는 재생산되기도 한다. 그렇기에 귀속과 정체성의 문제는 제도와 행위자의 인식과 실천 사이의 복합체이며 이러한 복합체를 분석하기 위한 중요한 방법론적 기법이 면접, 구술사, 생애사와 같은 질적 연구방법이다. 방법론의 핵심은 당사자의 입장에서 문제를 재구성한다는 것이다.

최근에는 재일한인 여성에 초점을 맞춘 구술사 연구가 진행되고 있다. 안미정(2010: 403~440)은 제주도 출신의 세 여성의 생애를 통해 한인 여성들이 오사카로 이주 후 오사카와 고향 제주도의 가족과 친족을 잇는 중요한 매개자 역할을 하고 있음을 분석했다. 또한 박신규와 조현미(2017: 467~490)는 재일한인 여성의

---

2   민단은 1946년 10월에 창단했으며 창단 당시 공식 명칭은 재일본조선거류민단이었다. 1948년 대한민국정부 수립에 따라 민단은 재일본대한민국거류민단으로 개칭했고 1994년에 재일본대한민국민단으로 다시 명칭을 바꾸어 오늘에 이른다.
3   민단은 1965년 한일 국교정상화 이후 재일한인에게 협정영주권을 부여하는 과정에서 한국 정부로부터 영사 업무를 위임받아 재일한인의 호적 문제, 국적 취득 문제를 담당했다. 이 면접 대상자들은 오사카 민단 각 지부의 간부로서 당시의 상황에 대해 상세하게 알고 있어 이들에 대한 면접은 재일한인들의 국적 문제를 둘러싼 인식과 갈등, 선택의 일단을 규명하는 데 의미가 있다.

〈표 6-1〉 면접조사 대상

대상	세대	성별	거주지
A	1.5세*	여성	교토(京都)
B	1.5세	여성	오사카(大阪)
C	1.5세	여성	도쿄(東京)
D	2세	여성	오사카
E	3세	여성	오사카
F	3세	여성	오사카
G	3세	여성	오사카
H	뉴커머	남성	오사카
I	뉴커머	남성	오사카

주: 재일한인은 1952년 4월 28일 일본과 연합국 간의 샌프란시스코강화조약 발효 일을 기점으로 그 이전에 한 반도에서 일본으로 이주한 세대를 1세대, 이주 이후 일본에서 출생한 세대를 2세대라 칭한다. 1.5세대란 1세대의 자녀로 1세대를 따라 일본으로 이주한 세대이다. 또한 이들은 올드 커머(old comer)라고 해서 구 (舊)정주자이며, 한일 국교정상화가 이루어진 1965년 이후 한국에서 일본으로 이주한 사람들을 뉴 커머(n ew comer), 즉 신(新)정주자로 일컬어지고 있다. 구정주자는 이미 5세대까지 이어지고 있으며 신정주자 도 3세대가 등장하고 있다.

생애사를 통해 재일한인 여성의 삶의 과정에서 두드러지는 가장 중요한 정체성이 결혼 이후 나타나는 어머니로서의 정체성임을 밝히고 있다. 이 글도 이러한 연구의 연장선상에 있는데, 기존 연구가 주로 재일한인 여성 1세를 대상으로 한다면, 이 글은 1세에서 3세까지를 다루고 있어 세대별 변화와 차이를 함께 파악하고자 했다. 또한 재일한인 여성들의 구술을 통해 일본에서의 삶의 진행과 실천, 선택이 사회구조와 제도의 형성, 그 변화와 함께 어떻게 역동적으로 펼쳐지는지를 귀속의 정치와 국적 선택의 문제로 파악하고자 한다.

3. 패전 후 일본의 국가 건설과 귀속의 정치: 재일한인의 비국민화 와 이동의 통제

1945년 8월 15일 패전한 일본은 9월 18일부터 연합국총사령부SCAP: Supreme

Commander for the Allied Powers에 의한 점령통치에 들어가게 된다. 6년 8개월여에 이르는 SCAP의 점령통치 기간, 1952년 4월 28일 샌프란시스코강화조약의 비준으로 주권을 회복하고 국제사회에 복귀한 일본의 최대 과제는 새로운 국가건설이었다. 그 과정은 식민지를 상실하고 새로운 국경과 신일본국헌법을 기초로 하는 전전과는 단절된 전후 일본이라는 나라에 누구를 그 국경 안에 국민으로 귀속시켜 동등한 권리와 의무를 부여할 것인지, 누가 새로운 국경 안으로 들어와서는 안 되는지, 누가 그 국경 밖으로 강제 퇴거시켜야 할 바람직하지 않은 타자인지를 서류와 문서, 행정체계를 통해 합법화하고 제도화하는 귀속의 정치의 과정이며 민족주의의의 재구축의 과정이었다고 할 수 있다. 재일한인 여성의 면접조사 결과를 검토하기 전에 일본의 패전 이후 한일 간 국교가 없었던 1965년까지의 재일한인의 법적 지위는 어떠했으며 일본 정부는 재일한인을 어떻게 처우했는지 살펴보기로 한다.

SCAP은 1946년 4월 6일부터 12월 15일까지, "중국인 및 타이완 및 조선인의 귀환"이라는 구식민지 출신자들의 공식적인 계획 귀환을 대대적으로 실시했다. 이후 재일한인의 귀환은 수시로 또는 자발적으로 이루어지는데, SCAP의 공식 통계에 의하면 1945년 9월부터 1950년 5월까지 귀환한 재일한인은 총 94만 5848명이다. 그러나 계획 귀환이 시작되기 이전에 이미 개인적으로 선박을 빌려 귀환한 사람들을 포함하면 그 수는 약 150만 명 정도에 이를 것으로 추산된다(김광열, 2010: 132~135).

이후 일본 정부는 출입국 관리 및 외국인 관리를 전반적으로 관장하는 칙령을 공포하는데 1947년 5월 2일 공포된 '외국인등록령'에서 구식민지 출신자는 '당분간 외국인'으로 간주되었다. 이 외국인등록령의 주요 내용은 외국인의 입국은 SCAP의 허가를 필요로 한다는 것, 일본에 거주하는 외국인에게 등록을 실시하고, 경과 조치로서[4] 1947년 5월 2일 현재 일본에 거주하는 외국인에게 당일

---

4   법령의 제정·개정·폐지의 경우, 구법(舊法)에서 신법(新法)으로의 이행 과정을 원활하게 하기

부터 30일 이내에 등록 신청을 시킨다는 것, 허가 없이 입국한 자, 또는 등록 수속을 위반하여 사법 처분을 받은 자는 강제 추방에 처한다는 것이다. 1947년 9월 30일 최초 등록 인원은 56만 6642명으로 그 내역을 살펴보면 한인 52만 9907명, 타이완인 1만 994명, 중국인 1만 8938명, 기타가 6803명이다. 재일한인이 전체 등록자의 90%를 넘어 대다수를 차지했다. 이렇게 일본 정부는 '외국인등록령'을 실시함으로써 일본으로의 입국을 강력하게 통제하고 재일한인을 관리했는데, 위반자는 최고형으로 징역 6개월, 체형에 처할 수도 있어서 재일한인에 대한 입국 통제와 관리가 비인도적이었음을 보여준다(김광열, 2010: 147~154).

'외국인등록령'에 따라 잠정적 외국인이 된 재일한인은 무엇보다도 참정권이 박탈되었다. 전전에는 선거권과 피선거권이 거주지별로 부여되었기 때문에 조선 호적과 대만 호적에 등재된 재일한인과 재일타이완인 남성에게도 부여되었으나 칙령에 따라 이제 이러한 권리는 박탈되었다. 그리고 해방 후 강력하게 추진된 재일한인의 민족교육운동도 인정받지 못했다. 1946년까지 전국적으로 모국어학습회가 결성되고 초등학교 525개, 중학교 4개, 청년학교 12개 등의 민족학교가 개설되었으나, 일본 문부성은 1948년 1월부터 재일한인의 자녀들도 일본 학교에 취학할 의무가 있다고 하면서 민족학교의 폐쇄 및 개조 명령을 내리자마자 강제 폐쇄를 강행했다(조정래, 2009: 189~192).

SCAP의 점령통치 기간에 일본 정부는 재일한인을 잠정적 외국인으로 배제하면서 이동을 제한하고 안정적인 법적 지위를 부여하지 않았다. 그런데 때로는 재일한인을 일본인으로 간주하면서 일본 학교 취학의 의무를 주장하고 있어 재일한인의 귀속과 성원권 간에 불일치가 발생하고 있었다.

재일한인을 일본인도, 외국인도 아닌 모호한 존재로 다루던 일본 정부는 1951년 9월에 일본과 연합국 간의 전후 처리를 위한 샌프란시스코강화조약이 체결되자 같은 해 11월 1일부터 '출입국관리령'을 시행하면서 제4조에 일반영주

위해 정한 법규를 의미하는 법률 용어.

제도를 규정했다. 그러나 일본 정부는 이 4조의 영주 자격을 재일한인에게는 부여하지 않았다. 1952년 법무성 민사국장 통달 제438호를 통해 모든 재일한인의 일본 국적을 박탈하는 한편 재일한인을 일반 외국인으로 처우하기 시작한 것이다. 1952년 4월 28일 샌프란시스코강화조약이 발효되면서 일본 정부는 일반 외국인인 재일한인에게 영주제도를 적용하지 않고 '법률 126호'를[5] 별도로 제정하여 조약의 발효일을 기점으로 그 이전부터 일본에 체류하거나 출생한 자를 대상으로 재류를 허가했다. 그리고 '법률 126호' 대상자의 자녀에게는 '외무성령 제14호'를[6] 만들어 3년간의 재류를 허가했다. 이 재류 자격 역시 영주 자격이 아니기 때문에 '법률 126호'의 자녀는 3년마다 재류 자격과 외국인등록을 갱신해야 했다(노영돈, 2009: 683~684).

1948년 유엔 총회에서 채택된 세계인권선언은 제15조에서 "모든 인간은 국적을 가질 권리를 가진다. 어느 누구도 임의적으로 국적을 박탈당하거나 그의 국적을 바꿀 권리를 부인당하지 아니한다"고 규정함으로써 한 국가의 국적을 보유하는 것을 기본적 인권으로 간주한다. 그러나 재일한인은 국적을 선택할 권리를 인정받지 못한 채 일본적을 잃었다. 모국은 1948년 이후 대한민국과 조선민주주의인민공화국으로 분단되면서 재일한인은 그 어디에도 명확하게 귀속되지 못한 채 불안정한 법적 지위 상태에 놓이게 되었다. 외국인등록을 할 때 국적란에 등록자의 귀속 국적을 기입하게 되어 있으나 1965년 이전까지 국적란의 국적은 편의상의 것이었다. 등록자가 '한국'으로 또는 '대한민국'으로 기입하면 국적이 한국으로, '조선'으로 기입하면 북한으로 표상될 뿐이었다. 어느 쪽과도 국교가 수립되지 못했기 때문에 재일한인은 마치 무국적자와 같은 상태였던 것이

---

5   이 법률의 정식 명칭은 "포츠담선언 수락에 수반하여 발하는 명령에 관한 건에 근거한 외무성 관계 제 법령의 조치에 관한 법률(ポツダム宣言の受諾に伴い発する命令に関する件に基く外務省関係小命令の措置に関する法律)"이다.
6   이 법률의 정식 명칭은 "출입국관리령 제4호 제1항 제16호 특정의 재류 자격 및 그 재류 기간을 정하는 성령(出入国管理令第4条第1項第16号特定の在留資格及びその在留期間を定める省令)"이다.

다. 따라서 호적상 본적지가 한국임에도 심리적 귀속을 우선시하여 조선으로 기입한 사람도 있고, 본적지가 북한임에도 한국으로 기입한 사람도 존재했으며 한 가족 내에 조선적과 한국적이 병존하기도 했다. 외국인등록의 편의상, 절차상의 국적 표기로서 개인의 귀속과 정체성, 성원권을 결정하는 법적 준거로서의 국적은 아니었다.

즉, 일본 정부는 재일한인에게 '출입국관리령'의 일반영주제도가 아닌 '법률 126호'와 '외무성령 제14호'를 적용하여, 영주 자격을 부여하지 않고 재일한인을 용이하게 강제퇴거조처 할 수 있는 엄격한 조항을 운용했다. '출입국관리령' 제24조에 규정된 강제퇴거사유는 15개 항목[7]에 달했다. 이로써 1945년 8월 15일 이후 1965년 한일 국교정상화가 성립될 때까지 일본 정부는 '출입국관리령'을 통해 한국인의 입국은 엄격하게 통제하면서, 재일한인의 일본적은 박탈하고 안정된 법적 지위는 부여하지 않아 쉽게 강제퇴거할 수 있도록 한 것이다. 1951년 10일 20일의 한일회담 예비회담에서, 일본 정부는 15개 강제퇴거 조항의 유지와 강제퇴거 권한의 확보를 목표로 임했다.

SCAP의 점령통치에서 벗어나 주권을 회복한 일본 정부는 재일한인을 잠정적 외국인이라는 모호한 지위가 아니라 국제법이나 국내법상의 완전한 외국인으

---

7 1. 여권에 기재된 재류 자격을 변경하지 않고 그 재류 자격 이외의 활동을 하고 있는 자, 2. 여권에 기재된 재류 기간을 경과하여 일본에 재류하는 자, 3. 한센병 환자, 4. 정신장애자로 정신병원 등에 수용되어 있는 자, 5. 빈곤자, 방랑자, 신체장애자 등으로 생활상 정부나 도도부현 또는 시정촌으로부터 무엇이든 보호를 받고 있는 자, 6. 외국인등록에 관한 법령의 규정에 위반하여 금고 이상의 실형에 처한 자, 7. 장기 3년 이상의 징역 또는 금고에 처한 소년, 8. 마약 관계법령에 위반하여 유죄 판결을 받은 자, 9. 무기 또는 1년 이상의 징역 또는 금고의 실형에 처한 자, 10. 매음종사자 또는 그 직접 관계자, 11. 기타 외국인의 불법입국을 조장하거나 촉구, 또는 도운 자, 12. 일본국 헌법 또는 정부를 폭력으로 파괴하려는 자 및 그것을 목적으로 하는 정당 기타 단체의 결성자, 또는 가입자, 13. 공공의 복지를 위협하는 정당 기타 단체를 결성하거나 이것에 가입하는 자, 14. 12항목 또는 13항목에서 말하는 정당 기타 단체의 목적을 달성하기 위한 활동을 한 자, 15. 기타 외무대신이 일본국의 이익 또는 공안을 저해하는 행위를 했다고 인정하는 자.

로 규정하면서 재일한인에 대한 비국민화에 힘썼다. 그 수단은 재일한인에 대한 등록제도였다. 이제 외국인이 된 재일한인은 세대 단위로 주소, 성명, 연령, 국적, 체류 자격 등의 개인정보를 등록하고, 개인의 고유한 신체정보인 지문도 날인하여 함께 등록해야 했다. 이 외국인등록증은 재일한인의 신원 증명과 확인 수단이자 재일한인을 비국민화하여 배제하고 관리하는, 일본이라는 국가 권력의 본질이었다. 일본 정부는 재일한인이 이 등록증을 항상 휴대하고, 일본 어디에 있더라도 파악할 수 있도록 주거지를 이전하면 14일 이내에 신고할 것을 의무로 부과했는데, 이를 어길 시에는 20만 엔 이하의 벌금과 징역 1년의 엄벌에 처했다.[8]

4. 한일 국교정상화와 한국의 귀속의 정치: 재일한인의 국민화와 이동의 통제

대한민국 정부 수립과 '국적법' 제정 이후 한국 정부는 재일한인의 귀속에 대해서는 일관된 입장이었다. 재일한인 모두를 새로운 국가 대한민국의 국민으로 귀속시킨다는 것이다. 그리고 대한민국의 국경 밖에 정주하며 일상적 삶을 영위하고 있는 재일한인을 대한민국 국민으로 귀속시키는 수단은 국적이었다. 한국적은 재일한인에게 대한민국의 국민이라는 새로운 정체성을 부여하는 합법적 코드였다. 국가가, 민족이, 국민이 '상상의 공동체'라고 주장된 이후 정체성은 순수하게 주관적인 것으로 이해하는 것이 주류를 이루어왔다. 그러나 중요한 것은 '상상되어지는 것'뿐만 아니라 '상상되게 하는 것'이 존재하고 작동하며 그에

---

[8] 일본 정부는 일본인에게는 1967년에 '주민기본대장법'을 제정하여 시행했다. 법률의 목적은 주민표 해당자의 거주 및 신분관계를 명백하게 한다는 것으로 외국인등록제도와 유사하지만 가장 큰 차이는 지문의 날인과 같은 신체정보의 등록이 없다는 것과 신고 기간 위반 시 5000엔의 과태료의 처분을 받는다는 것이다.

대해 간과해서는 안 된다는 것이다(Torpey, 2000: 10~13). 국적 제도는 특정 개인을 특정 국가에 연결하고 귀속시키며 그 개인의 삶을 영위하고 정체성을 형성하는 데 있어 강력한 도구이다.

한국 정부는 재일한인을 대한민국의 국민으로 귀속시키는 정당성을 다음과 같이 주장했다. 3·1운동을 계승하는 대한민국 정부는 1948년 8월 15일 수립되었지만 국가 자체는 그 이전부터 존재하고 있었고 한국 국적을 가진 사람 역시 '국적법' 제정 이전부터 존재했다는 것과 3·1운동을 계승하는 대한민국이야말로 분단 상황에서 한민족의 유일한 대표라는 것이었다. 따라서 해방 후 재일한인의 국적은 개인이 선택할 수 있는 것이 아니라 일본의 포츠담선언 수락으로 한국적이 회복되는 것이며, 한국적을 회복한 재일한인만이 한민족을 대표할 수 있다는 한국 정부의 국가정체성, 민족의 대표성 주장은 제1차 한일회담 때부터 지속되었다. 즉, 한국 정부는 일본 정부에 재일한인의 국적이 한국임을 확인해 줄 것을 계속해서 요구한 것이다. 그러나 재일한인을 한국적을 지닌 한민족으로 포섭하려는 노력과는 달리 한국 정부는, 일본 정부의 재일한인의 한국 귀환 요구에는 응하지 않았다. 한국 정부가 재일한인의 거주권 확보와 일본 정부의 강제퇴거 조항의 축소, 강제퇴거 권한의 제한을 주장한 것은 대한민국이라는 국가와 한민족의 성원으로서의 권리를 위해서라기보다는 빈곤자와 같은 일본 '출입국관리령'의 강제퇴거사유 대상자를 받아들이지 않으려는 입장의 표출이었다. 1958년 4월 재개된 제4차 한일회담에서 한국 정부는 제3차 한일회담 때까지와는 달리 재일한인의 한국 귀환을 내부적으로 검토하고 있었다. 그러나 이것 역시 재일한인의 성원권을 인정해서가 아니라 당시 추진된 북송사업[9]으로 한국의 한민족 대표성이 훼손되는 것에 대한 대응책이었던 것이다. 재일한인의 한국 귀

---

9   1959년 8월 북한과 일본 적십자 간의 귀환협정으로 시작된 북송사업은 12월 14일 니가타(新潟)에서 첫 귀환선이 출발한 이래 1967년 10월 20일 154차 귀환선이 출항함으로써 일단락되었다. 북송사업은 1971년 재개되어 1984년 187차 귀환선을 끝으로 마무리되었는데 25년 동안 북한으로 귀환한 재일한인은 9만 3339명에 이른다(조정래, 2009: 195).

환과 귀환 후의 생활 비용을 일본이 부담해야 한다는 한국 정부의 주장을 일본 정부가 수용하지 않고 북송사업이 1959년 12월에 실제로 가동되면서, 재일한인의 한국 귀환에 대한 한국 정부의 검토는 철회된다(장박진, 2009: 29~57).

한국 정부는 재일한인을 국민으로, 한민족의 대표로 포섭하고자 하면서도 재일한인의 귀환을 통제함으로써 이들의 거주 공간을 일본 내로 제한하고자 한 것이다. 이렇게 한국 정부에 의한 재일한인의 한국 국민, 한민족의 대표라는 정체성 부여와 성원권의 인정은 불일치했다.

박정희 정권이 들어서고 경제 건설을 위한 일본 자금 확보를 위해, 한일회담의 조기 타결과 국교정상화가 최우선 과제로 부상했다. 청구권이 한일회담의 중심 의제로 더욱 중요해지면서 재일한인의 법적 지위와 처우에 관한 한국 정부의 기존의 입장은 제5차 한일회담 이후 일본 정부와 타협하는 것으로 변화하게 된다. 영주권 대상 범위를 좁히려는 일본 정부의 요구를 수용하게 된 것이다. 1965년 6월 22일 한국과 일본은 국교를 정상화하게 되고 재일한인은 해방 후 25년 만에 영주 자격을 부여받았다. "재일한인의 법적 지위 및 처우에 관한 협정"에 의거하여 부여되는 영주권이기에 이른바 "협정영주권"이라고 하며 그 주요 내용은 다음과 같다. 협정영주권은 ① 1945년 8월 15일 이전부터의 일본 거주자, ② 그 직계비속으로 협정 발효일로부터 5년 이내 출생자, ③ 협정 발효 5년 이후에 출생한 ①과 ②의 자녀 1대까지 부여하며, 그 후의 자손의 문제는 25년 후까지 한국 측으로부터 요청이 있으면 재협의한다.

이러한 협정영주권을 통해, 샌프란시스코강화조약 발효와 동시에 일본 국적을 부인당하고 '법률 126호'에 의해 일본에 거주할 권리만을 인정받았던 재일한인과, 그 직계비속으로 3년마다 체류 기간 갱신허가를 얻어야 했던 '외무성령 제14호' 대상자의 일본 거주권은 좀 더 안정화되었다. 또한 재일한인에게 적용되던 '출입국관리령'의 강제퇴거사유가 15개 항목에서 4개 항목[10]으로 축소됨으로

---

10   1. 일본국에서 내란에 관한 죄 또는 외환에 관한 죄를 범해 금고 이상의 형에 처해진 자(집행

써 재일한인의 거주 안정도를 높였다. 그러나 협정영주권은 재일한인의 자손의 문제를 해결하지 못했다는 점, 한국 국적 소유자에게만 인정되어 재일한인의 법적 지위가 협정영주권 보유자와 비보유자로 분열되는 사태를 초래했다는 점, 협정영주권자의 교육, 생활보호, 국민건강보험 등 처우에서 일본 내국인과 동등한 처우를 담보하지 못한 채 일본 정부의 '타당한 고려'에 맡겨졌다는 점은 커다란 한계로 지적된다. 이후 재일한인의 민족교육과 본명의 사용은 인정받지 못했고 일본 정부는 사회보장제도에 국적 조항을 적용하여 재일한인을 어디까지나 외국인으로 처우했다(김부찬, 2012: 42~44).

한일 국교정상화와 협정영주권은 재일한인 사회에 국적 문제를 부각시키며 새로운 균열을 가져왔다. 협정영주권은 협정 발효일로부터 5년 이내에 개인이 신청해야 인정되는데, 신청 시 영주허가신청서, 국적증명서, 사진, 가족관계와 일본국에서의 거주 경력에 관한 진술서, 외국인등록증명서를 제출해야 했다. 한국 정부는 재일한인에 대한 협정영주권의 홍보와 재일한인의 협정영주권 신청 절차에 민단을 활용했다. 민단은 민간단체임에도 마치 한국 정부의 행정기관인 것과 같은 역할을 수행했다. 재일한인에게 협정영주권을 홍보하고 대한민국 국적 등록과 호적 정리, 여권의 제작과 외국인등록 정정의 절차를 일본의 지자체와 함께 지원한 것이다. 그리고 한국 정부는 재일한인의 한국 국적 취득과 협정영주권 신청을 늘리기 위해 '조선적' 재일한인의 고국방문단사업을 추진하는데 민단이 그 추진 주체가 되어 실시하게 된다. 1967년 1월 17일 자로 발효된 협정 비준서에 따라 협정영주권의 신청 만료일 1971년 1월 16일까지 협정영주권 취득자는 재일한인 60만 명 중 약 35만 명 정도였다(한영혜, 2017: 178~183; H와 I에 대

유예를 언도받은 자 및 내란에 부화뇌동한 것으로 형에 처해진 자를 제외함), 2. 일본국에서 국교에 관한 죄를 범해 금고 이상의 형에 처해진 자, 3. 외국의 원수, 외교사절 또는 그 공관에 대한 범죄행위로 금고 이상의 죄에 처해진 자로서 법무대신이 그 범죄행위로 인하여 일본국 외교상의 중대한 이익이 침해되었음을 인정한 자, 4. 일본국 법령에 위반하여 무기 또는 7년 이상의 징역 또는 금고에 처해진 자.

한 면접조사).

한국적을 선택하지 않은 조선적자 25만 명은 대한민국의 국가정체성, 한민족
의 대표성에서 배제된 채 일본에서는 여전히 무국적자와 같은 상태에 놓이게 되
었다. 한일 국교정상화 이후 한국 정부는 조선적자를 북한 국적자로 간주하며
한국으로의 입국을 규제했다.

5. 재일한인 여성과 국적, 트랜스보더 민족주의: 정체성, 기표, 저항
의 수단

그동안 일상생활에서 국적의 의미를 잘 느끼지 못하고 지내던 재일한인은 한
일 국교정상화와 협정영주권으로 인해 국적 선택의 문제에 직면하게 되었고 국
적이란 무엇인지 그 의미를 재조명하게 되었다. 이제 국적은 단순히 외국인등록
을 위해 기입해야 하는 절차상의 귀속, 심리적 귀속의 문제에서 일본에서 현실
의 삶을 규제하고 대한민국 국민, 한민족의 대표성 획득과 법적 권리가 수반되
는 귀속의 문제, 정체성과 성원권의 문제가 된 것이다. 재일한인을 국민화하려
는 한국과 비국민화하려는 일본이 행정체계와 서류화, 성문화의 제도화 과정을
통해 국적과 등록제도 등을 설계하고 재일한인의 이동을 규제, 통제하는 한편
국경을 넘어서까지 전개하는 귀속의 정치, 민족주의의 문제 앞에서 재일한인은
나는 누구이며 어디에 귀속되어야 하는가, 나의 국적은 무엇이어야 하는가를 선
택하고 결정해야 했다. 재일한인 여성도 예외는 아니다.

지금까지 일반적으로 여성의 국적 선택권은 제한적이었다고 일컬어져왔다.
국적은 한 가족의 가부장인 아버지가 선택하면 가족은 따르는 것이고, 남편이
이렇게 하자 하면 수용하는 것으로 이해되었다(I와의 면접 내용). 그러나 이와 같
은 귀속과 정체성의 정치 과정에서 재일한인 여성은 피부양자로서 가장의 선택
과 가족의 결정을 따르기만 하는 수동적인 존재는 아니었다.

이제 재일한인 여성들과의 면접 내용을 바탕으로 국적 문제에서의 그들의 갈등과 선택, 주체성에 대해 살펴보려 한다. 우선 면접 대상자 중 1.5세 재일한인 여성 A의 이야기부터 소개하고자 한다. A는 조선인 아버지와 일본인 어머니 사이에서 태어났다. 아버지는 밖에서는 민족을 위해 활발한 운동을 했지만 가족을 돌보지 않았다. 이 때문에 A는 조선인으로서는 아버지를 존경했지만 딸로서는 좋게 생각하지 않았다. 어머니는 일본인이지만 조선인 부락에서 조선 사람들로부터 많은 사랑을 받았다. 어머니는 A에게 늘, "조선 사람도 차별을 하고 일본 사람도 차별을 하지만 그래도 조선 사람의 차별은 다르다. 그래서 일본 사람과 결혼해서 일본 가정에 들어가 사는 것은 힘들다"고 하셨다. 그리고 항상 A가 조선인으로서 긍지를 가지고 살았으면 좋겠다고 말씀하셨다. 아버지는 아이들 교육과 같은 문제에는 상당히 무관심했다. 고등학생 때 일본인 담임 선생님이 일본 대학의 추천서를 준비해 주겠다고 하셨는데 그때도 어머니는 자신이 일본인이어서 A가 조선 사람으로 살아가는 법을 잘 가르치지 못했으니, 조선인이 많은 곳에서 조선인의 문화, 풍습을 배우면 좋겠다고 하셨다. 그래서 A는 조선대학교에 입학했다. 그곳에서 좋은 선생님들을 만나 그분들을 동경하게 되었고 A도 좋은 선생님이 되고 싶었다고 한다.

　1962년 10월 당시 김종필 중앙정보부장이 방일했을 때 A는 열여덟 살이었다. 일본에서 한일회담 반대투쟁이 있었는데 조선대학교 학생도 참가하게 되어 A도 참가했다. 그런데 일본 경찰이 검문을 했고 외국인등록증을 소지하고 있던 다른 조선적 친구들은 다 잡아갔는데 하프half여서[11] 외국인등록증이 없었던 A와 다른 친구 한 명은 그냥 풀려났다. 이때가 A가 국적에 대해 처음으로 진지하게 고민한 순간이었다. 자신은 조선인이라고 생각하고 조선인이 되기 위해 조선의 대학까지 가서 교육을 받고 있는데 외국인등록증이 없어서 조선인이 아니라고 풀

11　일본에서 국제결혼가족에서 출생한 자녀를 일컫는 말. 이전에는 혼혈이라는 용어가 일반적으로 사용되었으나 차별의 의미가 내포되어 있어 최근에는 잘 사용되지 않는다.

러난 것이다. 조선인이 되려면 조선적으로 외국인등록을 해야 했고 진정한 조선인이 되고 싶었던 A는 이 사건을 계기로 일본적에서 조선적으로 바꾸게 되었다.

이후 A는 조선대학교에서 제주도 출신 불법입국자였던 조선적의 남편과 만나 결혼한 후 오사카로 이주했다. 호적을 샀기 때문에 시아버지 성은 박가였고 남편은 김가였다. 남편의 동생 둘은 제주도로 귀환했고 형 둘은 북한으로 갔다. 가족이 남과 북, 일본으로 뿔뿔이 흩어진 것이다. 바로 분단의 문제가 가족의 비극이 된 것이다. 가족끼리 서로 찾아가고 싶어도 못 가고 만나고 싶어도 만나지 못하게 된 것이다. A의 장남은 일 때문에 조선적에서 한국적으로 변경했고 둘째 아들은 일본 사람과 결혼해서 한국적으로 바꾸었다. 손자도 한국적이다. 딸은 결혼할 때는 조선적이었으나 결혼 후 한국적으로 변경했다. 손주의 취업에 자신의 국적이 제한이 될까 우려해서였다. 처음에는 딸이 국적을 변경한다는 이야기를 듣고 A는 충격을 받았고 타격이 컸다고 한다. 한일회담 이후 협정영주권 때문에 조선적에서 한국적을 선택하는 것도 그런데 이런 문제로 조선적에서 한국적으로 바꿔야 하는 것은 받아들이기 힘들었다. 남편도 곧 제사와 성묘 때문에 한국을 방문하기 위해 한국적으로 바꾸게 되었다.

A는 고민하고 고민해서 어머니의 일본 국적이었던 일본에서 아버지의 한국 국적으로 바꿨는데, 이제 또 다시 국적을 바꾼다는 것은 스스로도 납득할 수 없었다. 일본적에서 조선적으로 바꿀 때도, 다른 사람들은 일본적으로 변경하는데 왜 굳이 조선적으로 바꾸느냐는 일본 공무원의 말이 너무 싫었다. 일본 정부가 민족학교[12]를 폐쇄시켰던 것에 대항하던 "한신교육투쟁阪神教育鬪爭"과[13] 아버지

---

[12] 일본의 '학교교육법' 1조에서 규정하고 있는 학교, 이른바 '1조 학교'에 속하면 일본 문부과학성 검정교과서를 사용해야 하고 학습지도요령을 따라야 하기 때문에 고유의 교육을 펴기가 어려워 민족학교는 각종학교로 운영되고 있다. 각종학교의 경우 일본 사회에서 정식 학력으로 인정되지 않아 조선대학교를 졸업해도 일본에서는 무학력으로 간주된다.

[13] 1948년 1월 24일, 일본 문부성 학교국장은 각 도도부현(道都府県) 지사에 대해 "조선인 설립 학교 취급에 대해서"라는 통지를 내려 조선인 학교, 즉 민족학교를 폐쇄하고 학생을 일본인 학교로 편입시키도록 지시했다. 오사카부와 효고현(兵庫県)은 이에 근거해 조선학교의 폐쇄를

의 장례로 외국인등록 갱신을 하지 못했을 때 범죄자 취급했던 일본 경찰에 대한 증오도 오래도록 있었다. 일본 정부의 탄압과 조선 사람에 대한 차별에 대해 투쟁해 왔고 투옥되었던 아버지를 생각하면 국적을 바꿀 수 없었다. 그래서 A는 말한다. "나는 조선의 핏줄을 이은 사람이다. 재일동포의 역사가 있어서 우리가 존재하는 것이다"라고.

이러한 A와의 면접 내용에서 알 수 있는 것은 분단된 조국 통일을 위한 '하나의 조국'운동과 민족학교운동, 재일한인의 권리획득운동에 전념하느라, 또한 생계를 위해 일하느라 늘 집을 비우는 1세 아버지의 부재이다. 이 아버지의 부재를 메운 사람은 양육자로서 가정교육을 통해 민족의 역사와 문화, 언어를 가르치고 계승했던 1세의 어머니였다. 재일한인 2세 문인이자 일본어로 집필 활동을 하고 있는 고사명高史明은 자신이 모국어를 하지 못하는 것에 대해 '반半쪽바리'라는 뿌리 깊은 열등감을 갖고 있었는데 어려서 일찍 어머니를 여읜 것을 모국어를 습득할 수 없었던 가장 큰 원인으로 들고 있다. 오히려 일본어를 잘 못하는 아버지는 일상적으로 부재여서, 아버지를 통해서는 모국어를 배울 수 없었다고 한다(中村一成, 2017: 1~39). 즉, 국적 선택이나 정체성 문제에서 가부장이 결정적 역할을 하고 여성은 수동적으로 따랐다는 일반적 이해와는 달리, 문화의 전달자, 교육자 역할을 했던 어머니의 영향과 그 영향하에 성장한 1.5세 여성들이 국적과 민족, 혈통을 동일시하며 자신의 정체성의 근간을 국적을 중심으로 형성하는 사례를 볼 수 있다. 남편과 다른 가족들이 편의상, 또는 일과 사업, 장래를 위해 조선적에서 한국적으로 변경하는 가운데, 자신의 조선적을 지키고 있는 A와 같은 경우는 또 다른 1.5세 재일한인 여성 B와의 면접 내용에서도 드러난다.

B는 국적을 기준으로 영주권을 인정하는 것에 반대했다. 1948년에 두 개의 조선반대운동이 있었는데 5월에 남한에 대한민국 정부가 수립되었고 9월에는

명령했는데 이에 대항하여 1948년 4월 14일부터 4월 26일까지 오사카부와 효고현에서 벌인 민족교육투쟁이다. 이 사건으로 SCAP은 전후 유일하게 비상사태를 선언했다.

조선민주주의인민공화국이 수립되었다. 가족의 국적은 모두 조선이었다. 조선대학교 재학 중 김종필이 방일했을 때 하네다 공항에서 농성하며 "나라의 분열, 명실공히 두 개의 조선으로 굳어진다"고 외치며 반대하는 투쟁이 있었다. 국적을 지킨다거나 고집하는 것이 아니라 부모로부터 받은 국적을 왜 바꾸는가라고 문제를 제기한 것이다. B에게 국적을 지키는 것은 민족을 지키는 것과 같은 표리일체의 감각이 있었다. 나라를 빼앗긴 1세의 쓰라림을 피부로 느꼈던 B는 국적은 물러설 수 없는 마지노선과 같았다고 한다.

대학을 졸업하고 가장 힘들었던 것은 일본 사람과 친선 교류하는 것이었다. 1947년 일본 정부가 민족학교폐쇄령을 내려 교육투쟁을 벌이는데 초등학교 4학년 이상의 고학년을 끈으로 묶어 차에 태워 데려갔던 것도 민족학교 문제와 국적 문제 때문이었다. 평화를 위해 공존하자는 일본인도 많고 좋은 일본인도 많아 지금은 그렇지 않지만, 처음에는 일본 사람에 대한 경계가 심했다고 한다. B는 재일한인에게 국적 문제는 식민지 설움에서 시작한다고 말한다. 강제병합을 하고는 조선인도 같은 일본인이라고 하더니, 전쟁에서 지고 나니까 이제는 외국인이라고 하고, 한국과 국교정상화하고 협정영주권 문제로 두 개의 조선을 내세우니, '국적'이라는 말에는 이러한 그간의 설움이 담겨 있다는 것이다. B에게 국적 문제는 민족의 역사를 어떻게 보는지 자기를 표시하는 무기였다. B는 말한다. "조선적은 태어날 때부터 부모로부터 받은 국적이라는 내 마음의 주장이다. 조선적은 나 자신이고 내 부모이다. 내 조상이고 나아가서는 민족이다."

B와 같이 국적을 통해 강한 귀속감을 내세우며 국적과 자신의 정체성을 동일시하는 태도는 또 다른 1.5세 여성 C와의 면접 내용을 통해서도 확인할 수 있다.

해방 직후 1945년 10월에 재일조선인연맹(이하 조련)[14]이 발족되어 민족학교

---

14 해방 후 발족된 최초의 재일조선인 단체이다. 강제해산 이후 재일본조선거류민단과 재일본조선인총연맹으로 분리되어 각각 설립되었다. 재일본조선인총연맹은 1995년에 재일본조선인총연합회(이하 총련)로 명칭을 바꾸어 2021년 현재에 이르고 있다.

를 시작했으나 머지않아 일본 정부에 의해 민족학교폐쇄령이 내려진다. A가 다니던 조련도 해산명령을 받아, A는 일본 학교에 입학하게 되었다. 1학년에서 6학년까지 전교생이 1300명이었는데 학생들도 선생님들도 C가 조선인인 것은 다 알았다고 한다. 강 상류에 주소가 할당되지 않은 조선인 부락이 생겨 약 60호 정도의 가건물이 들어섰는데, C의 집은 조선인 부락과 떨어진 마을에 있어서 C는 조선인 부락 아이들과 다르다는 우월의식이 싹텄다. 조선인이라고 해서 학교에서 괴롭힘 당하는 일은 없었다. 오히려 C가 일본 학생들을 괴롭히는 쪽이었다. 일본 이름을 사용하던 C는 일본 학생들의 생일파티에도 초대되어 가곤 했다. 정말은 조선인이어서 초대하고 싶지 않았는데 초대하지 않으면 나중에 괴롭힐까 봐 어쩔 수 없이 초대했다는 이야기를 나중에 듣게 되었다고 한다. 여학생들과 싸우기보다 남학생들과 더 잘 싸웠다. 조선인은 돌아가라고 남학생들이 놀리면 교직원실이나 교장실로 직접 가서, 아이들이 이런 말을 하는데 내가 어떻게 하면 좋겠느냐고 따졌다. 이런 C의 인생은 초등학교 6학년 때까지는 장밋빛이었다. C는 강했고, 자신 있었고, 당당했는데, 이는 어머니의 교육 덕분이었다고 한다. 어머니는 일본어를 알고 있으면서도 자녀들 앞에서 절대로 쓰지 않았고 자녀의 교육에 열심이었다. A는 어머니가 일본인들에게 멸시받는 것을 보면서 "이놈들 두고 보자"라고 생각했는데, 당사자인 어머니는 늘 당당했다.

B에 따르면 민족학교도 짓지 않고 아무것도 하지 않던 민단이 단기방문단사업을 실시하고 영주권 취득에 관한 실무를 담당하게 되면서 뒷돈을 받는 등 민족과 조국은 생각하지 않는 민단의 배금주의에 대한 반감이 컸다고 한다. "이승만 대통령은 당시 우리에게 돌아오지 말라고 했고, 박정희 정부 때는 우리에게 스파이 용의를 씌웠다. 고향을 방문했는데 스파이로 몰린 것이다. 박정희 정부는 협정영주권을 통해 조선적과 한국적으로 민족의 분단을 정당화했을 뿐이다. 그래서 한국이 민주화될 때까지 죽어도 국적은 바꾸지 않겠다고 결심했다"는 B는 1995년 김영삼 정부 때 한국이 민주화되었고 자녀들 취직에도 문제가 생길까 봐 조선적에서 한국적으로 바꾸었다.

국적을 통해 민족에 대한 자신의 귀속과 정체성을 내세우던 1.5세대 재일한인 여성들의 이야기와 달리, 2세와 3세 여성들의 국적과 정체성의 관계는 다양한 변이를 보인다. 재일한인 2세 여성 D의 면접 내용에서 나타나는 것은 국적과 정체성의 분리이다. 자신의 정체성을 국적과 분리해서 형성해 나가고 있는 것이다.

D의 부모님은 제주도 출신이다. 1945년 해방되면서 한국으로 돌아갔다가 4·3을 겪으면서 일본으로 다시 밀입국했다. D는 세 살 때 일본 출입국관리국의 구치소에 구속된 적이 있다. 아버지가 강제송환 당하지 않기 위해 밀입국한 사실을 자진 신고한 것이었다. 구치소에는 나쁜 사람이 잡혀가는 곳인데 왜 자신이 갇히게 되었는지 무서웠다고 한다. 일본 여성 관리인이 웃는 얼굴로 D의 등을 밀어 구치소에 넣었다고 한다. D는 1983년에 사망한 아버지가 협정영주권자인 것을 몰랐는데, 아버지는 생전에 늘 영주권은 소용이 없다고 말해 왔기 때문이다. D의 체류 자격은 '출입국관리법'상 "정주자定住者"이다.[15] 아버지는 1983년에 사망했는데 나중에 어머니와 영주권 취득을 위해 출입국관리국에 상담을 하러 갔다가 큰오빠가 전과가 있었다는 이유로 연좌제에 걸려 가족 전원이 영주권을 신청할 수 없다는 것을 알게 되었다. 오빠의 전과라는 것은 오토바이 음주운전으로 벌금형에 처해진 것이었다. 아버지가 생전에 영주권은 소용이 없다고 한 이유였다. D는 일본에서 영주권이란 일본에 폐를 끼치지 않는 사람에 한해 주어지는 것이라고 느꼈다. 자이니치在日인데다 여성, 게다가 독신인 자신을 지키기 위해서는 국적과 무관한 전문가의 자격이 필요하다고 생각했다. 그래서 D는

---

[15] 일본의 '출입국관리법'상 체류 자격 중 정주자는 1989년 법 개정으로 신설되었다. 일본은 원칙적으로 단순 거주와 취로를 목적으로 하는 국제이주를 허용하지 않는다. 그러나 전후 유례없는 활황으로 노동력 부족에 시달리던 기업이 외국인 노동자에게 문호를 개방할 것을 강력하게 요구하는 한편 흑자도산이 속출하자 일본 정부는 혈통주의를 우선시하여 일본인 남미 이주자의 후손들인 닛케진(日系人)에게 정주자 자격을 부여하여 닛케진 3세까지 단순 취로를 위해 일본에 거주할 수 있도록 한 것이다.

법률을 공부했고 변호사가 되었다.

쭉 일본 학교에 다녔던 D는 전두환 정부 시기에 대학에 입학했고 처음으로 한국의 역사, 한국어, 한국의 민주화에 대해 공부했다. 그러나 공부할수록 자신이 한국인이라는 것은 무엇인가에 대해 고민하게 되었다고 한다. 정치적으로는 한국이 여전히 무섭다는 인상을 갖고 있었다. 여권에는 국적이 한국으로 표기되어 있지만, 아무리 한국어를 열심히 공부해도 자신의 한국어는 자연스럽지 않았다. 일본어가 자연스럽지만 그렇다고 일본인도 아니었다. 어머니는 늘 일본인과 결혼하면 안 되고, 총련 사람과 결혼하는 것은 절대 안 된다고 말해 왔다. 재일한인의 문제를 1세와 2세는 민족차별의 문제로 인식했지만, 3세부터는 인권침해의 문제로 인식했고, 동등하게 일본에서 살아간다는 인권운동을 벌이고 있었다. D는 그러한 3세들을 지원하고 싶었고 변호사를 지망했다. 사법시험을 합격해도 국적 조항이 있지만, 변호사는 외국인도 가능하다. D는 영주권 없이 정주자 자격으로 변호사가 된 첫 사례였다.

국적은 부모의 역사이지만 그냥 종잇조각에 불과하다고, D는 말한다. 사촌은 조선적이지만 같이 생활해 왔다. 즉, 향토애나 가족은 국적과 동일하지 않으며, 일치할 필요는 없는 것이다. D에게 국적은 정치적인 것이었다. "닛케진日系人의 사건을 맡으면서 더 이해하게 되었다. 3년마다 체류 자격을 갱신해야 하는 정주자인 우리와 같은 처지이구나. 부모는 일본인이지만 일본어를 못하고 자신은 일본인이 아닌 브라질 국적인 닛케진. 일본 사람은 외국인이라고, 브라질인이라고 생각하는데 본인은 일본인이라고 생각하고, 그렇지만 외국인등록은 해야 하고 3년마다 갱신해야 한다. 정체성은 일본인이지만 국적은 브라질. 따라서 국적은 매우 정치적인 것이다."

이 면접 내용에서는 국적은 부모에게서 물려받은 것이고 역사적인 것이지만, 그 본질은 정치적인 것이라는 인식이 표출되고 있다. 따라서 정치적인 국적을 기본으로 정체성을 형성하는 것은 위험하다는 인식도 엿보인다. D는 재일한인 여성으로서는 드물게 한국적이면서도 일본 정부로부터 영주 자격을 인정받지 못하고 3년마다 일본 국내 거주권을 새롭게 부여받아야 하는 정주자이다. 지금까지 간과되어 왔던 한국적이 일본에서 안정적으로 거주할 수 있는 충분조건이 아니며 한국적 가운데에서도 일본 정부가 바람직하다고 인정해야만 일본 국내에 거주할 수 있다는 점을 잘 보여주는 사례이다. 그래서 D는 국적이 아니라 타국인 일본 사회에서 그것도 여성으로서 자립해서 살아갈 수 있는 전문 자격의 소유자, 재일한인 여성 변호사를 자신의 정체성으로 인식하고 있는 것이다.

3세에 이르러서는 국적은 또 다른 의미를 갖게 된다. 바로 일본 사회의 차별에 대한 저항의 수단으로서의 의미이다. 조선적이든 한국적이든 귀화하지 않고 국적을 유지하고 있는 경우 국적은 자신의 정체성을 결정하는 기준이거나 민족에 대한 귀속의 준거라기보다는 차별에 대한 적극적이고 주체적인 저항의 수단이 되고 있었다. 다음은 3세 여성 E에 대한 면접 내용이다. E는 남편과 가족 모두가 한국적이지만 혼자 조선적을 유지하고 있는 경우였다.

E는 조선적이지만, 부모님은 조선적에서 한국적으로 변경했고 E의 남편도 한국적이다. E는 1970년생으로 유치원부터 계속 일본 학교에 다녔지만, 어머니가 한국어와 역사에 대해 이야기해 주었다. 자기 세대에서는 "코리언"이라고 부르는 재일한인 정체성에 대해 사춘기 때부터 고민하기 시작했다. 처음에는 코리언인 가족, 그리고 자신이 싫었다고 한다. 일본에서는 학교교육에 인권교육의 커리큘럼이 있는데 그 인권교육 시간에 "재일 코리언"도 언급되었다. 그때부터 재일 코리언은 일본인이 아니고 자신의 문화가 일본 문화와 다르다는 것을 고민했다. 오랜 기간 이런 생각으로 우울했는데, 고등학교 때 어머니가 총련 여름학습 홍보물을 보여주면서 참가를 권유한 것이 변화의 계기였다. 2학년 때 처음 참가한 여름학습에서 접한 코리언의 이미지는 충격적이었다. 참가자들은 괴롭힘과 차별을 당한 경험을 이야기하면서도 모두, 자신이 코리언인 것에 긍지와 자존감을 갖고 있었던 것이다. C도 코리언으로서 자긍심을 갖고 살아가고 싶다는 마음이 들면서 그때까지 시달렸던 고립감에서 벗어날 수 있었다고 한다. 자신과 같은 입장에 있으면서도 긍정적인 사람들이 많다는 것에 안심했고 이때부터 조선,

조선인에 관심을 갖고 책을 찾아 읽으며 공부하기 시작했다.

어머니는 환갑 무렵에 친구들과 함께 여행하고 싶고 자유롭게 살고 싶다면서 한국적으로 변경했다. 그때 다시 자신의 조선적에 대해 생각하게 되었다. 지금은 E를 제외하고 가족 모두 한국적으로 변경한 상태이다. E에게 조선적은 일본 사회의 차별에 대한 분노의 표출이며, 실제로는 일본에 대해 귀속의식을 가지고 있다. E는 말한다. "일본이라는 국경 내에서 재일한인이 살기 쉬운 세상을 만들고 싶다. 우리는 재일 한국인, 재일 조선인, 재일 코리언 등으로 다양하게 불리지만 한 선배는 말했다. 조선인은 식민지를 상징하는 용어이자 제대로 청산되지 못한 과거의 상징이라고. 나도 생각한다. 조선은 국적이 아니라 기호라고. 그리고 한국도 북한도 선택지에 불과하다고. 조국이 통일되면 통일 조국의 새로운 국적으로 바꿀 것이다. 그때 비로소 국적은 나에게 의미를 가질 것이다."

E의 두 자녀는 조선학교에 다니고 있다. 일반적으로 재일한인의 부모들이 자녀를 조선학교에 보내는 것은 일본의 교육을 신뢰하지 않기 때문이다. E는 민족학급[16]만으로는 정체성 형성에 미치는 영향이 적다고 본다. 민족학교와 더불어 가정교육이 정체성 형성에 중요하다고 생각한다. 자녀들을 조선학교에 보낼 때 남편과 부부싸움을 하기도 했다고 한다. E는 자녀가 민족학교를 졸업해도 다양한 삶과 인생을 선택할 수 있다고 생각한다. 그러나 그 선택은 인생에 대한 뚜렷한 가치관과 자신의 정체성이 전제가 되어야 하며, 그런 환경을 만들어주고 싶었다. 자녀들이 스스로 결정할 수 있는 성인이 되어서 한국적을 선택한다면 인정할 것이다. 자녀들의 인생이나 자유에 제한을 두고 싶지는 않다는 것이 E의

---

16   민족학교가 "각종학교"로 운영된다면 민족학급은 "1조 학교"에서 다문화교육을 위해 운영된다. 일본의 시민사회와 재일한인의 연대운동의 하나로 재일한인이 자신의 역사, 언어, 문화에 대해 학습할 수 있는 권리를 충족시키기 위해 설치되었다. "1조 학교"란 일본의 '학교교육법' 1조에서 규정하고 있는 학교로, 학력이 인정되는 이른바 정식 학교로 일본 문부과학성의 검정 교과서 사용 의무 및 학습지도요령을 따라야 한다. 이에 비해 "각종학교"는 커리큘럼의 자유가 인정되고, 독자적인 교육 노선을 걸을 수 있지만 학력으로 인정받지 못한다.

생각이다.

다음은 한국적을 유지하고 있는 다른 3세 여성 F의 면접 내용이다. 이 내용을 통해서도 국적은 일본 사회의 재일한인 차별에 대한 저항의 수단으로 유지되고 있음을 알 수 있다.

F의 가족은 모두가 한국적이며, 자녀들은 일본 학교에 다니고 있다. 한국적으로 사는 데 차별과 어려움이 있는 일본 사회가 이상한 것이지 잘못한 것이 없는데 왜 내가 국적을 바꾸어야 하는가 하는 것이 F의 문제의식이다. F는 지금으로서는 귀화할 생각이 전혀 없다고 한다. 자녀들이 성장해서 자신의 의사판단으로 귀화를 결정한다면 그것은 존중하겠지만 단지 한국적이어서 차별받기 때문에 한국적이 싫어서 일본으로 귀화하고 싶은 것이라면 다시 생각해 보라고 권유할 것 같다고 한다. 일본 사회가 변화하지 않는 이상 F에게 한국적은 일본 사회에 대한 저항의 수단이다. 일본 사회의 차별에 대한 자신의 의사 표현이며 앞으로 계속 싸워나갈 수단이기도 하다.

F는 재일한인은 일본에서 특수한 존재라고 생각한다. 일본 사회에 70년 이상이나 몇 세대에 걸쳐 삶을 영위하고 사회 구성원으로서 의무를 다하고 있는데 권리 면에서는 늘 배제되어 왔기 때문이다. 그러나 재일한인은 또한 일본에서 다문화사회의 중심이다. 국적이 어떻든 오랜 세월 언어와 문화를 지켜왔고 일본 사회와 공생해 왔다. 2021년 현재 일본에는 재일한인만이 아니라 다양한 국적, 인종의 사람들이 함께 생활하고 있다. 지금까지 재일한인이 축적해 온 경험은 반드시 재일한인 이외의 사람들에게도 도움이 될 것이라고 생각하는 F는 자신의 경험과 재일한인의 경험을 잘 살려서 일본 사회에서 사는 다양한 자이니치들이 차별받지 않고 안심하며 생활할 수 있는 일본의 다문화공생에 기여하고 싶어한다. F는 말한다. "일본 문부과학성은 다문화공생에서 재일한인이 중심이 되는 것은 다른 인종에 대한 차별이라는 기이한 논리로 재일한인의 문화와 언어를 가르치는 민족학급이나 교육에 대한 지원을 없애려 하고 있다. 재일한인뿐만 아니라 다양한 자이니치들을 위해 조금이라고 보탬이 되고 싶다."

"자이니치"는 재일在日의 일본어로 '일본에 있는', '일본에 거주하는' 조선인이라는 의미이다. 그러나 일본에서 식민지였던 한반도 출신자와 그 자손을 일본인과 구분하고 법적 지위와 처우에서 차별하는 하나의 코드로서 작용해 왔다. F의 면접 내용에서도 알 수 있듯이 이제 자이니치는 한반도에 민족적 유래를 지닌 재일 조선인·한국인의 존재를 아우르며 또한 국적·지역의 배타적 경계를 아우르는 개념으로 진화하고 있다. 자이니치는 일본의 식민 지배를 원인으로 일본으로 이주한 재일한인뿐 아니라 일본으로 이주해서 일본 사회에서 삶을 영위하고 있는 다양한 국적과 인종의 이주민의 기표로 확장되고 있는 것이다.

마지막으로 조선적에서 한국적으로, 다시 일본적으로 국적을 변경한 3세 여성인 G와의 면접 내용을 살펴보겠다. G는 자신의 정체성을 국적과 분리해서 인식하고 있다. G와의 면접 내용에서 국적은 서류상 기표의 문제로, 하나의 기호로 재정의 되며, 자신의 정체성은 어디까지나 재일한인이라는 것이 잘 나타난다.

G의 가족은 모두 일본적이다. 남편과 두 명의 자녀도 모두 귀화했다. G는 원래 조선적이었다. 계속 일본 학교를 다녔는데 조선적으로 살면서 일상생활에 불편함은 없었다고 한다. 국적이라는 것이 무엇인지, 자신의 국적에 대해 진지하게 생각하게 된 것은 대학 시절 일본 학생들과 처음 한국을 방문했을 때였다. 조선적인 자신은 자유롭게 한국에 갈 수 없었고, 임시 여권을 발급받아야 했다. 그리고 입국 심사에서 위압적인 분위기로 왜 한국어를 못하느냐고 질문을 하는, 처음 접하는 한국이 두려웠다고 한다. 방한 일정 중 판문점 견학이 있었는데 다른 일본 학생은 다 참여했지만 한국적인 재일한인 한 명과 조선적인 자신은 갈 수 없다고 하여 호텔에서 일행이 돌아오길 기다리면서, 그때 자신의 국적에 대해 진지하게 생각하게 되었다고 한다. G는 그 경험 이후 자유롭게 이동할 수 있는 여권을 발급받고자 한국적으로 변경했다. 조선적에서 한국적으로 바꿀 때 무척 고민했고 마음이 무거웠는데 막상 구청에서 일본 공무원이 일상적인 행정 업무의 하나인 듯 너무도 아무렇지 않게 처리하고 서류 절차도 간단해서 오히려

놀랐다. G는 아, 국적을 바꾸는 것이 이렇게 쉬운 것이었나, 그렇게 고민했던 것은 무엇이었나, 조금 허탈했다.

이후 한국적인 남편을 만나 결혼했는데, 남편이 회사에서 관리직으로 승진하자 그의 상사는 앞으로 더욱 승진하려면 장래를 위해 일본적인 것이 더 편리할 것이라며 귀화를 권유했다. 남편은 가족회의를 열어 상황을 설명하면서, 귀화를 한다면 가족 전원이 하기를 희망했다. 가족회의 결과 귀화를 결정했고, G는 심리적인 갈등 없이 담담히 받아들였다. 처음 조선적에서 한국적으로 변경할 때는 내적 동요가 컸지만, 귀화는 일본 사회에서 살아가기 위한 편의의 수단이라 여겨 별다른 느낌이 없었다고 한다. G는 국적은 서류상의 구분이자 종이에 불과하다고 생각한다. 국적이 조선적이든 한국적이든 일본적이든 자신이 일본에 사는 코리언, 재일한인임에는 변함이 없다. G도 말한다. "일본에는 재일한인뿐만 아니라 다양한 국적의 자이니치들이 살고 있다. 이들이 차별받지 않고 불편함 없이 함께 살 수 있도록 조금이라도 도움이 되고 싶고, 재일한인으로서 그런 역할을 해나가고 싶다."[17]

---

[17] 이러한 변화는 일본의 외국인등록제도와 출입국관리 정책의 변화와도 밀접하게 관련되어 있다. 25년간의 한시적인 협정영주권의 효력 만기가 다가오자 일본은 1999년에 '출입국관리법'을 개정하여 재일한인과 그 자손의 영주를 인정하는 특별영주자 자격을 신설하고 외국인등록 시 실시되던 지문날인제도도 폐지한 것이다. 전후 50년 이상이 지나서야 재일한인은 한국적, 조선적을 불문하고 일본에서 안정적으로 영주할 수 있게 되었다. 또한 2012년에는 외국인등록제도가 폐지되어 외국인 이주민도 기존의 '주민대장기본법'의 대상이 되었다. 외국인등록증을 대체해 재류카드가 발급되는데, 이러한 변화 가운데에서도 재일한인만 별도로 특별영주자 증명서를 발급받게 되어 재일한인에 대한 차별과 관리는 여전히 유지되고 있다는 비판을 받고 있다.

6. '자이니치(在日)' 기표의 확장과 재일한인 여성

지금까지 살펴본 바와 같이 재일한인 여성은 전후 한국과 일본이 새로운 국가 건설과 그 과정에서 국적과 외국인등록제도의 수단을 이용하며 국경을 넘어 전개하는 국민과 비국민의 포섭과 배제의 귀속의 정치, 민족주의의 형성에 있어서 수동적인 존재가 아니었다. 국적의 선택과 유지, 변경, 개인의 귀속과 정체성 결정에 있어 국가의 영향력은 강력하지만 재일한인 여성은 일방적으로 그 영향 아래 놓여 있거나, 남성 가부장의 선택과 결정을 따르기만 한 것이 아니었다. 1세 여성들은 아버지의 부재를 메우며 민족의 언어와 문화, 역사를 가정교육을 통해 자녀에게 계승하는 민족문화의 담지자였고, 국적을 통해 자신의 뿌리를 확인하고 정체성을 형성하는 주체적인 행위자였다. 2세와 3세로 이어져오면서 국적을 통한 정체성 형성, 모국과의 연결과 모국에의 귀속, 민족에의 귀속감은 옅어지지만 국적을 일본 사회에 대한 저항의 의사 표현이자 수단으로 삼고 있음이 나타났다.

모든 면접 대상자는 한국과 일본 양국의 정부나 사회에 국적으로만 자신들을 판단하지 말아 달라고 공통되게 요구하고 있다. 이러한 요구에서도 나타나듯이 재일한인 여성들은 "한국적자는 한국 지지, 조선적자는 북한 지지, 일본으로 귀화한 사람은 일본인"으로 받아들이며 각각의 성원으로 포섭하고 포섭되지 않는 대상을 배제하려는 한국과 일본의 트랜스보더 민족주의에 대해 국적에 지배되지 않는 재일한인으로서의 정체성을 형성하고 있음을 알 수 있다. 이러한 주체적 대응은 일본 사회에도 변화를 만들어내어, 이제 '자이니치'는 더 이상 재일한인만을 표상하는, 재일한인에 대한 차별의 코드가 아니라 일본에 있는 다양한 국적과 인종의 사람들에 대한 기표로 확장되고 있다. 재일한인 여성은 그 자이니치의 중심에 서 있다는 자긍심을 형성하고 재일한인의 역사와 경험, 자신의 실천을 바탕으로 국경을 넘어 일본에서 세대를 이어 민족주의를 구축하고 재구성하려 하고 있다.

참고문헌

국민대학교 일본학연구소. 2010a. 『외교문서 공개와 한일회담의 재조명 1 한일회담과 국제사회』. 서울: 선인.

_____. 2010b. 『외교문서 공개와 한일회담의 재조명 2 의제로 본 한일회담』. 서울: 선인.

김광열. 2010. 『한인의 일본이주사 연구』. 서울: 논형.

김부찬. 2012. 「재일교포 '법적지위협정'의 국제법적 의의와 문제점」. ≪법과 정책≫, 18(1), 25~58쪽.

노영돈. 2009. 「재일한인의 국적」. ≪백산학보≫, 83, 675~727쪽.

박신규·조현미. 2017. 「재일한인여성의 구술생애사에 나타난 어머니로서의 젠더구성과 민족의식 고찰」. ≪일본어문학≫, 76, 467~490쪽.

안미정. 2010. 「국경이 놓인 오사카 재일한인 여성의 가족과 친족」. ≪지방사와 지방문화≫, 13(1), 403~440쪽.

이성. 2009. 「한일회담으로 보는 박정희 정권의 재일동포정책: 귀화와 영주권을 중심으로」. ≪사림≫, 33, 293~326쪽.

이재승. 2013. 「분단체제 아래서 재일 코리언의 이동권」. ≪민주법학≫, 52, 187~222쪽.

이지영. 2012. 「일본의 이주자정책이 여성이주에 미치는 영향: 출입국관리정책, 이주노동자정책, 통합정책을 중심으로」. ≪국제정치논총≫, 52(2), 257~287쪽.

_____. 2013. 「국제이주와 여성: 세계화와 이주의 여성화」. 『젠더와 세계정치』. 서울: 서울대학교 국제문제연구소.

장박진. 2009. 「한일회담에서의 재일한국인 법적지위 교섭의 문제점 검토: 한국정부의 인식과 대응을 중심으로」. ≪한민족연구≫, 8, 29~50쪽.

_____. 2014. 『미완의 청산 한일회담 청구권 교섭의 세부 과정』. 서울: 역사공간.

조정래. 2009. 『천황제 코드』. 서울: 논형.

한영혜. 2017. 「협정영주권과 재일한인 정체성의 재구성: '조선'과 '한국' 경계짓기와 경계넘기」. ≪사회와 역사≫, 113, 161~218쪽.

황정미. 2009. 「'이주의 여성화' 현상과 한국 내 결혼이주에 대한 이론적 고찰」. ≪페미니즘연구≫, 9(2), 1~37쪽.

Anderson, B. R. 1991. *Imagined Communities: Reflections on the Origin and Spread of Nationalism*. London: Verso.

Brubaker, R. 1994. "Are Immigration Control Efforts Really Failing?" In Cornelius, W. A., Hollifield, J. F., and P. L. Martin(Eds.). *Controlling Immigration: A Global Perspective*. Stanford, CA: Stanford University Press.

_____. 2010. "Migration, Membership, and the Modern Nation-State: Internal and External Dimensions of the Politics of Belonging." *Journal of Interdisciplinary History*, 41(1), pp.61~78.

Brubaker, R. and J. Kim. 2011. "Transborder Membership Politics in Germany and Korea." *European Journal of Sociology*, 52(1), pp.21~75.

Hochschild, A. R. 2000. "Global Care Chain and Emotional Surplus Value." In Hutton, W. and A. Giddens(Eds.). *On The Edge: Living with Global Capitalism*. London: Jonathan Cape.

Hutchinson, J. 1987. *The Dynamics of Cultural Nationalism: The Gaelic Revival and Creation of Irish Nation State*. London: Allen and Unwin Press.

_____. 2000. "Ethnicity and Modern Nations." *Ethnic and Racial Studies*, 23(4), pp.651~669.

IOM's Global Migration Data Analysis Centre. 2015. *2015 Global Migration Trends Factsheet*. Geneva: IOM.

Ohmae, K. 1999. *The Borderless World, rev ed: Power and Strategy in the Interlinked Economy*. New York: Harper Business.

Oishi, N. 2005. *Women in Migration*. Stanford: Stanford University Press.

Ozkirimli, U. 2000. *Theories of Nationalism*. New York: Palgrave.

Smith, A. D. 1998. *Nationalism and Modernism*. London: Routkedge.

Torpey, J. 2000. *The Invention of the Passport: Surveillance, Citizenship and the State*. Cambridge: Cambridge University Press.

明石純一. 2010. 『入国管理政策─「1990年体制」の成立と展開』. 京都: ナカニシヤ出版.

中村一成. 2017. 『ルポ思想としての朝鮮籍』. 東京: 岩波書店.

小林玲子. 2011. 「日韓会談と「在日」の法的地位問題」. 李鍾元編. 『歴史としての日韓国交正常化 脱植民地化編』. 東京: 法政大学出版局.

近藤敦. 2014. 「在日外国人の法的地位をめぐる問題」. ≪都市問題≫, 105(5), pp.79~86.

제7장

세월호 광고 캠페인과 '엄마들'의 서사*

트랜스보더 시민활동과 한인 디아스포라의 재구성

김현희

1. 엄마들의 움직임

"Because We Are Moms, We Cannot Ignore."[1]

2014년 4월 16일 발생한 세월호 참사는 한국 현대사의 비극적 사건으로 기록
되었고 그 사건의 여파는 아직까지 지속되고 있다. 세월호 참사는 전라남도 진
도군 앞바다에서 발생한 여객선 침몰 사고로 총 304명의 인명 피해가 발생했고
이 중 246명이 제주도로 수학여행을 가던 경기도 안산시 단원 고등학교 학생들
이었다. 탑승객 476명의 대다수가 희생된 이 참사는 사고가 발생한 16일부터 배
가 완전히 침몰된 18일까지 3일이란 긴 시간 동안 희생자 가족들을 포함하여 한
국인들은 물론이고 해외 한인들까지도 무력하게 그 모습을 지켜볼 수밖에 없었

---

* 이 글은 《다문화사회연구》, 13권, 2호(2020)에 실렸던 「재미 한인여성의 트랜스보더 시민활
동과 정체성의 정치: 세월호 광고 캠페인을 중심으로」을 수정·보완한 것이다.

1 미국 주요 도시에서 미시USA 회원들이 주도한 세월호 추모 시위의 팻말 문구 중 하나이다
(《오마이뉴스》, 2014.6.1).

던 끔찍한 기억으로 남았다. 대부분의 희생자가 고등학교 학생들이었기 때문에 사상 최대의 수학여행 사고로도 기록된 세월호 침몰은 단순한 사고가 아닌 "국가가 국민을 구조하지 않은 사건"이었다(박민규, 2014: 강성현, 2014: 62에서 재인용). 침몰하는 배를 목전에 두고서도 제대로 손을 써보지도 못하고 지켜볼 수밖에 없던 이 사건으로 많은 이가 충격에 빠졌으며 그대로 한국 사회의 트라우마가 되었다. 사건의 충격으로 인한 트라우마뿐만 아니라 그 수습과 대처에서도 무능과 허위로 점철된 과정은 한국 사회의 위기로, 또 많은 이에게 비상사태로 각인되었다. 구조와 후속 조치에서 미흡했고, 참사의 진상규명 대신 온통 언론통제만을 중시하는 듯한 박근혜 정부와 집권 여당의 모습은 시민사회에 국가에 대한 실망감과 배신감이 팽배하게 된 원인이었다(정원옥, 2014: 52~53).

이런 가운데 당시 박근혜 정부에 대한 정면 비판이 해외로부터 나왔다. 2014년 5월 미국의 일간지 ≪뉴욕타임스New York Times≫와 ≪워싱턴포스트The Washington Post≫에 연이어 세월호 사건의 진상규명을 요구하는 전면 광고가 실린 것이다. 이 광고는 미국에서 제일 규모가 큰 한인 여성 사이트인 미시USAwww.missyusa.com의 회원들이 주축이 되어 크라우드펀딩(www.indiegogo.com) 모금 운동을 진행한 결과 광고비용 16만여 달러(약 1억 6500만 원)를 모음으로써 가능했다.[2] 재미 한인여성들의 세월호 광고는 어처구니없고 비극적인 참사에 대한 한국 정부는 물론 기존의 정치계 및 언론들의 태도를 정면에서 비판하는 행동이었다. 미국 언론의 세계적 영향력 특히 ≪뉴욕타임스≫의 위상을 고려할 때 침몰하는 세월호를 연상하게 하는 이미지를 사용한 광고는 전 세계 앞에서 한국 정

---

2   이 모금 운동은 먼저 미시USA 회원들의 제안으로 시작했지만 미시USA 호스트와 모든 회원이 광고를 내자는 의견에 찬성한 것은 아니었고 공식적으로 모금 운동 자체는 미시USA 사이트와 무관하게 진행되었다. 모금 운동에는 미주 지역 여성들을 포함한 전 세계 여러 지역의 한인들이 참가했다. 돈을 낸 사람도 여성들에만 국한된 것은 아니었다. 하지만 광고 캠페인은 미시USA의 게시판에서 나온 의견에서 비롯되었고 다수의 미시USA 회원(일명 미시)들이 개별적으로 여러 게시판과 SNS를 통해 모금 운동을 벌이는 등 적극적으로 참여했다는 사실은 세월호 광고의 주체로 미시USA를 떠올리게 했다.

부의 실패와 무능을 노출시킨 것이나 다름없었다.[3] 여성들로 구성된 광고팀은 같은 해 8월과 9월에도 ≪뉴욕타임스≫에 세월호 관련 광고를 게재했다.

2014년 5~9월 사이 재미 한인여성들이 세월호 광고를 미국의 주요 일간지에 게재한 일련의 행위는 한국 사회에도 큰 반향을 가져왔고 '교포 아줌마', '앵그리 맘', '엄마들'의 분노를 표현한 것으로 알려졌다. 광고 캠페인에 참여한 여성들은 자신들의 행동은 자식을 잃은 억울한 부모의 목소리를 대변하고자 하는 마음에서 우러나온 것이라고 입을 모았고[4] 자식을 위하는 부모의 마음은 국경과 먼 거리에도 구애받지 않음을 보여주었다. 또한 여성들은 희생자 부모를 대변하는 상징성을 가지고, 세월호 사건의 진상규명 및 특별법 제정 운동에 힘을 보태며, 박근혜 정부가 참사의 책임을 회피하고 사건을 축소하려 한다고 신랄하게 비판했다.[5]

세계적 인지도가 있는 미국의 주요 일간지에 실은 일련의 광고는 해외 한인들이 한국 사회에 대해 적극적으로 행동하는 시민 주체의 모습을 잘 드러냈다. 그뿐 아니라 세월호 사건에 대한 한국 밖의 시선을 상기시켜 줌으로써 대외적 이미지를 중시하는 한국 정부를 압박하는 효과를 가져왔다. 재미 한인들이 한국에서 발생한 참사에 대해 미국의 일간지에 광고를 게재한 것은 항상 변화하는 한국 사회와 해외 한인의 관계를 추적할 수 있는 의미가 있다. 세월호 광고 게재 과정과 광고활동 내용은 재미 한인들이 생각하는 '한국', '조국'과 그들의 한국 사회에 대한 관계와 역할이 초국적 맥락에서 생성된다는 점을 잘 보여준다. 재미 한인여성의 사례는 초국적 사회적 장에서 엄마, 가족, 국가(조국)의 의미가 재구성되고 재협상되는 양상을 드러낸다(Fouron and Glick Schiller, 2001).

이 글은 한인 여성들이 세월호 광고 운동에 참가하고 진행한 과정을 해외로

---

3   광고 내용은 '세월호의 진실' 웹사이트(http://www.thetruthofsewolferry.com) 참조.
4   '인디고고' 홈페이지(https://www.indiegogo.com).
5   광고 내용은 '세월호의 진실' 웹사이트(http://www.thetruthofsewolferry.com) 참조.

이주한 여성들의 트랜스보더transborder(국가 경계를 넘나드는) 시민활동으로 접근하여 광고 게재 캠페인의 양상과 의미를 살펴보고 이들 여성이 자신들의 활동에 어떤 의미를 부여하는지 논한다.[6] 세월호 광고 캠페인은 미국에 거주하는 "평범한 엄마"들이 한국에서 일어난 참사를 어떻게 경험하고 초국적인 맥락에서 '엄마', '한인', '미국 시민'의 의미를 재발견하고 재구성하는지를 보여준다. 한인 여성들은 세월호 사건을 통해 '정치'에 무관심했던 평범한 주부·엄마에서 국경과 거주지를 넘어 희생자 부모들과 연대하고 한국 정부와 언론에 대해 비판을 제기하는 주체적 모습을 띠게 된다. 세월호 광고 캠페인 과정에서 한인 여성들은 '종북좌파'라는 비난에 맞서 엄마들의 순수하고 비정치적인 의도를 강조하며 모성을 매개로 하여 자신들의 한국과의 관계와 미국에서의 삶을 연결하고 '한인 디아스포라'와 '조국'에 대한 의미를 적극적으로 재구성하는 데 참여한다.

세월호 광고 캠페인 과정과 후속 조치는 세월호 광고로 촉발된 논쟁에서 한인 여성들이 미국과 한국의 경계, 미국 시민권과 한국 디아스포라 성원권, 시민 주체로서의 역할 등을 협상하고 정립해 가는 모습을 보여준다. 광고 캠페인 활동을 통해 한인 여성들은 한국과 미국 양쪽에 대한 귀속감을 좀 더 강하게 형성한다. 그러나 양국에 대한 소속감이 동등하거나 동일한 방식으로 나타나는 것이 아니라 이들이 인지한 한국-미국의 불균등한 관계, 시민사회 영역의 역량 차이, 각 사회에서의 민주주의 경험의 차이 등에 의해 영향을 받는 모습을 보인다. 이 글에서는 양국 간의 이러한 차이가 '엄마'라는 정체성과 사회적 역할을 통해 매개되는 양상에 주목한다. 세월호 광고 캠페인은 트랜스보더 시민활동이 젠더관계 및 젠더 정체성을 중심으로 구성되는 양상을 보여줌으로써 젠더적 관점에서

---

6   이 글에서는 재미 한인여성들이 어떤 권리를 갖느냐에 중점을 둔 시민권 논의가 중심이 아니라 이들이 하나 이상의 국가에서 시민활동 또는 정치에 참여하는 양상과 그 의미에 관심을 가지고 접근한다. 이런 측면에서 이 글에서 논하는 트랜스보더 시민권은 시민권의 법적 측면보다 시민 주체의 실천으로 구성되는 면에 중점을 두고 한인 여성들의 활동을 트랜스보더 시민활동 또는 시민참여활동으로 부르기로 한다.

한인 디아스포라를 재조명한다는 점에서 의의가 있다.

2. 트랜스보더 시민과 귀속의 정치

우리 삶의 조건은 글로벌화가 진행되고 국가 간 이동이 증가하는 추세에 의해 큰 영향을 받고 있으며, 변화하는 삶의 조건에 맞도록 시민권의 의미가 재구성되고 있다(Berg and Rodriguez, 2013: 60). 트랜스보더 시민권도 한 국가의 시민이라는 영토에 기반한 개념에서 벗어나 복수의 나라에 대한 다중적 귀속을 내용으로 하는 시민권 개념으로서 부상했다(Brubaker and Kim, 2011; Glick Schiller, 2005; Khayati, 2008). 경계를 넘는 행위에 의미를 두는 트랜스보더 시민권은 국경을 넘어서는 이주자들이 귀속되거나 형성하는 성원권의 여러 형태를 논할 수 있게 한다. 두 나라의 국경을 넘나드는 주체들은 다중적 성원권을 보유하고 있을 뿐만 아니라 그 성원권 내부의 역동적 관계를 드러내는 존재들이다(Khayati, 2008: 38~39). 오늘날 이주자들이 형성하는 초국적 네트워크 또는 커뮤니티는 국가의 경계에 구애받지 않고 행동할 잠재력과 정당성(합법성)을 가진 시민 주체들이 움직이는 사회적 장을 생성한다(Khayati, 2008: 38~39). 이런 의미에서 초국적 이주자들은 공간과 정체성의 관계를 재정의하는 존재들이다. 특히 세월호 참사에 대한 ≪뉴욕타임스≫ 광고 캠페인은 젠더 관점에서 지역과 국가의 경계를 넘어서는 이주자들의 성원권과 귀속의 문제를 생각할 수 있는 사례를 제공한다. 세월호 사건은 한인 여성들이 자신들의 위치에서, 미국 시민으로서 조국인 한국을 돌아보는 계기를 제공했다. 미국에서 정주하는 이들의 한국에 대한 관계라는 점에서 한인 여성의 세월호 광고 캠페인은 두 개 국가에 대한 관계 설정 및 협상을 수반한다.

니나 글릭 쉴러Nina Glick Schiller에 따르면 트랜스보더 시민은 복수의 국가에 대해 권리를 주장하거나 요구를 하는 주체다(Glick Schiller, 2005). 기본적으로 트랜스보더 시민권 개념은 사회적 또는 문화적 시민권 개념에서 비롯한다(Khayati, 2008). 트랜스보더 시민들은 하나 이상의 국가polity에 대해 시민으로서의 권리나 정치적 권리 의식을 형성하고 여러 국가의 정치 과정과 정치 문화에 참여한다 (Glick Schiller, 2005: 75). 특히 시민운동 또는 정치 활동에 참여하는 방식으로 양 국에 관여하는 일들이 발생한다. 이들은 양국과 각각 관계를 맺는 양상에 차이 가 있으나, 마치 이중 시민권을 가진 것처럼 행동한다. 그런 의미에서 초국적 공 간은 귀속의 정치를 가늠할 수 있는 일종의 상상의 공동체가 만들어지고 작동하 는 공간이다(Fox, 2005; Fox and Rivera-Salgado, 2004). 또한 이주자들은 복수의 법, 관습, 가치체계 내에서 사는 다중적 경험을 가지고 트랜스보더 시민활동에 참여 한다. 각 나라는 시민으로서 어떻게 행동해야 하는가에 대한 특정 가치체계와 제도적 규칙을 갖추고 있다. 따라서 이주자들이 경험하는 정치적 사회화political socialization는 중층적이며 그 과정에서 발동되는 통치성governmentality 또한 중층적 이다. 트랜스보더 이주자들의 정치적 사회화는 두 개의 다른 사회의 통치성과 정치 구조의 영향을 받으면서 일어난다(Levitt and Glick Schiller, 2004: 1025). 이주자 들은 출신국과 정착국(또는 정주국) 양쪽의 사회적·정치적 분야에 모두 참여하면 서(Fitzgerald, 2006; Waterbury, 2009), 상대적으로 폭넓은 권리와 의무체계에 대한 의식을 가지고 그에 반응한다(Levitt and Glick Schiller, 2004: 1026).

두 나라 사이를 상호 연결하는 유대 또는 네트워크로 이루어지는 사회적 장 에서 이주 경험은 항상 현재진행형이고 이주자들은 새로운 정체성을 형성하 고 표출한다(Khayati, 2008: 39). 이주자들의 새로운 정체성의 표출은 각각 출신 국과 정주국에 대해 차별화되고 다중적인 방식의 귀속을 반영한다. 피츠제럴드 D. Fitzgerald에 따르면, 미국에 생활 기반을 마련한 멕시코계 이주자들은(이 경우 멕시코 재외국민) 정주국에서 쌓은 자본을 이용하여 자신들이 떠나온 지역의 공 공사업 프로젝트들을 재정적으로 지원함으로써 출신지와 이전과는 다른 관계 를 맺으며 지역사회 시민으로서 활동한다(Fitzgerald, 2001: 262; 2008). 이들이 출신 국의 공공사업에 개입하는 양상은 장기간의 부재에도 불구하고 지역사회 시민으로서의 존재감을 유지하면서 자신들의 시민권적 주장을 합법화·정당화함을 보여준다(Fitzgerald, 2008: 1). 한편, 스미스M. P. Smith는 이주자들이 이주 후 출신 국에서 영향력을 행사하는 경험이 정주국의 사회정치적 활동을 활성화시킬 수 있다고 본다(Smith, 2007). 그리하여 그는 한 나라에서 쌓아올린 사회적·정치적 자본은 시간이 지남에 따라 다른 나라로 전이될 수 있다고 주장한다. 이러한 연구가 가지는 함의는 국가 간 이주자들이 초국적 사회경제적·정치적 유대를 유지하면서 양국에서 정치적으로 활동적인 시민이 될 수 있다는 것이다(Fitzgerald, 2001; 2008; Smith, 2007: 1112).

한편, '여기'와 '저기'의 네트워크와 프로젝트를 통해 이주자들이 경험하는 정체성과 자아selfhood의 여러 면들은 시간과 상황의 제약 속에서 형성된다(Smith, 2007: 1105). 그들의 경험은 경계를 사이에 둔 위치에서 사회적 실천을 위한 능력과 자원을 개발시키며 이들이 언제 어떻게 행동에 나설 것인가는 역사적인 순간의 상황에 달려 있다(Smith, 2007: 1105). 초국적 이주자들은 대개 특정 사건이나 위기가 닥치기 전까지 자신들이 떠나온 국가에 대해 구체적인 요구나 주장을 제기하지 않으며 '시민'으로서의 행동을 취하지 않는다(Levitt and Glick Schiller, 2004: 1025) 그러나 특정 사건이나 위기 상황이 발생했을 때 이주자들은 공식적인 시민권을 가지지 않았음에도 마치 시민권을 가진 성원처럼 행동한다. 이주자들의 행동은 이들이 국가로부터 영향을 받을 뿐만 아니라 국가에 영향을 미친다는 사실을 말해준다(Levitt and Glick Schiller, 2004: 1025).

양국의 체제와 시민사회에 관계를 맺고 있는 트랜스보더 시민의 활동을 촉발하는 것은 대개 한 나라의 위기 상황 또는 비상사태이다(Honig, 2009). 해외 한인들이 한국에서 큰 사건이 발생할 경우 도움의 손길을 뻗거나 행동에 나섰던 일은 역사상 드물지 않다. 세월호 사건과 같은 비극적 참사에 해외 한인들이 연대해 세월호 희생자 부모들에게 공감하고 국경과 지역을 넘어서는 사회적 연대를 보여준 것은 그런 역사적 일례이다(Kim, 2016). 세월호 사건이라는 비상사태가 사람들의 "마음속 깊은 곳의 정의 관념"을 불러내고 "더 나은 세상을 위한 희생과 헌신"을 가능하게 하는 인간적 열정을 자극한 것이다(Kim, 2016: 167). 세월호 광고 캠페인을 통해 드러난 것은 애도의 주체로서뿐만 아니라, 세월호 진상규명을 요구하는 정치적 행위자로서 '엄마/어머니'가 부상한 점이다. 엄마들이 "사회적 약자에 대한 연대와 지배 권력에 대한 저항의 주체"로서 나선 것이다(이선민·이상길, 2015: 52). 크론S. Kron은 라틴아메리카의 독재정권에 대항하여 권리를 박탈당했거나 제한된 권리밖에 가지지 못한 자들을 위해 인간다울 수 있는 권리와 시민권을 요구하는 정치적인 주체로서 모성이 전략적으로 동원되었음을 연구했다(Kron, 2016: 580).[7] 크론의 연구는 특정 상황에서 모성은 급진적이고 정치적인 주체로 변모할 가능성을 보여준다. 이는 여성의 내재적이며 자연적인 본질로서의 이타적 모성을 확인해 주기보다 모성의 실천이 국가와 통치성의 틀 안에서 형성되고 시민 주체로서 의미를 가진다는 인식을 가능하게 한다(이순주, 2006; Anagnost, 2000; Kron, 2016; Tyler, 2013).

세월호 광고 캠페인에서 엄마들의 시민활동은 자신들과 자녀들의 한국과의 관계 또는 한인 디아스포라에의 귀속을 전제하고 실천하는 상상의 공동체를 만드는 작업을 수반한다. 초국적 커뮤니티에서 엄마들은 다음 세대의 성원권 의식과 소속감에 영향을 미치는 주 행위자라고 할 수 있다(Erel, 2013; Khayati, 2008). 이주자 가족에서 엄마들은 자녀들의 정착국의 성원권을 확보하고 동시에 출신국과의 친족적·문화적 유대를 지속시키는 일들을 담당하곤 한다. 이런 점에서 이주여성들의 자녀 양육과 돌봄은 초국적 맥락 속에서 일어난다. 돌봄 담당자carework이면서 문화매개자culturework로서의 역할을 수행하는 이주자 엄마들의 귀속의 정치는 자녀와의 관계를 축으로 전개된다(Longman, De Graeve and Brouckaert, 2013). 엄마들의 양육 활동에는 사회적 가치와 정체성을 재생산하는 '정치적' 의미가 있으며 돌봄 행위 자체가 시민권적 실천으로 볼 수 있는 여지가

---

7   이 경우 전략적인 주체 포지션으로서 모성을 정치화하는 사람들(motherist)은 '엄마'가 아니더라도 이에 가담한 여성과 남성들을 포함한다.

있다(Kershaw, 2010: 399; Longman et al., 2013: 388). 엄마들의 시민권 문제는 재생산 정치에서 나아가 자녀와의 유대 및 미래의 보장을 목표로 엄마들이 무엇을 어떻게 할 것인가로 나타난다(Rosenail et al., 2013: 903). 세월호 광고 캠페인에서 엄마로서 행동한다는 의미를 강조하는 한인 여성들의 행위도 아이들이라는 존재를 통해 모국 또는 조국과의 관계를 확인하고 재규정하는 시민권적 실천이라 할 수 있다.

이주여성들은 출신국을 떠나와서도 출신국의 국가와 민족 이데올로기의 구축과 지속에 참여한다(Fouron and Glick Schiller, 2001). 트랜스보더 시민이 원거리 내셔널리즘을 넘어서는 의의는 시민권 내용이 국가 간 주권 차이의 결과물일 수 있다는 점이다. 즉, 출신국과 정주국 두 나라 사이의 젠더, 국적, 계급 축에서 빚어지는 차이에 따라 발생하는 불평등을 내재화하는 시민권 내용에 대한 논의를 가능하게 해준다(Berg and Rodriguez, 2013). 실제로 이주를 촉진시키는 것은 두 나라 사이의 사회적·경제적·정치적 차이이며 두 나라에 대해 시민으로 행동하는 사람들은 두 나라 사이의 젠더, 인종, 국적, 계급 축에 따른 불평등을 매개할 수밖에 없다(Berg and Rodriguez, 2013: 652). 이런 측면에서 트랜스보더 시민권은 "문화·정치·사회적 권리를 부여하는 다양한 방식으로 만들어지는 '차별화되고 부분적인 개념differentiated and partial notion'"으로서의 시민권에 부합한다(Balibar, 2006).

세월호 광고 캠페인의 시작은 미주여성 온라인사이트 미시USA에서였다. 미시USA는 이름 그대로 재미 한인[8] 기혼 여성들이 주된 이용자인 에스닉 디지털 플랫폼이자 커뮤니티이다.[9] 재미 한인 기혼 여성들이 중심이 된 미시USA는 기

---

8   미시USA 이용자들 중에는 미국시민권자, 영주권자 외에 유학생 또는 그 배우자 등 한시적 체류자들이 포함되어 있다. 따라서 이들을 모두 미국 교포 또는 미국 시민으로 일률적으로 칭할 수 없으나 이 글에서 '미국 시민'은 전략적 수사로서 나타나는 측면에 관심을 가지며 미국에 살고 있는 이주자로서의 입장과 위치를 대변하는 것으로 접근한다. 또한 광고추진팀의 구성원들은 이미 미국에 정착해서 살고 있는 이들로 소개되고 있다.

본적으로 정치적이라기보다 한국 문화의 공유, 정보 나눔과 '속풀이'를 할 수 있는 장으로서 디아스포라 상황에 있는 이주여성들에게 사회적 자본으로 기능하고 있다(Oh, 2016). 광고 모금에 참여한 이들이 미시USA 회원에만 국한된 것은 아니었다. 1차 모금에 참여한 4000여 명은 미주 지역을 중심으로 한 성별을 불문한 사람들이었다. 그러나 ≪뉴욕타임스≫ 광고의 제안은 미시USA 게시판에서 먼저 시작되었고 그 제안을 현실화시킬 동력을 제공한 것도 미시USA 회원들이었다. 광고추진팀도 광고 또는 디자인 경험이 있는 '워킹맘' 미시들로 꾸려졌다. 세월호 광고 캠페인의 전개 및 경과에 따른 여성들의 경험 및 의미 부여는 한국과 미국을 연결시키는 시민활동이 어떻게 구성되고 다시 여성들의 정체성과 시민의식에 어떤 영향을 미치는지를 드러낸다.

한인 여성들의 세월호 광고 캠페인에 대한 재구성은 크라우드펀딩 사이트 '인디고고indiegogo'의 메시지와 광고추진팀의 후기 및 인터뷰 기사를 중심으로 했다. '인디고고' 웹사이트www.indiegogo.com에는 캠페인의 취지 및 경과, 모금 독려 및 다짐, 중간 및 결산 보고 등 다양한 내용이 '스토리'와 '업데이트'로 담겼고 캠페인 참가자들의 댓글도 기록되었다. 이 연구는 여성들의 목소리를 온라인 자료와 기사를 통해 접근하는 한계가 있으나 광고 캠페인 자체가 온라인이 중심이 된 시민운동이었으며 관련 메시지는 온라인상의 대중을 대상으로 작성되었다는 특징이 있다. 인디고고 메시지는 광고추진팀의 직접적인 입장 표명과 2014년 5월~9월 사이 캠페인의 경과에 따른 업데이트를 포함한다. 광고추진팀의 인터뷰 기사 또한 여성들이 선별한 뉴스 매체의 것이다. 한국 언론을 불신하던 여성들은 자신들의 목소리를 왜곡하지 않는 신뢰할 만한 뉴스 매체와만 인터뷰를 진행했다. 2014년 세월호 광고에 관한 국내외 한글 매체 기사들과 그 댓글들도

---

9   이은경(Lee, 2013)은 미시USA 이용자들의 정체성에 대해 세련된 생활양식을 보유한 미시라는 개별적 정체성과 한국의 아줌마라는 집단적 정체성이 갈등하며 공존하는 양상을 보인다고 분석했다. 아줌마라는 정체성은 이주·이민의 과정에서 재위치 및 재규정되어 다른 여성 회원들과 연대감을 형성하는 데 주요한 역할을 한다(Lee, 2013: 485).

수집하여 조사했다. 인디고고 메시지와 세월호 광고에 대한 다수의 기사 및 댓글은 광고추진팀의 후기 및 인터뷰 기사를 맥락화하는 데 도움이 되었다.

또한 세월호진실 사이트www.thetruthofsewolferry.com의 광고 이미지와 게시판, 여성들이 광고 캠페인을 홍보한 82쿡, 다음 아고라 게시판, 개인 블로그, 페이스북 등의 메시지와 댓글을 자료로 수집하여 전반적인 의견의 흐름과 광고추진팀 이외의 참여자들의 활동을 이해했다. 광고추진팀의 메시지와 캠페인에 중요한 개인 글들은 다른 참여자들의 다양한 루트를 통한 '펌'이 독려되었고 여러 게시판에서 '끌어올리기'를 통해 좀 더 많은 사람에게 확산될 수 있도록 유도되었다. 본문에서 이용한 광고추진팀 후기글도 인터넷상 확산 과정을 통해 거친 것으로 인디고고 게시글과 당시 시기 및 정황을 비교하여 믿을 만하다고 생각하여 선택했다. 또한 많은 참여자가 여러 게시판에서 댓글로 활발하게 의견을 개진하고 지지하는 글들을 남겼다. 수집한 다양한 자료는 광고추진팀과 모금 활동에 적극적으로 참여했던 여성들의 이야기들을 담고 있다. 그리하여 광고추진팀의 내러티브를 중심으로 광고를 가능하게 만들었던 여성들의 입장과 주장을 분석할 수 있었다. 광고추진팀은 광고 캠페인의 중심적 역할을 했기 때문에 대표성을 인정하여 인디고고에 포스트된 메시지는 물론 이들의 후기와 인터뷰 기사를 주로 인용했다.

3. 엄마의 마음과 세월호 광고 캠페인

하나의 작은 움직임이 큰 기적을~~[10]

세월호 사건에서 한국 정부가 제대로 된 구조조차 하지 못했을 뿐만 아니라

---

10   '세월호의 진실' 웹사이트.

참사를 발생하게 한 구조적 문제에 책임이 있다는 정황, 세월호 진상규명 및 책임자 처벌과 관련해서 여론을 통제하고 조작하고 있다는 의심과 정부 발표를 되풀이하는 한국의 주요 언론의 행태는 국내뿐 아니라 해외 한인들의 공분을 샀다. 미국의 한인 여성들도 자신들이 자주 찾던 미시USA 게시판에서 실종자 부모들의 심정을 헤아리며 안타까워했고 한국 정부에 대한 비난과 비판을 쏟아냈다(자로, 2014.5.7). 얼마 지나지 않아 미국에서 한국의 상황을 바라보던 이들 간에 한국 정부와 언론에 대한 비판적인 공감대가 성립되었다. 한국 정부의 대응에는 심각한 문제가 있으며 한국 언론이 정부를 감시하고 비판하는 역할을 하지 못하고 있다는 의식이 공유되었다. 한국 정부가 통제하는 언론이 내놓는 보도가 사실과 거리가 멀다고 생각하던 이들은 실종자 부모들의 상황과 사건의 진상을 알리기 위해 개별적으로 미국인들과 미국 언론을 접촉하기 시작했다(≪오마이뉴스≫, 2014.5.1). 그러던 중 한 회원이 해외 언론에 광고를 내자는 의견을 제시하자 많은 이가 동조했다. 한국 정부가 무서워하는 것은 오직 해외 언론뿐일 거라는 의견에 많은 이가 공감한 것이다(김진형, 2014.6.30). 이와 같은 여성들의 의식은 세월호 전면 광고에서 박근혜 정부에 대한 비판과 한국의 민주주의에 대한 우려로 표출되었다.

세월호 광고 캠페인은 2014년 세월호 침몰 사고가 한 달이 되어가는 시점인 5월 11일 ≪뉴욕타임스≫ 일요일판 전면 광고를 시작으로 5월 16일 ≪워싱턴포스트≫, 8월 17일 ≪뉴욕타임스≫, 9월 24일 ≪뉴욕타임스≫ 광고로 이어졌다. 2014년 5월 11일 일요일 자 ≪뉴욕타임스≫의 전면 광고는 "진실을 밝히다Bring the Truth to Light"라는 제목과 "왜 한국 국민은 박근혜 대통령에게 분노하는가? Why are Koreans outraged by President Park Geun-hye?"라는 부제목을 선명하게 보여준다 (≪프레시안≫, 2014.5.12).[11] 이 광고는 세월호 참사에 대한 대응에서 보인 박근혜

---

11 ≪뉴욕타임스≫ 세월호 광고 캠페인과 같은 시기에 다른 미시USA 회원들은 자발적으로 여러 주에서 동시다발적인 추모집회를 계획하기도 했다. 미시USA 회원들은 세월호 추모제의 주축

정부의 무능함과 태만, 언론통제, 여론 조작, 공익 무시를 열거하고, 세월호 사건의 진상 파악을 정부가 방해하고 있으며 세월호 진실을 밝히는 것이 곧 정의를 구현하고 한국의 민주주의를 회복하는 것임을 주장하는 내용을 담았다.[12]

동일한 이미지의 5월 16일 ≪워싱턴포스트≫지 광고의 부제는 이전과 달리 "박근혜 대통령은 세월호와 함께 한국 민주주의를 침몰시키고 있나? Is President Park Geun-hye letting Korean democracy sinking with the ferry?"로 바뀜으로써 박근혜 정부 하에서 퇴행하고 있는 한국의 민주주의에 대한 우려를 좀 더 강조했으며 역시 정부의 진실 은폐와 언론 탄압, 인권 유린을 비판했다. 또 2차 모금 운동을 벌인 끝에 2014년 8월 17일 ≪뉴욕타임스≫에 "진실은 침몰하지 않는다 The Truth Shall Not Sink"는 제목의 광고를 실었다(≪시사브레이크≫, 2014.8.18). 2014년 9월 24일에 게재된 3차 ≪뉴욕타임스≫ 광고는 박근혜 대통령의 UN 총회 참석 차 이루어진 뉴욕 방문에 맞춰서 기획되었다. 3차 광고는 상복을 입은 박근혜 대통령의 사진과 함께 "대한민국의 진실과 정의는? The Collapse of the Truth and Justice in South Korea?"이라는 제목하에 유가족들이 겪고 있는 비참한 현실과 2012년 대통령 선거 시 발생한 국가정보원의 부정선거활동에 면죄부를 준 사법부, 박대통령의 '세월호특별법' 제정 약속 파기에 대한 내용을 담고 있다. 2차와 3차 광고는 모두 유가족들이 '정의와 진실'을 찾을 수 있도록 '세월호특별법' 제정을 촉구하고 있다.[13]

해외 한인들의 박근혜정부에 대한 신랄한 비판은 정부의 대응에 실망한 한국인들에게 카타르시스를 주었다.[14] 광고 캠페인은 미국 언론의 위상을 빌려서 자신들의 주장에 힘을 실어주는 효과적이고 전략적인 행위였다. '인디고고' 세월

이 되어 뉴욕, 시카고, 애틀랜타 등 미국 주요 도시에서 여러 차례 오프라인 시위를 진행했다.

12   박명림(2015: 7~21)은 세월호 참사는 '국가의 실패'였다고 말한다.

13   '세월호의 진실' 웹사이트.

14   지금은 없어진 다음 아고라 게시판에는 국내인이 못하는 일을 해외 한인들이 해주었다거나 속이 후련하다는 반응들을 찾아볼 수 있었다.

호 캠페인 갤러리의 한글 설명문은 "세월호 참사로 드러난 거꾸로 가는 한국 민주주의, 《뉴욕타임스》 광고로 고발"이란 제목으로 시작한다.[15] 그리고 《뉴욕타임스》 광고를 내기 위한 모금 취지에 대해, 한국의 주요 방송과 대형 일간지들이 "사실을 은폐 왜곡 보도"하고 있어서 한국민들이 "진실을 보지 못하고" 있기 때문이라고 주장한다. 《뉴욕타임스》 광고는 "미국에 살고 있는 한국인"이 세월호 침몰과 관련된 "정부의 언론 탄압과 반민주주의 행보를 규탄"하기 위한 대응이라고 선언하고 있다.[16] 세월호 광고 캠페인은 사실을 은폐, 왜곡 보도하는 주요 매체들과 달리 '독립적인 취재와 보도를 하는 소규모 인터넷 매체'들을 양심 언론이라고 칭하면서 주요 언론에 비해 영향력이 한정되어 있기 때문에 자신들이 나서서 한국 정부의 폐해를 알릴 수밖에 없음을 이야기한다. 주요 언론매체가 통제되고 개인의 언론의 자유가 탄압받는 상황이 한국 민주주의의 위기임을 강조하고 더 이상 도외시할 수 없음을 공표한다. 세월호 광고 캠페인의 스토리 전반에서 여성들은 세월호 참사 사건이 한국 민주주의의 문제와 직결되어 있음을 주장한다.

한국 언론에서 세월호 광고 추진 및 진상규명 집회의 주도자 중 하나로 지목된 한 여성은 "왜 하필 미국 언론이냐"라는 논란에 대해 미주 지역 팟캐스트 방송 인터뷰에서 한국 언론에 대한 불신을 그 이유로 들었다. 세월호 사건의 경과에서 한국 언론이 보여줬던 보도 행태를 미루어볼 때 더 이상 한국 언론을 믿을 수 없다고 생각했고, 《뉴욕타임스》의 상징성을 고려했다고 밝혔다. 《뉴욕타임스》의 구독자들은 미국인이지만 《뉴욕타임스》는 세계적인 인지도를 가지고 있는 매체이기 때문에 자신들의 메시지를 전달하는 데 효과적인 방법이라고 의견을 모았다는 것이다.[17]

---

15 1차 세월호 캠페인 스토리, "세월호 참사로 드러난 거꾸로 가는 한국민주주의 NY Times 광고로 고발"(Indiegogo 홈페이지).

16 Indiegogo 홈페이지.

17 블로그 '강혜신과 함께하는 오늘의 미국', http://www.todayus.com/?p=84622 (검색일: 2018.

그러나 세월호 광고의 한국 정부에 대한 신랄한 비판 문구에서 드러나지 않은 것은 광고 캠페인에 참가한 여성들의 동기이다. 광고 과정과 후기에서 강조된 바는 아이 엄마라는 것이 여성들을 움직이게 한 큰 힘이었다는 것이다. 위의 인터뷰를 한 여성도 '여덟 살 난 아들의 엄마'라고 말하면서 한 배의 전복 '사고'가 '참담한 비극'으로 되가는 현실에서 '아이를 둔 엄마의 마음'이라면 참여할 수밖에 없었을 거라고 술회한다.[18] 광고추진팀에 참여하여 크라우드펀딩 모금 운동을 주관했던 또 다른 여성은 1차 광고 캠페인을 마친 개인적인 소감에서 '한국 정치에 관심이 없던 교포'였고 "연예방에 올라오는 연예 기사들만 읽던 미시"였던 자신이 세월호가 침몰하는 데도 아무런 구조도 하지 않는 상황에서 "양심 언론들"의 뉴스를 통해 주요 언론에서 전해주지 않는 사실을 알게 되고 '할 수 있는 일은 외신에 알리는 일밖에 없어서' 외신 기자들에게 이메일을 쓰다 보니 광고캠페인에 참여하게 되었다고 이야기 한다(≪서울의 소리≫, 2014.5.23).[19] 이와 같이 광고 캠페인에 참여한 이들이 공통적으로 강조하는 바는 자신들이 정치와는 거리가 먼 존재였던 '평범한 엄마', '워킹맘'들이었다는 것이다. 자신을 아이를 키우는 워킹맘이라고 밝힌 이 여성은 "실종 학생 부모님들의 목소리가 되어드려야겠다는 마음"에서 나서게 되었다고 한다. 광고 캠페인에 참여한 여성들은 자식을 잃은 부모의 심정을 이해하고 공감하며 같은 부모로서 가만히 있을 수 없었다는 발언을 공통으로 하고 있다. 이들의 발언은 정부에 대한 비판보다 희생자 부모에 대한 공감 및 유대가 먼저였음을 보여준다.

엄마와 아이 사이에 연상되는 정서적 유대가 폭력적인 사건으로 파괴되었을 때(Anagnost, 2000: 400) 엄마는 아이를 보호하기 위한 행동을 할 수 있는 주체로 정당화된다. 세월호 참사의 충격과 슬픔, 무능한 국가에 대한 분노와 좌절이 교

7.3).

18 같은 블로그(검색일: 2018.7.3).

19 '인디고고' 광고진행팀이 미시들에게 보낸 후기를 ≪서울의 소리≫가 미시USA NYT 광고팀 '마지막 이야기'라는 제목의 인터넷 기사로 실었다(http://www.amn.kr/14314).

차하면서 아이들의 생명을 지켜내지 못한 정부를 대신해서 '엄마'인 한인 여성들은 생명 보호를 담당하는 직접적인 당사자로 자신들을 자리매김한다. 무능한 정부와 한심한 언론의 행태에 대항하여 평범한 엄마들이 광고를 시작했다는 서사는 지극히 젠더화된 방식의 대응이라고 할 수 있다. 광고추진팀의 여성들이 모금 운동을 벌이고, 온라인 사이트를 관리하고, 많은 이의 의견을 수렴하여 자체적으로 광고 디자인을 만들었으며 미국 언론사와 협상하고 마침내 전면광고를 게재한 일들의 대단함은 '엄마'라는 이름으로 이루어졌다고 주장한다(≪오마이뉴스≫, 2014.7.16). 각자 자기 본업이 있는 이들이 매일 밤 채팅창에서 회의를 하고 회의 후 밤새 각자 작업을 한 후 아침에 공유를 하고 밤에 다시 회의를 하는 일이 계속되었다. 서로 얼굴도 모르던 워킹맘들끼리 오로지 세월호 광고를 내기 위한 일념으로 "하루 일과가 끝난 밤과 새벽에 온라인에서 의견을 교환하며 마침내 광고를 성사"시킨 것이다. 광고팀 중 한 명은 자식이 없는 이라면 불가능했을 '엄마의 힘'이 발휘된 것이라고 표현한다(≪서울의 소리≫ 참조). 더욱이 광고 캠페인은 여성들이 참사에 대해 느끼는 것을 표현하고 공유할 수 있는 장을 마련한 의미도 가지고 있다. '인디고고' 웹사이트에 게시된 광고비용 모금 취지와 입장 표명, 경과보고 등의 글들과 양심적이라고 선택된 한국 언론사와의 인터뷰들은 미시USA라는 제한된 공간을 넘어서 세월호 참사에 대한 감정과 생각을 공유하고, 광고 캠페인에 참여하면서 경험한 바와 변화한 모습을 반영하고 있다. 광고가 성사된 배경과 과정에 대한 여성들의 경험담은 기사화되고 블로그, 페이스북, 각종 게시판으로 퍼져나갔다. 이들의 경험담은 자신들의 작은 움직임 하나하나가 많은 사람의 호응으로 가시적인 성과를 낼 수 있었던 것에 놀라움과 자부심을 느꼈음을 보여준다. 자신들의 능력과 정치적 주체로서의 행위 자성을 인식하게 되었음을 반영하고 있다.

≪뉴욕타임스≫ 광고는 한인 여성들이 "그냥 괴로워하는 것보다 행동하는 것, 탄식보다 말로 표현하고 각자 고립된 영웅적인 행동보다 다른 사람과 함께하며 감정을 공유하는 것"의 결과물이었다(Kim, 2016: 176). 한인 여성들의 광고

캠페인은 한 온라인 게시판에서의 "집단의 담화"가 "공동의 행동"으로 이어져 실제적인 결과를 낳은 것이다(김예란, 2010: 149). 세월호 참사 사건에서 피해자 부모들에 대한 공감과 현 상태에 대한 분노가 부모의 입장에 있는 이들이 시민 주체적 행위자로서 나서도록 했다면(Kim, 2016; Kron, 2016; Tyler, 2013), 그 중심에 있는 부모된 이들의 마음은 위기의 순간에 민주주의 시민의 움직임으로 재구성되는 동력이다(Honig, 2009). 위기 상황은 사람들의 열정과 상상력을 자극하고 정치 또는 사회운동에 참여할 이유와 정당성을 부여함으로써 정치로 불러들인다(Kim, 2016: 165). 분노, 좌절, 공감에서 비롯한 엄마들의 자발적인 움직임은 새로운 공적 활동과 권리 주장을 가능하게 하는 대중적 지향점을 만들어낸다. 재미 한인여성들의 세월호 광고 캠페인은 "사적/공적, 개인적/정치적이라는 근대의 이분법"에서 벗어나 여성들이 엄마의 자격과 역할로서 시민 주체, 민주 시민이 될 수 있음을 보여준다(정수영, 2015: 46).

4. 종북 프레임과 엄마의 정치

해외 한인들이 미국의 권위 있는 일간지에 한국에서 발생한 참사에 대한 전면 광고를 게재했다는 것은 한국과 미주 한인 사회 양쪽에서 뜨거운 찬반 논란을 낳았다. 많은 이가 광고 취지와 내용에 동참하고 비용 모금에도 참여했는가 하면 용감한 행동이라고 지지했다. 그러나 '나라 망신' 또는 국론을 분열시키는 '정치적' 행위라는 비난도 강했다. 미국 교포들이 왜 국내 문제에 관여하는가라는 의문을 제기하면서 세월호 광고가 반정부 캠페인이며 광고를 주도한 이들이 '종북 인사'들이라는 주장도 제기되었다.

2014년 당시 집권 여당이었던 새누리당 지도부는 광고를 게재한 이들이 비극적인 상황을 정치적으로 이용하고 있다고 비난하며 정치적 선동세력으로 몰아갔다. 5월 11일 첫 번째 광고가 ≪뉴욕타임스≫에 실리자 이완구 당시 새누리당 원내대표는 "일부 해외교포들이 비극적인 참사를 정치적으로 악용"한다고 주장했다(≪연합뉴스≫, 2014.5.12). 그는 광고가 차라리 위로하고 용기를 주는 내용 ― "슬퍼하지도 좌절하지 마라. 힘내라. 세월호 참사 희생이 헛되이 되지 않게… 온 국민이 하나 되어 새로운 선진 대한민국을 만들어라. 우리가 응원한다" ― 이었으면 좋았을 것이라고 논평했다(≪여성신문≫, 2014.5.12). 덧붙여 몇 만 달러의 광고비용으로 차라리 힘들어하는 유가족을 도와줘야 하지 않았냐며 유감의 뜻을 표했다. 그는 오히려 ≪뉴욕타임스≫ 광고와 같은 것은 "대한민국을 걱정하는 많은 … 교포들에게 누"가 된다고 주장했다. 황우여 당시 새누리당 대표도 외국에서 "정치적 선동과 악용을 꾀하는 정치세력이 있다"며 우려를 표명했다(≪여성신문≫, 2014.5.12).

집권 여당인 새누리당 지도부가 광고를 게시한 이들이 '정치선동세력'이라고 비난하며 사실상 색깔론을 들고 나오자, 미국 교민이라고 밝힌 한 광고 후원자는 한국의 대통령을 하야시켜서 미국 교민들에게 무슨 정치적 이득이 있겠느냐고 반문하면서 자신들이 '미국에서 민주주의를 누리는 것처럼 한국 사람들도 민주주의를 누리기 바라기 때문에' 광고 캠페인에 참여한 것이라고 강변했다(페이스북 '손석희와 함께 하는 사람들' 참조). 집권 여당의 논평에 대해 세월호 광고추진 팀도 공식 입장을 서면으로 밝혔다. 이들은 새누리당이야말로 광고 캠페인을 정치적으로 이용하고 있으며 "종북에 의한 나라 망신 그리고 국가전복을 선동한다는 정치적 프레임을 씌워 보수들의 비난을 촉구"하고 있다고 주장했다. 광고 캠페인은 "참사에 대하는 정부의 비민주적 언론통제"를 사실 그대로 밝혔을 뿐이며 '부시와 오바마를 욕하고 비난해도 아무 문제가 없는 사회'에서 살고 있는 자신들은 "그것을 비판하는 것이 왜 정치적인지" 이해할 수 없다고 반박했다. 또 "근거 없는 종북좌파 매도 발언은 … 끊임없이 여론을 호도하려는 무책임하고 구태의연한 집권 여당의 정치적 플레이"라고 일축했다(≪노동과 세계≫, 2014.5. 14). 이들은 집권 여당과 보수 세력이 국내 정치에서 효과적으로 사용하고 있는 "종북 및 정치선동 프레임"을 거부한 것이다.

세월호 광고에 대한 종북몰이는 광고 참여자들이 미국 시민, 미국 교포라는 입장을 강조하게 만들었다. 미시USA 회원들은 미주총연, 평통, 한인회, 월남참전 동지회 등 '한인 대표'임을 표방하는 미국의 한인단체들이 자신들을 종북좌파로 몰아가며 규탄 성명과 광고를 낸 것에 대해서도 한국 영사관의 사주를 받고 있는 행동이며 국정원 관련자들이 관련되어 있다고 반박한다(≪뉴스인프로그레스≫, 2014.5.17). 또한 뉴욕과 샌프란시스코 등지에서 세월호 시위에 나타나 훼방을 놓는 가스통 할아버지들이 한국에서 온 돈으로 동원되었을 것이라는 의문을 제기하면서 이는 "미국 시민권자들을 돈을 이용해 협박하고 위협하는 아주심각한 외교 문제를 초래할 수 있"다고 주장한다. 이들은 "종북 소동"을 벌이는 단체들이야말로 극소수이며 전체 한인을 대표하고 있지 않다고 주장한다(≪뉴스인프로그레스≫, 2014.5.17). 광고 캠페인을 지지하는 여성들과 이들을 비난하는 '한인 대표'를 주장하는 측의 공방은 미주 지역에서 한인 커뮤니티의 경계와 한인은 누구인가라는 초국적 커뮤니티의 귀속의 정치를 드러낸다. 이 귀속의 정치에서 한인 여성들은 역설적으로 누가 더 '미국 시민'다운가를 주장하게 된다.[20] 종북 프레임을 덧씌우려고 하는 움직임에 대해 자신들은 떳떳한 미국 시민이라는 주장으로 대응하면서 자신들을 종북으로 모는 행위는 "미국 시민권자들을 협박하고 위협하는" "심각한 외교 문제"임을 주장한다(≪뉴스인프로그레스≫, 2014.5. 17). 여성들은 한인 대표로 자처하는 단체들이 한국 정부에 의해 조종되는 반면 자신들은 배후가 없고 자발적으로 움직이는 '미국 시민'임을 주장하고 있다. 또 세월호 광고의 목표는 정권 교체나 권력 다툼을 초월하는 한국의 '민주주의'의 정립 및 실현임을 주장한다.

한인 여성들은 세월호 진상규명 촉구 및 박근혜 정부의 무능과 부패를 비판하면서도 미국 시민권자로서의 위치를 내세우며 한국 정치와 선을 긋고 있으며

---

20 앞서 밝힌 것과 같이 모든 '미시'가 미국 시민인 것은 아니다. 그러나 세월호 광고의 비난에 대한 대응에서 강조된 것은 '미국 교민', '미국 시민'으로서의 입장이다.

미국 시민으로서의 권리 또한 주장한다.[21] 이는 트랜스보더 시민들이 출신국과 정주국 양쪽에 대해 각각 다른 방식으로 관여하며 자신들의 권리와 요구를 주장하는 양상과도 같다(Glick Schiller, 2005). 한국에 대해서는 희생자 부모와 같은 부모로서, 또 같은 한국인으로서 정부에 대해 잘못된 행태를 시정할 것을 요구하고 또 한편으로는 미국 시민으로 포지셔닝positioning하며 자신들의 위상을 보호하고 동시에 한국과의 정치적 이해관계가 없기 때문에 자신들의 진정성을 확인할 수 있다고 주장한다. 미국 시민이기 때문에 '더 순수'하다는 것이다. 푸오론G. Fouron과 글릭 쉴러N. Glick Schiller는 미국에서 거주하고 있는 아이티 출신 여성이 보여주는 아이티에 대한 동일시가 즉각적이며 내밀한 성격을 가지고 있음에도 불구하고 미국의 법적 시민권에 대한 인식과 추구가 동시에 나타나고 있음을 지적한다(Fouron and Glick Schiller, 2001: 563). 이런 아이티와 미국에 대한 중첩된 관계는 미국에서의 경험의 결과물이기도 하지만 아이티와 연결되는 초국적 사회적 장이라는 맥락 속에서 형성되는 것이다(Fouron and Glick Schiller, 2001: 564). 세월호 광고를 둘러싼 논란과 귀속의 정치 역시 한국과 미국을 연결하는 사회적 장에서 전개되며 '미국 시민'의 지위에 대한 주장과 한국의 시민 주체적 실천이 동시에 나타난다.

한인 여성들의 한국발 종북 프레임에 대한 대응은 자신들의 행위가 자발적이고 비정치적이라는 주장을 근간으로 한다. '평범한 엄마·부모'임을 강조한 횡적 연대는 종북 프레임과 좌파·우파 같은 세속적 정치 담론의 구속을 벗어나 '엄마'로서 당연한 행위를 한다는 비정치성을 강조하고 한 단계 높은 도덕적 당위성을 구성하고자 하는 의미를 함축하고 있다. 광고팀의 언론 인터뷰와 게시글에서는 광고 캠페인을 추진하게 된 동력으로 엄마의 마음, 부모의 마음을 강조하면서

---

21   그러나 이들도 종북몰이로 인한 한국의 정치 판도와 그에 따른 검열과 내외적 갈등에서 자유롭지 못하다. 세월호 사건의 경과에 따른 정부, 언론, 시민사회의 분열은 한국 사회 내부뿐만 아니라 해외 한인 사회까지 영향을 미쳤다.

정치적 의도에 대한 의심을 반박하는 내러티브가 주를 이룬다. 오직 "아이를 지키는 엄마의 마음으로 오히려 당당하게 우리 할 일을 했"으며 자신들을 '사기꾼', '빨갱이'로 몰아가는 것은 '낡고 오래된' 정치적 공세라는 것이다. "그런 낡고 오래된 방법은 우리 '화난 엄마들'에겐 통하지 않"는다고 단언한다(≪오마이뉴스≫, 2014.7.16).

여성들의 단호한 태도와 주장의 이면에는 적지 않은 심적 갈등과 괴로움이 있었다. 알지 못하는 이들로부터의 '사기꾼', '빨갱이'라는 비난과 모욕 때문에 처음에는 겁도 나고 상처받고 울기도 했고 화내기도 했다는 이야기, 밤새 울다가도 아침이 되면 다시 툭툭 털고 일어나 일을 했다는 이야기는 광고 추진 과정에서 겪은 마음고생이 컸음을 짐작하게 해준다. 그러나 자식을 잃은 유가족보다 더 힘들겠느냐고 생각했고 점점 오기가 생겨 자신들에 대한 겁박을 이겨내고 초월할 수 있었다고 한다. '화난 엄마들'이라는 표현에서 나타나듯이 여성들은 광고 캠페인 활동 동안 종북 비판을 겪는 과정에서 심리적 갈등을 경험하고 마음가짐을 새로이 하면서 '엄마'의 정체성이 확고해졌음을 표현하고 있다. 광고추진팀은 한결같이 자신들이 정치적이지 않음을 강조한다. 자신들의 목적이 종북이나 개인의 명예회복, 어떤 정치적 주장을 위한 것이 아니라 단지 실종 학생들 부모의 목소리를 대변하기 위해서였다는 것이다. "배에 갇힌 300명의 아이들을 한 명도 구하지" 못하고 희생자 부모들이 "자식을 잃은 억울함을 제대로 토로하지" 못하는 상황에서 "정치에 관심 없던 교포"들이 자식을 잃은 부모들을 위해 대신 목소리를 내기 위해 나섰다는 것이다(인디고고 세월호 캠페인 갤러리, 2014.8.5).[22]

이들은 희생자 부모를 위하는 순수한 의도를 강조함으로써 이들의 한국 정부에 대한 비판은 정치적 이해관계를 떠난 도덕적 정당성을 가지고 있음을 주장한다. 결국 이들은 자신들의 순수성을 훼손하는 종북 프레임을 거부하며 한국 정

---

22 캠페인 진행자의 두 번째 캠페인 경과보고(updates)이다('인디고고' 홈페이지).

부와 언론에 대한 비판을 통해 한국 정치구도 - 보수와 진보, 좌파와 우파 - 를 벗어나는 엄마들의 시민활동 영역을 만들고 있다. 남미 지역의 가부장적 사고가 팽배한 사회에서 '어머니와 주부로서의 역할'은 비정치적인 것으로 인식되어 왔지만, 이런 여성의 역할에 대한 인식은 군사정권에 대한 "조직적이고 공개적인 반대"를 표출하는 전략이 되었다(이순주, 2006: 205). 이들은 여성 고유의 역할이라고 여겨지던 '엄마'로서 행동함으로써 남성들에 비해 공개적인 물리적 탄압으로부터 비교적 자유로웠고 폭넓은 지지를 얻을 수 있었다. 군부독재정권하에서 자녀들을 잃은 칠레의 어머니들은 "사적인 슬픔을 공개적으로 표현"함으로써 "독재에 대한 정치적 저항"을 벌일 수 있었다(이순주, 2006: 202). 칠레의 어머니들이 사회에서 '비정치적'인 것으로 간주되던 측면을 이용하여 효과적인 반정부운동을 벌였던 것처럼 세월호 참사에서는 '평범한 주부·엄마'로 자신들을 정체화하는 여성들에게서 엄마이기 때문에 시민주체화될 수밖에 없다는 내러티브를 발견할 수 있다. 엄마라는 역할과 정체성에서 사회적 연대의 필연성과 정치적 힘이 발휘된 것이라는 주장이다. 이러한 방식의 연대는 특정 시점과 상황에서 젠더화된 시민들의 공적 여론장으로 구성되는 한인 디아스포라의 새로운 면모를 보인다.

한인 여성들에 대한 종북 논쟁은 한인 커뮤니티, 한인 디아스포라에의 귀속 여부 및 정당한 성원권의 문제를 부상시킨 것으로 볼 수 있다. 종북 논쟁은 한인 여성들을 한인 디아스포라 나아가 '한국' 안에 포섭하는 효과를 발생시키기도 한다(McGuire and Coutin, 2013 참조). 종북 프레임은 이분법적인 구도 안으로 다양한 사상과 운동을 매몰한다. 사실 한국 정치사에서 종북 프레임은 한국 사회를 통제하는 하나의 기제로 정부 비판을 억압하는 수단으로 이용되어 왔다. 광고 추진팀에 대한 종북 논란은 재미 한인을 규율·훈육하려는 움직임의 일환이라고 볼 수 있다. 광고 캠페인을 주도하는 여성들(주로 미시들)은 종북이라는 낙인이 찍히고 정치선동세력으로 규정됨에 따라 모욕감과 심리적·정신적 부담감을 감당해야 했다. 하지만 한인 여성들은 '종북'이라는 사회적 비난을 무릅쓰고 잠을 줄이며 시간을 쪼개서 어렵게 광고 캠페인 활동을 수행하는 동안 종북 논쟁과는 다른 방식으로 한국과의 관계를 이야기하며 다른 성격의 한인 디아스포라에 대한 담론을 구성한다.

세월호 광고 운동을 주도한 한인 여성들은 정치적 여론장에서 젠더 구도의 변화를 신호한다. '평범한 주부·엄마'를 내세운 한인 여성들과 이들 여성이 '평범'하지 않다고 의심하며 '좌파 (운동가)'로 치부하는 이들 사이의 구도는 디아스포릭 주체의 젠더와 정치성에 시사하는 바가 있다. 광고를 추진하는 여성들을 평범하지 않다고 보는 관점은 모성의 비정치성에 대한 사회적 인식을 재확인해준다. 이런 주장을 펼치는 보수 언론에 호응하여 여성들을 비하하는 이들도 많았지만 한인 여성들은 미국이라는 정주국 안의 여론 및 시민활동의 맥락을 좀 더 강조함으로써 한국의 사회제도나 정치 영역에서의 젠더 위계로부터 좀 더 자유로울 수 있었다(Fouron and Glick Schiller, 2001: 551 참조). 초국적 장에서 여성이 '주요 정치적 행위자'로 부상하게 된 것은 해외 한인들의 한국에 대한 서사에서도 변이를 보여준다. 이들은 광고활동과 관련된 이야기들을 통해 민족, 국가, 젠더를 연결하는 수정된 방식을 제시한다(Fouron and Glick Schiller, 2001: 550). 이들 여성은 한국에 대한 요구사항과 주장을 새로이 구성하고 시민참여활동을 전개하면서 상상의 공동체인 한인 디아스포라의 경계를 재구성한다.

5. '우리 아이들'과 조국: 한인 디아스포라의 재구성

한인 여성들의 광고 캠페인은 희생자 부모들과 같은 아이 엄마들의 초국적 애도의 공동체를 형성할 뿐 아니라 애도 공동체로부터 조국의 민주주의를 염원하는 자들로 한인 디아스포라를 재구성한다. 세월호 침몰 사건은 '대한민국 국민과 해외에 살고 있는 재외동포들이 모두 생중계로 지켜본 참사'라는 말에서 나타나듯이 국내인과 해외 한인들은 이 사건에서 목격자로서 하나로 묶여 있다

(≪오마이뉴스≫, 2016.8.31). 세월호 참사를 목격한 공통의 경험은 이들이 "애도 공동체"로서 묶일 수 있게 해준다(이영진, 2013 참조). 한인 여성들의 광고 캠페인은 세월호 참사로 인한 희생자 가족들과 국민의 슬픔을 포용할 수 있는 애도 정치의 맥락 속에 있다. 자녀를 둔 엄마들이 허무하게 사라져간 이들의 죽음에 대해 '새로운 삶의 질서로 바꾸려는 능동적인 개입'을 한다는 점에서 그렇다(이재승, 2016: 171). 세월호 참사를 직면하여 이들 여성이 보여준 애도와 분노는 한국에 대해 세월호 진상규명과 민주주의 회복을 요구하는 트랜스보더 활동으로 나타났다. 이 과정에서 여성들의 트랜스보더 활동은 한인 디아스포라를 소환하며 '조국'이라는 상상의 공동체를 만드는 담론적 실천으로 전환된다.

세월호 광고 캠페인 과정에서 많은 이들이 공명한 것은 조국인 대한민국을 바로잡아야 된다는 것이다. 다양한 세월호 관련 기사와 게시판에서 아이들과 그 후손들에게 더 나은 조국을 물려줘야 한다는 것(≪프레시안≫, 2015.8.31), 아이들을 위해 미래의 조국이 자랑스럽도록 만들어야 한다는 것('세월호의 진실' 게시판, 2014.5.9),[23] 정의와 상식이 통하는 사회가 있는 조국을 만들어야 한다는 것(≪뉴스인프로그레스≫, 2014.5.17), 그러기 위해 세월호 참사의 진상과 진실을 밝혀야 된다는 서사를 구사한다. 이 서사를 통해 미래의 아이들을 위해, 더 나은 조국을 만들기 위해 부모의 마음으로 할 수 있는 일들을 하겠다는 결의들을 다지고 있다(미시USA 게시판, 2015.12.9).[24]

광고추진팀이 '세월호특별법' 제정을 촉구하는 광고를 내고자 2차 모금을 준비하면서 제작한 포스터 중 하나의 내용은 희생자 부모와 자신들을 동일시하는 것을 넘어 희생자들과 자신의 아이들을 동일선상에 놓는다. 실제 '인디고고' 웹사이트에 올라와 있는 2차 모금 포스터는 다른 것이지만, 광고추진팀이 2차 모

---

23 '세월호의 진실' 웹사이트.

24 미시USA, "나는야 1.5세 아줌마" 게시판, "세월호 침몰 – 이게 끝이 아니길…"의 댓글, '미시USA(MissyUSA)' 웹사이트(https://www.missyusa.com/).

금을 위해 만들었던 또 하나의 포스터가 있다. 그 포스터 본문은 아이들을 잃은 부모의 상실감과 고통을 강도 높게 직설적으로 표현하고 있으며, 실종자들을 '우리의 아이들'이라고 호명한다.

> 자식을 잃은 부모를 뜻하는 말
> 부모를 잃으면 고아,
> 남편을 잃으면 과부,
> 아내를 잃으면 홀아비,
> 그러나 자식을 잃은 사람을 뜻하는 말은
> 그 아픔을 담을 말이 없기에 세상에 없습니다.

> 4.16 우리의 아이들이 죽어가는 모습을 지켜보았습니다.
> 우리 아이들의 미래가 없다면 내 아이의 미래도 없습니다.[25]

'우리 아이들이 죽어가는 모습을 지켜봤다는 것', '우리의 아이들의 미래가 없다면 내 아이의 미래가 없다는 것'은 이들의 광고활동의 원천적 동기를 잘 요약하고 있다. '우리의 아이들'은 희생된 학생들이자 동시에 미래를 살아가야 할 한인 여성들의 자녀들을 의미한다. 이런 이야기들은 세월호에서 희생된 아이들과 자신의 아이들을 동일선상에 놓음으로써 둘 사이의 관계를 만들어낸다. 엄마와 아이 사이의 정서적 유대는 한국과 미국의 부모를 연대할 수 있게 하는 일차적 바탕이자 한인 여성을 통해 세월호 희생자들과 한인 자녀들을 연결해 주는 초국적인 것으로 재의미화된다. 나아가 한인 여성을 매개로 하여 한국과 한인 자녀들을 연결해 주는 것이다. 한인 여성들의 희생자 부모에 대한 공감과 동일시 그리고 자신의 자녀들의 미래와 한국과의 연관성을 만들어내는 움직임은 이주 과

---

25   세월호 특별법 제정 촉구 광고 모금 포스터의 문구이다('세월호의 진실' 홈페이지).

정에서 떠나온 국민국가와의 연결이 어떻게 지속되는지를 보여준다.

한인 여성들의 세월호 광고 캠페인은 참사의 특수성을 핵심으로 하고 있지만 여성들의 광고 캠페인에 참여한 경험은 흔히 접할 수 있는 '이민자들의 조국에 대한 서사 방식'으로 다시 구성된다. 애도는 애도 행위를 통해 공동체의 경계를 재고할 수 있는 자원이 될 수 있다면(Butler, 2003), 한인 여성들의 애도는 한인 디아스포라의 경계를 확장하는 계기를 제공한다. 광고 캠페인 활동은 아이들에게 더 나은, 부끄럽지 않은 한국을 물려주기 위한 일이라는 의미가 부여되면서 한국과의 유대를 이어가는 이민 가족의 세대 간의 이야기로 재맥락화된다. 즉, 세월호 광고에 대한 이야기는 '조국'과 자신들의 아이의 관계를 만들어 나가는 하나의 단초가 된다. 앞서 소개한 광고진행팀 후기의 화자는 광고 캠페인에 참여한 행위를 그녀의 할머니, 아버지 그리고 아이들의 관계 속에서 재배치하면서 한인 가족 4대의 연속성을 조국과 사회정의라는 기치하에 재구성한다. 그녀는 할머니가 일제강점기에 일본 순사에게 대들은 일화와[26] 아버지가 경험한 민주화운동 이야기를 들으면서 자랐다고 회고하면서 할머니와 아버지의 이야기를 자신의 세월호 광고 캠페인 이야기 ─ '엄마가 4000명이 넘는 사람들과 함께 만들어낸 기적의 이야기' ─ 와 함께 자신의 아이들에게 해줄 생각이라고 말한다(≪서울의 소리≫, 2014.5.23). 그녀는 세월호 광고 운동을 일제강점기와 민주화운동의 역사적 맥락에 접목시킴으로써 세월호 광고가 일제강점기 시대의 항거와 민주화운동처럼 불의에 대항하는 행동이라는 의미를 부여한다. 그리하여 미국에서 자라는 아이들이 "커서도 조국을 사랑하고 약한 자들의 편에 서고 불의에 맞설 수 있"기를 희망한다(≪서울의 소리≫, 2014.5.23).

이와 같이 "불의에 맞서는" 행동은 이주 가족의 세대를 관통하는 덕목으로 자녀 세대에게 전달되어야 할 바이다. 세월호 광고 캠페인에서 자식을 잃은 아픔

---

26   만주에서 식당을 하던 할머니가 밥값을 내지 않고 가던 일본 순사에게 용감하게 대들었다고 한다.

을 공유하는 엄마의 마음을 강조했던 서사는 자녀들을 향해서는 모범이 될 만한 엄마에 대한 이야기로 전환된다. 초국적 맥락에서 '좋은 엄마'란 어떤 존재인지를 담론으로 구성하고 있는 것이다(Anagnost, 2000: 395). 모성의 실천으로 구성되는 시민권의 모습은 할머니, 아버지, 나(엄마)를 통해 이어지는 한국과의 혈연적·친족적 관계를 매개하고 사회정의를 실현하는 시민활동을 통한 유대의식을 내용으로 함으로써 이주 가족의 연속성을 강조한다(Erel, 2013; Khayati, 2008; Longman at al., 2013). 여기서 한국은 이주 세대인 엄마뿐만 아니라 그 자녀에게도 조국이라는 확장된 의미가 생성된다.

이런 맥락에서 한인 여성들의 엄마, 가족의 의미와 한국과의 관계는 초국적 사회적 장에서 재구성된다. 푸오론과 글릭 쉴러(Fouron and Glick Schiller, 2001)는 초국적 이주자들이 국가와 민족에 대한 담론에 가담하고 연계되는 양상을 보여준다. 한인 이주자들의 이야기에서 민족국가 담론 내지 민족 이데올로기가 완전히 배제될 수 없지만 세월호 광고 캠페인에서 생성된 조국에 대한 내용은 일반적인 이민 서사와는 구별된다. 세월호 광고 캠페인에서는 엄마들이 나서서 주장하는 민주주의, 사회정의, 생명보호 등의 가치와 함께 조국이 함께 이야기된다. 한국 민주주의 회복과 사회정의 실현을 외치면서 이들은 한국과의 연관성을 주장하고, 자신의 엄마로서의 정체성과 아이들의 미래를 담보로 하여 한국이 이주 한인들 전체의 모국이라는 담론을 구성한다. 이 담론에서 모국 또는 조국으로서의 한국과 현재 삶의 근거지인 미국은 실제보다 밀접하게 연결되어 있다.

그러나 한국을 중심으로 하는 상상의 공동체는 차이를 내포하고 있고 한국과 미국에 다르게 속하는 방식을 표시한다. 세월호 참사는 해외 한인들의 한국에 대한 강한 애착심을 촉발했고 한국 정부와 언론에 대한 비판을 가능하게 했다. 한인 여성들의 정부에 대한 강도 높은 비판은 세월호 참사를 계기로 표면화된 한국에 대한 강한 애착심과 심적 또는 상상의 유대를 보여준다. 여성들은 한국의 희생자 부모들과 그들의 입장을 반영하는 독립뉴스매체들과 연대하면서 자녀 세대까지 이르는 한국과의 관계의 중요성을 강조한다.[27] 세월호 광고활동 자체가 한국 사회에 자신들이 어떻게 연관되는지를 만들어내는 과정이었다. 즉, 세월호 참사를 통해 또 광고활동을 통해 한국에 대한 이전보다 더 밀접한 관계를 선언하고 있는 것이다. 다른 한편으로는 세월호 광고활동은 한국과 미국의 차이를, 또 자신들의 미국 시민으로서의 입장을 확인해 준다. 세월호 광고를 시작하게 된 상황, 세월호 광고가 가능하게 된 사회적 맥락, 광고 후의 논란 등에 대처하면서 자각하게 된 자신들의 입장은 미국에 살고 있는 사람이라는 점이다. 세월호 참사와 광고 캠페인 과정을 통해 여성들은 자신들의 삶이 로컬에서 구성되고 있으며 인식과 전략적인 면에서 '미국 시민임'을 강조하게 되었다고 할 수 있다.

또한 이들의 민주주의 척도도 미국일 수밖에 없다는 점을 고려해야 할 것이다. 한국의 민주주의에 대한 비판도 미국의 사회적 관행과 규칙을 기준으로 삼는다. 여성들이 ≪뉴욕타임스≫ 광고를 착안하게 된 계기는 터키의 2013년과 2014년 민주화운동 광고였다('인디고고' 홈페이지; The Guardian, 2013.6.3). 2013년 뉴욕에 사는 세 명의 터키 청년이 레제프 타이이프 에르도안Recep Tayyip Erdoğan 총리의 장기 집권과 시민 탄압에 항거하는 시위를 전 세계에 알리기 위해 ≪뉴욕타임스≫ 전면 광고를 게시했다(The Guardian, 2013.6.3). 또 2014년에는 2013년 반정부 시위가 벌어지던 와중에 시위진압대가 쏜 최루탄에 맞아 의식불명 상태에 있다가 숨을 거둔 15세 소년의 죽음에 대한 터키 정부의 책임을 묻는 광고가 있었다(The Huffington Post, 2014.3.14). 미국에서 다른 나라의 민주화 광고를 자유롭게 내는 시민운동 방식, 그리고 자유롭게 부시와 오바마를 비판할 수 있는 일상적 경험들이 캠페인 과정에서 배경으로 작용하고 있다. 이들의 민주주의와 시민사회의 역량에 대한 평가에서 미국은 한국보다 나은 모습으로 나타나며,

---

27   ≪뉴욕타임스≫와 ≪워싱턴포스트≫에 광고를 게재하고 남은 돈은 한국의 독립뉴스 매체에 기부했다. 기부를 받은 독립뉴스 매체들은 ≪고발뉴스≫, ≪팩트TV≫, ≪시사타파≫, ≪오마이뉴스≫ 등이다.

한국과 미국의 차이로부터 자신들의 활동의 의미를 찾게 되는 것이다. 그런 점에서 이들의 한국과 미국의 인식은 불균등한 한국과 미국의 관계를 반영하는 한계가 있다. 이들의 트랜스보더 시민활동은 국경을 넘어 한국과 미국의 여론장을 연결시키지만 이와 동시에 두 나라의 차이를 두드러지게 한다.

6. 미국과 한국의 사이에서

세월호 참사의 충격에 휩싸인 한국의 상황에 대한 정보와 슬픔을 공유하기 위해 온라인 사이트에서 모인 한인 여성들은 한국 정부가 '가장 무서워하는 건 국민이 아니라 해외 언론'(김진형, 2014.6.30)이라는 인식하에 세월호의 진상규명을 외면하는 한국 정부가 책임을 지고 성실하게 대처를 할 것을 촉구하는 광고 캠페인을 시작한다. 세월호 광고 캠페인에 참가한 익명의 여성들은 '워킹맘'(≪오마이뉴스≫, 2014.5.1) 또는 'ㅇㅇ 거주 주부' 등으로 자신들을 밝힐 정도로 정치적인 것과는 거리가 먼 존재였지만 세월호 광고활동에 참여하면서 시민 활동의 영역에 들어서게 된다.

세월호 광고 캠페인의 과정은 서로 격려하고 한 사람 한 사람의 작은 힘이 모여서 일을 성사시키는 것에 대한 자부심과 연대의식이 두드러진다. 여성들을 고무시켰던 것은 모인 사람들의 폭발적인 힘과 추진력이었다. 순식간에 세월호 관련 자료와 의견들이 게시판을 뒤덮고 세월호방이 따로 만들어지는 경험, 누군가 광고를 내자고 했을 때 많은 이가 찬성하고 자원자들로 광고팀이 구성된 경험, 광고, 디자인 제작, 번역 등의 업무가 자원자들에게 분배되는 경험, 모금을 시작한 지 13시간 만에 목표액을 초과 달성했으며 두 시간 만에 모금액이 10만 달러를 초과하는 경험 등은 자신들의 힘을 실감하고 엄마들의 정치적 주체성을 확인하는 과정이었다. 광고 캠페인을 주도했던 광고팀원들의 후기를 볼 때 세월호 광고 경험은 이민자들이 시민권적 역량을 높이고 스스로를 권능감 있는 존재로 거듭나게 한 사건이었다고 볼 수 있다. 아무런 정치적 활동이나 지식이 없었던 이들이 세월호 참사를 통해 한국의 현실에 대한 비판적 인식을 가지고 행동으로 나서게 된 정황은 초국적 사회적 장에서 스스로 자각하고 호명되는 시민 주체 상像을 떠올리게 한다.

가족과 홈home은 종종 '여성'들의 영역으로 이야기되지만 광고 캠페인에 참가한 이들의 후기도 여성, 모성을 동기와 동력으로 이야기하고 있다. 엄마이기 때문에 광고, 본업, 가사, 육아를 한꺼번에 해낼 수 있었다는 이야기는 이들의 준거점이 가족과 홈인 것을 말해준다. 부모의 입장으로 아이들을 위해 힘을 낸다는 토로는 가장 호소력 있는 '엄마, 부모로서의 시민됨'을 설파한다. 이들에게 엄마 또는 부모들은 따로 '정치 활동'을 하지 않더라도 엄마, 부모로서의 책무를 다함으로써 시민이 될 수 있는 것이다. 그러나 여성들이 주장하는 것처럼 '엄마로서 당연한 행위'는 모성의 자연적 발로가 아니다. 세월호 사건은 주어진 모성이 아닌 세월호 침몰이라는 위기 상황에서 발현하여 시민사회, 국가, 정치와 언론의 연관성 속에서 재구성되는 모성을 조명한다. 여성들은 ≪뉴욕타임스≫와 교섭 끝에 5월 둘째 일요일인 어머니의 날Mother's Day에 첫 번째 광고를 내보내게 되었을 때 그 상징적 의미를 공유하며 기뻐하기도 했다. 한편 세월호 광고를 둘러싼 종북 논란은 엄마의 '비정치성'에 대한 여성들의 강조에도 불구하고 사회적으로 구성되는 전략적 의미의 모성의 실천을 두드러지게 한다. 이렇게 세월호 참사에 직면해서 엄마의 사회적 의미는 지역적이고 초국적으로 구성된다. 엄마는 가장 직접적인 애도의 주체이며 일차적인 생명보호의 담당자로 재의미화되는가 하면 '미국적'인 의미의 시민성을 발견하고 만들어갈 수 있는 그릇이기도 하다. 모성과 부모됨은 혈연에 기반하는 태생적·자연적인 것이 아니라 국가, 조국, 민족(한인)에 대한 정치적 담론과 연관해서 형성된다. 평범한 엄마로서의 정체성은 세월호 추모 및 진상규명에 동참하는 활동 중에서 재구성되고 조국과 민족(한인)이라는 상징과 네트워크 안에서 호명되어 재조정된 위치에 놓이게 되는 것이다.

세월호 광고에서 나타난 한인 여성들의 활동과 행위자성의 발견은 한국 사회와 미국 사회라는 두 개의 다른 시민사회 영역에 걸쳐서 일어난 사건이다. 이들의 '엄마로서'의 주장이 의미 있게 되는 것은 세월호 참사에 대한 비판이 한국과 미국의 영역을 넘나들며 이들의 시민으로서 입지를 넓혀, '조국'이라는 상상의 공동체, 그리고 민주주의 시민으로서 자신들을 재구성하는 귀속의 정치를 펼치고 있기 때문이다. 이들이 만든 시민활동 영역은 한국 시민권과 미국 시민권에 대한 중첩적인 권리 주장 또는 요구가 나타날 수 있는 지점이다. 시민권을 국적이나 법적 소속이 아닌 '실천, 연대, 정체성'을 뜻하는 것으로 보았을 때 세월호 광고에서 나타나는 한인들의 입장과 비판은 한국 사회에 대한 이들의 시민권을 실천하는 방식으로 해석된다(이철우, 2008: 78). 이들의 한국 사회에 대한, 또는 한국 사회를 위한 실천과 연대에는 한국 사회와 미국 사회에 대해 다른 양상의 귀속의 정치가 작용하고 있음도 간과할 수 없다. 트랜스보더 시민의 귀속은 한 나라의 귀속이 다른 나라의 귀속을 배제하는 배타적인 것이 아니라 중첩적으로 나타난다. 나아가 다중적인 소속감은 각각의 나라에 대해 차별화된 방식으로 형성됨으로써 이들은 지속적으로 두 나라 사이의 경계를 협상하고 조정해야 함을 함의한다. 그런 면에서 트랜스보더 시민활동은 두 나라 사이의 협상을 내용으로 하는 역동성을 지니고 있다.

　트랜스보더 시민들의 다중적인 포지션은 이들로 하여금 다른 시각 및 입지에서 사회정의를 재구성할 수 있는 계기를 마련한다. 트랜스보더 시민들은 적어도 두 나라에서 체득한 다양한 경험을 가지고 있다. 이를 바탕으로 이들이 제기하는 의제들은 무엇이 사회정의를 구성하는지에 대해 기존의 틀과 다른 생각을 주입하며 결과적으로 사회정의의 내용을 재구성할 수 있는 계기를 제공한다(Glick Schiller, 2005). 세월호 광고활동에서 나타난 여성들의 경우, 송금이나 부의 과시와 같은 경제적인 형태는 아니지만 출신국에 대해 자신들의 시간과 노력(모금활동)을 투자하여 민주주의를 회복하고 사회정의를 구현하는 공적 역할에 매진하는 모습을 보인다(Fitzgerald, 2001: 259). 그러나 한인 여성들의 시민활동은 세월호 광고 캠페인이라는 한정된 기간 동안 나타난 것이다. 이 캠페인에 참여한 평범한 엄마들이 만들어낸 트랜스보더 시민활동이 개개인의 시민적 연대의 기억 이상의 어떤 의미가 있는지에 대해서는 좀 더 연구가 필요할 것이다.

참고문헌

강성현. 2014. 「과거사와 세월호 참사 진상규명을 둘러싼 쟁점과 평가」. ≪역사비평≫, 109, 62~93쪽.

김예란. 2010. 「감성공론장」. ≪언론과 사회≫, 18(3), 146~191쪽.

김진형. 2014.6.30. "재미교포들이 NYT '세월호 광고' 캠페인에 나선 이유". ≪허핑턴 포스트 (Huffpost)≫. http://www.huffingtonpost.kr(검색일: 2018.3.1).

박명림. 2015. 「'세월호 정치'의 표층과 심부: 인간, 사회, 제도」. ≪역사비평≫, 110, 8~36쪽.

이선민·이상길. 2015. 「세월호, 국가, 미디어: 〈조선일보〉와 〈한겨레〉의 세월호 의견기사에 나타난 '국가 담론' 분석」. ≪언론과 사회≫, 23(4), 5~66쪽.

이순주. 2006. 「남미 민주화 과정과 여성의 역할: 아르헨티나와 칠레의 사례를 중심으로」. ≪국제 지역연구≫, 9(4), 189~210쪽.

이영진. 2013. 「전후 일본과 애도의 정치: 전쟁체험의 의의와 그 한계」. ≪일본연구논총≫, 37, 37~64쪽.

이재승. 2016. 「세월호 참사와 피해자의 인권」. ≪민주법학≫, 60(2), 145~179쪽.

이철우. 2008. 「탈국가적 시민권은 존재하는가」. ≪경제와사회≫, 79, 62~87쪽.

자로. 2014.5.7. "미국 애틀랜타의 교포분께서 저에게 직접 보내온 내용". https://www.facebook. com/zarodream/posts/644822815605325(검색일: 2018.3.1).

정수영. 2015. 「공감과 연민, 그리고 정동(affect)」. ≪커뮤니케이션 이론≫, 11(4), 38~76쪽.

정원옥. 2014. 「세월호 참사의 충격과 애도의 정치」. ≪문화과학≫, 79, 48~66쪽.

≪노동과 세계≫. 2014.5.14. "뉴욕타임스 광고 추진팀 입장: '종북, 정치선동 프레임 거부한다'". http://worknworld.kctu.org(검색일: 2018.7.7).

≪뉴스인프로그레스(News In Progress)≫. 2014. "한국 정권, 미시 USA에 대대적인 종북 씌우기". https://thenewspro.org(검색일: 2017.6.27).

≪시사브레이크≫. 2014.8.18. "'진실은 침몰하지 않는다' NYT 세월호 2차 광고". http://www.sisa break.com(검색일: 2017.3.9).

≪여성신문≫. 2014.5.12. "새누리당 지도부, '뉴욕타임스 세월호' 광고에 '외국 언론 통해 선동…' 주장". http://www.womennews.co.kr(검색일: 2018.7.1).

≪연합뉴스≫. 2014.5.12. "이완구 '일부 교포, 세월호참사 정치적 악용 유감'". http://www.yon hapnews.co.kr(검색일: 2017.4.13).

≪오마이뉴스≫. 2014.5.1. "미국 교민들 '세월호 진실, 우리가 외신에 알릴게요'". http://www. ohmynews.com(검색일: 2018.3.4).

_____. 2014.6.1. "마지막까지 불렀으 '엄마', 이젠 엄마들이 대답할게요". http://www.ohmynews. com(검색일: 2017.4.16).

_____. 2014.7.16. "'우리가 구원파? 좀 웃겼어요.' NYT '세월호 광고' 숨은 이야기". http://www. ohmynews.com(검색일: 2018.7.7).

_____. 2016.8.31. "린다 리와의 서면 인터뷰". http://www.ohmynews.com(검색일: 2017.4.21).

≪프레시안≫. 2014.5.12. "박 대통령, 권위주의 시대로 퇴행시키고 있다". http://www.pressian.com (검색일: 2017.4.13).

_____. 2015.8.31. "세월호, 1000일이 지나도 잊지 않을게요". http://www.pressian.com(검색일: 2017.4.15).

'미시USA(MissyUSA)' 웹사이트. https://www.missyusa.com/(검색일: 2018.3.9).

'세월호의 진실(The Truth of Sewol Ferry) 웹사이트. http://www.thetruthofsewolferry.com/(검색일: 2017~2019).

'인디고고(Indiegogo)' 웹사이트. https://www.indiegogo.com(검색일: 2017~2019).

≪서울의 소리≫. http://www.amn.kr/14314(검색일: 2018.7.3).

블로그 '강혜신과 함께하는 오늘의 미국'. http://www.todayus.com/?p=84622(검색일: 2018.7.3).

페이스북. '손석희와 함께하는 사람들'. https://m.facebook.com(검색일: 2018.6.29).

Anagnost, A. 2000. "Scenes of Misrecognition: Maternal Citizenship in the Age of Transnational Adoption." *Positions*, 8(2), pp.389~421.

Balibar, É. 2006. "Strangers as Enemies: Further Reflections on the Aporias of Transnational Citizenship." http://www.globalautonomy.ca/global1/article.jsp?index=. (검색일: 2018.6.28).

Berg, U. D. and R. M. Rodriguez. 2013. "Transnational Citizenship across the Americas." *Identities*, 20(6), pp.649~664.

Brubaker, R. and J. Kim. 2011. "Transborder Membership Politics in Germany and Korea." *European Journal of Sociology*, 52(1), pp.21~75.

Butler, J. 2003. "Violence, Mourning, Politics." *Studies in Gender and Sexuality*, 4(1), pp.9~37.

Erel, U. 2013. "Kurdish Migrant Mothers in London Enacting Citizenship." *Citizenship Studies*, 17(8), pp.970~984.

Fitzgerald, D. 2001. "Negotiating Citizenship: The Role of Migrant-Sponsored Public Projects in Mexican Transnational Politics." *Journal of Social Work Research and Evaluation*, 2(2), pp.251~266.

_____. 2006. "Rethinking Emigrant Citizenship." *NYUL Review*, 81(1), pp.90~116.

_____. 2008. "Citizenship a la Carte." *Global Migration and Transnational Politics*, 3, pp.1~11.

Fouron, G. and N. Glick Schiller. 2001. "All in the Family: Gender, Transnational Migration, and the Nation-State." *Identities*, 7(4), pp.539~582.

Fox, J. A. 2005. "Unpacking 'Transnational Citizenship'." *Annual Review of Political Science*, 8, pp.171~201.

Fox, J. and G. Rivera-Salgado. 2004. "Building Civil Society among Indigenous Migrants." In J. Fox and G. Rivera-Salgado(eds.). *Indigenous Mexican Migrants in the United States*. La Jolla: University of California, San Diego, Center for Comparative Immigration Studies.

Glick Schiller, N. 2005. "Transborder Citizenship: an Outcome of Legal Pluralism with Transnational

Social Fields." University of California. https://escholarship.org/uc/item76j9p6nz(검색일: 2017.4.15).

Honig, B. 2009. *Emergency Politics: Paradox, Law, Democracy.* Princeton: Princeton University Press.

Kershaw, P. 2010. "Caregiving for Identiy Is Political: Implication for Citizenship Theory." *Citizenship Studies*, 14(4), pp.395~410.

Khayati, K. 2008. *From Victim Diaspora To Transborder Citizenship?: Diaspora Formation and Transnational Relations among Kurds in France and Sweden.* Linkoping: Linkoping University.

Kim, G. 2016. "Eros Effect as Emergency Politics: Affective and Networked Politics of Agonistic Humanism in South Korea's Sewol Ferry Diaster." *New Political Science*, 38(2), pp.160~177.

Kron, S. 2016. "'Nacimos de la Nada': Border Struggles and Maternal Politics in Mexico." *Citizenship Studies*, 20(5), pp.579~594.

Lee, E. 2013. "Formation of a Talking Space and Gender Discourses in Digital Diaspora Space: Case of a Female Korean Im/migrants Online Community in the USA." *Asian Journal of Communication*, 23(5), pp.472~488.

Levitt, P. and N. Glick Schiller. 2004. "Conceptualizing Simultaneity: A Transnational Social Field Perspective on Society." *International Migration Review*, 38(3), pp.1002~1039.

Longman, C., K. De Graeve, and T. Broukaert. 2013. "Mothering as a Citizenship Practice: An Intersectional Analysis of 'Carework' and 'Culturework' in Non-normative Mother-Child Identities." *Citizenship Studies*, 17(3~4), pp.385~399.

McGuire, C. and S. B. Coutin. 2013. "Transnational Alienage and Foreignness: Deportees and Foreign Service Officers in Central America." *Identities*, 20(6), pp.689~704.

Oh, J. H. 2016. "Immigration and Social Capital in a Korean-American Women's Online Community: Supporting Acculturation, Cultural Pluralism, and Transnationalism." *New Media & Society*, 18(10), pp.2224~2241.

Rosenail, S., I. Crowhurst, A. Santos and M. Stoilova. 2013. "Reproduction and Citizenship/Reproducing Citizens: Editorial Introduction." *Citizenship Studies*, 17(8), pp.901~911.

Smith, M. P. 2007. "The Two Faces of Transnational Citizenship." *Ethnic and Racial Studies*, 30(6), pp.1096~1116.

The Guardian. 2013.6.3. "Turkish Protesters Raise $55,000 for Full-page Ad in New York Times." https://www.theguardian.com/world/2013/jun/03/turkey-new-york-times-ad(검색일: 2018.8.6).

The Huffington Post. 2014.3.14. "Berkin Elvan Honored In Powerful Full-Page New York Times Ad." https://www.huffingtonpost.com/2014/03/14/berkin-elvan-new-york-times-ad_n_49640 25.html(검색일: 2018.8.6).

Tyler, I. 2013. "Naked Protest: the Maternal Politics of Citizenship and Revolt." *Citizenship Studies*,

17(2), pp.211~226.

Waterbury, M. 2009. "From Irredentism to Diaspora Politics: States and Transborder Ethnic Groups in Eastern Europe." Global Migration and Transnational Politics, Working Paper No.6. Fairfax, VA: George Mason University.

제3부

이동과 귀환, 확장과 연대

제8장

양날의 검*

한국으로 귀환이주하는 한국계 미국인들을 통해 본 젠더와 상호교차성

송지은 레지나(Jee Eun Regina Song)

1. 들어가는 말

한국계 미국인들은 많은 경우 "고국home"인 한국에 대해 양가적 감정을 품고 있다. 30대 한국계 미국인 2세인 데이브는 많은 귀환이주자와 마찬가지로 자신이 한국에서 살게 될 것이라고는 한 번도 생각해 보지 않았던 귀환이주자 중 한사람이다.[1] 데이브는 미국의 독실한 기독교 집안의 다섯 아들 중 하나로 태어났다. 데이브의 부모님은 데이브가 고국의 문화에 좀 더 친숙해지기를 바라며 그의 한국행을 권유했다. 그러나 데이브에게 한국은 그저 먼 타국일 뿐 자신과는 아무 상관없는 나라라 생각하며 완강히 거부했다. "한국은 내가 살 곳은 아니야. 가끔 놀러 가면 좋겠지만 거기서 사는 것은 상상할 수 없어"라며 마음속으로 생

---

* 이 글은 *Asian Studies Review*, vol.44, no.4(2020)에 실린 "A Double-edged Sword: Gender and Intersectionality of Korean American Ethnic Return Migration"를 번역한 것이다(DOI: https://doi.org/10.1080/10357823.2020.1790501). 귀중한 시간과 통찰력을 공유해 준 정보 제공자들에게 감사드린다.

1 인터뷰 대상자의 이름은 모두 가명이고, 지명은 실제이다.

각하곤 했다. 몇 년 후, 이직을 위해 잠시 쉬는 동안, 데이브의 부모님은 데이브에게 한국행 왕복 티켓을 선물했다. 데이브는 여행 겸 한국에 한 번 다녀오는 것도 그리 나쁜 계획은 아니라는 생각이 들었다. 하지만 데이브의 부모님은 그 여행에 한 가지 조건을 걸었다. 한국에 최소 3개월 이상 머물며 "진지한 시도"를 해보라는 것이었다. 그 방문을 계기로, 데이브는 서울에서 살기 시작했고, 2019년 5월 당시 데이브의 서울살이는 5년째에 접어들고 있다. 아이러니하게도 이제 그는 서울을 그의 "집home"으로 부른다.

한국에는 한국계 미국인들이 누릴 수 있는 다양한 일자리와 삶의 기회들이 있다는 점이 데이브의 잔류 결정에 영향을 미쳤다. 한국계 미국인으로 서울에 사는 장점에 대해 데이브는 이렇게 답했다. "한국에서 저는 지금 세 개 정도의 사업을 시작했어요. 미국에서라면 상상할 수 없는 일이죠. 이런 기회들이 어떻게 보면 내게 주어진 특권이라고 생각해요." 그는 한국말을 거의 못하지만, 서울에서 매우 넓은 인맥을 쌓았다. 미국에서는 쉽게 얻을 수 없던 기회들이 한국에서는 쉽게 생겼다. 데이브는 이제 한국을 "집"으로 여기는 많은 한국계 미국인 귀환이주자들 중 한 사람이다.

데이브의 이야기가 보여주듯이 한국계 미국인들은 한국으로 이주할 때 상대적으로 특혜를 누린다. 그들은 경제적으로나 문화적으로 부유한 서구와 동일시되거나 그들의 영어구사 능력으로 인해 높이 평가된다. 일반적으로 다른 귀환이주자들에 비해 한국계 미국인들이 문화적으로나 언어적인 측면에서 한국에 정착하기 유리한 점은 사실이나, 필자는 한국계 미국인 귀환자의 경험이 좀 더 다층적이고 데이브의 특권에 대한 서사는 우리가 가정하는 것보다 훨씬 더 복잡하다는 점을 논의하려 한다. 특히 젠더적 측면에서 고국으로 돌아온 한국계 미국인들의 서사는 훨씬 복잡한 양상을 드러낸다.

이 연구는 기존의 한인 귀환이주자들에 관한 연구에서 드러나는 그리고 한국인들이 가정하는, 한국계 미국인에 대한 인식에 정면으로 도전한다. 통상 한국계 미국인들은 (실제 또는 상상하는) 조상의 고국homeland에 대해 비슷한 입장을 가진 동질적인 집단으로 간주되어 왔다. 그렇기 때문에, 나이, 젠더, 교육 수준, 계급, 직업, 종교, 지역성의 측면에서 다면적이고 다양한 경험을 하는 데에도 불구하고 한국계 미국인 귀환자들은 오로지 한국계 미국인이라는 종족성ethnicity과 한국 사회에서 갖는 "특권적" 지위를 통해서만 논의되곤 했다. 한국계 미국인 귀환자가 국적과 종족성으로 인해 한국에서 손쉽게 누리는 특권만을 환기시키거나 가정하게 되면 자연스럽게 젠더와 계급 불평등과 같은 다른 사회경제적 요소들은 지워지고 잊힐 수밖에 없다. 그러나 중첩적이고 상호 구성적인 이런 사회경제적 요소들은 실제 많은 귀환자를 영구히 틈새 상황in-betweenness과 모순에 빠지도록 한다. 필자는 양날의 검이라는 은유를 통해 한국계 미국인 귀환자들이 경험하는 모순과 갈등 상황을 담아내고자 한다. 한국계 미국인의 실제 경험lived experience에 대해, 특히 젠더gender와 상호교차성intersectionality[2]의 측면에 주목한다면, 한국계 미국인에 대한 지배적인 담론과 특권에 대한 가정을 문제 삼을 수 있을 것이다.

1) 연구 방법과 표집

이 연구를 위해 필자는 2018년 5월부터 2019년 2월까지 스스로를 한국계 미국인이라고 인식하는 서울 및 그 주변 거주자 25명에 대한 반구조화된 인터뷰semi-structured interview를 실시했다. 처음에는 한국계 미국인 여성들만을 대상으로 귀환과 귀환 사유, 미국 성장기, 그리고 이주에 따른 한국에서의 일상생활 경험

---

2   상호교차성(intersectionality)라는 용어는 시민권운동가이자 법률학자인 킴벌리 크렌쇼(Kimberlé Crenshaw)가 미국 차별금지법을 비판하면서 처음 사용했다. 이 법이 흑인 여성 경험의 독특성을 구성하는 데 있어 인종차별, 성차별, 계급주의가 상호 배타적으로 작동하지 않는다는 사실을 반영하는 데 실패했다는 점을 지적하기 위해서였다(Crenshaw, 1991). 한인 디아스포라에 대한 상호교차성 및 초국가적 페미니스트 분석에 대해서는 주해연(Choo, 2012), 주해연과 M. M. 페리(Choo and Ferree, 2010), 제니퍼 전 외(Chun et als. 2013) 참조.

에 초점을 맞춘 연구를 진행했었다. 그러나 곧 연구 범위를 넓혀 한국계 미국인 남성들의 경험 역시 포함시킬 필요가 있음을 깨달았다. 한국계 미국인 남성들의 종족 내 귀환이주의 경험을 고려하지 않고는 한국계 미국인 남녀의 귀환이주 경험에서 젠더와 상호교차성이 어떻게 다르게 드러나는지 충분히 알 수 없을 것이기 때문이다. 실제 여성이 더욱 복잡하거나 힘든 협상을 한다고 할지라도 여성만을 대상으로 한 연구는 남성과 여성 모두에게 요구되는 복잡한 젠더 협상을 요하는 중요한 점을 놓칠 수도 있을 것이다. 한국계 미국인 남녀의 종족 귀환이주 연구는 계급, 언어 능력, 나이, 결혼 여부, 젠더가 어떻게 상호 구성되고, 경우에 따라서는 재구성되는지 보여준다. 상호교차성 개념을 통해 이 연구는 초국가적 맥락에서 그리고 한인 디아스포라 안에서 이주를 이해하는 더 섬세한 시각을 제시하면서 미묘하고 상호 연결된 힘과 억압의 시스템에 더 많은 관심을 기울이고자 한다.

연구의 정보 제공자들은 직장이나 주거 지역과 관련해 서울 시내 다양한 지역에 속해 있었다.[3] 실제 조사 대상자들은 서울의 대표적인 부유층으로 꼽히는 강남에만 집중된 것은 아니었고, 서울 강북과 강서의 임대료가 낮은 지역에 주로 거주했다. 응답자 중 두 명은 강남권에 쉽게 접근할 수 있는 초고층 고가 아파트가 있는 성남시 계획지구 분당에 살고 있었다.[4]

필자가 만난 한국계 미국인들은 다른 연구나 미디어에 등장하는, 고액의 연봉을 받으며 강남에서 호화롭게 사는 '학원' 선생님이 아니었다. 학원교사 생활을 하는 상대적으로 부유하고 특권을 가진 한국계 미국인들에 관한 연구는 최근 출판된 한국 귀환 경험에 관한 문헌에서 두드러진다. 그러나 이러한 연구 집단

---

3   필자는 상호 연결망(mutual networks)과 눈덩이 표집(snowball sampling)을 통해 연구의 정보 제공자를 찾았다. 정보 제공자의 직장과 거주지는 다양했다. 이들과는 서울의 여러 지역과 서울 교외 지역에서 만남을 가졌다.

4   인터뷰 참여자의 나이는 20대 후반에서 50대 초반까지 다양했다. 인터뷰는 40분에서 2시간까지 진행되었고, 참여자의 동의하에 녹음한 후 전사(transcription)했다.

선정의 편향성으로 한국계 미국인 귀환자들은 동질적으로 재현된다. 이러한 재현 방식은 일부 한국계 미국인들이 갖고 있는 미국 시민권이나 그로 인해 파생되는 여러 언어적·문화적·상징적 특권만을 반복해서 드러낼 뿐이다. 그리고 이들의 경험을 일반화하여 다른 형태로 교차하는 불평등을 가리기도 한다. 비록 많은 한국계 미국인이 학원교사 생활을 하고 있지만, 그들 중 상당수는 장기 정착이 아닌 임시 체류를 선호하기 때문에 이들의 이직률은 매우 높다. 이 연구는 이렇게 인구 집단 측면에서 단기 거주하는 사람들이 아닌 한국에서 2년 이상 거주하며 전문직 분야에 종사하는 한국계 미국인을 대상으로 한다.

이 연구의 인터뷰 대상자들은 적게는 3년, 길게는 20년 가까이 한국에 머물렀으며, 이들의 평균 거주 기간은 5~6년 사이였다. 10대 때 미국으로 이주한 두 명을 제외하면 모두 2~10세의 어린 나이에 미국으로 이주한 흔히 말하는 "재미교포 1.5세대"들이었다. 인터뷰 대상자들의 한국어 실력은 큰 차이를 보였는데, 한국어 실력이 반드시 미국에서 태어났는지 여부나 미국으로 이민했을 당시의 나이와 관련이 있는 것은 아니었다.[5]

이 연구의 참여자는 계급과 지역, 성장 경험뿐만 아니라 직업적으로도 다양했다. 필자가 인터뷰한 한국계 미국인 귀환자들은 IT산업, 반도체산업, 식품서비스산업, 사회과학, 공학 및 과학 전공 학계, 스포츠 전문경영 및 채용, 벤처기업, 예술 등 다양한 분야에 종사하고 있었다.[6] 인터뷰 대상자 중 두 명은 자녀가 있는 전업주부였으며, 프리랜서도 여럿 있었다. 한국계 미국인 남성 인터뷰 대상자인 여덟 명 중 다섯 명이 기혼이었고, 한국계 미국인 여성 인터뷰 대상자인 17명 중에는 11명이 기혼이었다.

---

5   주류 담론은 언어가 한국에서 한국계 미국인의 "생존" 시간을 결정할 것이라는 생각에서 언어 유창성을 한인 동포들의 장기 체류에 기여하는 가장 중요한 요소로 보고 있다. 그러나 필자는 이 상관관계를 기정사실로 여기지 않는다.
6   한국으로 귀환한 한국계 미국인의 직업 다양성은 한국계 미국인이 주로 한국에서 학원 교사로 일한다는 기존의 주장을 반박한다.

2. 1세대, 2세대, 1.5세대 한국계 미국인의 정의

위에서 언급했듯이, 이 연구의 인터뷰 대상자 사이에는 성별, 직업, 지역과 같은 상호교차성 측면에서 상당한 차이를 보인다. 그러나 이들을 정의하는 한 가지 공통적인 정체성은 이들이 모두 한국계 미국인 귀환자Korean American returnees 라는 점일 것이다. 그러나 한국계 미국인이라는 개념 역시 국적이나 언어, 문화, 교육 등의 측면에서 다양하게 존재하는 이들을 하나로 아우르기에는 무리가 있는 용어임을 고려해 볼 때, 이 연구에 부합하는 한국계 미국인 귀환자를 묘사하는 데는 많은 어려움이 있었다. "한국계 미국인"이라는 용어의 불안정성과 이 용어에 적용되는 다양한 유형의 한국계 미국인(예를 들어, 한국에서 태어났지만 미국에서 자란 한인 동포, 또는 1세대 대 2세대 대 1.5세대 등)은 다시 한 번 이 다면적인 집단의 다양성과 상호교차성을 보여준다.

다양성에 관심을 둘 때 기존에 획일적으로 가정된 한국계 미국인 귀환이주자라는 정체성은 많은 문제점을 드러낸다. 한국계 미국인 2세는 미국에서 태어난 이들을 말하는 반면, 한국에서 태어나 이민을 간 1.5세의 입장은 한국계 미국인 범주를 더욱 복잡하게 만든다. 메리 유 다니코Mary Yu Danico는 한국계 미국인 1.5세의 구성을 문제 삼는다(Danico, 2004). 다니코는 1.5세대 특유의 사회적 특성과 문화적 정체성을 1세대도 2세대도 아니라는 점에 위치시키면서, "물론 인구통계상 1.5세라는 개념은 불가능하다. 한국에서 태어난 사람은 통계상 1세대로 간주되고 미국에서 태어난 사람은 2세대로 간주된다"고 했다(Danico, 2004: 1). 그러나 다니코를 비롯한 이주 연구 학자들이 완강히 주장해 온 바와 같이, 2세대와 1세대는 이주 또는 토착 지위에 대해 훨씬 명확한 표식을 가지고 있는 데 반해, 1.5 세대는 이민자의 자녀라는 이주 지위에 의해 더욱 복잡한 구성을 보인다.

필자 역시 아동기에 미국으로 이주했기 때문에 부모나 그 이후의 세대와 구별된다는 점에서, 1.5세대의 중요성을 강조하고 싶다. 이주 당시 유아기였던 이들도 있고 10대였던 이들도 있는 것처럼, 1.5세대의 구성은 미국으로 이주할 당시 연령에 따라 큰 차이를 보인다. 이러한 연령에 따른 다양성을 감안할 때, 누군가를 1.5세대라는 범주에 포함시키거나 배제하기 위해 연령을 결정하는 문제는 자의적일 수 있다.

나아가, 많은 경우 같은 연령의 이주자들일지라도 그들의 정치, 문화, 종교, 지역, 언어적 배경뿐만 아니라 미국에서 성장할 때 노출된 가족 및 제도적 가치에 따라 서로 다른 경험과 세계관을 가지고 있다.[7] 예를 들어, 귀국 후 한국인 남성과 결혼한 한국계 미국인 1.5세인 제나는 한국에서 경험한 가족 위계에 대해 이렇게 말했다. "우리 시댁 식구들은 정말 좋은 사람들이에요. 그런데 남편의 조카들은 어쩐지 나보다 윗사람이라고 느껴졌어요. 내가 항상 대접하고 챙겨야 했거든요. 조카들을 챙기는 건 기쁜 일이지만 그런 식으로 강제적이고 의무적인 관계는 아닌 것 같아요." 제나는 어린 나이에 미국으로 이주했다가 귀환이주 이후 한국의 문화적 규범을 다시 배워야 했다. 제나는, 특히 나이든 한국 남성들을 대할 때, 가정이나 일터에서 여성에게 자연스럽게 기대되는 역할이나 주변화를 이해하는 데 어려움을 느꼈다. 반면, 한국계 미국인 2세대로 한국 여성과 결혼한 40대 남성인 피터는 다음과 같이 고백했다.

한국말을 조금 하는 편인데, 처가 식구들은 이걸 몰라요. 처가에 가면 한국말을 안하니까, 한국어를 못한다고 생각하는 겁니다. 그런데 어느 날 장인어른이 내게, "자네는 과묵한 사람이군. 그런 줄 알고 있었네. 난 자네의 그런 점이 참 좋네"라고 하시더군요.

한국계 미국인 남성은 쉽게 한국 남성과 동등하게 남성성의 규범에 따라 그

---

7   종족 정체성을 형성하는 사회적 행위자로서 가족의 중요성에 대한 자세한 설명은 다니코 (Danico, 2004)를 참조할 것.

지위가 유지되는 반면, 한국계 미국인 여성은 젠더화된 기대와 경계를 협상하는 데 더 자주 어려움을 겪는다. 이는 후술할 1.5세대의 한국계 미국인 정체성이 젠더와 교차하는 방식 가운데 하나이다.

1.5세대들은 처음에는 미국에 거주하는 한국계 미국인으로서 그리고 나중에는 한국에 귀환하면서 매우 다른 수준과 방식의 문화적·언어적 통합을 경험한다. 인터뷰 대상자 가운데 초등학교 때 미국으로 이민 온 사람들은 미국 문화에 대한 몰입도와 영어 실력 면에서 훨씬 빨랐고, 미국 사회에 깊이 통합되어 갔음을 보여주었다. 이러한 특징은 한국어 숙련도에 따른 한국계 미국인 2세들에 대한 예측도 가능하게 한다. 또한 시민권의 유무는 한 개인의 소속감을 복잡하게 만든다. 예를 들어, 인터뷰 대상자 중 세 명은 합법적으로 20년 이상 미국에 거주한 후에도 미국 시민권이 없었다.

이어지는 글에서는 첫째, 지구적 현상으로서 종족 귀환 이주가 갖는 의의를 상세히 설명하고, 이 현상 안에서 한국계 미국인의 귀환이주를 설명할 것이다. 둘째, 한국계 미국인 귀환자들은 귀국과 더불어 종종 양날의 검에 맞닥뜨린다는 점에 대해 논의할 것이다. 여기서 양날의 검이란 이들이 언제나 한국인인 동시에 이방인으로 취급되는 상황을 은유한다. 한국 사회에서 이들은 한국의 후손으로서 당연히 한국인이고 한국인으로 살아가야 한다고 여겨지는 동시에, 이들의 존재는 언제나 한국인이라기에는 부족한 (혹은 너무 미국화된) 불완전한 한국인으로 취급받는다. 이 연구의 인터뷰 대상자들은 상상으로 그리던 한국에서의 삶과 실제 사이의 모순을, 그리고 가부장적인 한국 사회에 동화되어야 한다는 한국계 미국인 여성들에게 가해지는 "압박"을 보여준다. 상황에 대해 지적한다. 겉으로 보기에 명백하게 규범을 따르는 듯 보이는 한국계 미국인 여성에게도 한국 여성으로서 제대로 "젠더 역할을 수행해야 한다do gender"는 엄청난 압력이 가해진다. 이런 의미에서 젠더 역할을 수행한다는 것은 종족성의 올바른 수행을 의미하기도 하는 것이다. 마지막으로 많은 한국계 미국인이 아무리 자신들의 다양한 문화적·성적 정체성과 경험을 억압하거나 부정함으로써 "한국인"이 되고자 노력하더라도, 한국 사회의 지배적인 가부장적 관점에서 봤을 때 이들은 결코 완전한 한국인이 될 수 없을 것이라는 점을 주장한다. 이런 점에서, 특히 한국계 미국인 여성들은 계속해서 한국 사회의 주변부에 위치한다.

3. 종족 귀환이주의 이론화

지난 20년간 지구적 현상인 "귀환return" 이주에 대한 학문적 관심이 높아졌다. 귀환이주는 고국을 떠나 다른 나라 영토에 흩어진 종족 집단을 의미하는 디아스포라에 대한 더 넓은 담론과 이론화 안에서 이해할 수 있다. 이주와 디아스포라를 연구하는 학자들은 "귀환"이라는 현상에 특별히 관심을 두었는데 "귀환"의 개념이 2세대나 3세대와 비교하여 1세대에게 매우 다른 의미를 내포하고 있기 때문이다. 인류학자인 다케유키 츠다Takeyuki Tsuda는 1세대 이민자가 태어난 국가로 돌아가는 귀환과 2세대 및 후속세대 이민자가 해외에서 거주하다가 문화를 계승한 국가로 "귀환"한다는 의미에서의 "귀환이주"는 다른 것이라 정의하고 있다(Tsuda, 2009). 1세대는 자신들이 태어난 나라로 돌아가는 것이기 때문에 그 나라에 대한 기억을 어느 정도 유지하고 있지만, 후속세대는 그러한 체화한 경험이 없고, 따라서 이들의 이주는 전혀 다른 기대를 갖고 시작된다.

고국에 대한 귀속감과 생각은 다양한 제도적·사회적 배제 시스템에 의해 종종 난관에 부딪히게 된다. 살만 루시디Salman Rushdie와 같은 많은 문학계 인사들과 문화평론가들이 주목했듯이 특히 디아스포라 공동체에서 자란 2세에게 고국의 의미는 체화된 경험을 넘어 어떤 시간성temporal과 추상성이 집결된 무언가로 확장된다(Rushdie, 1991). 또한 한국계 미국인의 '귀환' 이주는 고향에 대한 그리움, 향수로 특징지어진다. 다시 말하지만, 후대의 디아스포라 후손에게 고국에 대한 생각과 경험은 초국가적인 서사, 가족사, 그리고 문화 계승에 의해 복잡해진다. 이러한 미시적이고 거시적 요소(예를 들어 지구적 이주의 흐름 대 가족 사진

등)는 디아스포라 역사와 공동체 귀속에 대한 다소 주류를 벗어난 설명에 해당한다.

제인 야마시로Jane Yamashiro는 "귀환"이주나 디아스포라와 같은 용어의 한계를 제기하며, 일본에서 인종과 종족상으로 이미 다수가 된 일본계 미국인의 초국가적 정체성 형성을 예로 든다. 야마시로는 수세기에 걸쳐 미국으로 이주한 일본인이 이후 다시 미국에서 일본으로 이주할 때 실제 움직이는 사람은 그 후대의 자식, 손자, 심지어 증손자들이기 때문에 귀환이주라는 용어에는 상당한 문제가 있다고 주장한다. 야마시로는 "미국에서 태어나서 성장한 사람이 한 번도 살아보지 못한 나라로 '돌아간다/귀환한다returning'고 묘사할 때, 어떤 이념적이고 논리적인 가정이 깔려 있는가"(Yamashiro, 2017: 13)라고 질문하며, 이들의 이주 현상은 "조상의 고향으로의 이주ancestral homeland migration"라는 용어가 더 적절하다고 주장한다. 야마시로는 마찬가지로 이주자의 2세, 3세, 4세 자녀 중 상당수가 체화된 경험이 없는 저 먼 고국으로 돌아간다는 가정이 깔려 있는 디아스포라의 개념 또한 문제가 있다고 주장한다.[8] 따라서 야마시로는 조상의 고향으로의 "이주"라는 표현이 "귀환"이라는 언어를 사용하지 않으면서도 조상의 고국을 향한 같은 종족의 이동을 여전히 고려하고 있기에 더 적절하다고 본다.

야마시로의 지적은 설득력이 있지만, 한국계 미국인에게는 "조상의 고향으로의 이주"라는 개념도 똑같이 문제나 한계가 있는 듯하다. 일본인이 조상의 고향으로 이주하는 것과 비교할 때 한국계 미국인 귀환자가 보이는 한 가지 중요한 차이는 두 집단이 매우 상이한 미국 이민 역사를 갖고 있다는 점이다. 20세기로

---

8   야마시로가 디아스포라 개념을 문제 삼는 방법 가운데 하나는 혼혈인 조상에 대한 것이다. 야마시로는 "디아스포라 연구자들은 조상의 혈통이 섞여 있는 사람들을 명시적으로 포함하지 않았다. 그러나 지구적으로 동족끼리 같은 종족임을 상상하는 방식은 개별 사회에서 무엇이 '인종적으로 혼혈로' 간주되는가에 대한 역사와 정치학에 의해 형성된다"(Yamashiro, 2017:12)고 주장한다. 반대로, 점점 더 많은 저작이 한국 디아스포라 맥락에서 초국가적 입양 문제와 한국전쟁 이후 나타난 혼혈인의 중요성에 대해 다루고 있다.

의 전환기, 일본인이나 중국인의 경우와는 달리 한국인에게는 미국 이민의 문이 대체로 닫혀 있었다(Chan, 1991; Takaki, 1998 참조). 1910년에서 1945년까지 일본이 한국을 식민 지배하는 동안 한국인의 미국 이민은 중단되었는데, 그 전에 소수의 한국인이 20세기 초 하와이 사탕수수 농장에서 일하기 위해 차출되었던 시기는 짧게 있었을 뿐이다.[9] 한국인의 미국 이민은 일본과 중국 이민자의 경우보다 더 최근의 일이다.[10] 한국을 떠나는 이주와 오늘날 벌어지는 한국으로의 역이주는 20세기 한국의 전쟁과 식민지, 신식민지 그리고 후기식민지 관계의 복잡한 역사와 연관되어 있고, 이로 인해 강화된다.

후기식민지와 냉전의 정치학이 한국전쟁 이후 수백만 명에 이르는 사람들과 그 가족의 삶에 끼친 영향에 주목할 필요가 있다. 이 역사는 한국에서 성차를 더욱 두드러지게 하는 방향으로 젠더화된 관계를 형성하는 데 기여했다. 예를 들어, 페미니스트 역사가들은 일본 식민지 점령에서 해방된 후 수십 년 동안 한국 정부가 일본군 '위안부' 문제에 대해 침묵했던 역사에 대해 문제를 제기한다. 한국 정부는 또한 미군 기지촌 성매매를 국제 및 미주 관계 개선을 위한 도구로 적극적으로 활용하기도 했다(Moon, 1997; Yang, 1998 참조). 문승숙은 한국 민족주의의 남성 중심적 성격의 핵심으로 한국의 군사주의를 지적하면서, 군사주의가 국가 정책으로서 남성 신체에 남성성을 구성하고 강화하는 방식을 비판한다.[11] 이러한 연구들은, 특히 젠더의 관점에서, 한국의 맥락이 어떻게 한국계 미국인 귀환자들의 귀속과 협상에 대한 과정들을 어렵게 만드는지 보여준다.

---

9   미국으로의 한국인 노동 인력 차출이 일어난 짧은 시기에 대한 논의는 매리 박 리(Lee, M., 1990)와 수챙 챈(Chan, 1991)을 참조할 것.

10   역사적으로 볼 때 아시아인은 체계적으로 미국 이민으로부터 배제되었다. 제2차 세계대전 이후 선의의 뜻으로 미국은 아시아인에게 좀 더 관대한 이주 정책을 취했다. 1965년 미국 '이민법(Immigration Act)'이나 1945년 '전쟁신부법(The War Brides Act)'에 대해서는 여지연(Yuh, 2005)을 참조할 것.

11   젠더와 민족주의에 대한 통찰력 있는 독해는 일레인 김과 최충무(Kim and Choi, 1998)를 참조할 것.

"귀환"하는 한국계 미국인은 대부분 1.5세 또는 2세들이기 때문에 츠다 다케유키가 제안한 표현보다는 종족 귀환이주라는 용어가 더 유용하다. 그런 의미에서 필자가 볼 때, 한국계 미국인 "귀환자"를 이런 불편한 위치에 놓는 것은 집과 고국에 대해 끊임없이 파편화되는 관념들을 연결하는 데 도움이 된다. 한국전쟁과 1965년 개정된 미국의 이민법으로 한국인들의 미국으로의 이주가 늘어났기 때문에 한국계 미국인 귀환이주자는 일반적으로 1세대, 2세대이거나 1.5세대라는 틈새에 있다. 한국계 미국 "귀환자"는 2세가 미국에서 태어나 성장한 경우에도 1세의 역사, 문화, 언어와 완전히 분리되지 않는다는 점에서, 디아스포라 공동체로서의 독특한 역사를 공유한다. 그러므로 이 연구는 (실제 또는 상상의) 고국으로 "회귀"한다는 다소 추상적이거나 상상된 감각을 지닌 1.5세, 2세에게 초점을 맞춘다.[12]

4. 한인 디아스포라와 종족 귀환이주: 기존 연구의 한계

한국의 짧은 종족 귀환이주의 역사를 살펴보면 한국인 귀환자 경험의 맥락을 짚어낼 수 있다. 지난 10년 동안, 한국에는 한국계 미국인의 수가 크게 증가했다. 오늘날 한국계 미국인은 한국계 중국인에 이어 두 번째로 많은 귀환이주자 집단이다. 한국계 중국인과는 대조적으로, 한국에 유입되는 한국계 미국인의 수는 2000년대 후반 크게 증가하기 시작했다. 이 시기 이전 한국계 미국인은 단기 체류로 언어교환 프로그램이나 친척 방문을 위해 한국에 들어왔다. 2000년대 중반에서 후반까지 아시아 금융위기(1997~2001) 이후 한국의 경제가 안정화되면

---

12   1세대 귀환 이민자조차도 고국에서 원활하게 재통합될 수 없는 문제에 봉착하고 있음을 시사하는 디아스포라 귀환에 대한 좀 더 자세한 논의는 마코위츠와 스테판손(Markowitz and Stefansson, 2004)이 엮은 책을 참조할 것.

서 글로벌 귀환이주가 가속화되었으며, 2008년 글로벌 경제위기로 미국 고용시장이 어려워지면서 한국계 미국인들의 귀환이주는 더욱 증가했다.[13]

동아시아의 귀환이주에 관한 종전의 많은 연구가 일본, 중국, 한국으로의 귀환자들이 공통의 조상을 섬기며 고국에 대한 인식을 공유함에도 불구하고 완전한 문화적 시민권을 얻는 데 실패하는 현실을 보여주었다(Kibria, 2002; Kim, 2008; Louie, 2002; Song, 2009; Tsuda, 2003). 최근 다양한 디아스포라 집단의 역사적 맥락을 파악하고 민족지적 기술을 적용한 한인 디아스포라의 독특한 귀환이주를 다루는 비교 연구들이 나오기도 했다(예를 들어 Jo, 2017; Lee, 2018). 이러한 비교 연구는 한국 디아스포라에 대한 지식 축적에 크게 기여했으나, 거시적 비교 관점을 채택함으로써 특정 이주 집단 내 세밀한 경험들을 드러내는 데는 한계를 보인다.

『귀소Homing』에서 조지연Jo Ji-Yeon O.은 중국, 구소련, 미국에서 한국으로 "귀환"한 후속세대의 한인 디아스포라에 대해 연구했다(Jo, 2017). 조지연의 비교연구는 오늘날 초국가적 이주의 시민권, 문화적 귀속, 언어와 가족관계 등의 문제에 나타나는 감정적affective 경험을 강조한다. 『귀소』는 미시적이고 거시적인 접근을 결합하면서 한국 귀환이주의 역동적인 과정에 대한 통찰력을 제공하는데, 특정 집단 내의 이질성보다는 귀환특례이민자legacy immigrants 세 명에 대한 비교 접근을 중심으로 한다는 점이 이 연구의 강점이다.[14] 그러나 필자의 연구는 단

---

13   비록 대졸 실업 문제와 같은 경제위기의 위험 국면을 겪었으나, 한국은 근 수십 년 사이에 선진국이자 전 세계로 연결된 첨단 기술 사회가 되면서 20세기에 가장 주목할 만한 경제 성공 사례 국가로 부상했다. 한때 세계에서 가장 가난한 나라였던 한국의 2004년 GDP는 1조 달러를 넘어섰다. 많은 귀환자들은 도시 생활의 근접성과 국가의 수출 지향적 산업들이 한국계 미국인들을 위한 기회가 된다고 여겼다.

14   로빈 코언(Cohen, 2008)과 윌리엄 사프란(Safran, 1991) 같은 초기 이론가들은 유대인과 아르메니아인의 디아스포라 경험을 설명하면서 "희생자 디아스포라(victims diaspora)", 레바논인과 중국인의 경우에는 "거래 디아스포라(trade diaspora)"와 같은 지구적 디아스포라를 이해하기 위한 역사적 맥락의 특징을 짚어낸다. 많은 이론가들은 여전히 이 범주에 의존하고 있다. 조지연은 최근의 한 연구에서 제시한 세 가지 유형의 디아스포라(Biao, Yeoh, and Toyota,

일 그룹인 한국계 미국인 귀환자들 역시 점점 더 이질적이고 다양해지고 있다는 점을 보여준다. 특히 상호교차성은 한국계 미국인 귀환자의 경험을 좀 더 심도 있게 이해하는 데 큰 의미가 있다.

놀랍게도 이전의 귀환자 연구에서 젠더는 자주 간과되어 왔다(특히 Biao et al., 2013; Tsuda, 2009). 그러나 사회학자인 헬렌 K. 리H. K. Lee의 한국계 미국인과 한국계 중국인 귀환자에 대한 비교연구는 젠더에 대한 미묘한 이해를 보여준다(Lee, 2018). 리는 한국계 미국인 남녀가 한국에서 발생하는 사회문제를 해결하기 위해 어떻게 젠더에 특화된 전략을 채택하는지 살핀다. 한인 남성은 종족, 국적, 경제 자본이 한국에서 사회적·성적·경제적인 권력을 끌어올리는 "글로벌 헤게모니 거래global hegemony bargain"(Lee, 2018: 74)에 동참한다는 것이 비판의 핵심이다. 리는 한국계 미국인 남성과 한국계 미국인 여성 모두가 이 글로벌 헤게모니 거래에 어떻게 참여하는지 보여준다. 여기서 중요한 점은, 이들이 어떻게 한국 남성이나 여성보다 자신들을 우위에 두고 이를 통해 미국을 한국에 비해 젠더 문제에 관해 더 진보적인 사회로서 위치에 두는가를 분석하는 지점이다.

리의 연구가 미국계 한국인 남성들의 사회적 지위가 이성애자들의 연애시장에서 극대화되는 것에 주목하는 반면, 필자는 이들 이성애자 미국계 한국인 남성들의 다양한 젠더 전략의 차용과 이용은 한국의 중상층 남성들이 보여주는 성적 그리고 계급적 우월감과 동일한 생활양식을 보여주고 있다는 데 주목한다. 젊은 독신 이성애자 한국계 미국인 남성들의 사회적 위치는 이들이 디아스포라 공동체에서 경험한 젠더, 계급, 연령과 중첩된다. 이처럼 계급은 젠더와 결합되

2013) — 희생자, 모호한 자, 그리고 탐나는 자 — 를 통해 귀환특레이주자들의 귀향 경험을 분석한다. "피해자는 고국으로 돌아가기 전 디아스포라 경험으로 고통받은 난민이다. 모호한 자는 한국에 거주하는 중국인 노동자의 경우처럼 사회적으로 매력적으로 여겨지지 않지만 경제적으로 고국에 꼭 필요한 저숙련 노동자들이다. 마지막으로 탐나는 자는 주로 미국과 다른 서구 국가에서 온 디아스포라로, 그들은 전문직이고 자본이 풍부하며 조상의 나라에서 환영을 받는다"(Jo, 2017: 78).

어 우월한 패턴을 유지하는 경우가 많지만 많은 연구에서 이러한 특성이 무시된다. 따라서 필자는 상호교차성 분석이 젠더로 인한 미묘한 차이를 읽어낼 수 있게 해준다고 주장한다.

5. 문화적 양가성: 일상의 경험과 문화적 적응

(이 글의 초반에 인용한) 데이브와 달리, 대부분의 인터뷰 대상자들은 한국 문화의 "소우주bubble" 안에서 성장하지는 않았다. 많은 이가 이민 1세 한인 부모 밑에서 자랐지만, 그들 부모는 자녀들이 한국어를 사용하지 못하게 했다. 한국전쟁 이후 수십 년 동안 가난에 시달리다가 한국을 떠난 이민자 부모의 상당수는 아메리칸 드림을 꿈꾸면서 자녀들이 하루라도 빨리 미국 문화에 동화되기를 희망했다. 이러한 미국 사회로 완전 동화라는 사회적·가족적 기대는 이민의 시기와 상관없이 (1950년대 이민자든 1990년대 이민자든) 한국인 이민 사회에 지배적이다. 이러한 점에서 필자의 연구 참여자들은 한국 문화에 노출되었기 때문이 아니라, 오히려 그것에서 완전히 단절되었기 때문에 자신들의 뿌리를 찾아 나서게 되었다.

따라서 한국계 미국인들의 귀환 경험은 이들의 부모가 고국에 대해 갖고 있는 편견과 선입견 속에서 시작된다. 많은 한국계 미국인 부모는 여러 가지 이유로 자녀가 한국으로 돌아갈 때 경고를 한다. 지난 20년간 한국에 거주해 온 50대 초반의 한국계 미국인 남성 빌리는 자신이 한국으로 이주할 때 부모님의 반응을 다음과 같이 기억한다.

부모님은 내가 시간을 낭비하고 있다고 생각했어요. 잘 아시겠지만 부모님 시대에 한국은 가난했고 그래서 부모님은 그런 나라에서 벗어나기 위해 많은 노력을 하셨죠. 그래서 부모님은 내가 왜 한국으로 오는지, 왜 이렇게 계속 한국에 남아 있는지 결코 이해하지 못하세요.

6년 전 서울로 이주할 것을 결심했던 20대 중반의 여성 한나는 자신의 결정을 듣고 부모님이 가지 말라고 어떻게 설득했는지 기억한다. "한나야, 넌 거기서 살아남을 수 없을 거야. 한국에서 사는 것과 노는 것을 착각해서는 안 돼. 한국에는 휴가차 가는 것일 뿐이야"라고 단언했다. 한나는 실제 한국에서의 첫 1년 동안 매우 힘들었다고 고백했다. 첫 직장에서는 한나의 뜻대로 되는 게 아무것도 없어 보였다. 한나의 행동은 CCTV로 감시를 당했고, 여러 차례 경고를 받았기 때문에 한나는 자주 해고될지도 모른다는 두려움에 떨었다. 게다가 주거비 지원을 받아도 강남의 고가 주택 시장에서 한나가 얻을 수 있는 집은 창문도 환기 시설도 없는 벽장만 한 '고시원'이 최선이었다. 한나는 그때를 회상하며 다음과 같이 말했다.

하지만 나는 우리 아빠처럼 고집이 세요. 속으로 당신이 틀렸다는 걸 증명해 보이겠다고 생각했어요! 정말 끔찍했지만 계약을 1년 더 연장했죠. 그리고 두 번째 해부터 상황이 좋아지기 시작했어요. 내가 한국 문화에 익숙해지기 시작했거든요. 혼자 돌아다니는 법도 알아갔고 친구도 사귀기 시작했어요.

한나가 추가로 5년을 더 한국에 머물게 된 이유는 어떻게 보면 자신의 부모가 틀렸다는 것을 증명하기 위해서였다.

귀환한 한국계 미국인은 종종 환영과 적개심이라는 상반된 태도에 직면하게 된다.[15] 이러한 상반된 환영은 오랜 초국가적 역사를 가지고 있다. 한국인들은

---

15 엘레나 김(Kim, E., 2012)은 한국계 미국인 입양인이 태어난 나라인 한국에서 받는 환영의 양가성에 대해 논의했다. 엘레나 김은 "미국으로 입양된 한 입양인이 밝혔듯 입양인 귀환자를 '대단한 열성(hardcore)'이라고 보는 시각도, 입양된 국가에서 성공하지 못한 '실패자(loser)'로 보는 시각도 있다. 한국인은 또한 왜 입양인이 영어 선생님이 되기 위해 서구에서 누리는 편

19~20세기에 미국에서 다른 아시아 국가 출신과 마찬가지로 시민권을 얻을 수도 없고, 미국 사회에 동화될 수도 없는 영원한 이방인으로 취급되었다(Omi and Winant, 1994; Takaki, 1998 참조). 예를 들어 아시아 이주민이 얼마나 사회에 동화되었는가를 "바나나"나 "트윙키" 같은 인종적 은유로 평가하는 경우가 많은데, 이 은유는 한국계 미국인이 "속은 하얗고", "겉은 노랗다"는 문화적 재현을 의미한다. 한국에 있는 한국계 미국인 또한 그런 방식으로 구별되고 범주화 된다. 예를 들어, 카일은 미국에 있는 대학 친구들과 한국에서 만난 친한 친구들을 비교해서 묘사할 때 "유학생들은 나를 '교포', 즉 한국계 미국인이라고 생각해요. 하지만 한국계 미국인은 나를 그냥 유학생이라고 생각해요"라고 이 아이러니를 지적하며 웃었다. 미국에서 학창 시절 농구부에 있던 카일은 동료들의 인종차별을 담은 농담과 태도가 "남성성을 증명하라"는 요구를 담는 경우가 많았고, 이는 자신의 남성성을 깎아내린다고 느꼈다. 아이러니하게도 한국에서 카일은 큰 키 덕택에 한국의 이상적인 남성성에 꼭 들어맞게 되었다고 농담처럼 말했다.

이러한 사회적 압력은 한국계 미국인들이 불편한 사회적 접촉과 압력을 해소하기 위해 좀 더 깊이 한국 문화에 동화되어야 할 필요성을 느끼게 만든다. 하지만 이런 요구가 한국어와 한국 문화를 배운다고 충족될 리 없었다. 20대 후반의 인터뷰 대상자인 애니는 이를 다음과 같이 설명한다. "한국 사람처럼 보이고 한국인의 피가 흐르지만, 난 여전히 미국인으로 여겨져요. 한국어를 배우고 있고 의사소통도 할 수 있지만, 난 여전히 한국말을 완벽하게 못하거든요. 전문용어와 비즈니스 어휘 같은 건 내가 할 수 없어요." 애니는 한국에 머물고 싶었지만, 특히 한국계 미국인으로서 한인 예술가 공동체 네트워크에 진입하기 힘들다는 점에서 더 이상의 한국 거주는 불가능하다고 여겼다. 예술가로서 애니의 경험은

안함과 특권을 포기하는지 의아해했다"(Kim, E., 2012: 312)고 주장했다. 예를 들어, 영어 교사로서 짧은 기간 동안 일하는 한국계 미국인이 매력적으로 보이고 처음에는 환영도 받을지 몰라도 더 오래 머물수록 겉으로 보기에 미국에서 실패한 것 같다는 비판을 받을 가능성이 더 커진다.

특수하지 않다. 이렇게 한국계 미국인들이 특정 직업공동체나 네트워크에 접근하기 어려운 사례는 대부분의 다른 직업군에서도 보인다.

젠더 차이에 따른 고용 기회와 고용 경험 역시 분명한 차이를 보인다. 한국계 미국인 여성 귀환자는 남성 귀환자와 매우 다른 현실을 경험한다. 한국계 미국인 귀환이주자의 고용 경험 및 고용 가능성에 대한 서사를 분석하면, 남성은 고용가능성이 더 높지만 여성은 젠더화된 과정에 의해 소외되는, 중요한 문화적 차이가 나타난다. 한국 직장의 젠더 규범은 언어 숙련도나 문화적 차이와 상관없이 한국계 미국인 남성에게 특권을 준다.

여기서 한 젠더에 속하는 특권을 다른 젠더와 비교해 축소하거나 평준화하려는 것이 필자의 의도는 아니다. 가부장적인 한국 사회에서 한국계 미국인 여성이 한국계 미국인 남성들과는 다른 기준으로 평가받는 방식을 강조하는 것이 남성성에 대한 획일적인 이해를 전제하는 것은 아니다.[16] 한국계 미국인 남성이 갖는 특권적인 지위는 주어진 것이 아니다. 스테판 서Stephen Suh는 한국인과 한국계 미국인 귀환자 모두에게 헤게모니를 갖는 남성성을 이해하는 데 있어 취약성과 유동성을 지적한다. 스테판 서는 자신이 발견한 가장 흔한 서사 중 하나는 한국계 미국인 남성들 역시 한국에 정착하기 위해 상당한 개인적 변혁을 시도한다는 것이다. 또한 스테판 서는 다음과 같이 주장한다(Suh, 2017: 333).

한국계 미국인이라는 지위에 의해 부여받는 그들의 인적 자본이 언뜻 보기에는 남성 정체성에 의해 강화되는 듯이 보이지만, 이를 뒷받침하는 사회적 표식이나 자격 조건 없이는 이 강화된 지위는 곧 보잘것없는 것이 되고 만다.

---

16   2세대 한인 여성의 귀환이주에 대한 젠더 분석은 헬렌 K. 리(Lee, 2013)를 참조할 것.

6. 불가능한 기준을 가지고 살아가기: 젠더화된 귀속과 일터에서의 기대

이 글의 첫머리에 소개된 데이브의 이야기에서 드러나는 바와 같이, 서울에 무한한 기회가 있다는 서사는 한국계 미국인 남성들의 인터뷰에서 흔히 등장한다. 그러나 한국계 미국인 여성의 서사는 이와 크게 달랐다. 자격이나 기술과 상관없이, 여성은 종종 나이와 결혼 여부에 따른 성차별적 고정관념 때문에 기회의 문이 닫히거나 부분적으로만 열린다고 인식했다.

데이브와 마찬가지로, 40대의 대학 전임강사인 제임스는 자신이 일하는 학교 내의 남성 특권에 대해 다음과 같이 말한다. "저는 분명히 제가 특권을 누리고 있다고 생각해요. 그건 부분적으로 저의 젠더 때문이라는 점도 알고 있어요." 제임스는 다른 대학에서 교수로 재직하는 한국계 미국인 여성 동료가 "흠, 사람들이 너를 그렇게 잘 대우해 주는 이유는 네가 남자라서야"라고 지적할 때까지 한 번도 의식적으로 특권에 대해 생각해 본 적이 없었다. 제임스는 항상 그의 여성 동료가 동등한 입장이라고 생각했다. 그러나 학생과 대학 관계자는 그 여성 동료에게 훨씬 더 높은 기준을 적용하는 경향이 있다고 제임스는 이야기한다.

나는 남성 특권의 혜택을 어느 정도 누린다고 생각해요. 일하면서 한 번도 심한 비판이나 평가를 받아본 적이 없어요. 한국 학생은 기본적으로 교수를 존중해요. 사실 학생들이 거리에서 나를 알아보고 사진을 찍어 달라고 부탁한 적도 여러 번 있어요. 미국에서는 절대 그런 록 스타 대접을 받을 수 없어요.

남성 인터뷰 대상자들은 여성들과는 달리 한국행을 보상으로 여기는 경향이 강했다. 40대 초반인 켈리는 12년 전인 2007년에 감행한 한국행을 다음과 같이 회상했다. 그 이전에도 켈리는 한국에서 1년 동안 거주한 경험이 있었다. "결혼 직후 두 번째로 돌아왔을 때 힘든 시간을 보냈어요. 제가 돌아왔을 때, 저는 어면 직업이든 그냥 일자리를 구할 수 있다고 막연히 생각했죠." 영어권 국가 출신 외국인이라면 통상적으로 얻을 수 있는 직업인 영어학원 교사 자리조차 구하지 못하자 켈리는 우울했다. 켈리는 한국계 미국인은 학원 일자리는 쉽게 찾을 수 있을 것이라고 착각했었다. 그러나 미국 일류 대학의 학사 학위조차 충분하지 않았다. 취업 면접에서 켈리는 불가피하게 자신의 결혼 여부에 대한 질문을 받았고, 고용주가 자신이 기혼자이기 때문에 고용을 꺼린다는 생각이 들었다. 켈리와 마찬가지로, 기혼인 한국계 미국인 여성 대부분이 고용이나 직장에서 더 많이 소외감을 느끼고 배제된다고 응답했다.

학원 업계는 이직률이 높은 곳 중 하나인데, 기혼 여성들을 배제하기 위한 질문은 이들의 채용 인터뷰 질문 안에 교묘하게 배치되어 있었다. "어쩌면 발음 때문일 수도 있어요. 초등학교 저학년 때 부모님을 따라서 미국으로 이민을 갔지만, 내 영어 액센트가 완벽하지는 않거든요"라고 켈리는 수줍게 덧붙였다. 결혼 직후 한국에 온 켈리는 특히 한국계 미국인인 남편에게 경제적으로 의존할 수밖에 없었기 때문에 이때의 경험을 굴욕적이고 우울한 것으로 기억한다. 한국 생활의 장단점을 묻자 켈리는 양질의 교육과정을 갖춘 저렴한 자녀 보육 프로그램을 장점으로 언급했다. 한국행의 단점은 다음과 같이 대답했다.

일적으로 성장하지 못했어요. 뒤처진 기분이 들어요. 한 번은 한국 전통의상인 '한복'의 해외 판촉을 위한 자금을 지원받은 적이 있어요. … 인큐베이터 프로그램을 통해 자금 지원을 받은 거예요. 정부가 한국에서 외국인이 소규모 사업을 할 수 있도록 지원하는 것인데 너무 많은 규제로 더 힘들게 만들더라고요. 결국 한국인이 받는 혜택의 절반도 받지 못해요.

켈리의 경험은 데이브와 제임스가 새로운 고국에서 경험한 특권과는 상당히 달랐다.

한국계 미국인 여성으로서 필자 또한 몇 년 전 교수임용 면접에서 비슷한 경험을 했다. 당시 한국 국립대학교 중 한 곳에 지원했고 지원한 학과의 학과장이었던 백인 남성 미국인 교수 한 명과 한국인 남성 교수 두 명과 인터뷰를 했다. 필자의 연구에 대해 몇 가지 질문을 한 뒤, 백인 남성 교수는 재빨리 취업 면접을 주도하면서 내게 결혼은 했는지, 자녀는 있는지, 자녀가 있다면 비싼 등록금으로 국제학교에 보낼 것인지, 그렇게 하고 싶다면 어떻게 여유 자금을 마련할지 등에 대해 물었다. 이 질문은 분명 필자의 학문적인 자격과는 아무런 관련이 없었다. 학문적 연구와 경험보다는 젠더나 결혼 지위와 관련된 문제로 평가받는다는 것은 지극히 굴욕적인 일이었다. 백인 남성 교수가 한국인보다 더 "한국인"이 되었는지는 확실치 않지만, 이 사례는 확실히 그가 여성을 차별하는 특정한 한국 문화 규범을 수용했음을 보여준다. 게다가, 백인 남성 교수가 보여주는 이러한 문화 전유appropriation는 한국에서 그가 누리는 권력과 특권적 지위를 말해준다.[17]

취업한 이후에도 필자가 인터뷰한 한국계 미국인들은 자신들의 언행에 대해 자기검열을 하곤 했다. 특히 남성 중심적인 한국의 기업 문화는 한국계 미국인 남성들을 한국계 미국인 여성들보다 더 높게 평가하는 경우가 많았다. 2004년 한국으로 이주한 40대 인터뷰 대상자 안나는 가족과 직장이 자신에게 주는 사회문화적 기대를 되새겼다. 안나는 15세 때 미국으로 이주했기 때문에 대부분 안나를 1.5세대라고 생각하겠지만 문화적으로는 이런 일반적인 이민 패턴이 안나에게는 적용되지 않았다. 안나의 가족은 안나가 9세 때 처음으로 남아메리카로 이민을 갔고, 그 후 안나가 15세가 되었을 때 다시 미국으로 건너갔다. 따라서 안나의 경험은 한인 2세와 더 흡사했다. 공학 박사학위를 받은 안나는 삼성

---

17 한국의 헌법과 근로기준법은 젠더에 따른 근로자 차별을 금지하고 있다. 근로기준법은 고용, 승진, 퇴직 또는 기타 다른 고용 측면에서 고용주에 의한 젠더차별을 금지한다. 또 고용평등법과 일·가정 양립 지원에 관한 법률은 사업주에 의한 젠더차별을 금지한다. 이렇게 직장 내 젠더차별이 이미 법으로 금지되어 있지만, 반사 효과를 우려해 신고하지 않는 경우도 있다. 법제도 역시 현실을 반영하고 기업의 책임을 묻기 위해 분투 중이다.

물산의 한 부서 관리자('부장님')로 일하고 있었다. 안나는 자신의 직장에 실망을 많이 했다.

　직장 사람들이 나의 사고방식을 이해 못 할 때가 많아요. 그럴 때는 다 른곳에 와 있는 느낌이에요. 다른 직장 동료들처럼 내 생각대로 밀어붙일 수 없기 때문이죠. 로마에서는 로마법을 따르라는 말이 있듯이 나도 스스로에게 로마식으로 하자고 다짐해요. 〔한국에서는〕 그게 한국식인거죠.

　안나는 자신의 여성 동료들에 대해 다음과 같이 이야기한다. "2004년 한국에 처음 왔을 때 여성은 나 한 명이었어요. 그러나 신입 엔지니어가 아니었기 때문에 어려움이 덜했던 것 같아요. 〔성차별적인〕 발언은 모두 못 들은 척했는데 거기에 너무 민감해지기 시작하면 곧 팀에서 그리고 결국 조직에서 퇴출되기 때문이죠. 그래서 한국식으로 그저 사람들과 같이 웃고 별로 대수롭지 않게 넘기는 방법을 배우게 되었죠." 최근 상황에 대해 안나는 "요즘은 점점 좋아지고 있어요. 그게 #미투〔운동〕 덕분이죠"라고 언급했다. "한국식"이 무슨 의미인지 좀 더 자세히 설명해 달라는 질문에 안나는 다음과 같이 대답했다. "그것이 한국 문화고, 나이가 비슷한 남자들이고, 그래서 제가 낄 자리가 아니라고 느끼는 거죠. 한국에서는 목소리 큰 사람이 이겨요." 안나는 분명히 특정 세대의 (한국인) 남성이 지배하는 기업 세계를 이야기하고 있었다.

　앞서 필자는 20대 후반의 한나에 대해 언급했다. 한나는 직장 생활에 성공해야 한다는 압박감에 대해 이야기했다. 인터뷰 전체가 영어로 진행되던 중 한나는 머뭇거리면서 한국어 '눈치'(자신의 주제를 아는 감수성에 대한 기대감)에 대해 언급했고, 한국인처럼 행동해야 한다는 동료의 기대감 때문에 퇴근 후 함께 술을 마시고 회식을 해야 한다는 부담감이 크다고 설명했다. 다른 한국인 직장 동료가 회식 참석 여부는 선택 사항이 아니라고 알려주었을 때 비로소 회식 참여는 의무라는 것을 이해하게 되었다고 한나는 말한다. 한나에게 눈치와 "주제를 파악하라"는 요구는 그녀가 미혼의 젊은 여성이기 때문에 더욱 강하게 작용한다. 한나는 "고용인들이 당신이 해외에서 온 미혼 여성이라는 걸 알게 되면, 그들은 당신이 일이 끝나고 어디 갈 곳이 없다고 생각해요"라고 말한다. 반면, 이런 퇴근 후 회동에 대해 남성 인터뷰 대상자 중 일부는 이를 "형제간의 유대감"을 쌓고 네트워킹을 하는 시간으로 보았다.

"한국인임Koreanness"을 보여줄 필요성이 있다는 건 기업문화를 대변하는 것이냐는 질문에 한나는, "아니, 이건 분명히 한국식the Korean way"이라고 답했다. 한 여성 인터뷰 대상자는 한국인인 듯 연기해야 할 필요성이 귀환자의 일상생활에 영향을 미치는 것 같다고 설명했다.

> 택시를 타면 운전기사는 내가 한국말을 하리라고 생각해요. 보통 한국말을 하지만 한국어로 뭐라고 해야 하는지 잘 모를 때는 〔때로〕 영어를 쓰거든요. 그러면 상대가 적대적으로 돌변하는 경향이 있어요. 반면에 제 백인 미국인 친구들은 그저 "안녕하세요"라고 인사하고 한국어로 단어 몇 개만 섞어 써도 엄청나게 칭찬받아요.

한국계 미국인은 한국 문화 규칙을 따를 것이라 기대된다. 다른 한편으로 귀환한 한국계 미국인은 언제나 경계 지대liminal space에 놓여 있다. 여기서 한국계 미국인은 종족상으로 혈연이라는 원초적인 주장에도 불구하고 결코 충분히 한국인이 될 수 없다는 사실을 반복해서 상기하게 된다. 한국계 미국인 여성은 같은 처지의 남성보다 이런 모호함을 좀 더 예리하게 느낀다.

안나가 언급한 "로마에서는 로마법을 따르라"는 구절은 일견 한국과 미국의 문화 차이를 가리키는 듯하다. 그러나 여기에는 또한 젠더 역학이 숨어 있다. 흔히 "한국식"에 대한 일반적인 언급은 또한 한국식 젠더화된 위계와 젠더 규범에도 작용한다. 인터뷰 대상자 중 한 명인 스티븐은 10대 후반에 미국으로 이주한 1.5세 한국계 미국인 남성으로 이러한 역동성을 잘 보여준다. 스티븐은 2006년 한국 국적으로 한국 정부를 위해 일하는 아내가 안정된 경력을 쌓을 수 있도록 지원하기 위해 한국으로 이주했다. 스티븐은 매사추세츠 공과대학교MIT에서 박사학위를 받고 실리콘밸리에서 보수가 좋고 안정된 직장을 갖고 있었지만, 아내의 경력을 지원하겠다는 결혼 초 약속에 따라 한국으로 이주했다.

스티븐은 캘리포니아 북부에서 열린 회의에 참석한 삼성 부사장에게 적극적으로 영입되어 삼성의 높은 관리직 자리를 얻었다. 스티븐은 두터운 동료 인맥을 쌓았기 때문에 한국 생활이 편했다. 한국계 미국인 그는 다른 한국인 동료들과 달리 새로운 프로젝트를 추진할 때 훨씬 자유롭고 모험을 마다하지 않는다고 설명했다. 스티븐은 한국인 남성 동료들과 스스로를 구별하지만, 남성 중심의 기업문화에서 안전하게 자신의 가치를 인정받고 존중받고 있다는 것을 알고 있었다. 스티븐의 성별, 10대 때 미국으로 이민 갔다는 사실, 유창한 한국어 실력, 한국 문화에 대한 친숙함 등이 그의 지위를 뒷받침해 주고 있는 듯 보였다.

명백한 가부장적 견해와 덜 노골적이고 심지어 무의식적인 성차별주의를 모두 반영하는 스티븐의 아래와 같은 생각은 직장 내 지배적인 젠더 이데올로기를 예시적으로 보여준다. 스티븐은 직장 내 여성의 숫자를 묻는 질문에 2006년 처음 삼성에 입사했을 때는 주로 남성이었다고 설명했다. 이후 10년 동안 이루어진 변화에 대해 스티븐은 열정적으로 설명하면서, "이제는 최고 관리직에도 소수지만 여성 임원들을 볼 수 있어요. 그 자리에 오래 있지는 못하지만요"라고 말했다. 필자는 여성 임원이 회사의 지원을 받는지 물었고, 이에 대해 스티븐은 이렇게 설명했다.

> 그렇다고 (여성 임원들이 지원을 받는다고) 생각해요. … 여성 임원이 오래가지 못하는 이유 중 일부는 가족에 대한 헌신이고 다른 하나는 회사에 대한 충성심 부족때문이라고 생각해요. 우리 업계〔에서는〕 주말에도 정말 장시간 일해야 할 때가 있어요. 부사장들은 그 자리에 오르기 위해 정말 많은 걸 희생해요.

그리고 스티븐은 다음과 같이 간단히 정리했다.

하지만 아내로서, 그리고 어머니로서, 여성은 남성에 비해 경쟁력이 떨어져요. 남성은 특히 가정을 돌볼 수 있는 아내가 있기 때문에 전폭적인 지지를 받고 있는 셈이에요. 그런 의미에서 남성은 집안일을 걱정할 필요가 없이 오로지 일에 집중할 수 있죠.

스티븐은 한국 남성이 가부장제 사회에서 가정사에 대한 책임에서 벗어나 있기 때문에 사회에서 더 경쟁력이 있다고 가정했다. 이러한 가정은 여성의 사회생활을 돕는 제도적 뒷받침이 부족하다는 점을 무시하고 무엇보다도 여성의 역할을 어머니와 아내로 국한한다.

이어서 남녀의 업무 분담의 차이, 혹은 사람들이 서로 의사소통하는 방식의 차이점에 대해 질문했는데, 스티븐은 다음과 같이 대답했다.

사람들이[18] 헌신하고 있는 걸 알아요. 그러나 예를 들어, 어떤 문제가 생겨요. 남성 직원이 그 문제에 책임이 있다면, 본래 반차를 내고 쉬기로 되어 있었더라도 이걸 알아서 처리할 겁니다. 하지만 여성 엔지니어들은, 오늘 아침에 일어난 일만 봐도, 자신이 책임자임에도 불구하고 불평부터 늘어놔요. 개인적인 일로 반차를 냈는데 계획에 차질이 생겼다는 거죠. 만약 남성이었다면, 계획을 취소하고 남아서 그 문제를 해결했을 겁니다. 그러나 여성은 일터에 자신의 책임이 있어도, 내 생각엔 엄마이고 아내이기 때문에 일을 위해, 그 일을 다른 엔지니어들에게 맡기고 가버리는 것 같아요.

스티븐은 많은 직장 여성이 직면하고 있는 구조적 장벽을 무시하지만, 직장 내에서 승진하기 위해 여성들이 맞닥뜨려야 하는 장애물들은 만만치 않다. 사회에서 협력하는 능력이 부족하다고 여성을 비난하는 경향은 여전히 한국 사회에

---

18   여기서 "사람"은 남성을 의미한다.

만연해 있다. 2019년에 방영된 〈KBS 스페셜〉의 한 다큐멘터리는 국내 매출액이 가장 높은 500개 기업 중 65% 이상인 328개 기업이 고위관리직에 여성이 없다는 사실을 보여준다(Lee and Choi, 2019). 2019년까지도 편견과 젠더차별로 인해 많은 여성이 퇴사해야 했다.

서울의 명문대학 중 한 곳에서 강의하는 30대 후반의 한국계 미국인 사라는 "한국 남성들과 어울릴 때" 자신이 "싱글 여성"임을 자각하게 된다고 이야기한다. "한국 남자들이 〔싱글 여성에게〕 말하는 방식, 말투, 행동이 달라요. 모든 게 그래요! 모든 게 다 달라요. 그들이 하는 농담도 바뀌죠"라고 사라는 덧붙인다. 사라는 특히 부서 회의에서 한국 남성이 다른 남성 앞에서 한 성차별적인 농담을 상기했다. 신임교수 환영회에서조차도 사라는 소속감을 느끼지 못했다. 사라는 더 나아가 "〔여성이〕 자기소개를 하고 네트워킹하는 방식이 어떤 학교를 졸업했고, 남편이 무슨 일을 하고, 자녀는 어떻게 지내는지 공유하는 거였어요. 그러니 난 완전히 소외되었죠"라고 설명했다. 그래서 필자의 경우, 특히 캠퍼스의 한국인 남성 교수진들로부터 어떻게 대학원생으로 오해받았는지에 대해 이야기했다. 사라는 즉각 "당신 아이를 캠퍼스로 데리고 가서 그 사람들한테 결혼도 했고, 아이를 가졌다는 걸 보여줘야 돼요. 그래야 당신을 어른처럼 대하기 시작할지도 몰라요"라고 맞장구쳤다. 사라의 진술은 설득력이 있었다. 사라의 결론은 미혼 여성이 한국에서 완전한 인간으로 대우받기 어렵다는 경험에서 우러난 것이었다.

어머니 역할mothering에 대한 사고는 아이가 있든 없든 모든 여성에게 영향을 미쳤다. 한국계 미국인 여성 교수인 앤지는 출퇴근에만 매일 두 시간가량 걸리는데 일반적인 하루에 대해 돌이켜 말하면서 다음과 같이 설명했다.

8시나 9시쯤에 집에 도착해서 저녁을 먹고 일을 좀 더 하겠죠. 아이가 없어서 일을 하는 경향이 있어요. 남편과 같은 집에 살고 있지만, 둘 다 바빠서 평일에는 거의 얼굴 보기 힘들어요.

한국 사람과의 교제나 결혼은 한국계 미국인 남녀가 귀환이주를 선택하는 가장 흔한 이유이다. 한국에서 파트너를 만나게 되면 한국계 미국인의 한국 체류가 무기한 연장되는 경향이 있었다. 그러나 이때 가족은 한국계 미국인을 지원하는 시스템이 되기보다 사회규범을 강화하기 위해 작동하고 소외의 현장으로 남게 된다. 앞서 소개한 한국계 미국인 안나는 이렇게 외쳤다.

그저 한 번이라도 평범함을 느끼고 싶을 뿐이에요. 사람들이 당신이 독특하다는 표현을 쓸 때는 다른 말로, "넌 참 멍청해"라는 말을 하고 싶은 거죠. 이 말을 들으면 내가 낄 자리가 아닌 곳에 있다는 느낌이 들어요. 그래서 정상인 척 가장하죠. 남편도 가끔 내가 이상하다고 생각해요. 하지만 나는 내가 이상한지 모르겠거든요. 미국인〔처럼〕생각하거나 이런 모든 다른 경험을 했기 때문이겠죠.

좀 더 자세히 설명해 달라는 말에 안나는 다음과 같이 대답했다.

나를 표현하는 방식이요. 어떤 것에 대해 너무 솔직한가 봐요. 너무 무뚝뚝하고요. 나의 무뚝뚝함은 성격 탓이지 내가 살았던 각기 다른 문화와는 관련이 없다고 생각해요. 그렇지만 아시다시피, 사람들은 다른 기준을 갖고 있어요. 어떤 때는 정체성의 위기를 느껴요.

사람들은 안나의 솔직한 성격을 문화적으로 미국인이기 때문이라고 성급히 넘겨짚는다. 안나는 한국계 미국인이라기보다는 주로 여성으로 인식되기 때문에 다른 사회적 기대에 부응해야만 한다.

7. 맺는말

한국계 미국인 귀환 이민자는 젠더, 계급, 섹슈얼리티, 연령, 국적, 인종, 종족성의 경계를 따라 서로 다른 방식으로 한국을 경험한다. 예를 들어, 젊은 한국인 그리고 한국계 미국인 여성은 나이든 한국 여성과는 다른 사회 문화적 기준을 따르게 된다. 젊은 여성은 체형과 외모에서 그리고 노출이 심하지 않은 적절한 용모와 차림새 등을 통해 여성스러움을 드러내라는 기대를 받는다. 그러나 나이든 (만 30대 중반이 넘어서면 "나이 든" 범주에 속한다) 여성은 단순한 사회적 칭호를 할당받는다. 즉, 여러 인터뷰 대상자가 지적했듯이, 태어나면서 받은 이름이 아니라 어머님이나, 사모님, 아줌마, 언니로 불린다는 것이 30대 이상인 여성의 공통된 경험을 통해 드러난다.[19] 여성이 결혼했을 나이라고 여겨지는 경우에는, 실제의 결혼 여부나 자녀 유무와 상관없이 자동적으로 이런 호칭이 부여된다.

하지만 필자의 인터뷰 대상자들이 경험한 한국은 또한 역동적이고 항상 변화하며 진보적이었다. 이들 중 한 사람의 이야기를 공유하면서 이 글을 끝내고자 한다. 그 사람은 칼리인데, 20대 후반의 레즈비언 여성으로 다음과 같이 말했다.

> 일상생활에서 겪는 모욕적인 말투나 행동 또는 부정적인 감정은 결국 서서히 잊히기 마련이죠. 한국에서의 생활은 여러 면에서 진짜 반전이었어요. 특히 20대나 30대층의 지지와 개방성을 통해서 아주 즐거운 방식으로 때로는 감정적으로도 놀라는 경험을 하곤 했지요. 얼마나 개방적인지 보게 되었죠. 그러리라곤 전혀 예상하지 못했어요. 한국에 오면, 사실 나는 더 많은 억압과 차별을 경험할 거라고 생각했었어요. 하지만 반대로 한국의 삶은 나에게 희망을 줬어요. 올해 프라이드 [페스티벌]에 나갔을 때도 12만 명이나 되는 사람이 모였는데, 몇 년 전 같은 반대 시위는

---

19 이렇게 엄마, 아내, 자매와 같은 다른 문화적 역할에 종속되는 것이 필자의 인터뷰 대상자들에게는 일반적이었다. 헬렌 K. 리(Lee, 2013)는 이런 점이 전통적인 가부장적 태도와 실천을 통해 어떻게 한국 여성과 한국계 미국인 여성을 구속하는지를 다룬다.

거의 없었어요.

　한국계 미국인 귀환 이주자의 현실은 우리를 사회적·정치적·문화적 논쟁과 투쟁의 현장으로 이끌어줄 뿐만 아니라, 한국의 가부장제와 권력 구조에 도전할 수 있는 가능성과 개인적인 성장을 되돌아보게 한다. 인내심을 가지고 지켜본다면 아마도 양날의 검은 훌륭한 장치가 될 수도 있을 것이다.

　그러나 한국계 미국인 여성들은 자신들의 한국 경험에 깊은 양면성과 모호성을 느끼고 있다. 한국계 미국인 여성들은 같은 처지에 놓인 남성보다 훨씬 더 또렷하게 차별과 주변화를 경험한다. 다시 말해, 한국계 미국인 여성 이주자에게 귀환이주 후 경험하는 양날의 검은 일상생활의 공공연하고도 지속적인 특징이다. 한편으로는 한국인으로 간주되며, 직장과 더 넓은 사회의 문화적 규칙을 따를 것이 기대된다. 그러나 다른 한편으로 귀환한 한국계 미국인은 결코 충분히 "한국인"이 될 수 없다는 것을 반복적으로 상기시켜 주는 경계 지대에 놓여 있다. 이 연구에서 필자는 젠더와 상호교차성의 분석을 통해 우리가 디아스포라의 개념과 특정한 형태의 차이를 특권하고 본질화할 때 발생하는 문제들을 비판적으로 바라볼 수 있다는 것을 보여주고자 했다. 종족성과 함께 젠더와 계급, 섹슈얼리티, 연령의 교차 지점을 살펴봄으로써, 우리는 권력의 문제와 이러한 교차로에서 권력의 작동 양식에 더 주의를 기울일 수 있다(이주영 옮김, 송지은 레지나 교정 및 감수).

참고문헌

Biao, X., B.S.A. Yeoh, and M. Toyota(Eds.). 2013. *Return: Nationalizing transnational mobility in Asia*. Durham: Duke University Press.

Chan, S. 1991. *Asian Americans: An interpretive history*. Boston: Twayne publisher.

Choo, H. Y. 2012. "The transnational journey of intersectionality." *Gender and Society*, 26(1), pp.40~45.

Choo, H. Y., and M. M. Ferree. 2010. "Practicing intersectionality in sociological research: A critical analysis of inclusions, interactions and institutions in the study of inequalities." *Sociological Theory*, 28(2), pp.129~149.

Cohen, R. 2008. *Global diasporas: An introduction*(2nd edn). London: Routledge.

Crenshaw, K. 1991. "Mapping the margins: Intersectionality, identity politics and violence against women of color." *Stanford Law Review*, 43(6), pp.1241~1299.

Chun, J. J., G. Lipsitz, and Y. Shin. 2013. "Intersectionality as a social movement strategy: Asian immigrant women advocates." *Signs*, 38(4), pp.917~940.

Danico, M. Y. 2004. *The 1.5 generation: Becoming Korean American in Hawaii*. Honolulu: University of Hawai'i Press.

Jo, J. O. 2017. *Homing: An affective topography of ethnic Korean return migration*. Honolulu: University of Hawai'I Press.

Kibria, N. 2002. "Of blood, belonging and homeland trips: Transnationalism and identity among second-generation Chinese Korean Americans." In P. Levitt and M. C. Waters(Eds.). *The changing face of home: The transnational lives of the second generation*. New York: Russell Sage, pp.295~311.

Kim, E. 2012. "Human capital: Transnational Korean adoptees and the neoliberal logic of return." *Journal of Korean Studies*, 17(2), pp.299~327.

Kim, E. H., and C. Choi. 1998. *Dangerous women: Gender and Korean nationalism*. New York: Routledge.

Kim, N. Y. 2008. *Imperial citizens: Koreans and race from Seoul to LA*. Stanford: Stanford University Press.

Lee, H. K. 2013. "I'm my mother's daughter, I'm my husband's wife, I'm my child's mother, I'm nothing else: Resisting traditional Korean roles as Korean American working women in Seoul, South Korea." *Women's Studies International Forum*, 36, pp.37~43.

_____. 2018. *Between foreign and family: Return migration and identity construction among Korean Americans and Korean Chinese*. New Brunswick: Rutgers University Press.

Lee, M. P. 1990. *Quiet odyssey: A pioneer Korean woman in America*. In S. Chan(Ed.). Seattle: University of Washington Press.

Lee, Y. J., and J. Y. Choi. 2019.9.26. *3.6% ga malhaneun geot - sapyo sseuji anneun yeojadeul*

[What 3.6% are saying - Women who did not resign]. Seoul: Korean Broadcasting System.

Louie, A. 2002. "Creating histories for the present: Second-generation (re)definitions of Chinese American culture." In P. Levitt and M. C. Waters(Eds.). *The changing face of home: The transnational lives of the second generation.* New York: Russell Sage, pp.312~340.

Markowitz, F., and A. Stefansson(Eds.). 2004. *Homecomings: Unsettling paths of return.* Lanham: Lexington Books.

Moon, K. 1997. *Sex among allies: Military prostitution in U.S.-Korea relations.* New York: Columbia University Press.

Omi, M., and H. Winant. 1994. *Racial formation in the United States: From the 1960s to the 1990s* (2nd edn). New York: Routledge.

Rushdie, S. 1991. *Imaginary homelands: Essays and criticism 1981-1991.* New York: Penguin Books.

Safran, W. 1991. "Diasporas in modern societies: Myths of homeland and return." *Diaspora*, 1(1), pp.83~99.

Song, C. 2009. "Brothers only in name: The alienation and identity transformation of Korean Chinese return migrants in South Korea." In T. Tsuda(ed.). *Diasporic homecomings: Ethnic return migration in comparative perspective.* Palo Alto: Stanford University Press, pp.281~304.

Suh, S. C. 2017. "Negotiating masculinity across borders: A transnational examination of Korean American masculinities." *Men and Masculinities*, 20(3), pp.317~344.

Takaki, R. 1998. *Strangers from a different shore: A history of Asian Americans.* Boston: Little Brown & Company.

Tsuda, T. 2003. *Strangers in the ethnic homeland: Japanese Brazilian return migration in transnational perspective.* New York: Columbia University Press.

_____. 2009. *Diasporic homecomings: Ethnic return migration in comparative perspective.* Palo Alto: Stanford University Press.

Yamashiro, J. H. 2017. *Redefining Japaneseness: Japanese Americans in the ancestral homeland.* New Brunswick: Rutgers University Press.

Yang, H. 1998. "Re-membering the Korean military comfort women: Nationalism, sexuality and silencing." In E. H. Kim and C. Choi(Eds.), *Dangerous women: Gender and Korean nationalism.* New York: Routledge, pp.123~140.

Yuh, J. 2005. "Moved by war: Migration, diaspora and the Korean War." *Journal of Asian American Studies*, 8(3), pp.277~292.

제9장

베를린에 있는 '타자'*

재독한인과 다인종성, 젠더, 그리고 디아스포라

헬렌 킴(Helen Kim)

1. 들어가는 말

다인종multiracial 배경을 가진 사람들은[1] 종종 인종주의 이후post-racial의 미래를 구현한 세계시민적이고 진보적인 존재로 개념화된다(Haritaworn, 2009). 특정한 다인종 신체는 위협하는 존재가 아니라, 바람직하고, 도시적이며, 경계를 넘어서는 존재의 상징이다. 학계와 대중문화 양쪽 모두에서 다인종 담론은 종종 다인종적인 '틈새in-betweenness'에서 위반이 일어나는 상황을 긍정하지만, 현실에서 다인종이거나 다인종으로 보이는 사람은 여전히 제 위치를 벗어난 '타자Other'로 간주된다.

---

*   이 글은 *Journal of Citizenship and Globalisation Studies*, vol.2, iss.1(2018)에 실린 "Being "Other" in Berlin: German Koreans, Multiraciality, and Diaspora"를 번역한 것이다(DOI: https:// doi.org/10.2478/jcgs-2018-0007).

1   '다인종(multi-racial)'은 미국에서 선조의 인종 배경이 다양한 사람을 지칭하기 위해 선호하는 용어가 되었다. 영국에서는 일반적으로 '혼혈(mixed-race)'이라는 용어를 더 선호한다. 이 글에서는 두 용어를 동의어로 사용한다.

현존하는 혼혈 인구는 각 사회에서 전개된 서로 다른 이주와 식민주의 역사의 결과물이다. 독일은 상대적으로 비교적 최근에야 다인종성이 인식 가능한 현상으로 부상한 국가라 할 수 있다(King-O'Rhiain et al., 2014). 독일에서 다인종 한인 인구는 1970년에 시작된 독일의 출입국 정책의 결과이다. 1970년에 독일 연방공화국과 대한민국이 맺은 공식적인 경제협약으로 대략 1만 명 정도의 한인 여성 간호직 '이주노동자guestworker'가 독일로 왔다. 이들 이주노동자 중 일부는 한국으로 돌아갔고, 많은 수는 미국과 캐나다로 다시 이주했다. 그러나 최초의 1만 8000명 중 최소 절반은 독일에 남아 정착하는 것을 선택했고, 그들 중 일부는 독일인 파트너를 만나 결혼했다. 이주노동자 프로그램이 1973년에 종료되었을 때(이는 독일 대중의 높은 지지를 받는 결정이었는데), 원래의 취지는 이주노동자들을 출신 국가로 돌려보내려는 것이었다. 그러나 이전 50년 동안 독일(서독)은 거의 3000만 명이나 되는 이주자들을 받아들였고, 이들 중 많은 수는 독일에 정착했다. 독일의 이주 정책은 한 번도 '이주노동자들'의 장기 거주를 의도하지 않았지만, 이 시기에 취업한 이주자 가운데 거의 300만 명이 독일에 남아 배우자와 함께 자녀를 두고 살고 있다(Green, 2003). 이렇게 독일은 유럽에서 외국인 입국자의 비율이 가장 높은 나라 중 하나임에도(Wilpert, 2010; Martin, 1994). 역사적으로 이민국가라는 점을 부인해 왔다. 이런 모든 사실에도 불구하고, 독일은 단일인종 국가monoracial state로 여겨졌고 스스로도 그렇게 인식해 왔다.

독일어로 '아우슬랜더Auslander(외국인)'와 같은 용어는 '타자'로 간주되는 사람들을 지칭하여, 동유럽인과 터키인, 아시아인을 포함할 수 있다. 마찬가지로 눈에 띄게 백인이 아닌 사람은 종종 '이주 배경migration background'을 가진 사람이라고 일컬어진다(Nandi and Spickard, 2014). 인종이라는 개념은 독일에서 나치라는 과거사와 관련되어 있어 기피하는 경향이 있지만, 독일인이 자신을 독일 국민nation으로 규정하는 방식에서 관건은 여전히 백인 피부whiteness다. 그래서 외국인이거나 이주자의 후손이라 할 수 있는 사람은 흔히 비독일인non-German으로 간주된다. 즉, 백인이 아닌non-white 사람을 독일인으로 인정하는 것을 꺼린다.

모든 다문화 국가에서 그렇듯 소수자 집단들은 인종화 된 위계질서에 상이하게 배치된다. 게다가 통합주의 담론이 이민, '인종' 그리고 타자성otherness을 인식하는 틀거지를 만들어내는 광범위하고도 핵심적인 역할을 한다. 독일(과 다른 지역)에서 이민자는 종종 백인 중심의 주류 사회 통합에 실패했다고 비난을 받는데 어떤 이민자 집단은 다른 집단들에 비해 더 그 비난의 표적이 되기도 한다. 반대의 경우로, 독일에서 동아시아인은 '모범적 소수자model minority'로 불리며 전반적으로 독일 사회 진입에 성공했다고 여겨진다. 미국의 경우와 유사하게 독일에서 아시아인들은 대체로 '근면하고', '열심히 일하고', '조용하며', '법을 준수한다'는 이미지를 구축했다. 특히 2세대의 디아스포라는 종종 경제와 교육 분야에서 이룬 높은 수준의 성취를 바탕으로 주류 사회 진입에 성공한 온전한 사회 구성원으로 여겨진다. 이러한 긍정적인 고정관념은 동아시아 사람들을 동질적이고 단일한 인종 집단으로 보는 관점을 강화하고, 독일에서 동아시아 사람들의 경험을 형성하는 구조적이고 개별적인 형태의 인종주의를 은폐한다. 이와 동시에 '모범적 소수자'라는 고정관념에 주목하는 것은 중요한데, 이 개념이 각 집단을 서로 다르게 인종적 위계에 편입시키는 방식과, '그들'이 좀 더 '우리'와 비슷하다는 생각을 가지고 특정 집단에게 특권을 부여하는 방식을 반영하기 때문이다.

이 연구는 독일에 거주하는 25명의 한인 1세대와 2세대 디아스포라에 대한 구술사 프로젝트의 일환으로 수행된 인터뷰 자료를 이용한다. 이 가운데 한쪽이 (대체로) 백인계 독일인이고 다른 쪽이 한국계라는 다인종 배경을 가진, (대체로) 베를린에 거주하는 연구참가자 일곱 명에 대한 인터뷰를 바탕으로 한다. 필자는 이들과 2015년 봄과 여름, 가을에 걸쳐서 개별 가정, 축제, 야외 모임, 회합 등을 포함한 다양한 자리에서 반구조화된 인터뷰와 민족지적 참여 관찰을 했다. 인터뷰는 베를린과 독일의 다른 지역, 주로 한인이 많이 정착한 독일의 노르트라인베스트팔렌Nordrhein Westphalen 지역에서 진행했다. 연구 목적에 맞는 사람들을 물색하기 위해 필자가 아는 가족과 친구, 모임 네트워크를 통해 정보를 가진 사람들의 도움을 받아, 유의표본purposive sample 추출 방법을 사용했다. 인터뷰 참여자 중 1세대는 모두 60~75세 사이의 한인이었고, 2세대는 모두 한인 1세대의 자녀로 독일에서 태어나서 성장했으며, 25~45세 사이였다.

이 글은 독일의 다인종성 연구에 기여하는 것을 목표로 한다. 혼혈인에 대한 정말 많은 연구가 미국을 배경으로 나왔다. 좀 더 최근에는 라틴아메리카와 영국에 초점을 맞춘 혼혈인 연구도 등장하고 있다. 그러나 독일과 같이, 유럽의 다른 지역 혼혈인에 대한 연구는 아주 드물다. 더 구체적으로, 독일의 한인 혼혈인구에 대한 글은 거의 없는데, 이는 1970년대부터 이미 독일에 정착한 한인 공동체가 있다는 점을 고려하면 시사하는 바가 크다. 혼혈인 연구가 인종과 종족성의 더 폭넓은 문제에 개입해 왔으나 (몇몇 예외를 제외하면) 아직까지 독일의 인종과 종족성에 대한 더 포괄적인 문제에 대해 언급하는 연구는 크게 부족하다. 게다가 혼혈인 연구는 대개 혼혈 집단이 국민국가nation-state의 경계 안에 있다는 점에 관심을 두었다. 이 때문에 기존 연구에서 혼혈임mixedness 또는 혼혈 정체성에 대한 초국적이고 디아스포라의 관점은 현저하게 결여되어 있다.

이 글에서는 다인종 정체성을 형성하는 것과 이러한 정체성을 형성하는 초국적이면서 디아스포라적 연결 방식 간의 연계에 특히 초점을 둔 연구들 사이에서 나타나는 격차를 다루고자 한다. 이는 다인종 정체성 연구에서 더 조사가 이루어질 필요가 있는 독창적인 관점을 제시하는 것이기도 하다. 다인종인 사람은 어떤 하나의 인종 범주와 자신을 동일시하지 않음에도 불구하고, 종종 하나의 종족 또는 인종 정체성을 선택하라는 압박을 받는다는 점이 주장되어 왔다(Aspinall and Song, 2013). 디아스포라적 정체성을 형성해 나가는 과정에 초점을 맞춘다면, 인종화라는 이분법 범주를 엄격하게 따르지 않아도 되는 대안적 형태의 정체성을 구성할 수 있는 가능성이 열린다.

나아가 다인종 배경의 연구 참가자가 어떻게 디아스포라 방식의 연결과 자원을 발전시켜서 독일에서 자신들의 인종화되고 젠더화된 위치에 도전하고 저항하는지 탐구한다. 이러한 디아스포라적 자원의 전략적 배치에 집중하여,

이 글은 행하고doing '되어가는becoming' 과정을 통해 어떻게 디아스포라가 삶에서 드러나는가를 밝히면서, 디아스포라가 우리가 '존재'하는 그 무엇이 아니라something that we 'are' 우리가 '행동'하는 바임what we 'do'을 강조한다. 이를 통해 오로지 종족이나 인종에만 기반하여 연결성이나 친연관계affinities를 가정하는, 당연시되고 주어진 것으로 간주되는 기술적descriptive 범주로서의 디아스포라를 벗어나 좀 더 비판적인 접근을 취할 수 있다. 그 대신, 디아스포라의 자원이 이들에게 좀 더 복잡하고 전략적이고 의도적이고 양가적인 어떤 존재가 될 수 있도록 한다는 점에 초점을 두고자 한다. 디아스포라의 자원은 정체성 만들기의 능동적 과정을 암시하며, 그렇기 때문에 언제나 유동적이고 한시적이며 부분적이고 상황적이다.

결국 다인종 배경의 사람이 자신이 선택한 특수한 정체성을 세우기 위해 디아스포라의 자원을 전략적으로 활용한다고 해서, 이것이 다른 사람들에 의해 어떻게 인식되고 받아들여지는가를 결정할 수는 없다. 여기서는 인종, 종족, 젠더의 교차점에 대해, 그리고 이러한 요인들이 어떻게 함께 작동하여 사회에서 개인들이 자신의 인종화 된 위치에 대해 협상할 수 있는 여지를 가질 수 있는지에 대해 간단히 논의할 것이다. 실제로 젠더는 다인종 배경의 사람들이 '유연한 종족성flexible ethnicity'을 성공적으로 수행할 수 있는 범위에 영향을 미친다(Vasquez, 2010). 유연한 종족성이란 다인종 배경의 사람들이 어떻게 인종화 과정을 진행해 나가는지 그리고 내부자이거나 외부자로 여겨지는지를 표현하기 위한 용어이다. 이러한 디아스포라의 자원을 끌어오면 정체성 만들기 과정이 더 활발해지면서 각자가 특정한 인종과 종족 정체성을 주장하는 데 도움이 될 수 있지만, '유연한 종족성'에는 언제나 분명한 한계가 있다. 제시카 바스케즈Jessica Vasquez가 지적했듯이, '상황에 따르는situational 종족성'(Okamura, 1981)과 달리, 특정한 종족 정체성을 주장하는 개인들이 항상 자신들의 주장이 수용되도록 보장받을 수 없다. 다른 사람은 언제나 내가 선택한 정체성으로 나를 인식하지 않기 때문이다. 바스케즈는 더 나아가 젊은 멕시코 남성이 종종 여성보다 인종차별을 더

심하게 겪는다고 주장했다(Vasquez, 2010). 필자는 여기서 젠더가 다인종 정체성을 포용할 수 있는 자유를 다인종 개개인들이 심각하게 제한하거나 허용하도록, 그리고 자신의 인종화 된 위치들 사이를 어느 정도 가로지를 수 있는 능력을 허용하도록 하는 데 영향을 줄 수 있다고 주장한다.

2. 디아스포라 연구와 디아스포라의 자원

디아스포라 연구는 사람들이 자신이 정착한 국가에서 편안함을 느끼는 방식만이 아니라 그 경계 밖에서 정체화하는 방식에도 관심을 집중한다(Walter, 2001). 디아스포라는 자주 '고향과, 기억, 정체성, 귀속의 교차점'(Blunt and Dowling, 2006: 199)과 관련이 있다는 주장이 자주 제기되어 왔다. 스튜어트 홀Stuart Hall, 폴 길로이Paul Gilroy, 아브타 브라Avtar Brah, 클레어 알렉산더Claire Alexander의 연구들은 디아스포라가 어떻게 이러한 정의의 중심에 있는 국민국가를 우회하여 귀속성을 가지는지를 강조한다(Hall, 1990; 2004; Gilroy, 1993; Brah, 1996; 1999; Alexander, 2010). 디아스포라에 대한 개념들이 어떻게 인종과 종족 차이를 둘러싼 확고한 경계를 그리는 것이 불가능한지를 강조한다는 점도 마찬가지로 중요하다(Alexander, 2010).

디아스포라에 대한 초기의 개념들은 사실에 근거하여 유형화를 꾀하는 도구로 다루어진 경향이 있었지만, 이는 차이에 대한 좀 더 비판적이고 이론적인 개입을 제공하는(Anthias et al., 1998) 사회적 과정으로서 디아스포라를 다루는 방식에 길을 내주었다(Anthias, 1998; Alexander, 2010; Kalra, Kaur and Hutnyk, 2005). 게다가 이들 중 많은 학자는 '되어가는 것becoming'으로서 정체성의 중요성을 강조했고, 또한 정착하는 장소로서만큼이나 과거 '고국'을 기억하는 것으로서 '고향home'의 중요성을 강조했다(Brah, 1996; Fortier et al., 2003). 디아스포라 연구는 고향, 귀속과 여행이 디아스포라에 주는 의미를 모색하면서, 정적이고 명확한 경계를 가지고 국민과 종족, 공동체, 인종을 다루는 관념에 도전했다(Hall et al., 1990; Alexander, 2010; Brah, 1996; Ellis, 2015). 이렇게 디아스포라에 대한 비판 이론은 인종주의의 지속적인 효과에 세심하게 관심을 가지고 국민국가의 밖에서 그리고 그 너머와 아래에서 발생하는 정체성과 연결, 과정을 강조하여 삶을 통해 현장에서 경험되는 차이를 이해하는 데 근본적으로 중요한 기틀을 마련했다.

여기에 더하여 디아스포라 연구는 구조화되고 물질의 세계이면서 사회적이고 주관적인 조건으로서 위치의 역할에 대해 질문한다. 여기서 필자는 브라운 J. N. Brown이 사용한 '디아스포라의 자원' 또는 '디아스포라의 자원으로 연결된 사람과 장소, 사상, 이념, 도상iconographies'라는 개념을 사용하고자 한다(Brown, 1998). 브라운은 디아스포라의 자원이 사실 지리적 현실이 아니라 사회적 관계의 세트인데, 이는 건설적으로 만들어진 것이며, '인종을 주조하는 힘과 더불어' 구축된 사회적 공간이다(Brown, 1998: 297). 실천 또는 자원으로 드러나는 디아스포라는, 사람들이 이를 통해 사회적 공간과 자신들의 위상을 탐색하지만 언제나 권력 관계를 동반하게 되는 중요한 도구가 된다.. 정체성이 구성되는 장소와 함께 사회적이고 문화적인 실천을 강조하는 것은, 사람들이 어떻게 그리고 어떤 조건에서 디아스포라로 행동하는지를 이해하는 데 특히 도움을 준다.

하나의 개념으로서 디아스포라는 수많은 방식으로 '고정성 비판하기critiquing fixity'(Brah, 1996)의 매우 유용한 도구로 사용되어 왔다. 좀 더 구체적으로 설명하면, 하나의 방법으로서 디아스포라는 인종과 종족성의 '진리'에 대한 고정된 생각에 기대어 인종이나 종족의 진정성을 주장하는 것을 곤란하게 만들어왔다. 디아스포라 정체성 만들기는 인종과 종족, 국가에 대한 고정된 사고를 탈피하고 뿌리 뽑기 위해 작동한다. 다른 식으로 말해 본다면, 디아스포라 정체성 만들기는 '인종과 국가로부터 낯설어지기 위한 급진적인 투자'이다(James, 2016). 디아스포라의 귀속 양식으로부터 생겨난 애착과 연결에 초점을 둔 연구들은, 정체성이란 좀 더 복잡하고 다공적이며, 다층적이고, 유동한다는 사고에 기초한다(Hall, 1992). 디아스포라의 감정과 귀속의 양식에 대해 연구한 엘리스N. Ellis와 같은 학자들은, 상상이면서 동시에 실제이기도 한 이곳과 '다른 곳'을 향한 욕망과 애착이 복잡하게 움직인다는 점에 주목한다(Ellis, 2015).

마지막으로 특히 미국 밖의 디아스포라 공동체에 대한 논의한 길로이(Gilroy, 1996), 브라운(Brown, 1998), 캠트T. Campt(Campt, 2002)등의 학자들은, 디아스포라 안에서 그리고 디아스포라를 통해 욕망과 공동체, 정체성이 능동적이고 전략적으로 구성된다는 점에 주목한다. 디아스포라 공동체와 그 관계는 종족이나 인종적 유대관계ties를 단순히 기술하기 위한 표식이 아니라, 만들어진 것이며 계속해서 다시 만들어진다(Campt, 2002; Alexander, 2010).

3. 디아스포라 귀속과 도시

미수는 어머니가 한인이고, 아버지는 백인계 독일인이다. 베를린 외곽 교외 지역에서 부모님, 여동생과 함께 자랐다. 이제 스물세 살이 된 미수는 프라이 대학교에서 한국학을 전공하여 졸업한 후, 6개월 동안 한국에 거주하다가 2015년 인터뷰 당시 두 달 전 막 독일로 돌아온 상태였다.

미수가 중등학교를 마친 후 베를린의 대학교로 진학한 경험에 대해 이야기하는 것으로 시작해 보자. 미수는, 특히 사람들 사이의 연결에 대해 생각하게 되면서 대학의 프로그램이 자신에게 어떻게 새 세상을 열어주었는지 이야기했다.

내가 베를린 프라이 대학교에서 만난 사람들은요. … 아마도 독일의 다른 도시들에서 왔기 때문에 그런 것 같기도 하지만, 여러 다른 곳을 다녀본 사람들에게는 독특한 사고체계가 있는데, 그런 게 정말로 매력적이었어요. 이전의 학교생활에서는 느끼지 못했던 그런 기분을 항상 가질 수 있었죠. 이걸 어떻게 설명해야 할지 … 마치 밖으로 쏘다니기 시작했던 열다섯 살 때 같아요. 지금도 여전히 연락을 주고받는 사이인 토니라는 친구가 있었어요. 난 토니랑 항상 시내에 나가서 클럽을 골라

들어가고 거기에서 틀어주는 멋진 음악에 귀 기울이곤 했거든요. 토니와 같이 도시에 가면 신나게 놀 수 있었죠. 그게 내가 토니와 여전히 좋은 친구로 지내는 이유고요. 중·고등학교 때는 사람들과 어울려도 친구들은 그저 이런 교외와 지루한 곳, 항상 똑같은 데만 가고 싶어 했어요. 그렇지 않다는 게 나와 대학교에서 만난 비슷한 사고방식을 가진 사람들 사이의 공통점이에요. 아시겠지만, 여기에는 베트남계, 중국계, 그리고 나와 같은 소수의 혼혈 한국계처럼, 정말 많은 학생이 있는데, 한국계가 아닌 (아시아인) 학생들이 정말 많다는 걸 보고도 놀랐어요! 여기서 또 베트남 이민 가정 출신의 남자친구도 만났죠.

프라이 대학교 프로그램에 참여하는 학생 구성이 다양하다는 점은 베를린에 도시의 다문화가 존재한다는 점을 반영하는데, 이곳에서 사람들은 일상의 삶과 실천 속에서 (문화의) 차이를 경험한다. 아브타 브라(Brah, 1996)가 언급한 디아스포라 공간diaspora space이라는 개념은, 베를린의 실제 삶 속에 자리 잡은 도시 다문화 위치location의 중요성을 이해하기 위한 유용한 사고 틀이다. 브라는 디아스포라 공간을 "이산dispersion과 '밖에 머물기staying out'의 계보들이 연루되는 곳으로, 여기서 원주민native은 디아스포리안이 원주민인 만큼이나 디아스포리안diasporean"이라고 정의했다(Brah, 1996: 181). 디아스포라 공간은 귀속성과 타자성 사이, 그리고 '우리'와 '그들' 사이 경계가 덜 고정되어 있고 더 구멍이 많은 곳이다. 프라이 대학교의 프로그램은 학생들에게, '원주민'과 '디아스포리안' 간의 만남과 연결, 우정이 얽히고 교차되고 경계가 흐려지는, 디아스포라의 공간을 제공했다.

미수와 만나게 되면서, 필자는 그녀의 친구인 미아를 소개받았다. 미아는 독일 남부의 작은 마을에서 자란 후 프라이 대학교의 한국학 프로그램 이수를 위해 베를린으로 왔다. 아래와 같이 미아는 대학의 지적 공간과 도시가 어떻게 자신의 디아스포라 정체성을 개발하는 데 도움을 주었는지 이야기한다.

고향엔 한국인 친구가 진짜 없었어요. 여기 베를린으로 이사하면서 생겼죠. (한국인 친구가 생기니) 정말 좋았어요. 〔대학 프로그램에서〕 우리는 같은 경험을 나누고, 거기에 대해 많은 이야기를 했죠. 절반은 한국인이고 절반은 독일인인 점에 대해, 우리가 어떻게 느끼는지에 대해서요. 우린 또 관심사도 같아서, 나와 같은 배경을 가진 사람들을 알게 되어 정말 편했고요. 내가 두 문화에 속하면서 양쪽을 다 안다는 걸 자랑스럽게 생각하게 되었어요. 여기서 정말 좋은 시간을 보냈고 이러한 점들을 발전시킬 수 있었죠. 그래서 베를린에 계속 머무르기로 결심했어요. 난 베를린에서 사는 게 정말 좋아요. 이 큰 도시에서는, 그냥 나 자신이 될 수 있고 어느 한 집단에만 속하지 않아도 돼요. 아무도 네가 그렇게 행동하기 때문에 넌 이상하다고 생각하지 않아요. 난 양쪽 중 하나만 선택하고 싶지 않기 때문에 내 가족의 양쪽 모두와 다 잘 지내고 나의 이 두 측면과 정체성도 모두 받아들이고 싶어요. 양쪽 모두가 각각의 장단점을 갖고 있는데, 그렇죠, 물론 나는 양쪽의 장점만을 취하고 싶은 거죠.

베를린에 본부를 둔 2세대 디아스포라 문화조직인 "코리엔타찌온Korientation"을 통해 만난 벤은, 서른 살로 베를린에서 산다. 벤은 어린 시절 터키에서 자라면서 어머니는 한국인이고 아버지는 터키인인 다인종 배경 때문에 겪었던 어려움에 관해 이야기했다. 벤은 열아홉 살 때 대학에 진학하기 위해 베를린으로 이주했고, 그 이후로 줄곧 베를린에서 살고 있었다.

여기 베를린에서는 나는 학문이라는 안전지대에 살고 있다는 생각이 드네요. 아주 국제적인 공간에서 일하기 때문에 굳이 내가 다르다는 점에 대해 생각할 필요가 없어요. 몇몇 아시아 출신 동료도 있고요. 내가 여기 학생이었을 때에도 그〔혼혈이라는〕 점에 대해 질문을 받아 본 적이 전혀 없었어요. 사실 그로 인한 어떤 경험도 없어요. 그런데 대학 시절 한국에서 살다가 베를린으로 유학 온 한국인 여자 친구를 만났어요. 그러니까 내가 하고 싶은 말은, 내가 한국인이라고 느끼고 한국인과 동일시해 온 측면이 있었다는 거예요. 하지만 지금은, 한국인이나 터키인이 되어야 한다는 식으로, 이거냐 저거냐 식의 감정에 정말 신경 쓰지 않게 되었어요. 이제는 그런 게 신경 쓰이지 않아서 정말 편해요.

브라운(1998)은 디아스포라의 자원은 장소와 사람을 통해 구성된다고 주장했다. 베를린에서 대학을 다니고 살아온 벤의 이야기는 어떻게 디아스포라의 자원이 대학이라는 공간을 통해 가능해진 사회적 공간들과 디아스포라 간의 만남에 달려 있는지를 보여주는 예시이다. 대학은 다인종적이고 디아스포라의 배경을 가지고 있어서 그러한 주제에 학문적 관심을 가지는 사람들을 많이 끌어 모으는 곳이기도 하다.

미아는 대학이라는 사회적이고 지적인 공간에서 단일문화 사회에 만연한 정체성의 엄격한 이분법에 도전하고 비판할 수 있는 도구를 어떻게 얻었는지 이야기해 주었다. 미아가 대학에서 경험한 프로그램은 한국의 문화, 언어, 사회와 학생들 간의 초국가적 연계를 만드는 데 중점을 두었기 때문에 미아는 독일인이거나 한국인이어야만 하는 곳에서 그중 하나를 택하기보다 독일인이고 한국인인 좀 더 유연한 정체성을 받아들여도 괜찮다고 생각할 수 있었다. 폴 길로이(Gilroy, 1993)는 디아스포라 의식의 발달은 주로 문화적이고 정치적 자원의 개발, 또는 사람들이 인종차별과 인종 정체성의 고착에 대항하여 사용할 수 있는 '원재료'에 관한 것이라고 주장했다. 디아스포라 의식은 '아주 동질적인 국민 단위들neat homogenous national units'의 속박으로부터 문화들을 풀어낸다(Gilroy, 1987: 12). 이러한 자원 또는 '원재료'는 영감을 끌어내기 위해 사용되며, 개인들이 혼혈 독일인과 한국인을 재정의하는 데 도움을 준다. 미아가 지적한 바와 같이, 다른 학생들과 맺은 관계들과 거기서 습득한 지식은, 그녀가 다인종적이고 유동적인 정체성을 적극적으로 구성할 수 있는 능력을 갖추게 했다.

마찬가지로, 아브타 브라는 디아스포라 공간을 정의하면서, 하나의 공동체 안에서 유대관계를 만들어내는 비본질주의 방법의 중요성을 강조한다(Brah,

1999년). 해러웨이D. Haraway는 이것을 "차이의 자기비판적 실천self-critical practice of difference"이라고 부르는데, 이는 정치적이고 지적인 작업을 통해 그리고 그 안에서 구성된다(Haraway, 1992: 87). 미수와 미아, 벤에게 대학은 차이에 대한 비판적 실천을 허용하는 지적 공간들을 제공했다. 이러한 실천을 통해, 이 학생들은 똑같지 않다는 점에 근거하여 동일시의 형태를 구축했다. 브라의 디아스포라적 공간에 대한 개념과 차이의 실천에 대한 강조는, 어떻게 이러한 친화성이 만들어지고 종족적으로 단일하다는 동일시를 초월할 수 있는지에 대한 사고방식을 제시한다. 브라는 '아즈나비ajnabi(이방인이지만 언젠가는 친구가 될 사람)', '게이르ghair (완전한 이방인)', 그리고 '아프나apna(우리 중 한 명)'와 같은 범주들을 정밀하게 구분한다(Brah, 1999: 19). 차이에 대한 비판적 실천을 통해 '우리' 중 한 명으로 여겨지는 사람들인 '아프나'의 범주는, 이방인으로 시작하여 궁극적으로 동질적이라는 점에 기반하지 않은 우정과 친밀성의 약속을 찾는 사람들을 포함하도록 확장된다. 그러한 공간에서 미수와 미아가 맺은 관계는 '게이르'가 아니라 '아즈나비' 의 우정과 친밀성에 대한 가능성이었다.

요나스는 자신의 탈/인종화된de/racialized 위치와 귀속감을 이해하는 데 장소와 공간이 얼마나 중요했는지를 보여준다. 30세의 요나스는 프랑크푸르트 외곽의 작은 마을에서 자랐다. 그러나 프랑크푸르트로 이사하여 고등학교 시절의 마지막 2년을 보내면서 요나스는 새로운 다른 차원의 네트워크를 접하게 되었다.

난 교외 지역의 고등학교를 다녔고, 도시와는 거리가 멀었어요. 이주 배경이 있는 사람이 몇 명 있었지만, 눈에 잘 띄지 않았죠. 그곳은 참으로 편협한 곳이었죠. 그런 뒤에 프랑크푸르트에 있는 고등학교로 전학을 가서 마지막 2년을 보냈는데, 그곳은 꽤 국제적인 도시라 온갖 지역에서 온 사람들을 만나게 되었고, 그건 내게 큰 변화였죠! 처음으로 난 거기서 이곳저곳에서 온 사람들에게 노출되었어요. 우리 학년에는 한인 여학생이 두 명이나 있었는데, 그 덕에 처음으로 난 소속감을 느꼈어요. 아마도 내가 감사히 여기면서 나의 한 부분을 구성하는 무언가가 있다고 느낀 것은 처음이었을 거예요.

요나스와 벤, 미아, 미수의 예는 이러한 유대관계의 발전이 장소와 사람이 영감과 힘을 이끌어내는 중요한 자원이라는 점을 부각시킨다. 이 자원들은 '백인'과 '아시아인'이라는 엄격하고 서로 반대되는 인종적 이분법을 불안정하게 만드는 수단을 제공한다. 브라운(Brown, 1998)은 리버풀의 흑인성에 관한 중요한 연구에서 이러한 디아스포라의 공유된 경험 서사에 귀를 기울이는 것이 실향displacement이나 상실, 소속감의 부재를 불러일으키는 디아스포라 주체성에 대한 지배적인 독해를 교란시킨다고 지적했다. 이러한 경험은 이들 한국계 독일인의 정체성이 어떻게 디아스포라적 실천을 통해 구성되는지를 보여주는데, 이러한 실천을 통해 개인들은 지역 공간과 장소와 유대를 맺으면서 기반을 마련하고 자리를 잡을emplace 수 있게 된다.

다음의 예는 필자가 미아와 나누었던 대화 가운데 미아가 한식의 진가를 알아가는 과정에서 그녀가 음식과 요리, 소속감, 기억으로 만들어진 강력한 연결 관계에 대해 이야기한 부분을 소개한다. 여기서 미아는 몇 년 전에 세상을 떠난 어머니를 포함하여, 한국 쪽 가족과의 매우 복잡하고 어려운 관계를 맺고 있다는 점을 드러냈다.

미아: 난 어릴 적부터 한국 음식을 좋아했어요. 우린 매일같이 한국 음식을 먹었죠. 점심에는 유럽이나 독일 음식을 먹었지만, 저녁에는 항상 한식이었어요. 엄마는 정말 훌륭한 요리사였고 아빠는 한식을 진짜 좋아하셨죠.
헬렌: 가장 좋아하는 음식은 뭐였어요?
미아: 아, 전부 다요! 난 비빔밥, 순두부찌개, 삼겹살… 모두요. 전부 다 너무 좋아요. 여기 베를린에는 한인 식당과 가게가 정말 많고, 한국 문화에 대한 관심도 높아지고 있어요. 그래서 한식을 찾는 고생을 덜 수 있었죠. 난 한국 음식을 요리하고 친구들, 특히 독일 친구들을 초대해서, 한국의 음식 문화가 얼마나 훌륭한지 보여

주고 싶어요. 그리고 엄마가 어떻게 이 음식들을 요리했는지 기억하려고 노력해요. 엄마는 항상 당신이 죽기 전에 내가 한국 요리를 배워야 한다고 말씀하셨지만, 난 내가 그런 마음이 들려면 적어도 20~30년은 더 있어야 한다고 생각했어요.

한식에 대한 미아의 애정은 어린 시절 집에 대한 향수와 얽혀 있으며, 무엇보다 어머니에 대한 기억과 결부되어 있다. 음식은 미아가 한국의 문화적 정체성에 접근할 수 있는 친숙하고 향수 어린 매개체가 되었다.

미아에게는 어머니에 대한 기억을 간직하고 싶은 욕망이 있기 때문에 한식 요리를 사랑하게 되었다는 점도 마찬가지로 중요하다. 자신뿐 아니라 다른 사람들을 위해서도 한식을 만들 수 있게 되면서 미아는, 정착하기emplacement 시작하고 새로운 환경에서 소속감과 '집'에 대한 의식을 갖출 수 있었다. 먹기와 요리하기라는 실천이 공동의 노력으로 생겨나는 새로운 "실천 공동체communities of practice"를 구성한 것이다(Eckert, 2006).

마누르A. Mannur는 음식이 고향에 대한 욕망을 의미하지만 "실향을 달래는 완화제palliative for displacement"로도 작용하는, 진정 '강력하고도' 복잡한 상징이 된다고 주장한다(Mannur, 2007: 13). 게다가 음식 및 음식에 관련된 실천은 정착에 중요한 물질적인 자원이자 상징이다. 예를 들어 베를린에서 한식을 먹을 수 있는 새로운 장소를 찾는 일은 도시를 알아가며 편안함을 느낄 수 있는 방법이 된다. 더 나아가 한국 음식을 요리하고 다른 사람들을 초대하여 함께하는 것은 이러한 디아스포라 실천을 통해 새로운 애착과 친밀함을 형성하는 중요한 방법이 된다. 미아는 또한 한식을 요리하고 먹는 것의 전략적 측면이 있다는 점을 이해했는데, 이제 한식이 베를린에서 큰 인기를 끌면서 다른 사람들 특히 독일 사람들이 이제는 그 진가를 인정하고 있기 때문이었다. 이런 점은 개인이 아무리 자신이 가진 선택지와 도구들을 바탕으로 선택을 하더라도 가능한 선택지들은 더 넓은 사회적 실천에 의해 형성되고 제약을 받는다는 사고를 뒷받침한다(Aspinall and Song, 2013). 바꾸어 말하면, 한식을 요리하고 먹는 것을 통해 한국 문화에 대한 자신의 지식을 활용하는 미아의 능력이 바람직한 자원으로 여겨지는 것은 베를린과 같은 국제적인 도시에서 한식이 이제는 가치 있는 상품과도 같은 것이 되었기 때문이다.

소피아는 베를린에서 살다가 막 런던으로 이주해 온 32세 여성으로 필자는 그녀를 런던에서 만났다. 소피아는 베를린에서 태어났지만 부모님과 함께 여덟 살 때 북부 독일에 있는 작은 마을로 이사했다. 소피아는 한국어를 배우는 과정이 어떻게 새로운 사람과 장소에 친밀함을 쌓아가는 평생에 걸친 여정이었는지를 이야기했다. 한국어를 배우면서 소피아는 특히 자신의 인생에서 중요한 사람들과 더 깊은 관계를 발전시킬 수 있었다.

난 엄마가 아빠와 말다툼을 할 때만 한국말을 들었어요. 한국어라야 기껏 엄마가 소리 지르는 것만 듣다 보니 내겐 항상 화난 소리로 여겨졌죠. 그래서 정말 오랫동안 난 한국어를 배우고 싶지도 않았어요. 인생을 좀 더 살아보고 나서야 한국어를 이해하고 진가를 알게 되었죠. 내가 남자 친구와 헤어지고 베를린에서 살고 있을 때, 엄마가 "얘, 너 좀 기분 전환을 해야 할 것 같은데, 나랑 같이 한국 여행이나 가자!"고 하셨어요. 그래서 생전 처음으로 엄마와 함께 한국에 갔죠. 삼촌도 처음 만났는데, 겸허한 마음이 들면서 우리가 실제로 연결되어 있다는 느낌이 들었어요. 그 뒤에 난, 연세대의 한국어 초집중 코스에 등록하고, 짐을 챙겨서 한국으로 갔죠. 연세대 근처에 아파트도 구했어요. 그런데 한국에 있다는 것이 기본적으로 내 인생을 바꾸는 전환점이 되었죠. 원래 나의 한 부분이 독일 문화에 속한다는 것을 정말로 자랑스러워하지만, 난 한국인이라는 점도 자랑스러워요. 그런데 성장 과정에서 이 점을 이야기하거나 자랑스럽다는 내색을 할 수 없었어요. 난 항상 내가 독일인이라는 것만 말할 수 있는 상황에서 자랐고, 한국인이라는 부분은 한 번도 좋은 쪽으로 인식되지 못했어요. 한국어를 배우면서 가장 고맙게 여기는 점은 내가 마침내 엄마를 이해하고 엄마와 가까워지는 데 도움이 되었다는 거예요. 엄마가 독일어를 모르는 건 아니에요. 하지만 다른 언어를 쓰면 다른 사람이라는 생각을 해본 적이 있는지요? 난 엄마에 대해 모르는 것이 너무 많았고 모든 걸 알고 싶다는 생각이 들어요. 엄마가 젊었을 때는 어땠는지 같은 거요. 한국어를 배우는 것은 이런 질문을 하고 엄마의 인생에 대해 엄마의 입장에서 대답을 들을 수 있게 도와주었죠. 내 말은 한국어를 배우는 것이 그동안 내가 전혀 모르고 있던 엄마의 완전히 새로운 면을 내게 열어주었다는 거예요.

디아스포라에 대한 캠트의 연구는 디아스포라 자원들이 특정한 목적을 위해 어떻게 일련의 관계들을 적극적으로 구성하는지, 그리고 이러한 관계에서 어떻게 "욕망과 기대의 복합 형태complex forms of desire and longing"가 중요한지를 강조한다(Campt, 2002: 97). 한국어를 배우고 한국에서 살기 위해 나선 여정에 대한 소피아의 이야기는 매우 적극적으로 관계를 구축하는 예시인데, 이러한 관계는 또한 디아스포라의 기대와 욕망이라는 복합 관계를 반영한다. 소피아가 인생 초기에 한국의 언어와 가족, 문화 지식에 대해 거부해 온 것이 결국에는 바로 그 언어와 문화, 가족을 인생의 다른 시기에 포용하도록 이끌었는데, 그녀는 이를 "삶의 전환점"이라고 표현했다. 마찬가지로 소피아가 처음 어머니와 함께 처음으로 한국을 방문하고 그 후 한국으로 이주한 것은 소피아가 형성한 초문화적이고 초국가적인 친밀함에 대해 달리 생각할 수 있다는 점을 시사한다. 무엇보다 소피아는 인터뷰에서 친밀함과 관계의 복잡성에 대해 드러내지 않았다. 이러한 (한국적인 것에 대한) 친밀함과 동일시는 개인적인 투쟁을 통해, 그리고 독일 작은 마을에서 유일한 다인종 가정의 일원으로 자라오면서 겪었던 사회적 고립과 소외를 오랫동안 겪으면서 생긴 것이다. 소피아가 어린 시절과 사춘기에 한국어 배우기를 거부한 것은, 단일 인종적이고 백인 지배적인 독일 사회에서 다인종이라서 느낄 수밖에 없는 긴장과 이때 경험하는 장소 상실감displacement을 드러낸다.

크리스토우A. Christou는 디아스포라의 귀속 과정이 "장소에 기반한 정서적 애착place-based emotional attachments"이라는 것 안에서 이를 통해 진행된다고 보았다(Christou, 2011:249). 여기서 디아스포라 정체성의 발달에 대한 소피아의 이야기는 한국으로 이주했을 때와 같이 다른 곳에서 삶을 영위할 수 있는 능력과 결부되어 있다. 무엇보다 이러한 귀속감은, 크리스토우가 주장한 동일시와 반발의 "역설paradox"이다(Christou, 2011). 이러한 발견의 서사에서 소피아가 '귀속감'을 가지기 위해서는 인생 초반에 특정한 방식으로 규정된 한국인임을 거부했던 경험이 필요하다. 그리고 이후 한국을 방문하고 거기서 가족을 발견하고 마침내 한동안 살면서, 자리 잡았다는 인식과 장소에 기반한 동일시가 커짐에 따라 마침내 자신의 한국적인 면을 포용한 경험이 필요하다.

게다가 소피아는 한국 문화에 대한 지식을 발전시키고 수행력을 쌓았기 때문에 자신의 인생에서 다른 사람들, 그중에서도 한국인 엄마에 대한 공감과 이해를 넓힐 수 있었다. 소피아가 디아스포라 정체성을 개발하는 과정은 이러한 문화 지식이 어떻게 다른 사람을 알아나가기 위한 방식의 대안들을 열어주는 결정적 도구인지를 보여준다. 즉, 이러한 지식은 다른 사람들과 연결되고 공감하기 위해 더 넓은 사회적 관계 그리고 문화 기억과 역사, 의식을 갖추는 것의 중요성을 알아가는 방법으로 이어진다. 캠트가 주장했듯이, 디아스포라 정체성 만들기에서 문화 기억의 역할은 주목할 만하다(Campt, 1993). 그 이유는 문화적 자원들이 어떻게 특정한 시간과 공간에서 공동체의 건설과 문화 정체성의 재형성을 위한 영감의 원천으로 이용되는지를 문화기억이 보여주기 때문이다. 한국 문화를 더 알고자 하는 소피아의 바람은 궁극적으로 공동체에 소속되고자 하는 욕망과 깊이 관련된다. 이는 또한 자신의 일부라고 주장할 수는 없었지만 그녀가 느꼈던 그런 정체성을 되찾는 것이기도 했다. 소피아의 이야기는 이러한 다중적 정체성들을 함께 이어 붙이고, 독일인이면서 한국인이라는 일견 모순되어 보이는 자아의 분절들을 다 지키려는 욕망을 반영한다. 그런 의미에서 과거 다른 사람들과 달랐기 때문에 알 수 없었던 어머니의 입장을 알게 되는 것은 자신의 정체성을 되찾는 일임을 보여준다.

4. '독일인'이 아님과 인종의 진정성에 대한 도전

독일(과 다른 곳)에서는 여전히, 한 사람이 독일과 독일이 아닌 다른 곳에 동시에 '속하거나' 동일시할 수 없다는 믿음이 널리 펴져 있다(Haritaworn, 2009; Nandi and Spickard, 2014). 인종과 종족의 진정성authenticity에 대한 주장은 많은 유색인들에 의해 협상의 대상이 되어왔는데, 다인종인 사람들은 자신들의 신체가 모호한 것으로 인식되어 이미 확립된 인종 범주를 불안정하게 만들어 위협이 된다는 이유로 더욱 의심받는다. 그렇기 때문에 다인종인 사람들은 종종 집단에 대한 소속과 소속에 대한 권리를 함께 증명해야만 하는 이중 부담을 지게 되고, 그 과정에서 "사이에 끼인in-between" 사람으로 간주된다(Haritaworn, 2009; Haraway, 1997).

여기에 대해 미아는 다음과 같이 말했다.

어렸을 때는 항상 내가 아주 독일 사람같다고 느꼈어요. 그런데 생각해 보면 난 독일 사람처럼 생기지 않았으니 독일 사회에서 독일 사람으로 받아들여진 적이 없었던 거예요. 그런 게 정말 힘들었죠.

요나스는 다음과 같이 말했다.

헬 렌: 스스로 혼혈이라고 이름 붙여 본 적이 있나요?

요나스: 그럼요, 항상 그랬죠! 그렇지만 누군가 나를 그렇게 부르는 게 편안한지 물어본다면… 뭐라고 답해야 할지 정말 알 수 없을 거예요…. 아시겠지만 "그래, 난 영국인이거나 미국인이야"라고 말하는 사람들이 있지만, 난 정말 뭐라고 해야 할지 몰랐죠. 난 아무튼 유럽인이라고 느끼죠. 그래요, 한국적인 면을 가지고 있지만 독일에서 자라면서 명확히 독일적인 것들의 강한 영향력하에 있었죠. 하지만 그렇다고 해서 내가 독일적인 것을 좋아하거나 자랑스러워한다는 것은 아니에요. 내가 독일적이라고 느끼지 않아요. 그치만 전적으로 아시아적이라고 느끼지도 않죠. 난

이런 자유가 좋고 구석으로 밀어 넣어지는 것은 싫어요. 이런 것은 일시적인 것일 뿐이니 그런 시도를 할 생각도 없어요. 인종에 대해서는 고민하지 않아요. 신체적인 면에 대해 정말 의식하지 않는다고 생각해요. 내 말은 자기가 어떻게 생겼는지 누가 그렇게까지 의식하면서 사나요? 내가 혼혈인치고는 별로 아시아인처럼 보이지 않아서인지, 이런 걸 묘사할 정확한 단어가 없는 것 같은데….

독일에서는 누가 내부인/독일인처럼 보이고 또 누가 외부인처럼 보이는지가 거의 인종으로 결정되는데도 불구하고, 인종에 대해 말할 방법이 없다(Nandi and Spickard, 2014). 인종적 차이에 대한 시각적 표식이 흔히 어떤 사람이 진정한 독일인으로 간주되는지를 결정한다. 요나스의 말은, 어떤 의미에서는 그가 반드시 인종적으로 '타자'라고 느끼지 않을 수 있다는 사실을 보여준다. 자신이 인종적으로 다른 사람처럼 보이지 않는다고 생각하면서도, 요나스는 자주, 다른 독일인에 의해 '다르게' 인식된다고 자신이 느끼게 되는 점을 감지한다. 그가 독일 사람으로 정체화하는 것을 꺼린다는 점은, 인종적 '타자'로 판단되고 범주화된 존재가 되지 않더라도, 모든 면에서 진정한 "독일인임"을 주장할 수 없거나 그렇게 하는 것이 거의 불가능했다는 사실을 가리킨다.

국민 또는 지역 정체성을 주장하는 것에 대한 요나스의 양면성은 자신의 위치를 범주화하는 어려움에 대한 인식과 짝을 이룬다. 그리고 단일 정체성만을 고려하는 인종적 범주화의 부정확성을 그가 얼마나 깊이 인식하는지를, 그리고 그의 정체성이 어떻게 다른 시간과 관계, 맥락에 달린 문제인지를 드러낸다. 자신을 유럽인 또는 아시아인이라고 지칭하면, 자아관념을 파편화시키지 않으면서도 자신이 가진 다중적 정체성을 허용할 수 있다. 캠트는 다양한 방식의 문화적이고 종족적인 동일시를 선택할 수 있는 이러한 능력을 "민첩성agility" 또는 "융통성versatility"의 한 형태라고 일컬었다(Campt, 1993). 이는 독일에서 인종차별이나 인종 유형에 대한 의심에 직면하는 유색인들에게, 일종의 "생존 양식mode of survival"으로 작동한다.

다양한 이름표(유럽인, 한국인, 아시아인) 사이에서 자신의 위치를 탐색하고 전략적으로 바꿀 수 있는 위치에서 요나스는 이러한 전술적 움직임을 인종에 대한 이분법을 비껴갈 수 있는 '자유liberty'의 형태로 인식한다. 하지만 요나스가 자신이 어디에서 어떻게 인종화 되는지를 분명히 하기 위해 고군분투한다 하더라도, 이러한 인종화 된 범주화를 완전히 피할 수 없다는 점을 지적하는 것은 중요하다. 그가 백인으로 '통할 수 있음passing'을 인식하는 것 역시 그러한 자유를 허용하는 것은 인종적으로 모호한 그의 용모라는 점을 제시한다.

미국인이 된 소피아의 이야기는 이러한 수완성과 민첩성이 어떻게 다인종적이고 디아스포라적이며, 초국적으로 확장된 정체성을 구성하는지를 설명한다.

10학년 말에 교환학생으로 미국에 갔어요. 내가 얼마나 간절하게 그곳에 속하고 싶었는지 처음으로 깨달은 때였죠. 난 그 그룹에서 미국 사람처럼 행동했고 그래서 아마 내 말투가 좀 미국 사람처럼 들릴 거예요. … 그때 난 아주 확고하게 독일로 돌아가지 않겠다고 결심했어요. 미국에서 대학에 진학해 보니, 난 그 많은 사람 중 하나였고 거긴 정말 국제적이었어요. 그게 정말 편했어요. 독일에서 내가 자랄 때는 어디서건 모두가 날 알고 있었거든요. 아시겠지만 난 독일을 그리워한 적이 없어요. 많은 곳에서 살아봤지만 한 번도 그리워해 본 적이 없어요. 하지만 미국은 그리웠죠. 난 미국을 고국으로 생각했는데 아마 이건 좀 잘못된 생각일 거예요. 어쨌든 난 다시 독일의 생활로 돌아와 그 작은 고향 마을로 돌아왔고, 좀 있다가 베를린으로 가서 디자이너로 취직했어요. 하지만 이후로도 난 내가 봐도 독일 사람이 아니라 미국 사람처럼 생각했어요. 흥미로운 점은 지금도 사람들이 날 미국인으로 생각하고 독일어가 아닌 영어로 말을 건네면 내가 그냥 그렇게 생각하도록 놔둔다는 거예요. 사람들은 내가 독일 사람처럼 보이지 않으니, 영어로 말할 거라고 생각하는 거죠.

여기서 소피아는 독일에서 자랄 때 '다른 장소elsewhere'에 대해 품었던 동경심을, 그리고 미국으로 이주한 것이 어떻게 "가능성의 지평선horizon of possibility"을 대변했는지를 이야기한다(Ellis, 2015). 부분적으로, 미국인이 되고 싶다는 것은 독일인이 아니고 싶다는 것을 의미한다. 소피아가 독일인이라는 점을 부인하는 것은 고향인 작은 독일 마을에서 자신이 항상 보기에 다르고, 소외되고, '다른 사람'이라고 느껴왔다는 사실에서 비롯된다.

독일로 돌아와서 소피아는, 미국에서 보낸 시간을 통해 자신이 혼합적 정체성syncretic identity을 굳혀가고, 외부자이면서 '사이에 끼인' 사람으로서 자신의 위치를 탐색해 나갈 문화적이고 물질적인 도구를 갖추었음을 발견했다. 소피아는 자신이 어느 정도 통제할 수 있는 방식으로 어떻게, 비독일인이면서 외부인으로서 자신을 전략적으로 제시해 왔는지를 보여주었다. 자신의 인종적·문화적 지위에 대한 예측 가능한 질문이나 언급을 피할 수 있는 능력은 이렇게 수완을 발휘하는 조치로 얻어졌다. 혼혈 독일인은 인종적 진정성을 증명해야 한다는 압박을 받으면서, 결국은 인정받지 못한 채 고통스러운 거부에 직면하는데, 이는 독일 국민 정체성이 인종적으로 백인 정체성에 교착되어 있기 때문이다. 고통스러운 오인mis-identification을 역으로 이용하는 것이 소피아가 취하는 방식인 것이다.

5. 인종의 '진정성'과 젠더, 그리고 '유연한 종족성'

바스케즈는 인종적·민족적 '민첩성agility'과 '조정 능력maneuverability'이라는 개념을 소개하면서, 민첩성은 일종의 '유연한 종족성'이라고 언급한다(Vasquez, 2010). 이는 많건 적건 개인들이 가지고 있는, 자신과는 다른 인종·종족 공동체에서 받아들여지거나 내부자로 여겨질 수 있는 능력이 발휘되는 영역이다. 바스케즈는 더 인종적인 존재로 여겨지는 멕시코계 미국인 남성보다 멕시코계 미국인 여성이 '유연한 종족성'을 행사할 수 있는 기회를 더 많이 가진다고 주장한다. 독일의 다인종 정체성과 젠더에 대한 필자의 인터뷰에서도 젠더는 남성 또는 여성이 다인종적이거나 디아스포라적인 또는 초국적인 정체성을 선택하고 받아들이는 과정에서 얼마나 '유연성'을 발휘할 수 있는지를 형태 짓는 방식으로 인종과 교차한다.

필자는 앞에서 언급한 요나스와 소피아와의 대화를 통해 젠더가 다인종적·디아스포라적 정체성을 구축하는 방식, 그리고 인종화 된 위치에서 디아스포라적·인종적 정체성을 조종할 수 있는 범위에 크게 영향을 미친다고 주장하고자 한다. 요나스가 아시아인이라기보다 백인처럼 보이는 자신의 외모를 인식한다는 점은 젠더와 인종의 교차 방식에 대해 의식하고 있음을 보여준다. 즉, 요나스는 세계시민적인 '유럽인' 정체성을 수용할 수 있는 유연성을 허용하는데, 이는 그가 흔히 '백인'으로 여겨진다는 사실에 기반한다. 소피아의 경우 여성성은 다인종성을 강화하는 데 사용되었는데, 이는 다인종 배경의 여성들이 이국적으로 여겨지는 경우에서도 종종 볼 수 있는 상황이다(Vasquez, 2010; King-O'Riain, 2006, 2008). 다인종성의 재현 또한 흔히 여성의 형상으로 상징화되었으며, 1990년대 이후 지속적으로 "천사와 같은 우리 시대의 구원자"라는 위치가 주어졌다는 주장도 있다(Sanchez, 2004: 177).

인종을 주장하는 것이 젠더화 된다는 점은 한인 정체성을 선택한 벤의 이야기에서도 나타난다. 이러한 벤의 선택은 다른 사람들의 눈에 적절한 것으로 여겨지거나 그렇지 않을 수도 있었다. 정체성에 대한 자신의 감각을 받아들이는 과정을 성찰하면서 벤은 자신의 혼혈성에 대해 끊임없는 질문과 다인종적 귀속을 내세우지 않으려는 주저함과 의심에 대해 협상해 나가야만 했다.

사실, 난 항상 스스로 한국인이라고 여겼는데요. 모두가 나를 그렇게 여겼기 때문이에요. 내 얼굴은 완전 한국 사람이죠. 많은 사람이 내가 어떻게 정체성을 인식해야 하는지에 대해 말하곤 하는데, 우리 아버지가 터키 사람이면 나도 터키 사람이라는 거예요. 하지만 자라면서 이런 식의 자잘한 공격micro-aggression을 당하니, 나 스스로 터키인이라고 생각하기는 힘들어요. 이런 식으로 그들이 나를 터키인으로 여기지 않는 것이 명백한데, 왜 내가 그렇게 생각해야 하죠? 이게 내가 스스로를 한국인으로 여기는 또 다른 이유예요. 내가 점점 더 많이 느끼는 것은… 그건 그냥 그렇게 말하는 것이 더 편하기 때문이에요. 그건 내가 터키 사람이라고 말하면, 이어서 사람들이 항상 거기에 대해 또 묻게 되는데, 그런 것을 또 겪고 싶지 않은 거죠.

벤은 사람들이 자신의 다인종적인 신체가 인종에 대한 어떤 종류의 '진리'를 담고 있거나 드러낸다고 가정한다는 점을 언급한다. 즉, 그의 신체적 표현형이, 그의 인종 정체성과 모순되어 보일 수도 있는 좀 더 복잡한 종족 정체성에 대한 주장을 능가하는 것이다. 이렇게 종종 벤은 자신이 다인종으로 받아들여지지 않고, 단일 인종적 이분법의 적용에 강제되는 느낌을 받는다. 젠더는 다인종성이 어느 정도나 더 받아들여질 만한지를 결정한다. 이는 특정한 종족 정체성에 대한 주장이 선택 가능한 것으로 실천되거나 제시될 수 있는지, 그리고 다른 사람들이 이러한 주장을 기꺼이 적법한 것으로 받아들일 것인지 아닌지 등에 대한 것이다.

그러나 벤이 자신의 한국 출신 배경을 강조하기로 선택한 것 역시 베를린과 같은 다인종·다문화 도시에서는 문화적·인종적 위계질서가 작동한다는 것을 시사한다. 베를린과 같은 도시에서는 이주의 역사와 계급, 인종이 교차하면서 종족화 되고 인종화 된 이주 집단들에게 표식을 부여하고, 위치를 결정하고 구분한다. 동유럽인과 비교할 때 터키인은 '더' 혹은 '덜' 독일인으로 인식될 수 있지만, 다른 디아스포라 공동체와 비교할 때 터키와 러시아의 디아스포라는 독일 사회에 '통합'되거나 동화되지 못하는 사람들로 여겨진다. 게다가 최근 몇 년 사이에 무슬림들은 과도하게 눈에 띄는 소수 집단이 되었다. 무슬림들은 통합되기에는 '부족'하다거나 통합에 실패한 사람들이라는 생각은 독일을 포함한 유럽 전역의 공공과 정치 영역에서 규범적 담론의 일부가 되었다.

한편, '성공했고', '근면하며', '부지런한' 동아시아인이라는 '모델 마이너리티

model minority' 고정관념은 여전히 독일에 만연하며, 이는 터키인이나 동유럽인과 같은 다른 소수 집단들을 구분하고 창피를 주기 위해 효과적으로 사용되어 왔다. 더욱이 아시아인은 성공적으로 통합되었다고 인식되기 때문에 '선량한' 소수 집단으로 간주된다. 이러한 믿음을 뒷받침하는 것은 문화적으로 볼 때 아시안인이 독일인과 더 비슷하다는 문화 논리이다. 소수 집단들이 서로 대립하고 싸우도록 만드는 (소수 집단들도 흔히 내면화하는) 이러한 인종화 된 위계질서는 (종종 문화라는 가면을 쓰는데), 고도로 다문화적이고 사교적인convivial 공간에서 신체에 씌워진, 일상화된 인종주의와 인종화의 형태들 간의 복합적 유대관계를 반영한다. 이러한 인종적 긴장은 베를린 같은 다문화 도시에서 거의 매일같이 발생하는 인종화 된 만남들을 통해 드러난다. 벤이 이야기하는 것과 같이, 특히 스스로도 비백인인 사람들이 행하는 인종차별과 거부는, 주류 백인 독일 사회에서 인종차별과 배제를 유사하게 경험한 바를 기반으로 동맹과 연대 공동체를 형성하는 것이 얼마나 어려운지를 시사한다. 그 대신 인종차별과 자발적 어울림conviviality이라는 "메트로폴리탄의 역설metropolitan paradox"(Back, 1996)은, 주변화 된 사람들이 서로 맞서 싸우고 부족한 자원을 놓고 경쟁하는 식의 만남 속에서 극도로 현실적인 것이 된다.

그러나 '모델 마이너리티'의 일원이 되어 특권을 누리는 것 못지않게 한국인 정체성에 대한 벤의 선택은, 자신을 어떤 인종 범주에 맞추는 것보다 훨씬 더 많은 것을 가능케 하는 문화자원에 접근하려는 바람에서 생긴 것이라고 주장하고자 한다. 한국적인 것과 연결은 벤에게, 다른 사람들과 오래 지속되고 깊이 있는 ― 가족적이고 낭만적이고 이상적이어서 다른 사람들이 가하는 자잘한 공격을 받아칠 수 있는 ― 관계를 만들어 나가는 데 도움이 될 풍부한 문화자원들을 제공한다. 예를 들어, 필자가 베를린에서 벤을 만났을 때 그는 아시아계 독일인을 자주 만나면서 이들을 위한 문화 행사를 기획하는 문화단체에서 적극적으로 활동하고 있었다. 이 단체는 학자와 활동가가 자신들의 작업에 대해 글을 쓰고 또 베를린의 인종과 종족성, 문화에 대한 비평을 싣기도 하는 잡지를 출판한다. 이렇게 벤은 디아스포라로서 한국인이 되는 것을 수용함으로써 자신의 다인종적인 자아와 정체성을 이해하기 위한 비판적이고 대안적인 사고의 틀을 갖추고 인종화 된 범주 속에 놓이는 불편함을 드러내어 말할 수 있었다.

마지막으로, 미아와 나누었던 대화 중에서 한국 쪽 가족에 대해 미아가 느낀 친밀감이 어떻게 디아스포라 의식을 발전시키는 일에 관심을 갖도록 했는지에 대한 내용을 소개한다.

미아: 난 한국에 있는 가족들과 아주 가까워요. 특히 이모와요. 우리는 진짜 친해서 자주 이야기해요. 그래서 한국어를 더 배우고 싶었죠. 서로 더 잘 대화할 수 있도록요.
헬렌: 동생은 어떤데요? 한국 쪽 가족과 친한가요?
미아: 아뇨. 내 남동생은 전혀 친하게 지내지 않아요. 동생은 좀 달라요. 어릴 땐 동생이 더 [한국 쪽 가족과] 가까웠지만, 지금은 그렇지 않아요. 내가 여자라서 달라진 거 같아요.

미아는 자신의 한국 가족과 관계를 유지하는 데 있어 젠더가 중요하다는 점을 예리하게 인식하고 있다. 귀속의 젠더 정치학은 가족유대관계를 유지해야 한다는 기대를 가족의 여성 성원들이 떠맡도록 한다. 여성은 흔히 국가의 생물학적·문화적 "전달자bearers"로 간주되었다(Yuval-Davis, 1993; McClintock, 1993). 이는 말 그대로 여성이 종족집합체를 구현한다는 것을 의미하는데, 여기서 여성은 "국민 문화의 능동적인 전달자이자 생산자"이다(Yuval-Davis and Anthias, 1989). 나아가 이는, 여성이 문화의 수호자가 되어, 문화 관행과 언어, 관습을 다음 세대에 전승하리라 기대하는 사고로 확장된다. 국민에 대한 여성의 연결은 (그 국가 출신의) 디아스포라에 대한 것으로도 확장되어, 어떤 경우에는 여성에게 더 큰 의미를 부여하면서 그 기대를 강화한다. 이로 인해 경우에 따라서는 여성의 행동과 이미지, 복장을 더 규제하는 상황이 야기된다. 미아의 경우 젠더에 기반한 이러한 기대는, (남동생이나 아버지가 아닌) 그녀가 가족 안에서 확대가족 유대를 유지하고 조성하는 역할을 맡은 것으로 나타난다. 미아는 가족과 더 잘 소통하기 위해 한국어를 배우고자 했는데, 한국어를 배우고자 한 미아의 욕망 역시 그녀가 배운 기대나 욕망에 의해 형성되었을 가능성이 있다. 따라서 디아스포라의 젠더화는 미아가 자신의 디아스포라적 연결을 의식적으로 추구하는 형태를 잡는 데 도움이 되었다.

6. 맺는말

이 글에서 필자는, 다인종 배경을 가진 사람들이 더욱 복수화되면서 다양하게 위치하는 자아 관념을 조정해 나가기 위해 어느 정도의 디아스포라 자원을 어떻게 개발하고 끌어내는지에 대해 논의할 필요가 있음을 주장했다. 디아스포라 자원을 통해 연구 참여자들은, 귀속에 대한 본질주의적 사고에 근거하는 독일인/비독일인이라는 엄격한 이분법을 우회하고 여기에 도전할 수 있었다. 이러한 디아스포라 자원이 장소들과 공동체 공간들에서 사람들과 함께할 때 어떻게 위치를 부여받고 기반으로 사용되는지를 보여주었다. 그리고 도시 안의 일상화된 다문화와 디아스포라 공간들이 어떻게 연구 참여자들로 하여금 자신들의 디아스포라 자원을 개발하고 활용할 수 있도록 해주는지를 논의했다.

도시 안에 디아스포라의 공간이 구성되면서, 연구 참여자들은 사람들 사이에 얽힌 관계의 복잡성을 이해하게 되었으며, '원주민'과 디아스포라인, 내부인과 외부인 사이에 있는 선은 흐려졌다. 베를린으로 이주하고 비한국인을 포함하여 여러 사람들을 만난 이야기는, 차이 안에서 그리고 차이를 통해 디아스포라로서 동일하다는 관념을 또는 이러한 "차이의 비판적 실천critical practice of difference"을 보여주었다(Haraway, 1992). 이러한 차이의 실천은 다문화의, 즉 동일성과 차이가 겹쳐 나타나는 자발적 어울림conviviality의 삶의 측면을 보여주는 결정적 기호였다(Gilroy, 2005).

연구 참여자들에게 다인종인이라는 것은 이들의 인종적 '진실들'을 밝히겠다고 '당신은 무엇인가what are you'류의 질문이 던져지는 순간들의 폭력과 협상하고 이를 견뎌내야만 하는 것을 의미한다. 혼혈인으로 인식되는 것은 부담이기도 하고 특권이기도 한데, 대부분의 연구 참여자들은 '타자'로 인종화 되는 것을 피할 수 있는 방법을 찾아 스스로 조정 능력을 발휘하여 이득을 얻었다. 그러나 젠더가 인종과 함께 작동하는 것으로 보이는 방법에서는 이들의 유연성에 제한이 가해졌다. 어떤 사람은 자신들의 디아스포라적이고 초국적 자원을 효과적으로 이용하여 종족적·인종적 소수자가 되기보다는 더 특권을 가질 수 있는 외부자성을 주장했다.

도시는 또한 사교적인만큼 인종차별적이다. 다문화 도시 역시 다양한 긴장의 장소인데, 인종이라는 말이 삭제되었기 때문에 독일에서 인종차별적 행위는 제대로 명명되지도 않는다는 점이 상황을 더욱 어렵게 만든다. 그래서 이 글은, 이러한 디아스포라 자원과 차이에 대한 비판적 실천이 어떻게 인종화 된 본질주의와 진정성의 형식에 도전하는 방법이 될 수 있는지를 강조한다. 이 글의 연구 참여자들은 창의적인 방식으로 일상적 삶 속의 이러한 본질주의에 저항하고 맞서 싸우지만 인종주의는 언제나 대도시 일상의 한 부분이다(이주영 옮김, 김민정 감수).

참고문헌

Alexander, C. 2010. "*Diaspora and Hybridity.*" in P. H. Collins, and J. Solomos(eds.). *The SAGE Handbook of Race and Ethnic Studies.* London: SAGE Publications.

Anthias, F. 1998. "Rethinking Social Divisions: Some Notes Towards a Theoretical Framework." *Sociological Review*, 46(3), pp.505~535.

Aspinall, P. and M. Song. 2013. "Differential Ethnic Options?" In *Mixed Race Identities.* London: Palgrave Macmillan.

Back, L. 1996. *New Ethnicities and Urban Culture.* London: Routledge.

Blunt, A. and R. Dowling. 2006. *Home (Key ideas in geography).* London: Routledge.

Brah, A. 1996. *Cartographies of Diaspora.* London: Routledge.

_____. 1999. "The Scent of Memory: Strangers, Our Own, and Others." *Feminist Review*, 61(1), pp.4~26.

Brown, J. N. 1998. "Black Liverpool, Black America, and the Gendering of Diasporic Space." *Cultural Anthropology*, 13(3), pp.291~325.

Campt, T. M. 1993. "Afro-German Cultural Identity and the Politics of Positionality: Contests and Contexts in the Formation of a German Ethnic Identity." *New German Critique*, 58, pp.109~126.

Campt, T. 2002. "The Crowded Space of Diaspora: Intercultural Address and the Tensions of Diasporic Relation." *Radical History Review*, 83(1), pp.94~113.

Christou, A. 2011. "Narrating Lives in (E)motion: Embodiment, Belongingness and Displacement in Diasporic Spaces of Home and Return." *Emotion, Space and Society*, 4(4), pp.249~257.

Ellis, N. 2015. *Territories of the Soul: Queered Belonging in the Black Diaspora.* Durham, NC: Duke University Press.

Eckert, P. 2006. "Communities of Practice." *Encyclopedia of Language and Linguistics*, 2, pp.683~685.

Ehrkamp, P. 2005. "Placing Identities: Transnational Practices and Local Attachments of Turkish Immigrants in Germany." *Journal of Ethnic and Migration Studies*, 31(2), pp.345~364.

Fortier, A. M. 2003. "Making Home: Queer Migrations and Motions of Attachment." In A. M. Fortier, S. Ahmed, C. Castañeda and M. Sheller(eds.). *Uprootings/Regroundings: Questions of Home and Migration.* Oxford: Berg Publishers.

Gilroy, P. 1987. *There Ain't No Black in the Union Jack.* London: Routledge.

_____. 1993. *The Black Atlantic: Modernity and Double Consciousness.* Cambridge, MA: Harvard University Press.

_____. 2005. *Postcolonial Melancholia.* New York: Columbia University Press.

Green, S. 2004. *The Politics of Exclusion: Institutions and Immigration Policy in Contemporary Germany.* Manchester: Manchester University Press.

Hall, S. 1990. "Cultural Identity and Diaspora." In J. Rutherford(ed.). *Identity: Community, Culture, Difference*. London: Lawrence & Wishart.

_____. 1992. "The Question of Cultural Identity." In T. McGrew, S. Hall, and D. Held(eds.). *Modernity and Its Futures: Understanding Modern Societies, an Introduction Book IV*. Cambridge, UK: Polity Press in association with the Open University.

Haraway, D. 1992. "Ecce Homo, Ain't (Ar'n't) I a woman, and Inappropriate/d Others: The human in a Post-humanist Landscape." In J. Butler and J. W. Scott(eds.). *Feminists Theorize the Political*. London: Routledge.

_____. 1997. *Modest_Witness@Second_Millenium.FemaleMan©_Meets_OncoMouseTM: Feminism and Technoscience*. London: Routledge.

Haritaworn, J. 2009. "Hybrid Border-Crossers? Towards a Radical Socialisation of 'Mixed Race'." *Journal of Ethnic and Migration Studies*, 35(1), pp.115~132.

James, M. 2016. "Diaspora as an Ethnographic Method: Decolonial Reflections on Researching Urban Multi-culture in Outer East London." *Young*, 24(3), pp.222~237.

Kalra, Virinder, R. Kaur and J. Hutnyk. 2005. *Diaspora and Hybridity*. London: Sage Publications.

Mitchell, K., 2003. "Cultural Geographies of Transnationality." In K. Anderson et al.(eds.). *Handbook of Cultural Geography*. London: Sage Publications.

King-O'Riain, R. C. 2006. *Pure Beauty: Judging Race in Japanese American Beauty Pageants*. Minneapolis, MN: University of Minnesota Press.

_____. 2008. "Making the Perfect Queen: The Cultural Production of Identities in Beauty Pageants." *Sociology Compass*, 2(1), pp.74~83.

King-O'Riain, R. C. et al.(eds.). 2014. *Global Mixed Race*. New York: NYU Press.

Mannur, A. 2007. "Culinary Nostalgia: Authenticity, Nationalism, and Diaspora." *Melus*, 32(4), pp.11~31.

Martin, P. 1994. "Germany: Reluctant Land of Immigration." In J. F. Hollifield, P. L. Martin and P. M. Orrenius(eds.). *Controlling Immigration: A Global Perspective*, 1st ed. Stanford, CA: Stanford University Press.

McClintock, A. 1993. "Family Feuds: Gender, Nationalism and the Family." *Feminist review*, 44(1), pp.61~80.

Nandi, M. and P. Spickard. 2014. "The Curious Career of the One-Drop Rule: Multiraciality and Membership in Germany Today." In R. C. King-O'Riain et al.(eds.). *Global Mixed Race*. New York: NYU Press.

Vasquez, J. M. 2010. "Blurred Borders for Some but Not "Others": Racialization, "Flexible Ethnicity," Gender, and Third-generation Mexican American Identity." *Sociological Perspectives*, 53(1), pp.45~71.

Walter, B. 2001. *Outsiders Inside: Whiteness, Place, and Irish Women*. London: Routledge.

White, J. B. 1997. Turks in the New Germany. *American Anthropologist*, 99(4), pp.754~769.

Wilpert, C. 1998. "Migration and Informal Work in the New Berlin: New Forms of Work or New Sources of Labour?" *Journal of Ethnic and Migration Studies*, 24(2), pp.269~294.

Yuval-Davis, N. 1993. "Gender and Nation." *Ethnic and Racial Studies*, 16(4), pp.621~632.

Yuval-Davis, N., and F. Anthias(eds.). 1989. *Woman, Nation, State.* London: Macmillan.

'다른 곳'에 있기*

'조용한' 이주로서 초국적 한인 입양에 관하여

라이언 구스타프손(Ryan S. Gustafsson)

선집 『내부의 외부자들Outsiders Within』에서 한인 입양인 베스 로Beth Kyong Lo 는 "나의 이민은 조용한 백인화 과정이었다. 1세대가 3세대가 되었다"(Jo, 2006: 167)라고 말한다. 입양인 또는 '조용한' 이주자는 국민국가의 경계와 세대의 경계를 동시에 넘어서 1세대에서 바로 3세대로 넘어가는 한편, 문화적으로는 그어떤 세대의 특성도 나타내지 않는다. 게다가 이들은 한국과 서양 국가 사이에서 "언어적이고 문화적인 중개인" 역할을 수행하고, "이중문화주의biculturalism"와 다문화주의를 실천하는 1.5세대 이주자도 아니다(Park, 1999: 141, 158). 초국적 입양인은 범주화하기 애매하고 까다로운 것으로 입증되었다. 토비아스 휘비네트 Tobias Hübinette는 "입양은 사실상 이주로 개념화되지 않기" 때문에 인종 연구와 이주 연구에는 입양인이 포함되는 일이 거의 없다고 주장한다(Hübinette, 2016: 223). 가령 1.5세대 한국인 미국 이주자의 자아 및 공동체 경험에 대한 박계영의

---

* 이 글은 강원대학교 사회과학연구원 '젠더와 국제이주' 연구팀과 서울대학교 여성연구소가 공동 주최하고, 한국여성학회가 주관으로 개최되었던 국제학술대회 "경계를 넘는 한인들: 젠더와 세대 간 쟁점들"(2019년 6월 6~7일, 서울대학교 교수학습개발센터)에서 필자가 발표한 내용을 수정·번역한 것이다.

분석(K, Park, 1999)은 한국계 미국 인구의 상당 비중을 차지하고 있고, 또한 개념적인 관련성을 정당하게 만드는 문화적 기대와 인종적 차별을 겪는 입양인들을 언급하지 않는다. 초국적 입양인들이 일반적인 이주 논의에 등장할 때도 이들의 구체성은 이론화되지 않은 채 남아 있을 수 있다. 가령 여지연은 논문 「전쟁에 의한 이동: 이주, 디아스포라, 한국전쟁Moved by War: Migration, Diaspora and the Korean War」에서 군사화에 의해 이루어진 전 지구적인 한국인의 이주를 다루면서 입양인들을 포함시킨다. 입양인들은 1945년 이후의 이주에는 포함되지만, "전쟁 도피"와 트라우마로 표현되는 논의의 주요 초점인 "피난 이주refuge migration"에서는 확실하게 제외된다(J. Yuh, 2005: 281). 정확히 어째서 입양인들을 난민이나 '피난 이주자'가 아닌 "한국전쟁을 기원으로 볼 수 있는 이주의 직접적인 범주"로 이론화하는지에 대한 설명은 없다.

초국적 입양인은 어떤 종류의 이주자인가? 사용 가능한 개념적 범주의 측면에서 입양인들을 어디에 위치시킬 것인가? 입양인들이 한 장소에서 끌려나와 다른 장소에 놓이게 되고 그 과정에서 아무런 선택지가 없었던 아이로서, 특정한 장소를 점한다는 것은 어떤 의미인가? 이 장의 전반부에서는 어떻게 한국인의 초국적 입양이 인구학자들이 말하는 '조용한' 이주에 해당하는지를 설명할 것이다. 필자는 한국의 입양을 '조용한' 이주로 사고하는 것에는 유용함이 있지만 궁극적으로 입양이라는 행위와 입양인의 경험은 이주라는 렌즈만으로는 적절하게 포착할 수 없다고 주장한다. 이 장의 후반부에서는 입양인이 저술한 글과 인터뷰를 분석함으로써 입양인들은 과잉(비)가시성hyper[in]visibility과 '다른 곳elsewhere'에 있다는 감각에 대한 경험 때문에 다른 이주자와는 다르다고 주장한다.

1. 초국적 한인 입양에 대한 간단한 개관

한인 입양인들은 초국적 입양인 가운데 규모가 가장 크다. 한국전쟁 이후 서양 국가에 입양된 남한(이하 한국으로 표기)의 아이들은 18만 명 이상으로[1] 추정되며, 이중 다수가 미국의 백인 중산층 가정에, 나머지는 캐나다, 오스트레일리아, 서유럽에 입양되었다. 오스트레일리아에 입양된 한국 아이들은 약 3500명 정도였고,[2] 미국에서는 한국계 미국인 인구의 약 7%를 입양인이 차지한다(N. Park, 2016; Ingram, 2007: 29). 지금 '1세대' 또는 '개척자 세대'(Shiao and Tuan, 2011: 2)에 해당되는 입양인의 첫 번째 '물결'은 한국전쟁 이후 미국으로 흘러들어왔다. 커스틴 러브락Kirsten Lovelock의 지적처럼 국가 간 입양은 "더 보편적인 난민 이주로부터" 출현했고 처음에는 "이주 현상"으로 이해되었다(Lovelock, 2000: 913). 입양에 대한 이러한 초창기의 프레이밍framing은 이 아이들이 "국가 안보에 위협이 될 것인가 아니면 자원을 고갈시킬 것인가"를 비롯, 당시 미국에서 터져 나온 우려들 속에 반영되었다(Lovelock, 2000: 913).

최초의 입양은 대체로 전쟁 때문에 가족을 잃어버린 아이들에 대한 인도주의적 대응이라는 특징을 보였다. 여기에는 1000명 정도로 추정되는 "한국 여성과 미국 및 유럽 군인 간의 혼혈mixed-blood"(E. Kim, 2007: 502) 또는 "혼합 인종mixed-race 아이"도 포함되었다(Shiao and Tuan, 2011:21).[3] "한국 주둔군 종사자와 정부 종사자가 한국 고아를 입양"하기 위한 특별 조항이 1953년에 만들어졌지만

---

1   한국 정부와 서구 수용국의 부적절한 기록관리 때문에 추정치는 16만 4612명(한국보건사회연구소; M, Kim et al., 2013)에서 20만 5343명(InKAS: International Korean Adoptee Service)까지 편차가 크다. 히라 히저(E. HeeRa Heaser)는 한인 입양인의 수를 총 25만 명 이상으로 추정하는 연구를 인용한다(Heaser, 2016: 5).

2   https://www.kaian.org.au/history-of-korean-adoption. 2017~2018년에는 한국에서 오스트레일리아로 19명의 아이가 입양되었다(AIHW, 2018: 17).

3   혼합 인종인 한국 아이를 입양을 위해 포기하라는 사회적 압력에 대한 논의는 D. Kim(2007)를 볼 것.

(Carlson, 1988), 일반적으로 근대적인 초국적 입양 시스템의 역사에서 초석을 놓은 순간으로 평가받는 것은 1955년 복음주의 기독교 부부 해리 홀트Harry Holt와 버사 홀트Bertha Holt가 여덟 명의 아이를 아주 떠들썩하게 공개적으로 입양한 일이었다. 박 넬슨Park Nelson의 지적처럼 "이 입양인들은 미국인들이 한국의 입양과 입양인을 이해할 때 상징적인 존재가 되었다"(N. Park, 2016: 41). 자애롭고 인도주의적인 미국 기독교도의 구원의 손길이 필요한, 버려지고 가난한 전쟁고아 또는 '전쟁 부랑아waif of war'(Oh, 2015; Pate, 2014)[4]가 그것이다. 중요한 점은 아시아인 배타 정책이 아직 시행 중이던 시기에 입양아들이 미국 입국허가를 받았다는 점이다. 이민과 국적법Immigration and Nationality Act은 1965년에야 통과되었다. 이런 이유로 입양인들은 예외로 받아들여졌다. 그리고 이는 가족 구성 또는 재생산 실천으로서의 입양이 이주의 한 형태로서의 입양과 분리된 역사적인 이유라고 필자는 주장한다. 위에서 지적했듯 이러한 구분은 오늘날에도 어느 정도 남아서 입양은 이주에 대한 설명에서 불편하게 자리를 잡고 있고, 종종 간과된다.

한국인의 초국적 입양은 전쟁이 끝난 지 한참 지난 뒤까지 이어졌고, 김동수는 이를 "영구적인 제도"(D. Kim, 2007)라고 부른다. 사실 1962년 이전에 입양된 사람은 한국계 미국인 입양 인구 중 겨우 4%뿐이다(N. Park, 2016: 41). 엘레나 킴Eleana Kim의 지적처럼 "한국의 입양 프로그램은 부모가 모두 한국인인full-Korean 한국 아이를 위한 대리 복지 시스템으로 재빨리 변신했다"(Kim, E., 2007: 502). 급속한 산업화와 발전국가 시기에 일어난(H. Kim, 2007) 입양의 두 번째 물결(1970년대와 1980년대)로 해외 입양은 '절정'에 달했다. 1985년에는 8837명의 아이들이 해외로 보내졌다. 이 아기의 다수가 저임금을 받고 공장에서 일하던 젊은 싱글 여성의 아이였다(H. Kim, 2007: 138). 전두환 대통령의 군사독재 시절(1979~1988)에

---

4 오스트레일리아에서는 베트남 전쟁과 특히 1975년의 베이비리프트(Babylift) 작전이 한국과의 국가 간 입양에서 선행 경험이다(Fronek, 2012 참조).

는 산업에 대한 규제가 해제되었고 입양기관들이 이윤을 남기는 것이 허용되었다.[5] 김호수(H. Kim, 2007)가 1988년부터 현재까지로 이야기하는[6] 입양의 세 번째 물결은 초국적 입양률의 하락, 그리고 국내 입양률을 높이고 초국적 입양을 점점 중단하려는 연이은 정부들의 정책적 시도가 특징이다.[7] 하지만 초국적 입양은 아직도 지속되고 있는데, 입양기관과 연계된 조산원에서 아이를 낳은 젊은 싱글 여성의 아이들이 입양아의 대다수를 이룬다.

2. '조용한' 이주자의 이론화

리처드 웨일Richard Weil과 다른 몇몇 인구학자들은 초국적 또는 국가 간 입양을 '조용한' 또는 '알려지지 않은' 이주라고 일컫는다(Weil, 1984; McGuiness, 2000; Selman, 2002; Davis, 2011; Leinaweaver, 2014; Lozano and Kossoudji, 2009). 인류학자 제시카 레이나위버Jessaca Leinaweaver는 이렇게 규정하는 세 가지 이유를 제시한다.

---

5   엘레나 킴(E. Kim)은 2010년에 쓴 글에서 한국인 입양아 한 명당 드는 평균 비용을 1만 5000 달러로 추정한다. 이 중 입양기관이 가져가는 돈이 6000달러인데, 이런 식으로 전체 입양기관이 1년 동안 모은 총액이 3500만 달러이다(E. Kim, 2010: 33). 히저(Heaser)에 따르면 2014년 오스트레일리아로 보내는 입양 비용은 1만 9500달러였던 반면, 미국으로 보내는 비용은 (Children's Home Society를 통하는 경우) 4만 달러 정도였다. 이런 차이 때문에 입양기관들은 아이들을 미국으로 보내는 데 더 매력을 느꼈다(Heaser, 2015: 89f).

6   김호수는 1988년 하계올림픽이 입양의 세 번째 단계의 시작점이라고 평가한다. 한국 정부는 1988년 올림픽을 앞두고 아이를 수출한다는 비난 속에 입양 관행에 대한 국제적인 감시에 점점 심하게 시달렸다. 1988년 올림픽이 "한국의 해외 입양이 감소하게 된 분수령"이라는 널리 인정받는 관점을 비판하면서 켈리 콘딧-슈레스타(Kelly Condit-Shrestha)는, 사실 해외 입양률은 1985년 이후로 감소하고 있었고 이 감소는 전 지구적인 시장의 힘이라는 측면에서 이해해야 한다고 설명한다(Condit-Shrestha(2018: 367).

7   서울올림픽 이듬해에 정부는 1996년까지 혼혈아와 장애아를 제외한 초국적 입양을 중단한다고 발표했다(Hubinette, 2004). 그러나 1994년에 이 계획은 중단되었고, 그 대신 연간 3~5%로 감소시키고 2015년까지 초국적 입양을 단계적으로 폐지하는 정책이 도입되었다(Hubinette, 2004). 1997년에는 이 목표 시한이 2020년으로 연장되었다(McKee, 2019: 36).

첫째, 초국적 입양은 이주자 중에서 상대적으로 적은 비중을 차지하고, 둘째, 가야트리 스피박Gayatri Spivak의 의미에서 '말을 하지' 못하는 '가장 작은 이민자'와 연결되어 있으며(Spivak, 1988), 셋째, 미디어는 아이를 이민자로 보지 않는 경향이 있다(Leinaweaver, 2014: 63). 일반적으로 한국의 초국적 입양의 사례에는 이 세 가지 이유가 적용되지만, 입양을 '조용하게' 만드는 사회적·정치적·제도적 과정을 포착하려면 더 구체적인 분석이 필요하다. 레이나위버가 언급한 이유에 특히 한국의 입양이라는 측면에서 몇 가지를 추가할 수 있다. 첫째, 이주로서 입양이 조용한 것은 한국 정부와 서양 수용국 정부가 기록을 부실하게 관리하고 후속 조치를 제대로 하지 않기 때문이다. 둘째, 입양인들에게는 행위자성agency이 결핍되어 있고 동시에 개별화되어 있다. 세 번째 이유는 고아와 입양인이 만들어지는 제도적인 절차이고, 네 번째 이유는 생모가 법적으로 그리고 사회적으로 배제되는 과정들 때문이다.

필자가 말하는 '기록 관리'란 16만 4612명(M. Kim et al., 2013)부터 25만 명(Heaser, 2016: 5를 보라)에 이르는 입양인의 전체 숫자에 대한 통계만이 아니라, 입양인이 수용국에 도착한 이후의 추적 관리와 입양과 관련된 제도적 지원이 부재함을 말한다. 예컨대 오스트레일리아에서는 '입양 실패adoption breakdown'가 일어나고 입양인이 더 이상 가족과 살 수 없게 되면 피입양 지위를 밝히지 않고 공공돌봄 시스템에 들어가게 된다. 어떤 이유로든 입양 가정을 떠날 수밖에 없는 입양인을 추적 관찰하는 메커니즘은 전무하다. 미국에서는 연방정부나 주 당국이 입양 '실패'나 '중단', 입양아의 '가정 재배치'를 전혀 추적하지 않는다.[8] 게다가 미국 정부는 미국 시민권을 성공적으로 획득한 입양인의 수를 추적하지 않는다. 미국 입양인 수천 명은 오늘날 시민권이 없어서 사회적·법적·경제적으로 취약한 상

---

8 2013년 로이터가 온라인 게시판을 이용해서 초국적 입양인의 가정 재배치에 대해 조사한 바에 따르면, '외국 태생' 입양인은 야후에 있는 '중단 상태에서 입양하기(Adopting-from-Disruption)' 포럼에 '제공'된 아이들 중 약 70%를 차지할 정도로 특히 취약하다(Twohey, 2013).

황에 직면해 있다. 2001년 이전에는 미국에서 양부모가 해외 출신 아이의 입양을 완결하고 귀화 절자를 마무리해야 했다. 다시 말해서 입양에 대한 일반적인 이해와는 반대로, 해외에서 미국으로 입양된 아이들에게는 시민권이 자동적으로 주어지지 않았다. 아이들이 한국을 떠난 이후 한국시민권이 박탈당하더라도 말이다. 많은 부모가 알고서든 모르고서든 필요한 두 단계의 절차를 마무리하지 않았고, 그래서 그들의 아이들은 "그린카드가 만료되는 순간 법적인 지위를 상실했다"(Gossett, 2017: 60). 2001년에 시행된 2000년의 '아동시민법'은 당시 18세 이하이고, "최소한 한 명의 미국 시민 부모로부터 법적이고 육체적인 양육을 받으며" 살고 있는 입양인에게 자동적으로 미국 시민권을 부여했다(Gossett, 2017: 64). 하지만 약 2만 5000명에서 4만 9000명에 달하는 성인 입양인은 여전히 시민권도, 사실상의 국가도 없는 상태였다. 미국에서는 1만 8000명의 한국 입양인이 그러한 영향하에 있는 것으로 추정된다. 이런 입양인들은 투표를 할 수도, 배심원단에 참여할 수도, 공직에서 일할 수도 없고, 경우에 따라 운전면허, 학자금대출, 취업, 의료서비스를 거부당하기도 한다.[9] 입양인 권리 캠페인Adoptee Rights Campaign은 미국 시민권이 없는 성인 입양인의 전체 숫자가 2033년이면 6만 4000명으로 증가할 것으로 추정한다.[10] 이런 위태로운 결과는 초국적 입양아

---

9 2001년 9월 이후로 그린카드를 신청하면 국토안보부의 신원 조회를 당한다. 고셋(DeLeith Duke Gossett)의 설명에 따르면 자신의 상황을 개선하려는 시도는 '때로 미국 이민세관집행국으로부터 원치 않는 관심을 얻게 된다(Gossett, 2017: 67). 따라서 그 시기까지 입양인의 입국 비자가 일반적으로 소멸되었을 경우 과거 범죄기록이 있으면 입양인에 대한 추방 절차를 밟을 수 있었다.' 고셋은 입양인에게 시민권을 발급하는 것은 '인도적인 차원'의 일이지 '정치적인' 행위가 아니라고 주장한다(Gossett, 2017: 88).

10 징역형을 살고 난 뒤 미국 시민이 아니라는 사실이 확인되어서 추방을 당한 한인 입양인의 사례도 있었다. 1996년 클린턴의 '불법이민개혁및이민책임법(Illegal Immigration Reform and Immigrant Responsibility Act)'은 미국 시민이 아니면서 중범죄로 유죄 선고를 받은 사람은 누구나 강제 추방을 당할 수 있다고 명시한다. 서울에 있는 한 입양인 조직에 따르면, 추방된 입양인들은 법원 심리 없이 무기한 구류되는 것에 대한 대안으로 한국으로 보내지는 데 동의한다고 적힌 동의서에 서명했다. 이 조직과 연락이 닿은 추방당한 입양인은 서울에서만 열 명이었지만, 그 실제 숫자는 최소 두 배일 것으로 추정된다. 최상훈(S-H. Choe, 2017)에 따르면, 미

를 위한 제도적 지원과 돌봄의 의무가 심각하게 결여되어 있고, 입양인을 성인 이민자처럼 처벌함을 보여준다.

초국적 입양인은 이민자로서는 주체성이 부족하고, 친족으로서는 개별화된 기이한 지위에서 살아간다. 사실 일반적인 의미에서 초국적 입양인이 '조용한' 이주자인 것은 일반적으로 그들이 혼자서 움직이기 때문이다. 원칙적으로 그들이 입양 자격을 갖추려면 고아여야 하기 때문에 생물학적 부모와 함께 움직이지 않는다. 또한 그들에게는 행위자성도 없다. 입양인들은 '비자발적인' 이주자이다. 입양인들이 이동을 선택하지 않기 때문만이 아니라, 이들에게는 선택을 할 수 있는 행위자성이 부여되지 않기 때문이다. '입양인adoptee', '피입양자adopted'라는 용어 자체가 다른 누군가에 의한 고의적인 행동의 대상이나 결과를 지칭한다. 행위자성은 아이의 '최선의 이익'을 대신해서 결정하고 행동하는 다른 사람들에게 주어진다. 거주하던 나라를 떠나는 성인의 동기를 설명하는 데 사용되는 소위 배출유입 요인은 초국적 입양인의 경우에 깔끔하게 적용되지 않는다. 레이나위버는 국가 간 입양을 이주와 친족 관계라는 두 가지 렌즈로 봐야 한다고 주장한다(Leinaweaver, 2014: 63).

최초의 한인 입양인들은 미국에 난민으로서 입국했다. 연방이민법 안에 '초국적 입양아를 위한 조항이 포함된 것'은 1961년 이후의 일이었다(N. Park, 2009: 11). 입양의 두 번째 물결을 일으킨 동력은 여전히 "인도주의적인 관심"이었지만 러브락의 지적처럼 "서구의 출산율 감소와 자국 내에서 입양할 수 있는 건강한 백인 아기의 수가 줄어든 상황" 역시 한몫했다(Lovelock, 2000: 908). 러브락은 각 물결의 주요한 조직 원리를 아래의 특성으로 설명한다(Lovelock, 2000: 908). 첫 번째 물결이 아이들에게 가족을 찾아주고자 했다면 두 번째 물결은 가족에게 아이

국은 추방당한 한국인이 입양인일 때 한국에 이 사실을 알려주지 않는다. 이런 입양인들은 가족과 분리되어 언어도 모르고 친구나 가족도 없으며, 사회적 또는 경제적 지원 네트워크가 전무한 나라인 한국으로 '돌려보내'진다. 이들은 평생 미국의 재입국이 금지된다.

를 찾아주고자 했다(Lovelock, 2000: 908). 즉, 입양은 "아이에게 이로울 것이라는 기대"가 있지만 — 사실 1993년의 헤이그 협약은 아동의 국제이동은 그 아이의 최선의 이익에 부합해야 한다고 명시하고 있다. 최선의 이익이 무엇인지 구체적으로 정의하지 않긴 했지만 말이다.[11] — 국가 간 입양의 주요 유입 요인 중 하나는 아이에 대한 수요이고, 이 수요는 부유한 서구 국가에 있다(Leinaweaver, 2014: 65). 이런 이유로 입양인들은 아무리 비자발적이라도 국경을 넘고 새로운 나라에서 거주지를 마련한다는 기술적인 의미에서 이주자이지만, 레이나위버의 주장처럼 "국제이주의 인구학적 이해에는 완벽하게 맞아떨어지지 않는다"(Leinaweaver, 2014: 65). 이들은 수용국 그리고 입양 가정 안에 '조용히' 그리고 개별적으로 분산된다.

초국적 입양인은 스스로 동시에 타의에 따라 이주하는 인물이다. 엘레나 킴은 입양인들은 망명자나 난민과 유사하지만 "아이일 때 이동하기 때문에", 그리고 "그들에게는 입양 이전의 과거에 대한 이미지나 기록이 없을 때가 많기 때문에" 독특하다고 주장한다(E. Kim, 2005: 69). 이런 물질적 문화의 결핍은 입양 절차나 그 불행한 결과에 따라오기 마련인 것이 아니다. 그것은 일단 입양인을 '입양 가능한' 상태로 만드는 데 필수적인 부분이다. 어떤 아이가 입양이 되려면 법적으로 고아여야 한다. 하지만 고아에 대한 일반적인 이해와는 달리 김호수는 이렇게 설명한다. "법적인 의미에서 고아라고 해서 반드시 부모가 없는 아이는 아니다. 사실 입양이 가능한 상당수의 아이에게는 살아 있는 부모가 최소한 한 명은 있다"(H. Kim, 2016: 96). 어떤 아이를 입양 가능한 상태로 만들기 위해 입양기관은 아이를 "자기 가족의 가장으로" 올려놓은 "1인 혈통"의 '고아 서류' 또는 '고아 호적'을 만들어야 했다(E. Kim, 2007: 521). 엘레나 킴의 설명처럼 이는 아이에게서 "사회적 인간됨의 기본적인 요건, 즉 가족 혈통과 계보학적 역사"를 효과적

---

11   이익의 위계를 설정할 때 정책결정자들과 학자들이 아이의 심신의 행복을 우선시하는 경향이 있고 인종과 종족성은 제대로 평가하지 않는다는 주장에 대해서는 Yang(2009)을 볼 것. 그녀는 이를 아이의 '정체성을 근거로 한 이익'이라고 부른다.

으로 박탈한다(E. Kim, 2007: 521).

'마치' 처음부터 입양 가정에서 태어났던 것처럼 거기에 녹아들려면 과거의 가족, 돌봄 제공자, 장소와의 관계를 지워야 한다. '마치' 거기서 태어난 것처럼 되는 것은 '마치' 입양 이전의 과거가 없는 것과 같기 때문이다. 조디 킴Jodi Kim 의 주장처럼 고아 상태의 생산은 일시적인 사회적 죽음에 해당한다. 이 사회적 죽음이 아이가 입양되었을 때 "무효화"되고 이들의 "사회적 정체성과 인간됨"이 복원되는 한에 있어서는 말이다(J. Kim, 2009: 857). 이런 이유로 우리는 입양인은 이중적인 무효화를 통해 생산된다고 말할 수 있다. 첫째는 입양 전의 과거와 계보학적 역사의 부정이고, 둘째는 고아로서의 경계성에 대한 부정이다. 게다가 킴의 표현처럼 사회적 정체성과 인간됨의 모든 '복원'은 특정한 부류의 것이다. 즉, 태생의 회복이 아니라 제도적인 삭제, 불확실함, 부재 위에 토대를 만드는 것이다. 실제로 입양기관의 서류에는 부정확하거나 의도적으로 잘못된 정보가 들어 있는 것으로 알려져 있다. 필자는 다른 지면에서 이 과정을 통해 아이는 의도적으로 태생을 파악하기 힘든 이전 가능한 대상으로 생산된다고 주장한 바 있다. 이런 식의 대상 되기object-being는 입양아의 입양 이전 역사를 구성한다 (Gustafsson, 2021). 입양인들이 나중에 이동을 하고 초국적인 교환의 회로에 빨려 들어간다는 점, 그리고 이 이동은 고도로 조직된 네트워크, 행정적인 절차들, 전 지구적인 파트너십에 의해 활성화된다는 점은 이 생산과정과 연결되어 있다. 다시 말해서 고아는 소위 자연적인 범주가 아니다. 인도주의의 담론들[12]과 호소들 때문에 잠재적인 입양인들의 취약성이 자명하게 드러나긴 하지만 말이다. 고아 상태가 행정적인 절차를 통해 만들어지는 한, 아이의 적나라한 위태로움은 날조된다. 아이는 헐벗은 상태로 만들어진다. 입양 행위가 고아 상태를 생산하고, 이

---

12 엘레나 킴은 입양의 두 물결의 배후에는 사실 박애 담론이 자리하고 있음을 시사한다. 첫 번째 입양 물결의 '인도주의적인 고아'가 '분명한 죽음 또는 비참한 착취에서 구원받았다'면 '발전주의의 고아는 '더 나은 삶을 얻기 위해 구원받았다'는 것이다(E. Kim, 2015: 119).

후에는 고아 상태가 입양의 기초이자 근거라고 주장한다.

입양인들이 화폐 교환과 관련된, 하지만 아이의 '최선의 이익'을 위해서라는 주장 속에 이루어지는 "가족 구성 전략"(Leinaweaver, 2014: 68)으로서 국경을 넘어 이동된다는 사실은 서구 수용국 내에서 과열된 토론으로 귀결되곤 한다. 바버라 잉그베슨Barbara Yngvesson은 입양아들이 극도로 화해하기 힘든 두 가지 특징을 어떻게 구현하는지를 설명한다. 한편으로 입양아들은 한 가정을 (완벽하게) 만드는 '사랑의 선물'이고, 다른 한편으로는 다른 소유자에게 넘어갈 수 있도록 소유자로부터 계약관계가 멀어지게 된 '자원'이다(Yngvesson, 2002: 235). 게다가 입양인과 입양 가정 간의 친밀한 정서적 결속, 그리고 이런 결속을 통해 느끼는 진정성은 입양을 둘러싼 대화를 감정적으로 복잡하고 힘들게 만든다. 가족 간의 사랑이라는 맥락에서 입양아에 대한 이러한 개별화된 초점은 다른 한국 이주자와는 다른 경험을 하는 사회집단으로서의 입양인을 제대로 보지 못하게 만드는 경향이 종종 있다. 가령 한국에서는 조상이 없을 경우 불리한 위치에 놓인다. 어떤 장소에도, 누군가에게도 소속되지 않고, 자기 가족의 가장인 사람을 어떤 '자리'에 위치시킬 것인가? 윌스Wills의 지적에 따르면 서구에서는 조상이 없는 것이 자아 발명을 위한 신자유주의적인 기회와 양립 가능하다(Wills, 2016: 204). 이로 인해 입양인은 '너 자신을 알라'는 근대적인 명령과, '자기 자신을 만들어내라'는 신자유주의적인 명령이 만나는 아찔한 교차로에 놓이게 된다. 이런 이중의 요구에 화답하라는 요청은 정신적인 탈진을 유발할 수 있다.

초국적 입양이 '조용한' 이주인 것은 생모birth mother가 '조용'하거나 침묵당했기 때문이기도 하다. 김호수를 따라 이 글에서는 의도적으로 '싱글맘single mother' 대신 '생모'라는 용어를 사용한다. 이 용어는 삭제를 통해 '적법한' 어머니 지위가 획득되는 사회적·법적 과정을 가리킨다. 김호수와 휘비네트가 설명했듯 한국의 입양에는 분명한 젠더 측면이 있다(Hubinette, 2007; H. Kim, 2015; 2016). 초국적 입양인이라는 개별 인물에 집중할 경우 이 인물의 윤곽을 뚜렷하게 보여주는 배경을 간과할 위험이 있다. 입양 '절정기'에 입양된 아이들의 대다수와 그 이후에 입양된 아이들은 싱글맘의 아이들이다. 가령 2011년 한국발 해외 입양은 607건이었는데 이 중 537건(88%)이 싱글맘의 아이였던 것으로 전해졌다. 많은 경우 입양기관이 운영하거나 직접적으로 관계를 맺고 있는 기독교 성향의 외딴 조산 시설에서 아이를 낳는데, 이 시설은 생물정치적인 생산과 규율의 현장이라 할 수 있다((Hübinette, 2007: 134; H. Kim, 2016). 1950년대 이후로 해외에 입양된 싱글맘의 아이는 12만 명이 넘는 것으로 추정된다(H. Kim, 2015: 59).[13] 한국은 높은 수준의 경제발전을 이루었고 출산율이 낮은데도 포괄적인 사회복지 시스템이 부재하고 싱글맘에 대한 낙인이 남아 있다(Selman, 2015: 316). 이미정은 낙인과 편견 때문에 "2000년대 초까지 공개적으로 자기 아이를 키우는 미혼모unwed mother에 대한 기록이 거의 없다"고 지적한다(M. Lee, 2019: 190). 실제로 초국적 입양의 절정기였던 1985년에는 미혼모 중에서 자기 아이를 키우는 경우는 5.8%에 불과했지만 2009년에는 66.4%로 증가했다(M. Lee, 2019: 196).

김호수는 한국에서는 결혼하지 않은 임신부는 재생산과 관련된 선택, 노동, 자신의 아이로부터 소외되는 "산전 소외"를 겪게 된다고 설득력 있게 주장한다(H. Kim, 2015: 79). 미혼모는 일탈과 방종을 일삼고 미성숙하며 아이를 키울 능력이 없는 존재로 인식될 뿐만 아니라, 아이를 포기하는 순간[14] "성적인 방종과 어머니 역할의 방기라는 이중적인 낙인"에 시달린다(H. Kim, 2015: 79). 하지만 입양

---

13   한국에서는 생모에 해당하는 가장 일반적인 용어(미혼모)가 말 그대로 '아직 결혼하지 않은 어머니'를 의미하는데, 이는 싱글맘은 곧 입양이라는 굳어진 연관관계를 강조한다(H. Kim, 2015: 59; H. Kim, 2016: 6). 김호수의 설명처럼 사생아와 싱글맘이라는 개념은 결혼 경험이 없는 어린 여성이 역시 결혼 경험이 없는 어린 남자 친구와의 관계에서 임신을 한 이미지를 종종 불러낸다. 하지만 연구에 따르면 자신의 아이를 입양을 위해 포기하는 여성의 약 15%는 아이의 아버지가 기혼자라고 밝혔다(H. Kim, 2016: 55). 게다가 사생아라는 지위는 다른 방법을 통해서도 발생할 수 있다. 그러므로 김호수는 결혼 관계 안에서 태어난 소위 '적법한' 아이이지만 나중에 아버지가 사망한 경우 역시 일컫기 위해 '잉여 아이(excess children)'라는 용어를 사용한다(H. Kim, 2016: 58~59).

14   엘레나 킴의 주장처럼 이 '선택'은 '입양이 아니면 더 나쁜 어떤 것 사이의 비선택'이라고 보는 것이 더 정확하다(E. Kim, 2010: 254).

과 자기희생을 통한 이러한 어머니 역할의 방기는 '좋은' 생모가 어머니로서 시민권을 되찾고 유지하는 방법이다. 생모는 싱글맘, "말할 수 없는" 경험을 간직한 "가상의virtual" 어머니의 사회적인 내세afterlife와 같다(H. Kim, 2015: 79). 사실 한국의 생모에 대한 김호수의 연구(2010)가 보여주듯, 숱한 여성들이 가난, 가정폭력, 성폭력, 가부장적 압력, 부계 중심의 가족등록 시스템, 또는 낙인 때문에 아이를 포기하라는 회유나 압력을 받았다. 이렇듯 '조용한' 이주자로서 입양인을 분석하기 위해서는 생모가 어떻게 침묵당했는지 또는 어떻게 '말할 수 없는 자'의 무게를 짊어지도록 강요당했는지에 대한 고려 역시 포함되어야 한다. (입양아에 초점을 맞춘 연구가 주도하는 경향을 보이는 입양연구 분야뿐 아니라 한국 사회와 서양의 수용 국가 내에서) 생모를 대신하는 이 "가상"의 어머니 역할과 재생산노동, 그리고 거기에 따르는 침묵과 비가시성은 군사주의와 젠더화된 노동, 젠더에 기반한 차별, 그리고 폭력이라는 더 큰 역사 속에서 자리매김될 수 있다(H. Kim, 2007 참조).

초국적 입양을 이렇게 더 넓은 사회적·담론적·정치적 맥락에 두는 것이 중요한 것은 이를 통해 입양을 페미니즘 문제로, 그리고 규율적이고 국가 만들기와 관련된 메커니즘으로 확고하게 정립할 수 있기 때문이다. 사실 휘비네트가 주장하듯 초국적 입양은 "국제적인 이주 현상"뿐만 아니라 미국과 다른 서구 국가를 위한 "재생산 기법"이자 산업화와 국민 만들기가 진행되던 시기 한국을 위한 "아동복지 관행"으로도 이해해야 한다(Hübinette, 2016: 221). 1961년 이후 초국적 입양의 제도화는 급속하게 산업화가 진행되던 한 나라의 부수적인 결과가 아니라 그 논리의 일부이다. 요컨대 초국적 입양은 서구의 수용국 안에 있는 가정을 위해 그리고 한국을 위해 '재생산 기법' 역할을 한다. 하지만 입양인이 되기 위한 전제조건으로서 고아 상태에 대한 분석이 초국적인 이동에만 초점을 맞출 경우 입양의 복잡함과 특수성을 적절하게 포착하지 못할 수 있다는 점 역시 보여준다. 실제로 일차적으로 국경을 넘나드는 아동의 잠재적인 움직임을 활성화하는 사회적·법적 과정은 숱하게 많다. 여기에는 고아 호적의 생산, 출생의 연결고리를 법적·사회적으로 삭제함, 생모의 사회적 죽음, 아이가 조산원에서 고아원, 위탁 양육처, 입양기관으로 넘어가는 과정 같은 것들이 있다. 이런 (재)이동은 조용한 이민자의 배경과 제도적 역사를 형성하고, 초국적 입양인들을 국내에 입양된 한국 아이들 또는 제도의 돌봄 속에 남아 있는 아이들과의 연결고리를 형성한다.[15]

3. 재영토화: 입양인과 한인 디아스포라

한국의 입양 관행이 중단되었음에도 초국적인 입양인들은 한국의 국가 이미지 내에서 점점 더 많이 소환되고 재영토화된다. 엘레나 킴과 휘비네트에 따르면 초국적 입양인들은 이제 "국가의 경계에 상징적으로 자리를 잡게 되었고", "가족이자 이국적인 망령으로서" "불쌍하고" "동정심을 불러일으키는" 고아 또는 "운 좋은 초국적 망명자" 역할을 맡게 된다(E. Kim, 2010: 174). 이방인이자 친족인, 따라서 둘 다 아닌 존재로, 이런 경계 지역에서 살아가는 입양인들은 재영토화 과정을 통해 점점 국민국가에 의해 소환되는 일이 늘어나고 있다. 1998년 김대중 대통령이 국가 차원의 사과를 발표하면서 한국 정부의 '해외 한국인' 범주에 공식적으로 포함된 성인 입양인들은 이제 한국인 디아스포라의 일원으로

---

15 필자는 초국적 입양인들이 어느 정도는 다른 한국 아이들과 입양 이전의 제도적 역사를 공유한다는 개념적인 주장을 하는데, 입양인들 사이에서 '달랐을 수도 있었는데'라는 느낌(가령 국내에 입양되거나 아예 입양이 되지 않았을 수도 있는데 다른 집으로, 또는 오리건이 아니라 미네소타로 입양되었을 수도 있는데) 역시 이를 보여준다. 게다가 많은 입양인이 자신의 입양 파일에 틀렸거나 오해의 소지가 있는 정보가 들어 있음을 알게 되었다. 일부 입양인들은 자신이 다른 아이 대신 보내졌다거나, 자신이 알고 있던 한국 이름이 잘못된 것일 수도 있음을 알게 된다(Nafzger in Trenka, Oparah, and Shin, 2006; Liem, in Bishoff and Rankin, 1997; Neff, in Bishoff and Rankin, 1997). 나는 '달랐을 수도 있었는데'가 입양인들 내에서 임의성과 '대체 가능성'이라는 느낌으로 이어지고, 이는 입양인 간의 동류의식(adoptee kinship) 형성에 기여할 수 있다고 주장해 왔다(Gustafsson, 2021).

적극적으로 동원된다. 애리사 오Arissa Oh의 설명처럼 재외한인(교포)을 가리키는 일반적인 용어가 동포로 대체되었다.

> 첫 번째 용어 — 한자로 '교(僑)'는 '해외 거주'를 의미한다 — 는 고국을 떠남으로써 뿌리와의 접촉을 상실했고, 어떤 면에서는 '원조 자아의 열등한 복제품'인 한국인을 일컫는 말이라서 약간 부정적인 어감이 있다. 동포라는 용어는 '교'라는 한자를 '동(同, 동일한)'으로 대체했는데, 이는 '형제', '한민족', 또는 '같은 나라 사람'으로 번역된다. 그러므로 '동포'는 사는 곳에 관계없이 모든 한국인 사이에 가족적인 관계가 존재함을, 긍정적인 어감으로 묘사한다. '교포'에서 '동포'로 바꾼 것은 자연스러운 과정이 아니다. 한국 정부는 1995년 해외 한국인을 가리키는 공식 용어로 '재외동포'(외국에 있는 같은 나라 사람)를 채택했는데, 이는 혈연을 근거로 한 디아스포라를 만들어내고 한국이라는 나라를 이해하려는 의식적인 노력의 결정체였다(Oh, 2018: 93).

고아가 사회적인 의미와 법적인 의미에서 출생을 통한 관계의 단절을 통해 생성된 유통의 대상이라면, 재상상된 성인 입양인은 이제 성공과 (초)국가주의의 상징이다. 물론 입양인은 생물학적 가족과 "자신의 뿌리와의 접촉을 상실한" 채 해외에 거주하는 사람들이 맞다. 그런데 이제 성인 입양인들은 '해외에 살고 있는 같은 나라 출신의 입양인(입양 동포)'이라고 불린다(Oh, 2018: 94). 입양인들은 공간적 위치와 역사적 특수성을 넘어서 모든 한민족을 연결하는 가족 간의, 형제적인 관계를 통해 이제는 "자식된 도리와 장거리 민족주의의 논리"로 "편입" 되었다(E. Kim, 2010: 173). 하지만 그렇다고 해서 입양이 언제나 국가 만들기 과정의 일환을 구성했다는 사실을 감추지는 못한다.[16] 하지만 이제 입양인들은 기

---

16   입양인들은 한국전쟁이 끝난 뒤 첫 번째 입양 물결 이후부터 서구와 한국 사이에 놓인 '다리' 역할을 했다. 입양인을 '입양 동포'로 재호명하는 것은 초기의 국가 만들기(state-crafting)와 연

이한 방식으로 재각인된다. 엘레나 킴은 "생물발생학적 친족biogenetic kinship 은 유를 바탕으로 입양인을 한국인으로 재귀화시키고자 하는" 국가의 "원초적 수사primordialist rhetoric" 속에 식별 가능한 논리가 있다고 지적한다(E. Kim, 2010: 175). 즉, 입양은 친족에 대한 비생물학적인 이해 방식에 근거하고 있지만 국가의 디아스포라 정치는 혈연을 근간으로 하는 소속에 호소한다. 어원을 따졌을 때 '디아스포라'라는 말에는 "분산된 생식력, 전파, 씨앗을 흩뿌림"이라는 의미가 있다(Braziel and Mannur, 2003: 4). 이 용어는 분산된 인구뿐만 아니라, 이 흩뿌림이 보장하는 성장의 재생산 역량 또한 일컫는다. 그러면 한국인 디아스포라는 그 나라의 흩어진 "아이들"로 이해할 수 있고, 성인 입양인들은 다시 어린애 취급을 하면서 이 전 지구적인 가족의 일원으로 재등록할 수 있는 것이다. 이제 입양인들은 "서양과 한국 사이에서 문화대사 또는 시민 사절단" 역할을 할 수 있는 잠재력을 가진 교양 있는 '모범 시민'으로 묘사되는 경향이 있다(E. Kim, 2010: 173).

성인 입양인에 대한 이러한 재의미화와 재평가에도 불구하고, 몇몇 이론가들은 입양인을 '고국을 지향하는 고전적인 디아스포라'의 일부로 범주화하는 것을 마뜩찮게 여긴다(Yuh, 2005: 287; E. Kim, 2010). 입양인들은 혼자서 이동을 하거나 이동을 당할 때가 많고, 보통은 한국이나 한국어에 대한 기억이 없거나 잃지 않으려고 애쓴다. 초국적인 입양인들이 스스로를 입양국과 강력하게 동일시하는 경향을 보이고 태어난 나라인 한국 문화에 대한 이해가 없다면 '고국homeland'과 '초대국hostland'의 구분을 유지하는 것이 유용한지는 불분명해진다. 입양인들은 자리를 찾기가 힘들다. 입양인은 선물인가, 상품인가, 아니면 둘 다인가? 아니면 데이비드 엥David Eng의 질문처럼 입양인은 자본인가 노동인가? 입양인이 행위자성이 아니라 유입유출 요인에 의한 자극으로 규정된다면, 때로는 초국적인 자본주의적 교환회로에 종속된 채 유입되고 유출되는 경계적인 대상이나 산물

장선상에 있다.

로 인식된다면 그들은 어떤 부류의 이주자인가(Eng, 2003)? 타의에 의해 자리가 설정된 사람들은 어떻게 그리고 어디에 자리를 잡는가? 그리고 타의에 의해 자리가 정해진 사람들은 어떻게 스스로 자리를 잡거나 '요청'(McKee, 2016)하는가? 사실 앞선 분석들은 이용 가능한 개념적 범주를 통해 초국적 입양인의 위치를 설정하려는 시도를 했지만 탄탄한 이론화 작업을 하려면 입양인의 산 경험 역시 설명해야 한다. 입양을 일종의 이주로 개념화하는 것도 중요하지만 우리는 국가적 소속과 국경을 넘는 이동에만 초점을 맞추는 태도 역시 넘어서야 한다. 이 글의 나머지 부분에서는 입양인이 저술한 텍스트에 주로 의지하여 초국적인 입양을 '다른 곳에' 존재하는 상태로서 설명할 것이다. 맺는말에서는 이런 경험들이 입양인 공동체의 발생에 그리고 맥키McKee가 말한 "입양인 디아스포라adoptee diaspora"에 어떻게 기여하는지를 논한다(McKee, 2016: 163).

4. 과잉(비)가시성과 '다른 곳에' 있음

한인 입양인이 저술한 창작물을 모은 최초의 선집(*Seeds from a Silent Tree: An Anthology by Korean Adoptees*)이 1997년에 출간되었고, 2000년대 초에 이르러서는 성인 입양인들이 자체적으로 입양 관련 연구를 하기 시작했다(예컨대, Docan-Morgan, 2010; Hübinette, 2005, 2016; McKee, 2016; 2019; Oh, 2018; Park Nelson, 2009; 2016; Wills, 2016; Walton, 2015 참조). 이들 연구는 입양이 한국과 서구 수용국 내에서 왕성하게 전개된 역사, 사회, 정치, 담론적 맥락을 비판적으로 검토했다. 몇몇 연구는 한인 입양인들의 주체성 형성과 소속 및 인종화의 경험을 이해하려고 노력하기도 했다(Hübinette, 2005; 2007; N. Park, 2016; Walton, 2015). 중요한 점은 이러한 연구가 이런 경험에서 육체 또는 체현embodiment이 중요한 역할을 한다는 점을 진지하게 여기고 있다는 사실이다. 여기서 필자는 이러한 학술적 연구로 입양인들이 소위 과잉(비)가시성을 표현하고, 이는 '다른 곳에' 존재하는 상황을 분명하게 표현한다고 주장한다. 그렇다고 해서 모든 입양인이 이런 경험을 한다고 내세우거나 이를 통해 입양의 의미를 포착할 수 있다고 말하는 것은 아니다. 그보다 이 글의 목적은 입양인이 저술한 글을 면밀하게 살핌으로써 입양인을 다른 이주 집단과 다르게 만드는 특수한 경험 구조를 논하는 것이다.

입양인들은 자신의 정체성과 인종적 체현 사이의 복잡한 불일치를 경험한다. 휘비네트는 입양된 한국인들은 다른 초인종 입양인들과 마찬가지로 "식민주의 역사에서 절대적으로 독특하다. 이전에는 그 어떤 비백인 집단도 백인으로 주체화 되어본 적이 없었기 때문이다"라고 주장한다(Hübinette, 2007: 144~145). 캐슬린 버퀴스트Kathleen J. S. Bergquist의 설명처럼 입양인들은 백인 가정과 공동체 안에서 사회화를 겪기 때문에 "종종 스스로도 가족을 통해서도 다수의 일원으로 간주"되고, 인종 집단의 가치를 알지 못한다(Bergquist, 2003: 24). 실제로 박 넬슨은 "초국적 입양인들에게 일반적으로 결여된 지배 문화의 유일한 속성은 백인의 표현적 특성"(N. Park, 2009: 12)이라고 주장한다. 이와 유사하게 장빈 리샤오Jiannbin Lee Shiao와 미아 투안Mia Tuan은 『종족을 선택하기, 인종을 협상하기Choosing Ethnicity, Negotiating Race』에서 입양인들은 "스스로를 백인으로 여기도록 양육되었고", 따라서 다른 아시아계 미국인들과 비교당하며, "백인에게 사회적으로 받아들여지리라는 기대가 더 높다"(Shiao and Tuan, 2011: 144)고 주장한다(Godon-Decoteau and Ramsey, 2018). 제시카 월턴Jessica Walton은 입양인의 정체성과 체현에 대한 연구에서 많은 입양인이 "워낙 효과적으로 백인의 문화적 정체성을 체현하다 보니 자신의 육체가 하얗지 않다는 사실을 '망각'할 정도로 백인의 인종적 정체성을 체현한다"고 밝혔다(Walton, 2015: 409).

입양 가정이라는 맥락 내에서 입양인들의 인종화 경험은 인정을 받지 못하고 지나가는 경우가 많다. 입양인들에게는 엥이 말한 '인종적 우울증이라는 공동의 본성'이 결핍되어 있는데 그 이유는 그 경험을 인정하고 긍정하는 '여러 세대에 걸친, 그리고 간주관적인 과정'이 전무하기 때문이다(Eng, 2003: 20). 생물학적 가정과의 유대를 유지하면서 성장하거나, 자신과 동일한 인종인 다른 사람들과 유대를 형성할 수 있는 다른 이민자들과는 달리, 초인종적인 입양은 이중의 배제로 귀결될 수 있다. 하나는 더 넓은 사회로부터의 배제이고, 다른 하나는 "가족과 친족의 친밀한 구조로부터의 소외"를 통해서이다(Eng and Han, 2019: 26).[17] 그 결과 나타나는 이런 인종적 고립은 입양인으로서, 아시아계 미국인으로서, 또는 유색인으로서의 정체성 확립을 저해할 수 있는데, 박 넬슨은 이를 두고 "사회적으로 만들어진 포괄적인 인종주의"라고 표현한다(N. Park, 2016: 118).

박 넬슨은 60여 명의 성인 입양인들을 연구하면서 아래의 사실을 확인했다.

··· 내가 이야기를 나눈 많은 한국계 입양인이 인종적 어중간함을 심각하게 느낀다
고 밝혔다. (일반적으로 가족과 가까운 친구들 안에서) 백인과 동일시하라는 사회적
압력과 (입양인을 백인으로 여기지 않는 집단들로 구성된 더 넓은 사회적 맥락에서)
아시아인과 동일시하라는 사회적 압력 사이에 끼어 있음을 고려했을 때 한국계 입
양인들이 양분된 감정을 느끼는 것은 당연하다(N. Park, 2016: 140).

호프만Joy Hoffman과 페냐Edlyn Peña 역시 그들이 인터뷰한 한국계 초인종적 입양인들은 '그들을 완전히 품어 안는 공동체'가 없어서 '사이에 낀' 정체성을 갖고 있다고 주장한다(Hoffman and Peña, 2013: 161). '사이에 낀' 또는 '양분된' 같은 개념은 소속감이나 충성이 분열된 상태, 두 가지 대안 사이에 붕 떠 있는 상태를 의미한다. 사이에 끼어 있다는 것은 어떤 의미일까? 이는 어떻게 나타나고 이 위치의 정동적 측면으로는 어떤 것들이 있을까?

입양인들은 소위 자아의 '양분된' 느낌을 표현할 때 거울 — 문자 그대로, 그리고 비유적으로 — 을 언급하곤 한다. 입양인 블로섬 비비Blossom Beeby는 이렇게 표현한다.

---

17   입양인들은 문화적 적응과 동화를 유산의 복구보다 더 중요하게 여기기 때문에 미국에서 태
        어난 한국계 미국인들에 비해 종족 정체성을 더 약하게 표현한다(Lee et al., 2010).

우리 중 많은 사람에게는 〔거울에〕 슬픈 의미가 있어요. 우리는 내면에서는 우리 가족을 이루는 백인들과 동일시했어요. 눈을 감고 우리 자신을 상상하면 뺨이 발그레한 백인 꼬마가 떠오르곤 하죠. 그렇지만 거울을 통해 우리 얼굴을 들여다보면 외국인이 나타나요(Beeby, 2008: 324).

'대니시 아시안Danish Asian'이라는 이름으로 통하는 한 입양인은 이렇게 설명한다.

거울에 어떤 아시아 여자가 있는 걸 보면 사실 놀라요. 솔직히 말해서 내 눈앞에 있는 여자에 대해 어떤 기분이어야 할지를 모르겠어요. 사실 내가 기대하는 건 발그레한 피부에 금발과 파란 눈을 한 백인 여자예요(Hübinette 2007, 142).

여기서 나타나는 것은 사이에 낀 상태in-betweenness가 아니라 과잉(비)가시성 hyper[in]visibility 또는 '다른 곳에elsewhere' 있는 상태라고 생각한다. 즉, 사이에 끼어 있음은 1세대와 2세대 이주자, 디아스포라 공동체 또는 약간 정도는 덜하지만 혼종적인 정체성을 가진 사람들의 경험에서 나타나는 특징일 수 있다(Lo, Khoo and Gilbert, 2000; Gilroy 1993). 하지만 과잉(비)가시성은 자기소외가 깊게 체현된, 실존적인 감각을 일컫는다. 이 글에서는 가시성을 통해 비가시성이 어떻게 만들어지는지, 역으로 비가시성을 통해 가시성이 어떻게 만들어지는지를 일컫기 위해 '과잉(비)가시성'이라는 용어를 사용한다. 입양인의 몸과 눈에 보이는 외모는 입양인이 '소외'를 당할 정도로(Rasmussen, 2010) 또는 스스로를 '외부인'으로 볼 수밖에 없을 정도로 차이를 나타내는 동시에 상기시키는 역할을 한다. 그들의 백인 정체성과 상상 속의 자아와 조화를 이루지 못하는 것 또는 '놀라움'을 자아내는 것은 그들의 몸이다. 그들의 인종화 된 몸은 과도한 가시성을 띠고 대상화되지만 동시에 그들의 정체성은 **부재 상태로** 또는 비가시적인 상태로 가시성을 띤다. 비비와 '대니시 아시안'은 한국인과 오스트레일리아인 또는 덴마크인, 백인과 아시아인 '사이에' 존재하기보다는, 자신이 기대했던 모습으로 자신에게 보이지 못하며 이런 이유로 항상 자기 자신과 다르다. 다른 사람들(그리고 당신)이 보는 '당신'은 당신이 자신이라고 느끼는 '당신'이 아니다. 역설적으로 당신은 모습을 드러내는 동시에 물러난다. 그런 이유로 거울은 '슬픈 의미' 또는 '놀라움'을 자아낸다. 내가 기대했던 모습으로 나 자신에게 보이지 못한다면 거울 안에 있는 저 사람은 누구이며, 내가 보고 있는 것은 누구의 몸인가? 나는 누구의 눈으로 나를 보고 있으며, '내'가 있어야 하는 곳에 누가 있나? 과잉(비)가시성은 체현된 자아와 세계 사이의 역동적인 상호작용을 반영하는 경험의 구조이다. 게다가 우리는 우리의 몸이므로, 또는 모리스 메를로-퐁티Maurice Merleau-Ponty의 주장처럼 내가 물건을 소유하는 몸을 갖는 게 아니라 내가 나의 몸이므로, 과잉(비)가시성은 그 친밀감 때문에 고통스럽다(Merleau-Ponty, 2012). 월턴의 연구에서 '희수Hee Su'는 눈에 보이는 자신의 외모에서 벗어날 수 없는 이 무능력 상태를 설명하면서 보이지 않는 것, '백인이라는 느낌'을 드러낸다.

〔희수'는〕 '아시아인'처럼 보이지만 "〔그녀가〕 절대 벗어버릴 수 없는, 지퍼는 고장나고… 〔가면은〕 녹아서 〔그녀의〕 얼굴에 붙어버린 … 할로윈 복장을 입고" 있는 것처럼 '백인'이라는 기분을 느낀다고 설명한다 …(Walton, 2015: 406).

이들 입양인들은 자신들의 인종적 체현이 어떻게 해서 자신이 동일시하는 자아와 화해할 수 없는지를 표현한다. 이들은 자신이 느끼는 감각의 '진실'을 보여주지 못하는 몸에 고정되어 있기 때문에 다양한 사회적 맥락에서 이런 불일치가 지속되는 것이다. 스웨덴 입양인 아스트리드 트로치Astrid Trotzig는 이를 설득력 있게 표현한다.

나에게는 집이, 외부의 고국과 내부의 고국, 내가 속하는 장소에 해당하는 것이 전무해요. 스웨덴에서 나는 절대 완전히 통합되지 못해요. 내 외모가 나를 적대시하거든요. 한국에서는 반대예요. 나는 군중 속으로, 내가 한국인이라고 생각하는 사람들 속으로 사라지지만 그 안에서 나는 또 다른 장소에 있어요(Yngvesseon, 2002: 250).

여기서 이 입양인의 가시성은 자신에게 적대적으로 기능한다('내 외모가 나를 적대시해요'). 또는 한 사람의 가시성은 보이지 않게 됨을 통해 획득된다. 스웨덴에서 아스트리드의 가시성은 비가시성과 함께 간다. 역설적으로 아스트리드는 보이지 않음으로써 보이는 존재다. 하지만 이런 경험의 구조는 입양인이 비백인의 공간에 들어가서 탐색을 할 때, 또는 '군중 속으로 사라질' 때마저 따라붙는다. 아스트리드의 표현처럼 한국에서는 '정반대'이다(하지만 이 경험은 비슷한 논리에 따라서 구조화된다). 입양인은 사라지거나 외부에서 보이지 않게 되지만, 이는 (자신에게) 차이를 가시화하게 된다. 게다가 한국에서 육체의 (비)가시성에는 때로 다른 표지를 통해 – 가장 일반적으로는 서툰 한국어에 의해 – '두드러지는' 경험이 따라온다. 한국에서 경험하는 외적인 '비가시성'과 스웨덴에서 경험하는 '가시성'은 입양인의 차이를 노출하거나 과도하게 가시화한다. 아스트리드는 두 장소에서 모두 과잉(비)가시성을 경험한다. 스웨덴에서 그녀의 몸은 그녀를 장소에 어울리지 않는 존재로 만든다. 한국에서 그녀는 자신이 '또 다른 장소에 있다'고 말한다. 두 장소 모두에서 그녀는 다른 곳에 있다. 다른 곳에 있다는 것은 이 물러남을 경험하는 것, 고정된 정박지가 없는 것, 붕 떠 있거나 비행 상태에 '갇혀' 있는 것이다. 이와 유사하게 입양인 수 나일스Su Niles는 이렇게 말한다.

내 피부 때문에 많은 대가를 치렀어요. … 나는 이 피부를 입고 걸어가요. 그리고 이 피부 안에서 나는 또 다른 세계를 발견했어요. 미국도 아니고, 한국도 아니고… 하지만 어디일까요? 나는 한쪽을 완전히 받아들이고 다른 한쪽을 완전히 거부하지 못해요. 두 세계를 품는 것은, 내 내면의 끈을 연결하는 일은 고통스러워요(Bishoff and Rankin, 1997: 153).

제10장 '다른 곳'에 있기   337

나일스와 '회수'에게 피부 또는 겉으로 드러난 외모는 '가면'처럼 느껴지고 '대가'를 요구한다. 게다가 이 입양인들은 보이는 외모와 정체성 사이의 불일치를 경험할 뿐만 아니라, 내적인 장소 상실 또는 추방을 경험하고 이는 지속적으로 다른 곳에 있다는 감정에 기여한다고 말한다. 끼어 있는 상태와 유사하지만, 자기소외라는 이 정동적이고 체현된 감각은 두 장소, 거주의 장소와 "원래의 고국"에 "양다리를 걸치고 있는 것straddling"과 완전히 똑같지 않다(Anand, 2009: 104). 사이에 끼어 있음은 복수의 공간을 넘나들며 또는 복수의 공간 사이에서 육체적인 통일성이 유지됨을 함축한다. 반면 과잉(비)가시성과 다른 곳에 있는 상태는 소외 또는 거리감estrangement이라는 육체적·공간적·정동적 감각을 일컫는다.[18] 나일스에게 이는 미국에서도, 한국에서도 자리를 잡을 수 없는 '또 다른 세상'이다. 사실 입양인 제인 정 트렌카Jane Jeong Trenka는 자신이 입양된 나라와 한국 모두에 연결되었다고 느끼기보다는 — 즉, 소속이라는 부가적인 느낌보다는 — 이렇게 적고 있다.

내 마음에서 이루어지는 비합리적인 수학에 따르면 한국 하나와 미국 하나를 더하면 영과 같다. 엄마 없음, 언어 없음, 나라 없음과 같다(Trenka, 2009: 186).

5. 맺는말: 복수의 소속을 놓고 협상하기

지속적으로 다른 곳에 있다는 이런 느낌이 친족 유대의 형성을 차단하지는 않는다. 서니 조Sunny Jo의 표현에 따르면 "한국계 입양인 문화KAD[Korean Adoptee]

---

18 소속되지 못함 또는 '다른 곳에' 있음이라는 감각이 신자유주의, 불안정, 세계화라는 조건에서 더 일반적인 경험이라면, 입양인이 경험하는 과잉(비)가시성이라는 구체적인 체현된 경험은 인종적 차이와 가족의 차이와도 연결되어 있다(예를 들어, 가족 구성원과 '닮지 않은 것', 자신의 몸을 바람직하지 않은 '다름'으로 경험하는 것).

Culture" 또는 "한국계 입양인 국가KAD nation"를 형성하는 데 기여한 것은 바로 이 "소외라는 감정"과 "집이 없다는" 느낌이었다(Jo, 2006: 287). 이렇게 공유된 과잉 (비)가시성과 '다른 곳에 있음'의 경험은 이런 식으로 공동체 구축의 가능성을 만들고 생성의 잠재력을 가질 수 있다. 박 넬슨의 정보 제공자 중 한 명인 '게일Gail'은 이렇게 말한다.

완전한 백인이 되는 것에 대해 정말로 절망을 느꼈던 시절, 나는 그게 부정이라는 측면에서 나 자신의 정체성을 규정하려고 했던 것과 관계가 있다고 생각해요. … 너는 백인이 아니야, 너는 한국인이 아니야, 항상 그런 식이죠. 다른 입양인들과 어울리는 것이 그렇게 긍정적인 건 그래서예요. 잠시나마 나 자신을 긍정적으로, 그러니까 언어적으로 돌아볼 수 있거든요. 그럴 때가 아니면 난 항상 나 자신을 부정하거든요(N. Park, 2016: 146).[19]

1980년대 후반 이후로 수천 명의 한국계 입양인들이 한국을 방문하기 시작했고, 이 중 일부는 장기간 체류를 결심하기도 했다. 엘레나 킴은 연간 약 3000~5000명의 입양인들이 어학수업 등록, '모국' 관광, 친가족birth family 찾기를 통해 "자신의 뿌리를 재발견"하러 한국을 찾는다고 추정한다(E. Kim, 2007: 117). 1990년대 초에 시작된 한국의 '세계화'는 입양인들이 "영어를 가르침으로써 자신의 '서구화'를 상품화할 수 있는 경제적 기회"뿐만 아니라, 입양인들이 한국으로 돌아갈 수 있는 "새로운 법적 조항" 역시 제공했다(E. Kim, 2010: 178). 1998년 김대중 대통령은 한국계 입양인 29명을 초청하여 유례없는 사과를 했고(E. Kim, 2007: 117), 1997년에 설립된 재외동포재단의 지원으로 성인 입양인을 대상으로 하는

---

19 이런 긍정의 감각은 박 넬슨과 미옥 브루닝(Mi Ok Bruining)에게서도 확인된다. 하지만 엘레나킴의 지적처럼 "입양인의 관계 맺음을 통한 즉각적인 유대"의 경험을 가로막는 장애물과 입양인 간의 폭넓은 차이를 인정하는 것도 중요하다.

최초의 '모국' 관광이 시행되었다. 같은 해 입양인이 운영하는 최초의 한국 내 조직인 (사)해외입양인연대(GoA'L: Global Overseas Adoptees' Link)가 설립되었다. 해외입양인연대는 시민사회조직인 뿌리의 집KoRoot처럼 귀국한 입양인의 필요를 지원하는 데 상당한 역할을 했다. 게다가 입양인 운동집단인 한국입양인 연대ASK: Adoptee Solidarity Korea(2004년 설립)와 진실과 화해를 위한 한국입양인 모임TRACK: Truth Reconciliation for the Adoption Community of Korea(2007년 설립), 입양인의 연대와 정치 참여를 위한 모임SPEAK: Solidarity and Political Engagement of Adoptees in Korea(2017년 설립)이 입양인의 권리를 옹호하는 데 기여했다. 한국 바깥에서는 (스웨덴에서 한국인 입양인 협회Adopterade Koreaners Forening가 설립되면서) 1986년 이후로 입양인 조직과 네트워크가 꾸준히 확장하고 있다. 1999년에는 성인 입양인을 위한 최초의 국제 '모임Gathering'이 열렸고, 이 모임은 2004년 이후로 3년에 한 번씩 서울에서 개최되고 있다.

1999년에 만들어진 재외동포F-4 비자와 영주권이 있는 입양인에게 (2011년부터) 이중국적 신청 자격을 주는 제도는 입양인들이 한국에 장기간 체류하면서 일을 할 수 있는 기회를 제공했다. 이런 조항들은 분명 '재외동포'로서 입양인을 물질적·상징적으로 인정함을 의미한다. 하지만 이러한 공식적인 인정과 "입양인에 대한 정치적·경제적 시민권" 부여가 엘레나 킴이 말한 입양인의 "문화적 시민권" 또는 입양인이 느끼는 "한국인이 되는 것Koreanness"을 얼마나 반영하는지 또는 얼마나 고무하는지는 의문의 여지가 있다(E. Kim, 2007: 118). 사실 박 넬슨에 따르면 많은 입양인은 "대체로 한국 사회에서 거의 받아들여지지 않고, 입양인 공동체 안에 깊이 둘러싸여 있으며", 대부분의 한국 방문 입양인들은 "한국으로의 영구적인 이주를 실행 가능한 선택지로 여기지 않는다"(N. Park, 2016: 164). 한국의 입양인 공동체는 상대적으로 일시적이고, 대체로 한국에서 1년에서 5년 정도 체류하려는 생각을 한다(N. Park, 2016: 164).

그럼에도 여지연과 맥키는 입양인들이, "'한국인이 되는 것'이라는 역사적으로 정적인 정체성 범주"를 불안하게 만드는 "한인 디아스포라라는 독특한 하위 집단"을 구성한다고 주장한다(McKee, 2016: 163). 이런 불안이 입양인 중에서도 소위 개척자 세대와 그 이후 세대를 가로지르는 세대 간의 관계를 통해 일어나는 경우가 특히 중요하다. 사라 아흐마드Sara Ahmed가 우리에게 일깨우듯 이주는 그저 '생생한 체현의 수준에서 느껴지는' 데 그치지 않고, "앞선 이동과 위치 이동의 역사에 대한 세대 차원의 스토리텔링 행위"이기도 하다(Ahmed, 1999: 342). 한국계 입양인들은 국지적이고 국제적인 입양인 행사와 창작활동의 결과물, 온라인 네트워크, 사회운동의 확산을 통해 이미 스토리텔링과 스토리 창작이라는 이런 생성적인 행위에 간여할 수 있고 또 이미 그렇게 하고 있다. 이런 이야기들이 시민권 박탈과 주변화, 젠더화된 폭력, 전쟁, 군사주의, 국민 만들기라는 더 넓은 역사와의 관계 속에서 자리매김되는 것 역시 중요하다(성원 옮김).

참고문헌

Ahmed, Sara. 1999. "Home and Away: Narratives of Migration and Estrangement." *International Journal of Cultural Studies*, 2(3), pp.329~347.

AIHW (Australian Institute of Health and Welfare). 2018. *Adoptions Australia 2017-18*. Canberra: AIHW.

Anand, Dibyesh. 2009. "Diasporic Subjectivity as an Ethical Position." *South Asian Diaspora*, 1(2), pp.103~111.

Beeby, Blossom. 2008. "The Face in the Mirror." In Pung, A(ed.). *Growing Up Asian in Australia*. Melbourne: Black Inc., pp.323~329.

Bergquist, Kathleen Ja Sook. 2003. "Expanding the Definition of Asian Diasporic Studies: The Immigrant Experiences of Korean Adoptees." *Journal of Immigrant & Refugee Services*, 1(3/4), pp.21~39.

Bishoff, Tanya and Jo Rankin(eds.). 1997. *Seeds from a Silent Tree: An Anthology by Korean Adoptees*. Glendale, CA: Pandal Press.

Carlson, Richard R. 1988. "Transnational Adoption of Children." *Tulsa Law Journal*, 23(3), pp.317~377.

Choe, Sang-Hun. 2017.7.2. "Deportation a 'Death Sentence' to Adoptees After a Lifetime in the U.S." *New York Times*. https://www.nytimes.com/2017/07/02/world/asia/south-korea-adoptions-phillip-clay-adam-crapser.html

Condit-Shrestha, Kelly. 2018. "South Korea and Adoption's Ends: Reexamining the Numbers and Historicizing Market Economies." *Adoption & Culture*, 6(2), pp.364~400.

Eng, David L. 2003. "Transnational Adoption and Queer Diasporas." *Social Text*, 21(3), pp.1~37.

Eng, David L. and Shinhee Han. 2019. *Racial Melancholia, Racial Dissociation: On the Social and Psychic Lives of Asian Americans*. Durham and London: Duke University Press.

Fronek, Patricia. 2012. "Operation Babylift: Advancing intercountry adoption in Australia." *Journal of Australian Studies*, 36(4), pp.445~458.

Gilbert, H., L. Khoo and J.M.L. Lo. 2000. *Diaspora: Negotiating Asian-Australia*. Queensland: University of Queensland Press.

Gilroy, Paul. 1993. *The Black Atlantic: Modernity and Double Consciousness*. London: Verso Books.

Godon-Decoteau, Danielle and Patricia G. Ramsey. 2018. "Positive and Negative Aspects of Transracial Adoption: An Exploratory Study from Korean Transracial Adoptees' Perspectives." *Adoption Quarterly*, 21(1), pp.17~40.

Gossett, DeLeith Duke. 2017. "'[Take from Us Our] Wretched Refuse': The Deportation of America's Adoptees." *University of Cincinnati Law Review*, 85(33), pp.33~89.

Gustafsson, R. 2021. "Theorizing Korean transracial adoptee experiences: Ambiguity, substitutability, and racial embodiment." *International Journal of Cultural Studies*, 24(2), pp.309~324.

Heaser, E. HeeRa. 2015. *Korean Australian Adoptee Diasporas: A Glimpse into Social Media.* PhD thesis, School of Social Sciences, The University of New South Wales, Australia.

Hoffman, Joy and Edlyn V. Peña. 2013. "Too Korean to be White and too White to be Korean: Ethnic Identity Development among Transracial Korean American Adoptees." *Journal of Student Affairs Research and Practice*, 50(2), pp.152~170.

Hübinette, Tobias. 2005. *Comforting an Orphaned Nation.* PhD thesis, Department of Oriental Languages, Stockholm University, Sweden.

_____. 2007. "Disembedded and Free-Floating Bodies out of Place and out of Control: Examining the Borderline Existence of Adopted Koreans." *Adoption & Culture*, 1, pp.129~162.

_____. 2016. "Post-Racial Utopianism, White Color-Blindness and 'the Elephant in the Room': Racial Issues for Transnational Adoptees of Color." *Intercountry Adoption: Policies, Practices, and Outcomes.* In Judith L. Gibbons and Karen Smith Rotabi(eds.). London and New York: Routledge. Chapter 17, pp.221~229.

Ingram, Scott. 2007. *Korean Americans.* Milwaukee, WI: World Almanac Library.

Jo, Sunny. 2006. "The Making of KAD Nation." In Trenka JJ, Oparah JC, and Shin SY(eds.). *Outsiders Within: Writing on Transracial Adoption.* Cambridge: South End Press, pp.285~290.

Kim, Dong Soo. 2007. "A Country Divided: Contextualizing Adoption from a Korean Perspective." In Kathleen J.S. Bergquist, M. Elizabeth Vonk, Dong Soo Kiim, and Marvin D. Feit(eds.). *International Korean Adoption: A Fifty-Year History of Policy and Practice.* New York: The Haworth Press, Inc., pp.3~23.

Kim, Eleana J. 2010. *Adopted Territory: Transnational Korean Adoptees and the Politics of Belonging.* Durham & London: Duke University Press.

_____. 2007. "Our Adoptee, Our Alien: Transnational Adoptees as Specters of Foreignness and Family in South Korea." *Anthropological Quarterly*, 80(2), pp.497~531.

Kim, Hosu. 2016. *Birth Mothers and Transnational Adoption Practice in South Korea: Virtual Mothering.* New York: Palgrave Macmillan.

_____. 2015. "The Biopolitics of Transnational Adoption in South Korea: Preemption and the Governance of Single Birthmothers." *Body & Society*, 21(1), pp.58~89.

_____. 2007. "Mothers Without Mothering: Birth Mothers from South Korea Since the Korean War." In Kathleen J.S. Bergquist, M. Elizabeth Vonk, Dong Soo Kiim and Marvin D. Feit(eds.). *International Korean Adoption: A Fifty-Year History of Policy and Practice.* New York: The Haworth Press, Inc., pp.131~153.

Kim, Jodi. 2009. "An 'Orphan' with Two Mothers: Transnational and Transracial Adoption, and Contemporary Asian American Cultural Politics." *American Quarterly*, 61(4), pp.855~880.

Lee, Mijeong. 2019. "Changes in the Perception of and System for Unwed Mothers over the Past

Decade." In Kim, Hyung-bum(ed.). *Why Single Moms' Day?: The Ninth Single Moms' Day International Conference.* National Assembly Building. Seoul: Sigakmoonhwa.

Lee, Richard M., Andrea B. Yun, Hyung Yoo and Kim Park Nelson. 2010. "Comparing the Ethnic Identity and Well-Being of Adopted Korean Americans with Immigrant/U.S.-born Korean Americans and Korean International Students." *Adoption Quarterly*, 13(1), p.2017

Leinaweaver, Jessaca B. 2014. "The Quiet Migration Redux: International Adoption, Race, and Difference." *Human Organization*, 73(1), pp.62~71.

Lo, Beth Kyong. 2006. "Korean Psych 101." In Jane Jeong Trenka, Julia Chinyere Oparah, and Sun Yung Shin(eds.). *Outsiders Within: Writing on Transracial Adoption.* Cambridge, Massachusetts: South End Press, pp.167~178.

Lovelock, Kirsten. 2000. "Intercountry Adoption as a Migratory Practice: A Comparative Analysis of Intercountry Adoption and Immigration Policy and Practice in the United States, Canada, and New Zealand in the Post W.W.II Period." *The International Migration Review*, 34(3), pp.907~949.

Lozano, Fernando A. and Sherrie Kossoudji. 2009. "The Unknown Immigration: Incentives and Family Composition in Intercountry Adoptions to the United States." *IZA Discussion Papers*, pp.4547.

McGinnis, Hollee. 2016. "All Grown Up: Rise of the Korean Adult Adoptee Movement and Implications for Practice." *Intercountry Adoption: Policies, Practices, and Outcomes.* Judith L. Gibbons and Karen Smith Rotabi(eds.). London and New York: Routledge. Chapter 23, pp.293~300.

McKee, Kimberly. 2016. "Claiming Ourselves as 'Korean': Accounting for Adoptees within the Korean Diaspora in the United States." *Click and Kin: Transnational Identity and Quick Media*, edited by May Friedman and Silvia Schultermandl. Toronto: University of Toronto Press. Chapter 7, pp.159~179.

_____. 2019. *Disrupting Kinship: Transnational Politics of Korean Adoption in the United States.* Champaign, IL: University of Illinois Press.

Merleau-Ponty, Maurice. 2012. *Phenomenology of Perception.* English translated by Donald Landes. London and New York: Routledge.

Oh, Arissa H. 2018. "Adoption in Korean America." In Rachael Miyung Joo and Shelley Sang-Hee Lee(eds.). *A Companion to Korean American Studies.* Leiden and Boston: Brill.

Park Nelson, Kim. 2016. *Invisible Asians: Korean American Adoptees, Asian American Experience, and Racial Exceptionalism.* New Brunswick: Rutgers University Press.

_____. 2009. "Mapping Multiple Histories of Korean American Transnational Adoption. Working Paper." The U.S.-Korea Institute at SAIS (USKI).

Park, Kyeyoung. 1999. ""I Really Do Feel I'm 1.5!": The Construction of Self and Community by Young Korean Americans." *Amerasia Journal*, 25(1), pp.139~164.

Pate, Soojin. 2014. *From Orphan to Adoptee: U.S. Empire and Genealogies of Korean Adoption.* Minneapolis and London: University of Minnesota Press.

Rasmussen, Kim Su. 2010. "Editor's Note." *Journal of Korean Adoption Studies*, 2(1), pp.5~7.

Selman, Peter. 2002. "Intercountry Adoption in the New Millenium: The 'Quiet Migration' Revisited." *Population Research and Policy Review*, 21, pp.205~225.

_____. 2015. "Intercountry Adoption of Children from Asia in the Twenty-first Century." *Children's Geographies*, 13(3), pp.312~327.

Shiao, Jiannbin Lee and Mia Tuan. 2011. *Choosing Ethnicity, Negotiating Race: Korean Adoptees in America.* New York: Russell Sage Foundation.

Trenka, Jane Jeong. 2009. *Fugitive Visions: An Adoptee's Return to Korea.* Minneapolis, MN: Graywolf Press.

Trenka, Jane Jeong, Julia Chinyere Oparah, and Sun Yung Shin(eds.). 2006. *Outsiders Within: Writing on Transracial Adoption.* Cambridge, MA: South End Press.

Twohey, Megan. 2013.9.9. "Americans Use the Internet to Abandon Children Adopted from Overseas." *Reuters.* https://www.reuters.com/investigates/adoption/#article/part1

Walton, Jessica. 2015. "Feeling it: Understanding Korean Adoptees' Experiences of Embodied Identity." *Journal of Intercultural Studies*, 36(4), pp.395~412.

Weil, Richard H. 1984. "International Adoptions: The Quiet Migration." *International Migration Review*, 18(2), pp.276~293.

Wills, Jenny Heijun. 2016. "Paradoxical Essentialism: Reading Race and Origins in Jane Jeong Trenka's Asian Adoption Memoirs." *Canadian Review of American Studies*, 46(2), pp.202~222.

Yang, Christina. 2009. "Redefining and Reclaiming Korean Adoptee Identity: Grassroots Internet Communities and The Hague Convention on Protection of Children and Co-operation in Respect of Intercountry Adoption." *Asian American Law Journal*, 16(131), pp.131~172.

Yngvesson, Barbara. 2002. "Placing the "Gift Child" in Transnational Adoption." *Law & Society Review*, 2, pp.227~256.

Yuh, Ji-Yeon. 2005. "Moved by War: Migration, Diaspora and the Korean War." *Journal of Asian American Studies*, 8(3), pp.277~291.

제11장

우린 여기에 있을 자격이 있다[*]

덴마크 초국적 한인 입양인의 입양 비판

구영은(Youngeun Koo)

서구의 주류 미디어에서 초국적 입양은 대체로 세계에서 가장 어려운 처지에 있는 아이들과 자녀가 없는 커플 모두에게 이로운 인도주의적인 행위이자, 가정을 이루는 진보적인 방편으로 묘사된다(Altstein and Simon 1991; Hübinette, 2014; Kim, 2010). 덴마크에서는 초국적 입양이 제2차 세계대전 이후 증가했고, 1960년대 말 한국의 입양 프로그램 개시는 입양 관행의 정상화와 지속에 크게 기여했다. 전체적으로 덴마크에는 약 2만 3000명의 국제 입양인들이 있고, 이 중 한국 출신은 약 9000명으로 단일 출신국으로는 최대 규모다(Danmarks Statistik, 2007; Justitsministeriets adoptionsudvalg, 1985). 덴마크가 전체 수용국 중에서 1인당 초국적 입양률이 가장 높은 나라 중 하나라는 사실은 정책 입안가들과 덴마크 내 뉴스 보도에서 입양 관행의 성공 신호로 받아들여진다.

하지만 2000년대 초 이후로 한국에서 덴마크로 입양되어 성인이 된 입양인

[*] 이 글은 *Anthropology Matters Journal*, vol. 19, no. 1(2019)에 실린 "'We Deserve to Be Here': The Development of Adoption Critiques by Transnational Korean Adoptees in Denmark"를 수정·번역한 것이다(DOI: https://doi.org/10.22582/am.v19i1.508). 이 연구는 한국학중앙연구원의 지원을 받았다(AKS-2016-OLU-2250003).

들은 점점 초국적 입양에 대한 비판의 목소리를 높여왔다. 이들의 활동은 2010년대 덴마크 미디어에서 특히 두각을 나타냈다. 가령 2014년 1월 진보 성향의 신문 ≪인포마시온Information≫은 입양인 정치조직인 입양 씽크탱크Tænketanken Adoption, Think Tank Adoption의 회원인 레네 명Lene Myong의 기사를 크게 다뤘는데, 해당 기사는 초국적 입양에 대한 이타적인 이해 방식과 입양 관행을 지탱하는 전 지구적인 구조를 재고할 필요를 역설했다(Myong, 2014). 2014년 10월, 또 다른 정치조직인 입양정치 포럼APF: Adoptionspolitisk Forum, Forum for Adoption Politics의 대표는 라디오 24/7Radio24syv에 출연해서 당시에 막 개정된 입양법의 문제에 대해 이야기했다(Radio24syv, 2014). 이 법은 입양의 주요 법적 근거를 규정하고 있는데, 그 개정 절차는 2013년에 시작되었다. APF는 개정된 법의 주요 목표가 50년 된 입양 시스템의 현 상태를 유지하고 덴마크인들이 '해외 아동에 대한 접근'을 지속할 수 있도록 해주는 것이라는 점에서, 근본적으로 결함이 있다고 주장했다. 이 관점에 동의하는 입양 씽크탱크는 2015년 4월, "우리의 비판이 눈에 보이지 않는가? 입양인을 위한, 입양인에 의한 이니셔티브"라는 제목의 캠페인에 돌입했다.[1] 이들은 이 법이 자신들의 비판을 수용하지 않았다고 주장하면서, 덴마크 내 다른 초국적 입양인들에게 이 법에 대한 실망을 집단적으로 표출하기 위한 성명서와 사진을 보내달라고 요청했다. 이와 비슷하게 2010년대 내내 입양인들은 ≪크리스천 일보Kristeligt Dagblad≫부터 ≪인포마시온Information≫과 ≪폴리티켄Politiken≫에 이르는 다양한 미디어 플랫폼에서 초국적 입양에 대한 정치적 관점을 적극적으로 표현했다. 이제 이들의 비판은 입양 영역을 넘어서 덴마크 사회의 국민과 인종에 대한 인식으로 확장되고 있다. 이 글에서는 덴마크 내 한인 입양인들이 주도하는 이러한 정치적 활동의 등장과 함의를 검토한다.

---

1   원제는 "Er vores kritik usynlig? Et initiativ for og af transnationalt adopterede"이다. http://www.taenketankenadoption.dk/2015/04/er-vores-kritik-usynlig/

입양 관행은 전체적으로 문제가 없는 것으로 여겨졌고 대부분의 입양인들은 (백인) 덴마크 가정에 성공적으로 '통합'되었다는 믿음이 일반적이었기 때문에 한인 입양인들의 입양 비판은 많은 덴마크인에게 충격으로 다가왔다(Elmelund, 2012). 입양 비판에 대한 이러한 일반적인 반응과, 입양 비판을 입양 가정이 실패했다는 증거로 여기는 태도는 초국적인 입양에 대한 일반적인 이해를 쥐락펴락해온 기존의 협소한 이원론적 사고의 좋은 예다. 즉, 외국 아이를 입양하는 것은 공적 또는 사회적 영역의 문제가 아니라, '개인적·심리적 측면에서' 이해해야 하는 사적인 재생산의 문제라고 여기는 것이다(De Graeve, 2015: 72). 즉, 초국적인 입양은 주로 가정을 꾸리는 문제로 인식되어 왔고 이는 초국적 입양이 사적인 영역 안에서 개념화되도록 제약을 가했다. 이 관점은 주로 정치라는 '공적' 영역과 가정이라는 '사적' 영역을 구분하고 가사노동과 육아 같은 가정과 관련된 사안들을 사적이고 비정치적인 문제로 다루는 자유주의적인 정치 이론을 토대로 삼는다. 그 후 초국적 입양에 대한 학계의 논의와 공적 논의 역시 주로 아동심리, 아동의 발달, 친족 관계와 관련된 사안에 초점을 맞춰왔다(De Graeve, 2015; Hübinette, 2005; Weil, 1984). 1955년 이후로 전 세계에서 약 100만 명에 가까운 아동들이 입양을 위해 국경을 넘어, 문화와 인종이 출신국과 근본적으로 다른 때가 많은 나라에 정착했음에도 불구하고, 초국적인 입양은 이주의 한 형태로 거의 다뤄지지 못했고 이 위치 변화가 입양인에게 미치는 영향은 입양 가정을 넘어서서는 거의 논의되지 못했다(Hübinette, 2015).

최근 몇 년간 입양 아동과 그 양부모의 상황이 아닌 성인 입양인의 상황을 살펴보는 문헌들이 늘고 있다. 친가족과의 재상봉이나 문학과 시각예술을 통한 개인 정체성 구축 같은 주제들이 특히 학계의 주목을 받고 있지만, 여기서도 이러한 주제들은 앞서 언급했던 이분법적인 관점을 유지하는 경향이 있다(주목할 만한 예외로는 Kim, 2010 참조). 입양인의 삶에서 사회적 영역과 공적 영역의 중요성이나 입양들의 집단적인 목소리에 초점을 맞추는 경우는 거의 없다. 미국, 덴마크, 스웨덴 같은 많은 수용국 사회에서 초국적 입양인들의 정치적인 활동이 점점 증가하고 있는데도 말이다.

이 글은 학계에 존재하는 이 공백을 메우기 위해, 덴마크 내 한인 입양인의 정치적 조직화 과정의 전개를 탐구한다. 필자는 입양 비판 활동 과정에서 나타나는 긴장과 새로운 관계를 초국가 입양인의 삶에 중요한 영향을 미쳐온 다음의 두 가지 이분법을 통해 분석한다. 첫째, 앞서 언급한 '사적인' 것과 '공적인' 것 간의 구분, 그리고 초국적 입양을 사적인 행위로 축소시키는 이분법적 태도이다. 이 구분은 입양 이후 입양인들의 삶을 이해하는 것만이 아니라, 정치적 주체가 되려는 이들의 노력에 지속적인 영향을 미친다. 둘째, 덴마크 국민 정체성과 사회는 (백인) 덴마크인과 (비백인) 소수 인종을 구분하는 경향이 있는데, 초국적 입양인들은 이 이분법에서 경계 공간liminal space에 놓이게 된다. 입양인들의 정치적 조직화 과정은 이 이분법에 영향을 받지만, 이들은 새로운 정치의 공간을 개척하기 위해 노력하기도 한다. 이 두 가지 이분법은 좁게는 초국적인 입양인들의 삶과 정치 활동에 영향을 미쳤지만, 더 넓게는 우리가 일반적으로 지구화, 대량 이주화하는 사회를 이해하는 방식에 지대한 영향을 주기도 했다. 필자는 이 구분을 놓고 벌이는 입양인들의 협상은 입양 관행 안에 존재하는 사적인 것과 공적인 것 간의 호혜성을 드러냄으로써 초국적 입양을 재개념화 할 필요성을 드러낸다고 본다. 이런 이유로 이 글은 입양인의 정치 프로젝트에서 사회적인 측면과 정치적인 측면을 살펴봄으로써 이 이분법 안에 뿌리박힌 폭력을 풀어내고 초국적인 입양과 소속에 대해 상상하는 새로운 방법들을 탐구하고자 한다.

덴마크에서 지금의 정치적 활동에는 한국 출신이 아닌 해외 입양인들이 포함되어 있지만, 대다수가 1970년대와 1980년대에 덴마크에 온 한인 입양인들이다. 여기서는 이 입양인들의 관점에서 입양 비판과 정치 활동에 대한 이야기를 전개하고, 2015년 3월부터 12월 사이에 주로 수집한 데이터를 분석의 토대로 삼는다. 필자는 2015년 3월에 코펜하겐에서 현장 연구를 진행하면서, 이러한 정치적 활동을 주도한 열 명의 핵심 인물을 인터뷰했다.[2] 피면담자 중 몇몇은 초국적 입양 영역에서 예술가와 연구자로서 전문적으로 일하고 있다. 현장 연구 이후 필자는 꾸준히 그들의 활동을 지켜보고 대화를 나누었다. 한인 입양인의 정치 활동 중 다수는 이메일 교환, 웹사이트, 소셜미디어 계정을 통해 온라인에서 이루어졌다. 대담과 회의 같은 오프라인 활동은 다소 산발적으로 일어났다. 따라서 이 경우에는 관행적인 '현장' 개념이 존재하지 않았고, 그 대신 주요 행위자와 이들이 생산하는 문자 자료와 시각 자료에 필자의 인류학적 관심을 집중시켰다. 추가적으로 2018년 1월부터 3월 사이에 한인 입양인 네 명과 스카이프skype 인터뷰가 진행되었다. 이들은 입양 비판과 정치 활동을 이끈 인물은 아니었지만, 그들의 활동에 공감했고, 관찰자로서 중요한 통찰을 제시했다. 우선적으로 덴마크에서 입양 비판 정치 활동에 적극적으로 참여하는 한인 입양인은 전체 한인 입양인의 적은 비율을 차지한다는 점을 언급해 둘 필요가 있다. 즉, 여기서 제시하는 이야기는 한인 입양인의 모든 목소리를 대변하지는 않는다.

이 글은 크게 세 개의 절로 구분된다. 첫째, 한국 입양인들이 덴마크에서 점하는 독특한 경계 공간에 대해 논하면서 전반적 상황을 설명한다. 이를 통해 한국 (그리고 다른 초국적) 입양인들이 자신의 입양 가정 외부에서 자신의 입양과 이주를 경험하고 덴마크 사회에 대한 소속감을 이해하기 위해 애쓰는 중요한 맥락이 제시된다. 두 번째 절에서는 피면담자들의 한국과 덴마크에서의 궤적을 따라감으로써, 한인 입양인들이 초국적인 입양 관행에 대해 어떻게 비판적인 태도를 갖게 되고 집단적으로 정치 활동에 참여하게 되는지를 검토한다. 여기서 초국적 입양 관행에서 토대가 되는 자율적 개인이라는 '서구의' 개념이, 성인 입양인에게는 역설적으로 부정된다는 점을 보여준다. 동시에 입양인들의 개인 경험이 입양 정치에 대한 참여와 어떻게 관련되는지 자세하게 제시한다. 마지막 절에서는 한인 입양인들이 자신의 정치적 주장을 발전시키고 활동을 조직해 나가면서

---

2   이 글에서 언급되는 모든 조직은 입양인 공동체 내에서만이 아니라 더 넓은 대중에게도 알려져 있다. 이런 이유로 이 글에서는 이 조직들을 실제 이름으로 지칭한다. 하지만 피면담자에 대해서는 모든 가명을 사용할 것인데, 이들의 이야기에는 개인적인 경험과 정치적인 활동이 서로 결합되어 있기 때문이다.

사적인 것과 공적인 것, 토착민과 이주자 간의 두 가지 이분법을 놓고 협상을 벌이는 구체적인 방법들을 분석한다.

1. 덴마크 국민 정체성에서 한인 입양인의 경계 위치

국경을 넘는 입양의 다수는 비非서구와 서구 사이에서 이루어져왔고, 그래서 대부분의 경우 초국가적인 입양은 초인종적인 입양이 된다. 이 초인종적 측면은 입양 사회 내에서 상이한 반응을 일으켰다. 일각에서는 입양 가족을 다문화주의의 상징으로 예찬하지만 어떤 사람들은 이 때문에 아이들이 출신 문화에서 뿌리가 뽑히게 되었다며 비난한다. 하지만 논쟁은 가족의 영역 안에 머물러 있고, 입양인들이 서구 사회에서 초국가적이고 초인종적인 입양인으로 살아간다는 것이 어떤 의미인가를 더 폭넓게 고려하지 않았다. 하지만 필자는 덴마크에서 한인 성인 입양인들과 대화를 나누면서 인종 문제가 특히 학교, 직장, 길거리 같은 입양 가정 바깥의 사회적 환경 속에서 이들이 겪는 일상생활에 상당한 영향을 미쳤음을 분명하게 볼 수 있었다. 1970년대 한국에서 덴마크로 입양된 토머스 링에Thomas Lynge는 코펜하겐 공항에서 혼란스러웠던 경험을 설명하면서 이를 분명하게 표현했다.

> 나는 공항에 갈 때 그걸[나의 인종을] 느껴요. 제가 공항에서 몇 번이나 제지당했는지 아세요? [공항 직원이] "당신은 이 나라에서 뭘 하려고 하나요?" 그러면 나는 이런 식으로 말하죠. "아니요, 전 이곳 시민이에요"(강조는 필자).

백인 덴마크인이었다면 일어나지 않았을 이런 유형의 질문은 초국적 입양인의 인종화 된 육체를 경합과 사회적 스트레스의 현장으로 만든다(Ahmed, 2007: 161~162). 얼핏 보기에 토머스의 경험은 비서구 이주자의 경험과 별로 다르지 않으며, 협소하고 인종적으로 규정된 국민 정체성과 귀속성이 특정 인구를 어떻게 배제하는지를 전형적으로 보여준다. 하지만 초국적 입양인들에게는 다른 소수 인종들과는 다른, 특수한 위치성positionality이 있고, 이는 초국적 입양인들만이 공유하는 독특한 경험을 빚어낸다. 이 논의를 더 전개해 나가려면 먼저 덴마크의 국민 정체성이 어떤 식으로 구축되어 있는지를 이해할 필요가 있다.

덴마크는 문화적으로 그리고 인종적으로 동질적인 인구를 보유한 작은 나라라는 자기 인식이 강하다(Hedetoft, 2006; Jöhncke, 2011). 카렌 포그 올윅Karen Fog Olwig과 카르스텐 페레고르드Karsten Pærregaard에 따르면, 1864년에 영토를 크게 상실하고 제국의 권력이 이양되면서 덴마크의 정체성은 상당 부분 재정의되었다(Olwig and Pærregaard, 2011). 그 후 20세기의 국민국가 건설 프로젝트는 강력한 복지국가 창조에서 가장 잘 드러나듯 내부 발전에 주로 초점을 맞췄고, 공동의 역사, 문화, 핏줄을 기반으로 하는 덴마크 사회의 '아늑함hygge'을 강조했다(Hedetoft, 2006; Rytter, 2011).

친족 이미지의 사용, 특히 '덴마크 가족familien Danmark'이라는 개념은, 덴마크인들이 공동의 조상을 통해 서로에게 어떤 식으로 관계를 맺고 있는지 좀 더 구체적으로 상상하고, 국민과 국가라는 추상적인 개념들을 파악하는 데 도움이 되었기 때문에 덴마크의 국민 정체성을 창조하는 데 효과가 있었다(Rytter, 2011). 하지만 덴마크인들이 공동의 조상과 혈통을 공유한다는 생각은 불가피하게 국민됨nationhood이 인종적으로 규정되게 한다. 덴마크 국민정체성 내의 이 '백인성whiteness'은, 덴마크에는 늘 배경이 다양한 인구가 포함되어 있었다는 사실을 도외시한다(Hvenegård-Lassen and Maurer, 2012; Loftsdóttir and Jensen, 2012). 여기서 백인성은 단순히 고정된 인간 범주를 시사하는 데 그치지 않고, 국민 이미지로서의 백인성이 자연스러운 정상 상태가 되는 상황을 지칭한다(Ahmed, 2007).

인류학자 미켈 뤼테르Mikkel Rytter는 '덴마크 가족' 개념을 더 자세히 설명하면서, 데이비드 슈나이더David Schneider가 언급한 가족관계의 두 유형을 가지고 이주자의 지위를 토착민의 지위와 비교한다(Rytter, 2011). 그 두 유형은 자연의 질서와 법의 질서이다. 자연의 질서는 부모와 자식 관계처럼 핏줄과 물질의 공유를 통해 빚어진 가족관계를 지칭한다. 백인 덴마크인의 국민에 대한 귀속은 이 질서를 따르는 것으로 이해되는데, 이들은 덴마크에서 태어났고 자신의 부모와 조부모처럼 그곳에서 살아왔기 때문이다. 반면, 법의 질서는 결혼을 통해 빚어진 가족관계를 지칭한다. 이주자는 고용허가나 망명과 같이 법적 허가를 통해 이 나라에 왔기 때문에 이 집단에 속하는 것으로 이해된다. 소위 2세대와 3세대 이주자도 여전히 이 범주에 속하는데, 이들이 아무리 덴마크에서 태어나고 성장했다 하더라도 이들의 존재는 법의 질서의 결과물이기 때문이다(Rytter, 2011: 63). 이런 논리 안에는 두 질서 사이의 암묵적인, 그러나 변경 불가한 위계가 있다. 백인 덴마크인이 '진짜' 덴마크인이고 이주자와 그 자녀들은 그렇지 않다는 것이다. 마리안네 굴레스타드Marianne Gullestad는 사회 안에서 '진짜' 덴마크인이 아닌 이들을 구분하는 이 경계를 '보이지 않는 울타리'라고 부른다(Gullestad, 2002).

이 두 가지의 친족 질서 안에서 초국적인 한인 입양인들은 양가적인 지위를 점한다. 이는 초국적인 입양이 입양법의 사례에서처럼 법의 질서를 이용하여 자연의 질서, 즉 양부모와 입양인 간의 부모자식 관계를 만들어내기 때문이다. 다시 말해서 한인 입양인들과 덴마크와의 관계는 두 질서를 결합하는 동시에 교란시킨다. 그들에게는 다른 '진짜' 덴마크인들처럼 (백인) 덴마크인 부모와 조부모가 있지만, 이들의 시민권은 이주자들처럼 귀화를 통해 획득되었다. 그러므로 경계성liminality 개념은 한인 입양인들이 덴마크 사회에서 놓여 있는 처지가 어떤지 그 특징을 보여준다. 그들은 '보이지 않는 울타리' 안에서 '진짜' 덴마크인과 동일한 공간에서 거주하는 듯 보이지만, 한순간 그들은 자신이 울타리 밖에 놓여 있음을 발견하곤 한다.

이러한 경계 위치는, 앞서 공항 사례에서 보이듯, 성인이 된 한인 입양인들의 일상 경험 속에 스며들어 있다. 물론, '보이지 않는 울타리' 바깥에 영속적으로 놓이는 이주자들이 훨씬 혹독한 형태로 배제를 당한다고 할 수 있을 것이다. 반면 입양인들의 경험은 포용과 배제의 공존이 특징이며, 이를 통해 그들은 자신이 어디에 속하는지에 대해 혼란과 불확실성이라는 감각을 갖게 된다.

많은 피면담자가 자신들이 겪은 배제의 경험을 설명할 때 '그들에게는' 자신들이 느낀 감정을 정확히 담아낼 '언어가 없다'는 표현을 반복적으로 사용했다. 필자는 이를 '언어 없음languagelessness'이라고 부르는데, 이 언어 없음은 덴마크 사회 내에서 이들이 점하고 있는 경계 위치에서 비롯된다. 말하자면, 한인 입양인들은 외국 출신임에도, 양부모가 그들을 백인 덴마크인처럼 대우하며 양육한 백인 덴마크 가정에서 성장했다. 이들의 양육은 그들을 자신의 가정에 통합시키려는 양부모의 노력뿐만이 아니라, 초국적 입양인을 '진짜' 덴마크인으로 전환하는 것을 선한 행동으로 간주하는, 더 넓은 사회적 인식을 대변한다. 입양인들이 (백인) 덴마크 사회에 동화되는 것에 대한 기대는 입양 관행에서 분리해낼 수 없는 '사회적' 차원을 정확하게 보여준다. 하지만 입양 논쟁이 사적이고 가족의 영역으로 제한되어 왔기 때문에 초국적 입양인의 사회적 통합에 대한 우려와 기대, 그리고 규범으로서의 '백인' 되기는 공적으로 논의되지 못했다.

이런 맥락에서 입양인의 출신과 인종은 이들의 인식에서 대체로 지워졌고, 대신 백인성이라는 암묵적인 규범이 이들의 세계관이 되었다. 사라 아흐마드Sara Ahmed와 굴레스타드 모두 파농의 연구를 근거로, 백인과 흑인은 백인성에 영향을 모두 받지만, 그 방식은 서로 다르다고 다음과 같이 주장한다(Ahmed, 2007; Gullestad, 2004). 백인에게는 자신의 지위가 눈에 들어오지 않지만, 흑인은 백인과의 관계를 통해 스스로를 이해하기 때문에, 꾸준히 자신의 차이를 인식하게 되고, 이는 (의도치 않게) 백인성을 보편적 질서로 인정하게 된다. 한인 입양인들의 경우 그들 안에서 (백인) 덴마크인과 '동질성'만 보도록 양육되었기 때문에 백인성은 그들의 배경뿐만 아니라 전경을 이루는 것으로 인식되었다. 하지만 양부모들이 그들은 '다른 덴마크인들과 다르지 않다'고 주장을 해도, 숨길 수 없는 외모상의 차이, 길거리에서 마주치는 인종주의, 덴마크 국민 정체성 내부의 백인성으로 인해 자라는 내내 이들은 '뭔가 잘못되었음'을 느껴왔다. 생활 속에서 체감하는 배제의 경험들은 자신들의 차이를 상기시키는 역할을 했는데, 한인 입양인들은 이 '차이성'을 자신들의 일부로 받아들이는 법을 배우지 못했다. 세상에 대한 이들의 익숙한 이해 방식은 이들이 이런 경험을 이해하고 대응할 수 있는 채비를 해주지 못했다(Bourdieu, 1990). 그러므로 한인 입양인들의 경계 위치는 배제의 경험과 '언어 없음'이라는 감정의 직접적인 근원이며, 그들이 살아가는 저변의 사회적 조건이다.

한인 입양인들의 정치적 활동과 '언어 없음' 개념의 관계를 논의하기 전에, 다음 절에서는 개별 입양인들의 궤적을 따라가며 덴마크에 있는 한인 입양인들이 처음에 어떻게 초국적 입양 현상에 대해 비판적인 태도를 취하게 되었는지를 살펴볼 것이다.

2. 개인적인 것에서 정치적인 것으로: 초국적 입양의 정치를 향한 여정

필자는 이 주제로 연구를 시작했을 때 한인 입양인들이 한국으로 귀환하는 움직임에 대해 알기는 했지만, 그것이 덴마크 내에서의 정치적 활동을 이해하는 데 중요한 역할을 하리라고는 예상하지 못했다. 하지만 코펜하겐에서 현장 연구를 진행하는 동안 한인 입양인들의 한국 방문과 친가족을 찾는 행동은 입양 정치에 참여하게 되는 것과 밀접한 관계가 있다는 것을 살펴볼 수 있었다. 그런 이유로 여기서는 이 연구의 피면담자들이 일반적으로 자신들의 첫 한국 여행을 어떻게 하게 되었고 친가족 찾기를 어떤 식으로 경험했는지를 설명하고자 한다.

1) 마리의 이야기

마리 린데고르드Marie Lindegaard는 덴마크의 입양 정치 활동의 주요 행위자 중 한 명이다. 그녀는 1980년대 중반에 입양되어 다른 문화를 거의 접하지 못한 채

작은 마을에서 성장했다. 마리는 성장기를 거치는 동안 자신이 입양인이나, 한인 이주자 공동체에 속한다고 생각하지 않았다. 2010년 마리는 학업의 일환으로 중국 여행을 할 기회가 생겼고, 그곳에서 역시 한인 입양인인 반 친구 한 명이 그녀에게 한국에 가보고 싶지 않은지 물었다. 이제까지 한 번도 그런 선택이 가능하다는 생각을 해본 적이 없었던 마리는 한국에 대한 당시 자신의 정서적 거리감을 지구와 달 사이의 거리에 비교했다. 그녀는 자신의 '뿌리'를 찾겠다는 의도가 거의 없는 상태에서 친구의 여행에 함께 따라 나섰다.

박물관과 해변을 찾아다니고 파티를 즐기는 전형적인 관광객의 여행이었다. 어느 날 밤 홍대에서 만난 사람이 마리에게, 한인 입양인을 위한 비정부단체이자 적당한 가격의 숙소를 제공하는 게스트하우스이기도 한, 뿌리의 집KoRoot에 대해 이야기해 주었다. 그녀는 입양이라는 초점에 특별히 관심이 있었던 것은 아니지만 돈을 아끼기 위해 그곳으로 숙소를 옮겼다. 그곳에서 마리는 다양한 사연을 가지고 세계 곳곳에서 온 여러 명의 한인 입양인들을 만났다. 마리는 이렇게 회상했다.

예를 들어, 아들하고 같이 온 미국인 입양인이 있었어요. 그녀는 한국으로 이주하여 직장을 잡고 한국어를 배우겠다는 결심을 한 상태였어요. 저는 그녀의 계획을 듣고서 그게 가능하다는 생각에 깜짝 놀랐어요.

첫 방문 이후 마리는 한국을 여러 차례 더 찾았다. 나중에는 일자리를 얻었고 서울에 있는 한인 입양인 네트워크에 들어갔다. 그리고 친가족을 찾겠다는 결심도 했는데, 그 과정이 그렇게까지 좌절감을 안기리라고는 예상하지 않았다. 가족을 찾기 위해 입양기관에 방문했을 때, 자신의 입양 파일을 직접 살펴볼 수는 없고, 기관의 직원이 파일 안에 무슨 내용이 있는지 알려주기만 할 수 있다는 말을 들었다. 이런 절차는 연락을 원치 않을 수도 있는 '친가족 구성원들을 보호'하기 위한 것이라는 설명이었다. 마리는 이 상황을 설명하면서 이렇게 말했다.

나에 대한 정보지만 내가 더 가까이 다가갈 수 없었어요. 그건 내 인생의 일부이고, 내 바로 앞에 있는 폴더 속에 들어 있었죠. 이제까지 겪어본 중에서 가장 어이가 없고 초현실적인 상황이었어요. 내 친가족 찾기를 시작했는데, 그저 앉아서 기다릴 수밖에 없었죠. 통제력을 잃었다는 기분, 가족 찾기가 순전히 그들에게 달려 있다는 사실 때문에 숱한 밤에 잠을 이루지 못했어요.

마리의 가족 찾기 경험은 전혀 예외적이지 않았다. 필자가 연구를 진행하는 동안 접했던 이야기들은 놀라울 정도로 유사했다. 뒤에서 다시 마리의 이야기로 돌아올 것이나, 우선 여기에서는 입양인들의 입양 정치 참여를 이해하는 데 관계가 있는, 친가족 찾기 안의 두 측면인, 찾는 과정 그 자체와 찾기에서 얻는 발견을 살펴볼 것이다.

입양 연구자이자 인류학자인 시그네 하월Signe Howell에 따르면, 서구 사회 안에서 초국적인 입양을 개념적으로 상상 가능하고 도덕적으로 용납할 만한 것으로 만든 것은 '자유롭게 서 있는 아이freestanding child'라는 개념이다(Howell, 2007; 2009). 이는 초국적 입양 서사 또는 바버라 잉그베슨Barbara Yngvesson이 말한 '기아棄兒 서사a story of abandonment'에서 핵심 인물이다(Yngvesson, 2003: 7). 이 이야기에서 아동은 생모로부터 포기되어지거나 길거리에서 발견되어 관련 관료들의 손을 거친 뒤, 입양이 가능한 자유로운 상태라는 선언을 받는다. 아동이 '새 출발'을 할 수 있는 길을 닦아주는 이런 절차들은 일반적으로 초국적 입양인의 삶을 이해하는 방식에 지대한 영향을 미쳐왔다. 다시 말해서, 이 서사에서 버려진 아이는 그 생물학적 부모로부터 (물리적으로도 법적으로도) 결합 관계가 끊어졌기 때문에 '사회적으로 헐벗은' 상태로 간주된다. 하월은 이 완전한 분리로 인해 그 아동은 서구 전통의 정체성과 개별성에서 핵심적인 '자율적인 개인이라는 개념의 완벽한 예시'로 볼 수 있다고 주장한다(Howell, 2007: 4). 즉, 친족으로부터 분리된 de-kinned 아동이라는 인식은 서구 사회의 개인들이 해외 아동을 이주시켜 입양하는 행위에 도덕적 정당성을 부여한다. 이러한 헐벗은 상태로 인해 아동은 양부모의 자녀로 온전하게 받아들여질 수 있게 되고, 입양 과정은 대단한 성공을 거둘 수 있다고 이해된다. 이런 이해 방식은 1970년대와 1980년대에 초국적 입양의 유례없는 확대 현상에 중요한 담론적 정당성을 제공했다. 이러한 인식하에, 덴마크로 온 한인 입양인들은 자신의 과거는 한국에 남겨두고 완전한 덴마크인이 되라는 기대를 받았다. 피면담자 대부분은 성장 과정에서 자신의 한국 배경에 대해 거의 알지 못했다고 이야기했다.

하지만 입양 아동을 자율적인 개인으로 만드는 '깔끔한 단절' 개념은 아이러니하게도 성인 입양인에게서 칸트적인 주체성을 빼앗는데, 이들의 과거는 아동 복지 관료, 입양기관, 입양 절차에 관계하는 가정법원 같은 타자들에 의해 지워지기 때문이다. 이런 측면에서 귀환과 친가족 찾기는 자신의 과거와 정체성을 재구축하려는 그들의 시도로 이해할 수 있다(Carsten, 2000). 하지만 이미 마리의 이야기에서 지적했다시피, 주체성을 재구축하려는 이런 노력은 입양인의 가족 찾기를 주도하는 입양기관에 의해 또다시 부정되었다. 입양 파일에 대한 직접적인 접근권을 비롯한 자신의 가족 찾기 과정에 대한 통제력의 부재는 대부분의 입양인들에게 분노와 좌절을 야기했다.

둘째, 가족 찾기의 과정에서 발견한 사실들 역시 입양인들에게 심대한 영향을 미쳤다. 지난 20년 동안 점점 더 많은 입양인이 출신국에 방문하게 되면서 친가족과의 재상봉은 출신국과 수용국 모두에서 주류 미디어에 많은 영감을 제공했다. 가령 한국의 텔레비전 프로그램인 ≪아침마당: 그 사람이 보고 싶다≫와 덴마크의 ≪흔적도 없이Sporløs≫는 알지 못하는 과거와 친가족에 대한 갈망, 그리고 절박한 가족 찾기 노력부터 극적인 재상봉과 그들 '본래의true' 자아 발견에 이르기까지 입양인의 가족 찾기 과정과 재상봉이라는 감정적인 여정을 추적한다. 많은 인기를 모은 이런 프로그램들은 인간의 정체성은 사실 그들의 '기원'에 뿌리박혀 있고, 따라서 입양인들은 가족 찾기를 통해 '진정한genuine' 정체성과 연결되고 '완전해complete'질 수 있다는 믿음에 기여했다(Yngvesson, 2003).

하지만 대부분의 피면담자들은 이런 일반적인 인식을 부정했다. 이들은 자신의 삶을 완성해 줄 마지막 퍼즐 조각을 발견하기는커녕 친가족 찾기를 통해 자신들이 발견한 것이 삶을 오히려 뒤흔들었다고 주장했다. 피면담자들이 일생 동안 들었던 가난과 버려짐이라는 '단순한' 이야기는 그들이 한국에서 발견한 다층적인 이야기에 의해 혼란스러워졌다. 많은 피면담자는 가난이 입양의 이유 중 하나이긴 했지만, 이혼이나 사망 같은 가족의 위기와 미혼모에 대한 사회적 낙인 같은 다른 복잡한 요인들이 있었고, 이는 자신들의 입양에 영향을 미쳤으며, 이 때문에 종종 아동의 자발적인 포기와 비자발적인 포기 사이의 경계가 불분명하다는 사실을 알게 되었다.[3] 또한 피면담자 중 일부는 자신들의 입양 기록에서 잘못된 정보를 발견했다고 이야기하기도 했는데, 이는 입양을 쉽게 진행하기 위한 의도로 보이는 것이었다. 예를 들어 한 입양인은 입양 기록에 따라 평생 자신은 유기되었다가 부산의 시설에 들어간 뒤 입양되었다고 생각했다. 하지만 20대 중반에 시도한 가족 찾기 과정을 통해, 사실은 서울에서 태어난 직후 미혼 상태였던 어머니에 의해 입양기관에 직접 건네졌음을 알게 되었다.

이들이 찾아낸 이런 발견들과 정보의 불일치는 이들이 자신의 입양을 다시 생각하게 만들었을 뿐만 아니라 이들의 정체성에 지대한 영향을 미쳤다. 니라 유발-데이비스Nira Yuval-Davis는 정체성이란 "자신이 어떤 사람인지에 대해 (그리고 어떤 사람이 아닌지에 대해) 스스로와 다른 사람들에게 하는" 이야기라고 주장한다(Yuval-Davis, 2011: 14). 이는 정체성이 자기 자신과 자기 주변의 세상을 파악하도록 돕는다는 의미다(Hall, 1992). 이 구성물 안에서, 시간은 대단히 중요한 요소가 된다. 정체성 서사는 기준점으로서 과거에 의지하고, 현재 상태를 설명하는 것이 목적이며, 개인의 희망과 관심을 투영하여 미래의 궤적을 기획하기 때문이다(Emirbayer and Mische, 1998). 가령 앞서 언급한 입양인은 입양 서류에서 얻은

---

3 피면담자들이 들은 이야기들은 친가족의 관점에서 구성되었고, 따라서 더 심도 깊은 검토가 필요하다는 점을 이해하는 것이 중요하다. 하지만 이런 이야기들은 일반적으로 한국의 고도로 젠더화된 산업화와 근대화가 가장 주변화 된 한국인 일부에게 얼마나 파괴적인 영향을 미쳤는지를 보여주었다.

희박한 정보를 가지고 자신의 정체성을 구축했고 자신이 발견된 장소인 줄 알았던 부산에 특별한 애착을 가지고 있었는데, 입양된 지 약 20년이 지나고 나서야 그곳이 그녀의 인생과 무관하다는 사실이 드러났다. 이런 이유에서 입양인들이 가족 찾기 과정에서 확인하게 된 정보의 불일치는 완전함이라는 감각을 선사하기보다는 이들의 기존 서사를 흔들어 놓았다. 입양인인 토머스 링에는 가족 찾기의 결과로서 완전해지기라는 신화에 대한 불만감을 다음과 같이 잘 설명한다.

> 난 한국에서는 내 뿌리를 절대 찾지 못했다고, 그 대신 구멍이 뻥뻥 뚫린 쓰레기 더미를 발견했을 뿐이라고 말하곤 해요. 〔한국에 있는〕가족은 화목하거나 아무 문제가 없지 않아요. 그들에게는 많은 어려움이 있어요. 덴마크에 있는 내 가족도 그렇구요. 그들은 나를 완벽하게 만들어주지 않아요. 내가 한국에 있는 형제자매 그리고 나의 아버지를 이해하고 연결되는 데는 일평생이 걸릴 거예요.

2) 한국의 입양인 공동체

친가족 찾기는 피면담자들이 자신의 입양을 평가하는 방식에 지대한 영향을 미쳤다. 하지만 그것이 중요하긴 해도, 가족 찾기를 통해 이들이 자동적으로 초국적 입양 배후에 있는 전 지구적인 불평등을 바라보게 되거나, 좀 더 일반적으로 입양 관행에 대해 비판적인 태도를 갖게 되지는 않았음을 지적해 둘 필요가 있다. 왜냐면 그 대신 이들은 자신의 사례를, 더 넓은 사회문제의 일환보다는 불행한 예외로 해석할 수도 있었기 때문이다.

한인 입양인들이 자신의 개인적인 사례를 더 넓은 사회적 맥락 속에 위치하도록 도와준 중요한 요인은 서울에 있는 대규모 입양 공동체의 존재였다. 마리의 이야기가 암시하듯 서울은 한인 입양인들을 위한 귀환점이자 만남의 지점이되었다. 한인 입양인 공동체는 1980년대 말과 1990년대 초에 각자가 입양되었던 국가에서 처음으로 등장했다. 가령 덴마크에서는 코리아 클럽Korea Klubben이

1990년에 결성되었고, 스웨덴, 네덜란드, 미국 같은 나라에서도 비슷한 지역 모임이 만들어졌다. 이런 모임들은 한국 여행을 주선하고, 귀환한 입양인들을 지원하기 위해 해외입양인연대GOA'L: Global Overseas Adoptees' Link와 같은 입양인 조직들이 서울에 설립되었다. 2004년에는 전 세계 한인 입양인 공동체의 의식이 성장하면서 전 세계 10여 개 한인 입양인 집단을 아우르는 상위 조직인 세계한인입양인협회IKAA: The International Korean Adoptee Association가 만들어졌다(Kim, 2010). 그 결과 매년 약 3000~5000명의 입양인들이 한국을 방문하고, 추가적인 수백 명의 입양인들이 장기 계획으로 한국에서 거주하는 것으로 추정된다. 이러한 대규모 입양인 공동체가 한국에 있다는 것은 한인 입양인들이 가족을 찾는 과정에서 문제가 생겼을 때 서로 경험을 나누고, 집단적으로 각자의 개인적인 상황을 평가하며, 그것을 더 넓은 역사적·사회적 맥락에 올려놓을 기회가 주어졌음을 의미했다.

한국의 초국적 입양은 한국전쟁 이후 곤경에 처한 아동들을 돕기 위한 긴급 방안으로 처음 시작되었지만, 총 20만 명의 한인 해외 입양 중에서 전후 재건 시기에 이루어진 것은 10%에 못 미쳤다. 그 대신 한국이 급속한 경제발전을 경험한 1970년대와 1980년대에 입양이 확대되어 전성기를 구가했다. 1970년 이후 초국적 입양의 다수는 혼외 출산 때문이었다. 귀환한 입양인 다수는 개인적인 가족 찾기를 통해 이러한 역사를 알게 되었고, 덴마크를 비롯한 서구 국가들이 입양 가능한 아이들을 지속적으로 한국과 같은 국가에 요구하는 것이, 결과적으로 송출국의 취약 가정의 해체, 입양 관련 기관들의 미심쩍은 활동, 요보호아동과 가정의 국내적 해결 모색을 지연시키는 데 기여했다는 사실을 발견하고는 크게 당혹스러워했다.

자신들의 개인사에 대한 이런 집합적인 독해 덕분에 한인 입양인들 사이에서 강력한 집단의식이 형성될 수 있었는데, 이는 개인의 정치 참여를 이해하는 데 중요한 설명 요인으로 평가받는다(Conover, 1984; Miller et al., 1981). 개인이 자신의 사회적 상황을 (입양인의 입양과 친가족 찾기에서처럼) 자신 (또는 그들의 가족)이 사회에서 체계적으로 차별받는 특정 집단에 속하기 때문인 결과로 이해했을 때, 이 집단의식은 이들의 정치 참여에 상당한 영향을 미칠 수 있다. 그러므로 첫 입양인 활동가 집단이 2000년대 초에 한국 내에서 구성되었다는 사실은 그다지 놀랍지 않다. 한국입양인연대ASK: Adoptee Solidarity Korea와 진실과 화해를 위한 한국 입양인의 모임TRACK: Truth and Reconciliation for the Adoption Community of Korea 같은 집단들이 결성되어 자신의 입양 정보를 더 쉽게 확인할 수 있도록 요구하는 한편 꾸준히 진행되고 있는 해외 입양에 대해 한국 정부에 이의를 제기했다. 마리는 자신 역시 오랫동안 친가족을 찾아다니고, 결국 상봉하게 된 뒤에, 자신의 복잡한 심경을 정치적 행동으로 옮기기 위해 ASK에 가입하게 되었다고 말했다. 사실 피면담자 중에는 덴마크로 돌아오기 전에 한국에서 이런 활동가 집단의 일원이 된 경우가 많았다(그리고 일부는 지금도 그렇다).

행위자성agency과 정체성 개념 측면에서 이들의 입양 정치 참여가 갖는 함의에 대해서는 다음 부분에서 더 자세히 다루겠지만, 여기서는 앞 절에서 다룬 '언어 없음' 개념과 인종주의를 재고찰하고 그것이 초국적 입양에 대한 입양인들의 비판적 관점과의 접점에서 어떤 식으로 독해될 수 있는지를 들여다본다. 서론 부분에서 덴마크에서는 초국적 입양이 대체로 별다른 문제가 없는 행위로 여겨져 왔고, 심지어 이 세상에서 가장 도움이 절실한 아이들에게 사랑하는 가정을 제공하는 일로 찬사를 받아왔다고 언급했다. 이런 구원자 서사는 초국적 입양에 대한 우리의 이해를 사적이고 가족의 영역으로 제한하는 또 다른 사례에 해당한다. 개별 입양 가정의 관점에서 초국적 입양은 도움이 필요한 아이들을 구하는 선행일 수 있다. 하지만 위에서 설명한 사회적·구조적·전 지구적 측면들이 포함될 때 초국적 입양이라는 행위는 훨씬 복잡해진다.

입양 가정에 완전하게 포함되었다는 주장에도 불구하고 덴마크 안에서 뭔가가 잘못되었다고 느낀 입양인들에게 귀환 여행과 초국적 입양에 대한 구조적인 이해는 자신의 주변화와 배제의 감정을 이해할 수 있는 판단의 틀을 제공했다. 하지만 그렇다고 해서 초국적인 입양 자체가 입양인들의 인종주의 경험을 유발했다거나, 입양인들이 자신들이 느끼는 배제의 감정을 전적으로 입양 탓으로 돌린다는 말은 아니다. 그보다 입양인들은 한국에서의 경험을 통해 초국적인 입양이 국가 간의 사회경제적 불평등에 의해 지탱되고 있고, 서구 사회에서 이들의 인종화 된 육체는 이러한 불평등한 권력 구조의 구현물임을 파악하게 되었다. 게다가 덴마크 사회 안에서 이들이 겪은 인종주의와 배제의 경험들은 '깨끗한 단절'과 완전한 포용이라는 입양 서사에 심각한 문제를 제기했다. 이 경험에 기반해 한인 입양인들은 (백인) 덴마크인들과 소수 인종을 구분하고 백인에게 특권을 부여하는 위계질서와 불평등에 주목하게 되었다. 종합하면, 입양인들은 귀환 여행과 초국적 입양에 대한 비판적인 이해를 통해 입양의 구원자 서사와 덴마크 국민 정체성 모두에 내포되어있는 '인종을 차별의 기제로 보지 않으려는 색맹적 태도color-blind approach'를 더 잘 파악할 수 있는 렌즈를 획득했다. 여기에 더해서 덴마크 내에서 일어난 일련의 입양 관련 사건들은 한인 입양인들에 의한 정치적 조직이 출현하는 데에 중요한 자극제가 되었는데, 이에 대해서는 이어지는 부분에서 다룰 것이다.

3) 덴마크에서의 입양 비판 정치 활동의 전개

앞서 잠시 언급했듯 덴마크는 입양인 조직이 만들어진 최초의 입양국 중 하나였다. 코리아 클럽은 성인 한인 입양인들에게 사회적 플랫폼을 제공하기 위해 1990년에 만들어졌고, 지금은 약 600명의 적극적인 회원을 두고 있다. 모임의 목적이 덴마크 내에서 한인 입양인들 사이의 사회적 교류를 증진하는 것이었기 때문에 정치 활동은 이 집단의 핵심이 아니었다. 덴마크 내에서 초국적 입양에 대한 공개적인 비판이 처음으로 대두된 것은 2004년이었고, 이 타이밍은 1990년대 말에 한인 입양인들이 한국으로 귀환하는 움직임이 일어났던 상황을 반영한다(Myong and Kaisen, 2015). UFO랩Unidentified Foreign Object Laboratory이라는 입양인 예술가 집단이 결성되어 입양 담론과 관행에 이의를 제기하는 예술 프로젝트

〈그림 11-1〉 제인 진 카이센의 〈벨린다 입양하기〉

를 조직했다. 2000년대 내내 예술과 학계에서 비판적인 목소리를 높이는 한인 입양인들이 점점 많아지긴 했지만, 이런 비판은 주로 개인 차원에서 이루어졌고 아주 간헐적이었다.

이들 입양인이 제시한 주요 주장은 UFO1랩의 회원인 한인 입양인 예술가 제인 진 카이센Jain Jin Kaisen의 작업에 잘 담겨 있다. 다큐멘터리에 픽션의 요소를 가미한 모큐멘터리mockumentary인 〈벨린다 입양하기Adopting Belinda〉(2006)에서 덴마크인 텔레비전쇼 진행자는 덴마크에서 온 벨린다라는 백인 여자 아기를 입양한 아시아계 미국인 부부 앤더슨Anderson 씨와 앤더슨 부인을 만나러 미니애폴리스로 간다(〈그림 11-1〉 참조). 이 영상에서 부부는 이들이 왜 아이를 입양했는지를 설명하고, 앤더슨 씨는 벨린다의 생모에 대해 이야기한다.

이런 문제도 있어요…. 그러니까, 덴마크에서는… 알잖아요…. 그러니까, 덴마크 사람들은 술을 많이 마셔요… 특히 젊은 사람들이요… 그리고… 여자도 흡연을 많이 하는 나라잖아요. 우리의 입양은 벨린다 한 명만 돕는 게 아니에요. 어떤 면에서 우린 덴마크 사람들 전체를 돕고 있는 거예요. 왜냐하면 벨린다가… 그러니까,

이곳에서는 좋은 삶을 살 수 있는 기회를 갖게 될 테니까요…. 그녀가 만약 〔생모와 함께〕 덴마크에 남아 있었더라면 어땠을지는 비교할 수가 없어요, 그건 불가능하죠. 〔…〕

앤더슨 씨의 말은 초국적 입양 담론에서 '타자'에 대한 경멸적인 서사가, 입양되지 않았더라면 모국에서 (물리적으로 그리고 사회적으로) '헐벗은' 상태였을 아이들을 구원하는 이야기에서 중요한 역할을 한다는 점을 보여준다. 그리고 그보다 중요한 점은 카이센이 영화에서 인종의 질서를 역전시키고 입양인들의 인종화된 몸을 이용함으로써 초국적 입양은 아동이 일방향적으로만 움직이는 현상이자, 서구 사회의 부유한 개인들만이 즐길 수 있는 일종의 특권이라는 현실을 부각시킨다는 것이다.

2000년대 중반에는 이런 개별화된 목소리와 함께, 코리아 클럽에 더 정치적인 측면을 끼워 넣으려는 한인 입양인 집단의 소규모 노력이 있었다. 피면담자이자 클럽의 오랜 구성원인 안네 지 토룹Anne Ji Thorup은 그런 사람들 중 하나였는데, 자신이 느낀 정치적 공간의 필요성에 대해 이렇게 설명한다.

나는 코리아 클럽에 정치적인 관점이 빠져 있다고 느꼈어요. 〔…〕 친가족 찾기를 거치면서 입양에 대한 비판적인 감각이 천천히 발달했지만, 코리아 클럽에는 그런 부분이 빠져 있다고 생각했죠. 공적인 자리에서 입양에 대해 정치적 의견을 밀어붙일 때는 '이건 나의 개인적인 의견이에요'라고 강조해야 했어요. 나는 그게 너무 아쉽다고 생각했죠.

하지만 이 시도는 코리아 클럽 내에서 과열된 논쟁에 불을 붙였는데, 회원 다수는 노골적으로 입양에 대해 비판적 입장을 취해야 한다는 생각을 지지하지 않았던 것이다. 입양인에 의한 입양 비판에 대한 일반적인 해석이 어떤 식인지 이해가 되면 이 갈등은 더 잘 이해할 수 있다. 입양인들뿐만 아니라 일반 대중도 초국적 입양에 대한 입양인들의 비판을 그들의 나쁜 입양 경험을 나타내는 표지로 해석하는 경향이 있다(Kim, 2010; Myong, 2013). 다시 말해서 입양인들의 비판은 입양 가정에서의 부정적인 성장 과정 때문이며, 따라서 그들의 양부모에 대한, 그리고 어느 정도는 입양인으로서 자신의 삶에 대한 부정을 함축한다고 넘겨짚는 일이 자주 있는 편이다. 그래서 코리아 클럽의 많은 회원은 정치적 목소리를 포함시키는 것을 입양인의 존재 자체에 의문을 제기하는 것이라고 이해했고, 결국 클럽은 공식적으로는 비판적인 입장을 취하지 않기로 결정했다. 이 갈등은 입양인들이 초국적 입양의 정치 속에 진입할 때 접하게 되는 위태로운 지위의 서막이라고 볼 수 있는데, 이 문제에 대해서는 다음 절에서 더 자세히 다룰 것이다.

입양인들은 2000년대 내내 비판적인 목소리를 높였지만 미디어에서는 거의 다루어지지 않았고, 그 사실을 아는 사람도 얼마 되지 않았다. 하지만 2012년 덴마크 주류 언론이 에이미Amy와 마쇼Masho라는 에티오피아 출신 입양 아동의 사례를 대서특필하면서 전기가 마련되었다. 진보 성향의 신문 ≪폴리티켄Politiken≫은 2012년 6월에 언론인 도리트 사이츠Dorrit Saietz가 쓴 에이미에 대한 기사를 연속으로 발표했다. 당시 열 살이었지만 입양 서류에는 여섯 살로 기재되어 있었던 에이미는 여동생과 함께 2009년 덴마크 부부에게 입양되었다. HIV 진단을 받은 그들의 생모는 더 나은 미래를 위해 아이들을 포기하라는 설득을 당한 것으로 전해졌다. 에이미는 덴마크의 새로운 집에서 적응하느라 힘들어했고, 양부모는 18개월 뒤에 그녀를 포기했다. 양부모가 자신을 구타했다는 에이미의 주장은 무시당했고 에이미는 위탁 양육에 맡겨졌다. 지자체가 그녀를 강제로 고아원에 넣으려고 하자 미디어가 이 사건을 포착했다.

2012년 11월, TV2는 바버라 W. 케르Barbara W. Kjær가 제작한 다큐멘터리 ≪자비 자비: 진정한 입양의 초상Mercy Mercy: A Portrait of True Adoption≫을 방영했는데, 여기에도 놀라울 정도로 유사한 이야기가 담겨 있었다. 다큐멘터리는 에티오피아에 생부모가 있는 네 살짜리 여자아이 마쇼와 남동생의 입양 이야기를 따라간다. 덴마크에서 마쇼는 적응 문제를 겪었고, 이 때문에 결국 양부모는 그녀를 포기하게 되었다. 두 이야기는 초국적 입양이 모든 관련 당사자에게 이롭다고 굳게 믿고 있던 일반 대중에게 충격을 안겼다. 이 이야기들은 입양 산업의 비즈니스 측면을 폭로했고, 그 어떤 사례도 아이에게 득이 되지 못했음을 보여주었다. 논쟁이 급속히 일었고, 정치 스펙트럼을 막론하고 정치인들은 입양법 개정을 비롯한 입양 시스템 개선의 필요성을 인정했다.

한인 입양인들은 이 과정을 가까이에서 좇았고, 자신들의 비판을 더 체계적으로 동원하고 공적인 정치 시스템에 더 잘 개입하기 위해 몇 가지 발의를 진행시켰다. 코리아 클럽은 총회를 통해 별도의 정치 플랫폼을 만든다는 결정을 내렸다. 이렇게 해서 2012년에 소규모의 입양인 집단이 입양 씽크탱크Tænketanken Adoption를 설립했다. 동시에 또 다른 한인 입양인 집단이 페이스북에 활동가 집단을 구성했다. 두 에티오피아 사례 때문에 더 많은 사람이 참여하게 되었고, 2013년에 이 집단은 입양정치 포럼APF: Adoptionspolitisk Forum이라는 비정부단체로 등록되었다. 두 집단 모두 한국 출신이 아닌 입양인들을 포함하지만 이사회 구성원 다수가 한인 입양인이다. 2012년 이후 더 작은 규모의 다른 토론 집단들도 소셜미디어에서 생겨났다. 이 집단들은 공개 토론을 조직하고, 논문과 책자를 발간하고, 미디어에 개입해 초국적 입양의 이면에 놓인 구조적 불평등에 대한 대중 인식을 높이고자 노력했다.

이제 이 절의 첫 부분에서 논의했던 주제성과 정체성 개념으로 다시 돌아가 보면, 입양 비판과 정치 활동에 한인 입양인들이 참여한 것을 어떻게 이해할 수 있을까? 입양인들의 친가족 찾기는 자신의 정체성 서사를 빚어내고 긍정하기 위해 착수한 개인적인 여행이었다. 개인적인 찾기라고 해서 반드시 거기에 정치적인 것이 빠져 있다는 법은 없다. '나'의 구성 과정은 항상 동시에 '내가 아닌 것non-I'의 창조를 수반하고, 이는 그 과정을 결정하는 저변의 권력 구조를 드러내기 때문이다(Yuval-Davis, 2011). 하지만 입양인들의 정치적 활동은 그들의 태생 찾기와는 질적으로 다르다. 이들은 입양 비판 활동을 통해 그 권력 구조에 맞서고 초국적 입양 영역의 경계를 수정하기 위해 애쓰기 때문이다. 입양정치 포럼의 다음 강령은 이 지점을 잘 보여준다.

입양정치 포럼에서 우리의 목표는 입양 논쟁에 새로운 관점을 불어넣음으로써 초국적 입양은 아이에게 본질적으로 좋은 것이라는 오래된 인식을 재정의 하는 것이다. 우리[입양인]는 우리 자신의 경험에 대해 전문가로 받아들여지기를 원하고, 그러므로 다른 입양 관계자들과 동일한 선상에서 조언을 할 수 있는 존재로 받아들여져야 한다고 믿는다(덴마크어를 필자가 영어로 번역한 것이며, 강조는 필자가 추가함).

이 성명문은 입양인들이 초국적 입양 영역에서 중요한 당사자로서 자신들이 포함되어야 한다고 주장하고 있음을 분명히 한다. 입양인들은 조직적 정치 활동을 통해, 친가족 찾기 등을 통해 개별적 자아 정체성 형성을 추구하는 것을 넘어서서, 정체성의 정치 영역에 들어서게 된다. 다시 말해서 이들은 초국적인 입양인으로서 자신의 인생이 시작된 바로 그 영역에서, 자율적인 주체성만이 아니라 정치적인 주체성 역시 구축하고 있는 것이다. 바로 이런 맥락에서 피면담자 중한 명은 입양 비판에 대한 참여는 입양인들이, 정치적 존재로 재탄생하기 위해 겪는 일종의 '통과의례'로 묘사했다.

3. 선을 따라 걷기: 정치적 조직화에서 두 개의 이분법을 놓고 협상하기

마지막 3절에서는 덴마크에서 입양인들이 자신의 정치적 주장을 전개하고 활동을 조직화하는 구체적인 방식을 살펴본다. 공과 사의 구분, 그리고 토착민과 이주자의 구분이라는 두 개의 이분법은 이들의 정치 프로젝트에 꾸준히 영향을 미친다. 여기서는 입양인들이 이러한 긴장에 대해 협상을 벌이는 방식에 대해 분석하려 한다.

1) 개인적인 것 '또는' 정치적인 것

코리아 클럽에 정치적 목소리를 입히고자 노력했던 입양인 집단이 야기한 분란에서 간단히 확인할 수 있는 것처럼, 대부분의 입양인들에게 초국적인 입양 분야에서 스스로를 정치적 주체로 정립하는 것은 간단하지 않았다. 앞서 언급했듯이 일반적인 인식에서는 초국적 입양에 대한 입양인들의 비판을 그들의 부정적이고 불행한 입양 경험에서 기인한다고 여겼다. 초국적 입양을 사적이고 가족과 관련된 영역으로 한정하다 보니, 입양인들의 (입양에 대한) 모든 말과 행동이 그들 개인의 입양 경험에서 비롯된다는 협소한 해석이 나타나는 것이다. 이런 시각이라면 입양 경험은 입양 가정 내에서의 성장 과정과 양부모와의 관계만을 지칭할 뿐, 다양한 사회적 환경에서의 더 폭넓은 경험을 염두에 두지 않는다. 이런 해석은 입양 논쟁에서 입양인들을 '전문적인' 행위자로 인정하지 않는 일반적인 경향에 자양분을 공급한다. 이들의 관점이 개인의 경험에 영향을 받았기 때문에 선입견이 개입될 수밖에 없다고 바라보기 때문이다. 입양정치 포럼의 선언문에 나와 있는, 초국적 입양 분야에서 '전문가'이자 자격을 갖춘 행위자로 대우받고자 하는 입양인들의 요구는 이러한 맥락에서 이해할 수 있다.

한인 입양인들은 입양인들의 정치 활동을 개인적 경험에 결부시키는 데 반대하여, 더 넓은 대중과 관계를 맺는 독특한 전략을 발전시켰다. 입양인들은 개인적인 것과 정치적인 것 사이에 확고한 구분선을 세웠고, 후자의 영역에서 자신들의 위치를 확보하기 위해 전자에서 스스로를 분리시켰다. 이는 입양인들이 소셜미디어 플랫폼에서 또는 주류 언론과의 인터뷰를 통해 입양에 대한 정치적 메시지를 던질 때 자신의 개인적인 이야기를 삼간다는 의미이다.

이들이 입양 비판에서 개인적인 이야기를 사용하지 않는 전략을 놓고 오랫동안 고민했다는 점은 필자의 인터뷰에서 분명하게 드러났다. 입양정치 포럼의 회원들과 나눈 다음 대화는 이 문제를 보여준다.

안네 지 토릅Anne Ji Thorup: 우린 그걸[개인적인 이야기를 사용하는 것을] 피하려고 노력해요. 개별 이야기를 보여주는 다큐멘터리는 이미 많으니까요. 마쇼나 에이미 케이스 처럼요…. 그렇지 않나요? 개별적 이야기들은 이미 차고 넘쳐요. 그러니까 이야기를 더 많이 보태는 게 조직으로서 우리가 할 일은 아닌 거예요. 우리의 일은 이런 이야기를 정치적인 수준으로 끌어올리는 거죠. 그래서 누가 우리를 인터뷰할 때 이 점을 크게 의식해요.

구영: 그렇군요. 그러면 미디어나 다른 입양 관계자들하고 더 구조적인 문제에 대해 이야기하기가 쉬웠나요?

소피 톰센Sophie Thomsen: 듣기는 하죠. 그러나 미디어에서 보여주는 일은 거의 없지만요.
마리 린데고르드Marie Lindegaard: 그런 이야기는 재미가 없으니까요, 그들이 원하는 게 아니니까요…. 그들은 불쌍한 입양인들이 앉아서 우는 모습을 원해요…. 그들이 처음으로 원가정을 만날 때라든가 그들이 자기 삶을 놓고 얼마나 힘들게 싸웠는지 같은 거요. 그래서 구조를 보여주고 싶은 의지는 전혀 없어요.

'울고 있는 입양인'에 대한 마리의 설명이 씁쓸하게 보여주듯, 초국적 입양은 가족의 문제이자 사적인 문제라는 이해 방식과, 트라우마와 강렬한 감정을 이용하고자 하는 미디어의 욕구가 만나 모든 입양인들은 필연적으로 입양으로 인해 생기는 다양한 심리적 문제에 의해 고통받고 정서적으로 손상을 받았을 것이라는 병리적인 재현이 나타나게 되었다(Kim, 2010). 지배적인 입양 서사에서 입양인의 행위자성이 인정받는 일은 거의 없다. 그들은 입양을 통해 출신국에서 혈벗은 몸으로 전락하지 않도록 구원을 받거나, 자신의 입양 경험으로 피해를 입거나 둘 중 하나다. 그래서 이 연구의 피면담자들은 개인적인 이야기를 이용할 경우 그들이 입양 논쟁을 주도하는 주체가 아니라 논의의 대상이 될 거라고 이해했다.

이런 배경 속에서 입양인들은 자신의 논의를 전적으로 초국적 입양의 구조적 측면에 집중시켰다. 앞 절에서 논의했듯 결국 입양인들의 주요 주장은 구조적인 성격에 대한 것인데, 그들은 초국적인 입양이 '권력의 한 형태'이고, 이는 전 지구적인 사회·경제적 불평등을 통해 지탱되고 있음을 강조하고자 한다(Myong, 2013). 이렇게 필연적으로 어려울 수밖에 없는 메시지를 대중에게 전달할 때 입양인들은 더 개인적이고 구체적인 사례를 적극적으로 끌어오지 않고, 그 대신 거시적인 수준의 아주 추상적인 주장을 유지했다. 입양인들은 이 전략에 대해 개인적인 사례들을 입양 영역이 의존하고 있는 불균등한 전 지구적인 권력 관계의 내재적인 일부가 아니라 '예외적인' 불행한 입양 배치의 결과로 해석하는 상황을 피하기 위한 것이기도 하다고 덧붙였다. 이를 반영하여 정치적 단체들의 웹사이트에는 정책 브리핑과 자문 보고서 같은 묵직한 문서들이 주로 올라와 있고 사례 연구나 (특히 아동의) 이미지는 거의 없었다.

입양인의 정치적 활동은 초국적 입양 영역에서 상당한 함의를 갖는다. 그들은 수십 년간 사적이고 가족의 문제가 지배하던 곳에서 사회적이고 공적인 측면을 전면에 내세웠기 때문이다. 하지만 지금처럼 개인적인 이야기를 부정하고 구조적 논의를 우선하는 이러한 독특한 정치 활동 스타일이 초국적 입양을 재개념화 하기 위한 새로운 공간을 창조할 수 있을지는 논의의 여지가 있다. 지금까지 살펴본 바와 같이 입양인들은 기존의 사적이고 가족 중심의 논쟁과는 정반대 방향에서 자신들의 정치적이고 구조적인 논쟁을 진전시켰다. 그 결과 공사의 이분법을 넘어서 초국적 입양을 상상하는 새로운 방법이 제시되기보다는, 이 두 가지가 서로 평행선을 그리고 있다. 하지만 입양 절차에 대한 앞선 논의에서 확인했듯이 초국적 입양이 이루어지기 위해서는 다양한 기관들의 개입이 불가피했고, 이는 끊임없이 공적인 영역과 사적인 영역의 경계를 변화시켜 왔다. 그럼에도 이는, 입양인들이 자신들을 어린애 취급하던 기존의 태도에 반대하여 자신의 정치적 주체성을 확립하기 위해 채택한 이성적이고 전략적인 결정이었음을 인정하는 것은 중요하다.

하지만 입양인들의 정치적 논의가 구조적 측면으로 초점을 제한함으로써 입양인들의 문제와 고통을 사회적이고 공적인 개입을 통해 해결해야 하는 것이 아니라 사적인 문제로 치부하는 기존의 태도를 더 공고히 할 위험을 안고 있다. 또한 여기서 상당히 역설적인 것은, 애초에 입양인으로서 살아온 경험과 친가족을 찾기 위한 개인적인 과정들 때문에 입양인들이 초국적 입양의 구조적인 측면을 볼 수 있게 되었고 정치의식을 가지게 되었다는 사실이다. 하지만 이들이 입양 정치의 영역에 들어서는 그 순간, 이들은 정치 공간에서 목소리를 높이고 자신의 주장에 귀 기울여줄 사람들을 얻기 위해 개인적인 경험에서 스스로를 떼어놓는다. 게다가 덴마크에서 초국적 입양의 구조적인 논의에 대한 대중적 지지의 현 수준이 에이미와 마쇼의 '개인적인' 이야기에 큰 빚을 졌다는 사실은 또 다른 아이러니다. 이러한 예들은 공사의 구분이 초국적 입양의 정치에 몸 담고 있는 한인 입양인들에게 꾸준히 도전 과제를 제기하고 있음을 보여준다.

2) 귀속성에 대해 급진적으로 상상하기

이 글의 1절에서 인종주의와 배제에 대한 한인 입양인들의 경험을 다뤘고, (백인) 덴마크인과 이주자를 구분하는 덴마크의 국민 정체성 안에서 이런 경험들을 이들의 경계 지위와 연결시켰다. 한인 입양인들의 정치적인 활동은 덴마크에서 2000년대 중반에 처음으로 등장했는데, 이 등장 시점에 좀 더 주목할 필요가 있다. 2000년대 중반은 덴마크 정부가 유럽에서 가장 보수적인 이민 정책들을 시행하고, 이주자에 대한 적대적인 태도에 힘이 실리던 시기였다(Olwig, 2011; Rytter, 2019). 이전의 연구와 피면담자 중 몇 명은 지난 20년간 초국적 입양인들이 덴마크에서 점점 심해지는 인종주의에 직접적인 영향 혹은 피해를 받았다고 전했다. 이러한 경험은 입양인들이 덴마크 사회에서의 본인의 소속감을 재평가하게 만들었고, 많은 입양인은 본인들이 겪는 차별이 덴마크에서 '이주민은 차별해도 괜찮다'는 암묵적 공감대 형성과 직접적으로 연관되어 있음을 이해하게 되었다(Elmelund, 2012). 이는 반이민정서와 이민 문제에 관해 증가하는 공적 논쟁이 입양인들에게 '문제적 공간'을 만들어냈음을 시사한다. 이 공간이 '문제적' 인 이유는, 입양인들이 더 빈번하고 혹독한 배제와 인종차별의 '문제'를 겪게 했기 때문이기도 하지만, 또 한편으로 이러한 개별 경험을 사회적 '문제'로 인식할 수 있는 계기를 만들어냈기 때문이다. 이런 이유로 입양 영역에서 이루어진 일련의 사건뿐만 아니라 이민에 대한 더 넓은 사회적 논의 역시, 입양인의 정치적 활동에 꾸준히 영향을 미쳤다.

앞서 필자는 입양인들이 입양 정치에 개입한 것에 대해 정치적 주제성을 구축하려는 노력으로 이해해야 한다고 주장했다. 입양인의 정치 참여는 덴마크에서 이들이 점하는 경계 위치와 관련하여 입양인들이 자신의 경험을 나누고 '언어 없음'의 감정을 함께 이해할 수 있는 '내부의' 공간도 만들어낸다는 점을 덧붙이고자 한다. 토머스는 그가 속한 조직이 다른 초국적 입양인을 위해 하는 역할을 다음과 같이 간결하게 설명한다.

그들(초국적 입양인)은 항상 (백인) 덴마크인들한테 둘러싸여 있다 보니까 고립감을 느껴왔어요. 그래서 이런 걸(고립의 감정) 이야기하는 게 아주 어려워요. 그들이 그걸 생각하고 느낄 수도 있긴 하지만, 그걸 다른 사람에게 이야기하는 사람이 없고, 비슷한 생각을 하는 사람을 알지도 못하니까… 그러니까 "어쩌면 나만 그런 모양"이라고 생각하는 거죠. 그래서 나는 많은 입양인이 우리 모임에 오도록 하는 게 그거라고 생각해요. 소리 내서 이야기할 수 있고, 이런 말을 해도 안전하다고 느끼는 사람들을 만날 수가 있거든요.

다시 말해서 입양인들은 정치적 조직화를 통해 (백인) 주류 사회에 의해 부여된 끼인 위치를 넘어 자신들만의 공간을 개척한다.

또한, 정치적인 입양인 모임에서 관심을 끌었던 부분은 이러한 내부적인 공간 구축뿐만 아니라 덴마크 내에서 이주자 집단과 연대를 발전시키고자 하는 이들의 바람과 노력이었다. 가령 필자가 인터뷰를 하기 위해 코펜하겐의 한 문화센터를 방문했을 때, 피면담자들은 작업 공간을 얻기 위해 계약서에 막 서명을 하려는 참이었다. 그들은 자신들이 곧 입양의 집 프로젝트Projekt Adoptionshuset라는 새로운 일에 착수할 것인데, 그 공간은 인종과 초국적 입양 문제에서 비슷한 이해관계를 공유하는 다른 소수 집단들과 네트워크를 구축하기 위해 사용될 것이라고 설명했다. 이와 유사하게 다른 피면담자들은 덴마크에서 극우 집단의 발호에 반대하는 대중 행사와 시위를 조직하기 위해 소수 인종 및 이주자 집단과 접촉한 적이 있다고 이야기하기도 했다.

이런 노력의 장기적 결과가 아직 확인되지는 못했지만, 이런 움직임은 덴마크인 주류 사회와 이주자 사이를 가르는 현재의 구분에 특별한 의미를 갖는다. 몇몇 학자들이 덴마크 사회에 대해 지적하듯, 2000년대 초반 이후로 무슬림 인구가 이주 논쟁에서 중심이 되었고 이들이 소위 (인종적·문화적·종교적) '차이' 때문에 덴마크 사회의 안보와 문화에 잠재적으로 가할 수 있는 위험에 대한 대중의 걱정은 (백인) 덴마크인들과 이주자 사이의 간극을 점점 벌리는 결과를 초래했다(Olwig, 2011; Rytter and Pedersen, 2014; Rytter, 2019). 앞서 설명했듯, 이 구분 속에서 초국적 입양인들은 덴마크인 부모를 두고 있고 덴마크 문화에 익숙하기 때문에 부분적으로 주류 집단에 속한다. 하지만 입양인 정치 집단들은 주류 사회 속으로 완전히 포용되고자 하는 대신, 자기들만의 공간과 이주자 집단과의 연결을 주장하기로 결정했다. 입양인들의 이런 결정에는, 입양인들을 주류 사회에 부분적으로나마 포함시키는 덴마크 국민정체성 구성 메커니즘이, 동시에 이들을 때때로 '보이지 않는 울타리' 밖으로 밀어내고 이주자를 영구적으로 배제하고 있다는 사실의 간파가 있었다. 그러므로 입양인들은 정치적 조직화를 통해 이러한 분리와 인종적으로 편향된 소속 방식을 흔들어 놓기 위해 힘쓰고 덴마크 사회에서의 귀속성을 상상하는 근본적으로 다른 방법을 탐색하고 있다.

4. 맺는말

초국적 입양은 국경과 인종의 경계를 넘어서는 관행으로서 사회에 대한 우리의 이해에 중요한 영향을 미치는 다양한 이분법에 의지하는 한편, 그 구분을 더 복잡하게 만든다. 그것은 바로 자연의 질서와 법의 질서, 토착민과 이주자, 사적인 (재생산) 영역과 공적인 (국가 개입의) 영역, 생물학적 친족과 사회적 친족 간의 구분이다. 이 글은 덴마크 내에서 한인 입양인들이 전개한 입양 비판과 정치 조직화 과정을 살펴보면서 특히 공과 사, 토착민과 이주자라는 두 가지 구분을 놓고 이들이 벌인 협상에 초점을 맞췄는데, 이 두 가지 구분은 초국적 입양인으로서 이들의 삶에 특히 영향을 미쳤다. 필자는 이 이분법 속에 폭력이 내재함을 보여주었고 초국적 입양과 귀속성을 개념화하는 새로운 방법들을 탐색했다.

초국적 입양을 '사적인 것'의 영역에 국한하는 것은 가정을 꾸리는 한 형태로서 초국적 입양이 사회나 구조로부터 자유롭다는 믿음을 당연하게 여긴다. 이 글은 초국적 입양 논의에서 사회적 영역과 공적 영역의 중요성을 강조하기 위해 덴마크 내 성인 입양인들의 삶과 그들의 정치 프로젝트에 주로 중점을 두었다. 하지만 입양을 사적인 문제로 보는 인식은 입양 이후 입양인들의 삶에 대한 이해를 제한할 뿐만 아니라, 초국가 입양 관행이 시작되고 지속되는 데 필수불가결한 중간 단계meso-level의 입양 관련 기관들의 개입과 거시적 차원macro-leval의 국가 간의 불평등이라는 구조를 볼 수 없게 한다. 즉, (입양) 가족 형성에만 집착할 경우 국가와 제도적인 행위자들, 그리고 이들이 만들어내고 조정하는 일련의 장치들(Kim, 2010: 71)이 입양의 모든 단계, 즉 아동이 친가족과 분리, 서류상 입양 가능한 아동 (고아) 지위 부여, 아동을 적당한 양부모에게 배치, 필요한 여행

서류의 제작, 아동의 이송에 이르는 모든 단계에 심대한 영향을 미친다는 사실이 가려진다. 이런 이유로 초국적 입양의 공적 차원에 대한 논의를 평행선처럼 덧붙이기보다는 공적인 것과 사적인 것의 상호성에 유념하는 새로운 논의 공간을 만드는 것이 더 유용할 것으로 보인다. 가령 가족 형성의 한 형태로서 초국적 입양이 어떻게 국가 복지 정책에 의해 직접적으로 가능해지는지, 그리고 개별적인 초국적 입양이 어떻게 (조용히) 국가의 인구 관리를 보조하는지 살펴볼 수 있을 것이다(예를 들어 Koo, 2021 참조). 지난 10년간 초국적 입양이 급격히 감소하면서 초국적 입양의 시대가 막을 내린 인상을 준다. 하지만 새롭게 등장한 입양인들의 정치적 활동은 입양의 유산이 지속되고 있고 입양 논의의 폭을 증가할 필요가 있음을 보여준다.

게다가 입양인들의 정치적 조직화는 국민 귀속성이라는 지배 이데올로기 안에 내재한 폭력, 그리고 정체성과 소속감이 어떻게 연결되어 있는지 보여준다. 한국에서 자신의 정체성을 재구축하려는 입양인들의 시도가 좌절에 직면했을 때, 한인 입양인들 사이에서는 초국적인 실천을 통해 새로운 형태의 소속이 만들어졌고 이에 힘입어 이들은 개별 경험을 정치적인 행동으로 옮길 수 있었다. 반면 덴마크에서는 특정 인종과 문화에 기반해 귀속성이 규정되는 경향이 강해지면서, 법적 시민, 사회적 인식으로서의 공동체 범위, 그리고 개개인들이 (주류) 덴마크에 느끼는 감정 사이의 간극이 벌어지고 있다. 덴마크 사회 내에서 한인 입양인의 경계 위치는 그들이 누구인지뿐만 아니라 어디에 속하는지에 대한 문제를 제기한다.

한인 입양인들은 이 정치화 과정을 통해 자기들만의 공간을 개척하고 다른 소수 종족 집단과 연대를 발전시켜 나가기 위해 노력하고 있다. 이들은 국민 귀속성에 대한 기존 질서에 순응하기를 거부하면서도 덴마크 사회 밖에서 공간을 물색하려 하기보다는 덴마크 사회에의 그리고 그 안에서 새로운 형태의 소속감을 주장하고 있다. 피면담자인 마리는 이 생각을 아주 분명하게 전달했는데, 그녀의 말로 이 글을 마무리하는 것이 좋을 것 같다.

우리〔정치적으로 적극적인 입양인들〕에게는 자원과 지식이 있고, 그것 말고도 뭔가가 더 있는데 나는 그걸 힘과 용기라고 부르겠어요. 〔…〕 우린 비전과 꿈을 공유하는 것을 두려워하지 않아요. 우리 활동을 통해 전 다음과 같은 메시지를 전달하고자 해요. "이봐, 우리는 〔덴마크에서〕 훨씬 많은 일을 할 수 있고, 여기 있을 자격이 있어. 우리는 이곳에서 우리의 공간을 만들어내고, 아니, 쟁취하고 싶어. 우리는 존중을 이끌어내고 싶고, 다른 많은 권리를 쟁취하고 싶어." 그리고 난 우리가 자신들의 분노를 이 공동체를 위해 긍정적인 힘으로 바꾼다는 게 대단히 긍정적이라고 생각해요(성원 옮김·구영은 교정 및 감수).

참고문헌

Adoptionspolitisk Forum. 2013. "Om APF [About APF]." *Adoptionspolitisk Forum.* Available at http://www.adoptionspolitiskforum.org/omapf/.

Ahmed, Sara. 2007. "A Phenomenology of Whiteness." *Feminist Theory*, 8(2), pp.149~168.

Altstein, Howard and Rita James Simon. 1991. "Introduction." *Intercountry Adoption: A Multinational Perspective.* In Howard Altstein and Rita James Simon(eds.). New York: Praeger Publishers, pp.1~22.

Bourdieu, Pierre. 1990. *The Logic of Practice.* translated by Richard Nice. California: Stanford University Press.

Carsten, Janet. 2000. "'Knowing Where You've Come From': Ruptures and Continuities of Time and Kinship in Narratives of Adoption Reunions." *Journal of the Royal Anthropological Institute*, 6(4), pp.687~703.

Conover, Pamela Johnston. 1984. "The Influence of Group Identifications on Political Perception and Evaluation." *The Journal of Politics*, 46(3), pp.760~785.

Danmarks Statistik. 2007. *Adoptions by Adoption Type, Country of Birth and Time.* Copenhagen: Danmarks Statistik.

De Graeve, Katrien. 2015. "'They Have Our Culture': Negotiating Migration in Belgian - Ethiopian Transnational Adoption." *Ethnos*, 80(1), pp.71~90.

Elmelund, Rasmus. 2012, August 2. "Adoptionssystemet Skal Nytænkes [Adoption System Must Be Reconsidered]." *Information.*

Emirbayer, Mustafa and Ann Mische. 1998. "What Is Agency?" *American Journal of Sociology*, 103(4), pp.962~1023.

Gullestad, Marianne. 2002. "Invisible Fences: Egalitarianism, Nationalism and Racism." *Journal of the Royal Anthropological Institute*, 8(1), pp.45~63.

_____. 2004. "Blind Slaves of Our Prejudices: Debating 'Culture' and 'Race' in Norway." *Ethnos*, 69(2), pp.177~203.

Hall, Stuart. 1992. "The Question of Cultural Identity." *Modernity and Its Futures.* Stuart Hall, David Held and Tony McGrew(eds.). Cambridge: Polity Press, pp.273~316.

Hedetoft, Ulf. 2006. "Denmark: Integration Immigrants into a Homogeneous Welfare State." *Migration Policy Institute.* Available at http://www.migrationpolicy.org/article/denmark-integrating-immigrants-homogeneous-welfare-state.

Howell, Signe. 2007. *The Kinning of Foreigners: Transnational Adoption in a Global Perspective.* Oxford: Berghahn Books.

_____. 2009. "Return Journeys and the Search for Roots: Contradictory Values Concerning Identity." *International Adoption: Global Inequalities and the Circulation of Children.* Diana Marre and Laura Briggs(eds.). New York: New York University Press, pp.256~270.

Hübinette, Tobias. 2005. "Comforting an Orphaned Nation: Representations of International Adoption and Adopted Koreans in Korean Popular Culture." PhD thesis, Stockholm University.

_____. 2014. "A Critique of International Adoption." *Adoptionland: From Orphans to Activists*, Janine Myung Ja, Michael Allen Potter, and Allen L Vance(eds.). Against Child Trafficking USA, pp.185~198.

_____. 2015, 11 June. [Personal Communication via Email].

Hvenegård-Lassen, Kirsten and Serena Maurer. 2012. "Bodies and Boundaries." *Whiteness and Postcolonialism in the Nordic Region: Exceptionalism, Migrant Others and National Identities*. Kristín Loftsdóttir and Lars Jensen(eds.). Surrey: Ashgate Publishing Ltd., pp.119~140.

Jöhncke, Steffen. 2011. "Integrating Denmark: The Welfare State as a National (Ist) Accomplishment." *The Question of Integration: Immigration, Exclusion, and the Danish Welfare State*. Karen Fog Olwig and Karsten Paerregaard(eds.). Newcastle upon Tyne: Cambridge Scholars Publishing, pp.30~52.

Justitsministeriets adoptionsudvalg [Adoption Committee in the Ministry of Justice]. 1985. *Adoption af Udenlandske Børn og Adoptionsformidling: Betænkning IV [Adoption of Foreign Children and Adoption: Report IV]*. Copenhagen: Justitsministeriet.

Kaisen, Jane Jin. 2006. Adopting Belinda [Video].

Kim, Eleana. 2010. *Adopted Territory: Transnational Korean Adoptees and the Politics of Belonging*. Durham: Duke University Press.

Koo, Youngeun. 2021. "The Question of Adoption: 'Divided' Korea, 'Neutral' Sweden, and Cold War Geopolitics, 1964-75." *The Journal of Asian Studies*, pp.1~23.

Loftsdóttir, Kristín and Lars Jensen. 2012. "Introduction Nordic Exceptionalism and Nordic 'Others'." *Whiteness and Postcolonialism in the Nordic Region: Exceptionalism, Migrant Others and National Identities*. Kristín Loftsdóttir and Lars Jensen(eds.). Surrey: Ashgate Publishing Ltd., pp.1~12.

Miller, Arthur H, Patricia Gurin, Gerald Gurin, and Oksana Malanchuk. 1981. "Group Consciousness and Political Participation." *American Journal of Political Science*, 25(3), pp.494~511.

Myong, Lene. 2013.5.1. "Power Struggle: Adoption Is Not the Last Solution." *Adoptionskritik*. Available at: https://adoptionskritik.wordpress.com/2013/05/01/power-struggle-adoption-is-not-the-last-solution/.

_____. 2014.1.6. "Adoptionens Tid Er Nu [Adoption's Time Is Now]." *Information*.

Myong, Lene and Jane Jin Kaisen. 2015. "The Emergence of Adoption Critiques Amogn Transnational Adoptees in Denmark." *Loving Belinda*. Århus: Galleri Image, pp.92~98.

Olwig, Karen Fog. 2011. "'Integration': Migrants and Refugees between Scandinavian Welfare

Societies and Family Relations." *Journal of Ethnic and Migration Studies*, 37(2), pp.179~196.

Olwig, Karen Fog and Karsten Pærregaard. 2011. "Introduction: "Strangers" in the Nation." *The Question of Integration: Immigration, Exclusion, and the Danish Welfare State*. Karen Fog Olwig and Karsten Paerregaard(eds.). Newcastle upon Tyne: Cambridge Scholars Publishing, pp.1~29.

Radio24syv. 2014.10.2. Datolinjen [Date Line, Audio].

Rytter, Mikkel. 2011. ""The Family of Denmark' and 'the Aliens': Kinship Images in Danish Integration Politics." *The Question of Integariton: Immigration, Exclusion and the Danish Welfare State*. Karen Fog Olwig and Karsten Paerregaard(eds.). Newcastle upon Tye: Cambridge Scholars Publishing, pp.54~76

_____. 2019. "Writing against Integration: Danish Imaginaries of Culture, Race and Belonging." *Ethnos*, 84(4), pp.678~697

Rytter, Mikkel and Marianne Holm Pedersen. 2014. "A Decade of Suspicion: Islam and Muslims in Denmark after 9/11." *Ethnic and Racial Studies*, 37(13), pp.2303~2321.

Weil, Richard H. 1984. "International Adoptions: The Quiet Migration." *International Migration Review*, 18(2), pp.276~293.

Yngvesson, Barbara. 2003. "Going 'Home': Adoption, Loss of Bearings, and the Mythology of Roots." *Social Text*, 21(1), pp.7~27.

Yuval-Davis, Nira. 2011. *The Politics of Belonging: Intersectional Contestations*. London: Sage.

지은이 (수록순)

니콜 컨스터블(Nicole Constable)

미국 피츠버그 대학교(University of Pittsburgh) 디트리히 예술 및 과학 대학(Dietrich School of Art and Sciences)의 인류학 전공 교수이면서 국제학 센터의 연구교수이다. 연구 분야인 아시아의 젠더와 이주에 대해, *Born Out of Place: Migrant Mother and the Politics of International Labor* (2014)를 비롯한 여러 권의 저서를 출간하였다. 현재 마무리 작업 중인 *Passport Entanglements: Protection, Care and Precarious Migration*(출간 예정)에서는 인도네시아 여성노동자들의 삶과 경험에 깊이 영향을 미치는 정치경제적·사회적 힘을 가진, 여권의 사회적 삶과 연루 방식을 추적한다.

황정미

서울대학교 여성연구소 객원연구원이며, 연구 분야는 젠더 사회학, 동아시아 이주와 여성, 국가와 젠더 정책이다. 주요 논저로『대한민국 인권 근현대사 (1)』(공저, 2020),『가족과 친밀성의 사회학』(공저, 2014),『국경을 넘는 아시아 여성들: 다문화 사회를 만들다』(공저, 2009) 등이 있다.

유리 둘란(Yuri W. Doolan)

미국 브랜다이스 대학교(Brandeis University) 역사 및 여성·젠더·섹슈얼리티학과의 조교수이면서 아시아계 미국인과 태평양 섬 주민 연구 프로그램의 초대 주임교수이다. 한국 내 미 군사주의의 역사와 밀착하여 삶이 진행되었던, 혼종 한국인과 초국적 입양인, 주한미군의 아내와 기지촌 여성과 같은, 다양한 개인의 삶을 렌즈로 하여 이러한 역사적 유산의 지속성과 인류에 미친 결과를 탐구한다. 그의 첫 저서인 *The First Amerasians: Mixed Race Koreans from Camptowns to America*가 곧 출간될 예정이다.

김민정

강원대학교 문화인류학과 교수이며 세계화와 여성이주, 가족과 친족, 필리핀 지역 연구 분야를 연구한다. 최근 출간한『이주시대의 젠더: '다문화' 한국사회와 필리핀 출신 여성들』(2020)에서는, 필리핀 출신 여성들에게 덧씌워진 "결혼이주 여성"이미지를 통해 한국 사회가 이들의 시민권을 제한하고 권한 없는 매개자 역할을 요구한다는 점을 분석하였다. 한국 여성의 국경을 넘는 결혼에 대한 사례연구 논문으로,「세 번의 꿈: 한국전쟁기에 필리핀 남성과 결혼한 한국 여성의 생애 이야기」(2015)와 「1990년대 한국여성의 국제결혼과 또 하나의 '다문화가족'」(2018) 등이 있다.

문경희

창원대학교 국제관계학과 교수이며 호주의 한인과 젠더, 세대, 정치 참여 등에 대해 연구하고 있다. 현재 2021년 말 출판을 목적으로 호주의 한인에 대한 저서를 집필 중이며, 그중 일부 내용은 논문「호주 한인 '1세대'의 이민에 대한 연구: 이주체계접근법과 이민자의 경험을 중심으로」(2017),「호주

한인들의 '소녀상' 건립과 일본군 '위안부'운동: '코스모폴리탄' 기억형성과 한인의 초국적 민족주의 발현」(2018)으로 출판되었다. 이 외에도 호주의 다문화주의 정치와 한인 차세대의 정치 참여와 대표성 등에 관한 내용이 저서에 포함될 것이다. 최근에는 논문 「'잊혀진' 또는 '읽을 수 없는(unreadable)」 기록 속의 여성들: 빅 아일랜드(Big Island) 한인 1세의 묘비와 삶의 궤적"(2021)을 통해 비석의 내용을 중심으로 하와이 초기 한인의 삶과 죽음의 궤적을 살펴보았다.

이지영

한국여성인권진흥원 일본군'위안부'문제연구소 조사·연구팀장이며, 전공 분야는 젠더정치 및 일본 정치이다. 주요 논저로 『일본군'위안부' 문제의 무시효성』(공저, 2020), 「샌프란시스코 일본군 '위안부' 기림비 건립 운동과 자이니치코리안의 정체성 정치」(2020), 「일본군'위안부'문제를 둘러싼 한일 갈등의 해결 모색: 여성인권과 글로벌거버넌스」(2017) 등이 있다.

김현희

연세대학교 법학연구원 연구교수이며, 주요 연구 테마는 인종·종족과 이주, 불법성과 합법성, 시민권 등이다. 현대사회의 법적 다원성과 가능성을 연구하는 "사회정의를 위한 법적 상상력"이라는 제목의 법인류학적 연구를 수행하고 있다. 논문으로 「불법과 합법 사이의 경계에서: 미국 이민법제의 변동과 한인 미등록 청년의 삶」(2019), 「아프리카 공동체 법정의 역사적 변화와 지역적 정의」(2016) 등이 있으며 공저 『태평양을 넘어서: 글로벌 시대 재미한인의 삶과 활동』(2020)의 집필에 참여하였다.

송지은 레지나(Jee Eun Regina Song)

한국외국어대학교 한국학과의 조교수이다. 현재 연구 관심은 최근 진행되고 있는 한인 디아스포라와 한국계 미국인의 종족 귀환이주이다. 또한 *Building an Empire One Cup at a Time: Cultural Meaning and Power of Starbucks Korea*라는 제목의 저서 출판 작업도 진행 중이다. 서울의 커피 소비자와 바리스타에 대한 종합적 민족지인 이 책에서는, 신자유주의 정책과 초국적 서사가 어떻게 사람들의 소비 관행과 가치 형성, 일의 의미 변화를 지원하고, 만들어내고, 바꾸었는지를 탐구한다.

헬렌 킴(Helen Kim)

영국 리즈 대학교(University of Leeds) 미디어 및 커뮤니케이션학과의 강의교수이다. 영국, 미국, 독일의 디아스포라와 도시 이주, '인종'에 대해 연구하며, 저서로 *Making Diaspora in a Global City: South Asian Youth Cultures in London*(2015)가 있다. 현재 집필 중인 두 번째 책은 독일과 미국에 정착한 한인 '이주노동자' 디아스포라의 구술생애사에 바탕을 두고 디아스포라로서의 그리고 포스트식민주의의 기억과 재이주의 경험을 다룬다.

라이언 구스타프손(Ryan S. Gustafsson)

호주 멜버른 대학교(The University of Melbourne) 아시아 연구소의 박사후 연구원이다. 대륙철학과 사회이론을 전공하였고 초국적 한인 입양과 디아스포라에 초점을 두고 연구하며, 젠더 연구와 환경철학에 대한 연구도 하고 있다. 최근 출간한 논문으로 "Theorizing Korean transracial adoptee experiences: Ambiguity, substitutability, and racial embodiment"(2020)이 있다. 한인 입양인 입양 연구 네트워크(The Korean Adoptee Adoption Research Network: KAARN)와 차이의 철학 그룹 (the Philosophies of Difference group: PoD)과 같은 협업연구 네트워크의 창립자이자 운영진이기 도 하다.

구영은(Youngeun Koo)

독일 튀빙겐 대학교(University of Tübingen) 한국학과의 박사과정생이자 연구원으로, 역사학과 인류학(이주 연구)을 전공하였다. 관심을 가지고 연구하는 분야는 초국가 입양, 냉전기의 한반도 역사, 비서구국에서 사회복지와 국제원조의 교차 문제, 한반도와 북유럽의 관계이다. 현재 「한국해외입양의 역사(1961-1979)」에 관하여 박사논문을 쓰고 있으며 이를 위해 한국, 스웨덴, 덴마크, 미국 등 6개국에서 자료를 수집하였다. 최근 출간한 논문으로는 "The Question of Adoption: 'Divided' Korea, 'Neutral' Sweden, and Cold War Geopolitics, 1964-75"(2021)이 있다.

옮긴이(수록순)

이주영

1장과 3장, 8장, 9장을 번역한 이주영은 대한민국 서울에서 태어나 서울에서 계속 자란 자유방랑가로, 미네소타 대학교 문화인류학과에서 박사과정을 수료한 후 현재 브레인앤리서치(Brain&Research)에서 선임연구원으로 일하고 있다.

성원

10장과 11장을 번역한 성원은 대학에서 영문학과 지리학을 전공했다. 번역서로『살릴 수 있었던 여자들』,『디어 마이 네임』,『쫓겨난 사람들』,『백래시』,『기후 카지노』,『자본의 17가지 모순』,『캘리번과 마녀』,『염소가 된 인간』 등이 있다.

한울아카데미 2320

경계를 넘는 한인들
이주, 젠더, 세대와 귀속의 정치

ⓒ 김민정 외, 2021

엮은이 ㅣ 김민정
지은이 ㅣ 니콜 컨스터블·황정미·유리 둘란·김민정·문경희·이지영·
　　　　　 김현희·송지은 레지나·헬렌 킴·라이언 구스타프손·구영은
옮긴이 ㅣ 이주영·성원
펴낸이 ㅣ 김종수
펴낸곳 ㅣ 한울엠플러스(주)
편　집 ㅣ 조인순

초판 1쇄 발행 ㅣ 2021년 8월 25일
초판 2쇄 발행 ㅣ 2021년 8월 30일

주소 ㅣ 10881 경기도 파주시 광인사길 153 한울시소빌딩 3층
전화 ㅣ 031-955-0655
팩스 ㅣ 031-955-0656
홈페이지 ㅣ www.hanulmplus.kr
등록번호 ㅣ 제406-2015-000143호

Printed in Korea.
ISBN 978-89-460-7320-3 93330 (양장)
　　　 978-89-460-8102-4 93330 (무선)

※ 책값은 겉표지에 표시되어 있습니다.
※ 무선제본 책을 교재로 사용하시려면 본사로 연락해 주시기 바랍니다.

※ 이 저서는 2016년 대한민국 교육부와 한국연구재단의 지원을 받아 수행된 연구임
　 (NRF-2016S1A5A2A03927744).